Tirol

Natascha Thoma · Isa Ducke

Gratis-Download: Updates & aktuelle Extratipps

Unsere Autoren recherchieren auch nach Redaktionsschluss
für Sie weiter. Auf unserer Homepage finden Sie Updates und
persönliche Zusatztipps zu diesem Reiseführer.

Zum Ausdrucken und Mitnehmen oder als kostenloser
Download für Smartphone, Tablet und E-Reader.
Besuchen Sie uns jetzt!
www.dumontreise.de/tirol

short.travel/m24nw

DUMONT
Reise-Taschenbuch

Inhalt

Unterwegs in Tirol

Inhalt

4

Auf Entdeckungstour

Karten und Pläne

s. hintere Umschlagklappe

▶ Dieses Symbol im Buch verweist auf die Extra-Reisekarte Tirol

Liebe Leserin,
lieber Leser,

hohe Berge machen glücklich – uns zumindest! Wandern durch Almwiesen, fester Fels, klares Quellwasser, deftige Jausen auf der Hütte und der Blick vom Gipfel über die Alpen, besser geht es doch eigentlich nicht.

Immer mehr Tourismusverbände setzen wegen der mit dem Klimawandel unsicher gewordenen Schneelagen auf den Sommer als zweite Hauptsaison und machen das Angebot auch für anspruchsvolle Urlauber immer attraktiver. Daher konzentriert sich dieser Reiseführer auf den Sommertourismus in Tirol. Im Sommer können Sie neue Sportarten ausprobieren, abends raffinierte Tiroler Küche und dann am Pool einen Alpen-Gin genießen – und das mit Blick auf die Bergkulisse. Auch ältere Stammgäste finden immer noch einen neuen Spazierweg und Kinder haben Spaß auf den zahlreichen Abenteuerspielplätzen. Sich zurechtzufinden ist, dank der gemeinsamen Sprache, auch kein Problem. Und so findet jeder etwas nach seinem Geschmack, verbringt seinen Tag – und abends wartet dann vielleicht das Tiroler Schmankerlbüfett.

Falls Sie mit Tirol spontan Blasmusik, Tirolerhüte und wortkarge bärtige Alm-Öhis assoziieren – auch das werden Sie finden, denn die Tiroler sind traditionsbewusst und leben das Tirolimage auch privat, nicht nur für die Touristen.

Die Anreise nach Österreich ist auch umweltfreundlich mit dem Zug möglich, vor Ort geht es problemlos mit öffentlichen Verkehrsmitteln weiter. Wir haben das so auf unseren Recherchereisen gemacht und im gesamten Buch immer auch die berücksichtigt, die mit öffentlichen Verkehrsmitteln oder mittels eigener Körperkraft unterwegs sind. So liegen etwa die von uns empfohlenen Restaurants in den Orten oder sind zumindest als Ziel einer Wanderung zu erreichen.

Was uns auch gefällt: In Tirol wird schnell geduzt – das war, auch beim Recherchieren für den Reiseführer, nett und unkompliziert.

Jetzt wünschen wir Ihnen nur noch gutes Wetter für Ihre Tour in die Berge und viel Spaß beim Ausprobieren unserer Tipps. Wir freuen uns auf Ihre Rückmeldung!

Natascha Thoma

Wacht über Hahntennjoch und Inntal – das Gipfelkreuz des Falschkogel

Tirol persönlich – unsere Tipps

Ein Standort oder eine Rundreise?

Für den Wunsch nach **Ruhe** in den Bergen bietet sich eine Ferienwohnung, ein Chalet oder ein Hotel in einem der Bergtäler an, um von dort aus Wanderungen und Ausflüge zu unternehmen. Besonders weit weg von allem sind z. B. das Pitztal oder das Defereggental in Osttirol. Ist man mit dem eigenen Auto angereist, sind auch Fahrten in andere Täler oder die größeren Städte, z. B. an Schlechtwettertagen, kein Problem, allerdings kann die Fahrt aus dem Bergtal auf kurvigen Straßen langwierig sein. Ohne Auto erfordern Ausflüge jedoch Planung. Eine Alternative können zwei unterschiedliche Orte als Basis oder eine kleine **Rundtour** als Abschluss des Urlaubs sein. Eine einwöchige Tour könnte das Inntal hinauf und von Innsbruck über Imst und das Hahntennjoch ins Lechtal führen, zurück geht's dann über Füssen. Wer lieber im Inntal bleiben möchte, fährt nach einigen Tagen in Innsbruck über Landeck ins Oberinntal.

Wandern auch für Ungeübte – welche Ziele bieten sich an?

Man muss nicht schon als Bergfex, also begeisterter Bergsteiger, anreisen, um in den Alpen Freude zu haben. Die **Wander- und Bergwege** in Tirol sind durchweg als leicht (gelb; blau wurde abgeschafft), mittel (rot) oder schwierig (schwarz) gekennzeichnet, sodass

Leichte und mittelschwere Wanderregionen

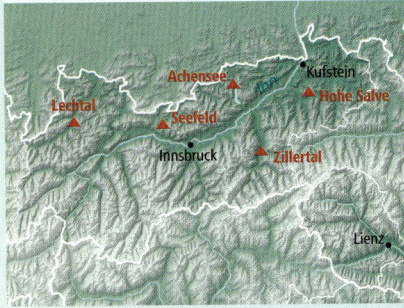

7

für jeden etwas dabei ist. Vor allem das **Lechtal**, das **Zillertal** und der **Achensee** bieten eine große Auswahl an **eher ebenen Wegen.** Eine gute Mischung an **leichten bis mittelschweren** Touren finden sich in der Region **Hohe Salve** sowie in der Region **Seefeld.** Bergbahnen helfen über die anstrengenden Höhenmeter hinweg. Die meisten höher gelegenen Wege sind allerdings auch dort etwas felsiger und erfordern mehr Trittsicherheit. Gut eingelaufene Schuhe und Wanderstöcke sind die halbe Miete! Vor allem für untrainierte Wanderer ist übrigens langes Bergabgehen wegen der Belastung der Knie nicht so sehr zu empfehlen. Bergaufgehen dagegen trainiert Muskeln und Ausdauer.

Wer nicht alleine wandern möchte, findet schnell Anschluss bei den **geführten Wanderungen,** die von vielen Tourismusverbänden angeboten werden.

Lohnt sich eine Hüttenübernachtung?

Ein besonderes Erlebnis ist eine **Hüttenübernachtung** – eine Übernachtung im Privatzimmer muss man in der Saison im Juli und August allerdings lange im Voraus buchen; im Lager ist aber meistens Platz. Am schönsten (allerdings manchmal auch etwas unkomfortabel) ist es auf den höheren, abgelegeneren Hütten, dafür ist die Atmosphäre einzigartig und das Essen schmeckt nach einer anstrengenden Wanderung dorthin doppelt so gut.

Und abgesehen vom Wandern?

Wem Wandern zu zahm erscheint, der hat in Tirol die Qual der Wahl, denn aufregende Trendsportarten locken Anfänger und Profis. Vom **Klettern** und **Klettersteiggehen, Downhill-** und **Freestyle-Biken** über **Rafting, Canyoning** und **Gleitschirmfliegen** bis hin zum **Kitesurfen** und **Stand-up-Paddling** ist alles möglich. Die lokalen Anbieter verfügen über hochwertiges, sicheres Equipment und bieten kompetente Beratung bei Schnuppertouren und Kursen.

Wenn Sie nicht unter Höhenangst leiden, versuchen Sie sich doch mal an einem **Klettersteig,** um den Fels hautnah in der Vertikalen zu erleben. Anders als beim Sport- oder Alpinklettern braucht man für den Einstieg keine längere Ausbildung und nicht einmal unbedingt einen Kurs, sondern kann sich das Klettersteigset mit Helm ausleihen und einen leichten Einsteigersteig in Angriff nehmen. Anfänger- und familienfreundliche Klettersteige gibt es in allen Regionen.

Wohlverdiente Stärkung auf einer Hüttentour

Rafting sollte natürlich nur angehen, wer keine Angst vor kaltem Wasser hat, und für sportlichere **Mountainbike-Touren** ist eine gewisse Radfahrsicherheit erforderlich – bei **Downhill-Fahrten** sind leichtere Stürze einzukalkulieren.

E-Bikes machen Rad- und Mountainbike-Touren zwar auch mit weniger Kondition möglich, doch Vorsicht: Was sich dank Motorzuschaltung leicht hinauffährt, kann bergab ziemlich steil sein.

Wer Interesse hat, unterschiedliche Sportarten auszuprobieren, tut gut daran, das **Sommerprogramm** der in Frage kommenden Urlaubsorte zu vergleichen. In manchen Regionen, wie St. Anton oder Seefeld, gehören auch ausgefallenere Aktivitäten zum Wochenprogramm: vom **Yoga** an Kraftorten in der Natur über **geführte E-Bike-Touren** bis hin zum **Biathlon-Probeschießen**. Auch manche Hotels bieten für ihre Gäste kostenlose bzw. stark verbilligte Leihräder an.

Gibt es nur Berge oder auch kulturelle Sehenswürdigkeiten?

Tirol besteht nicht nur aus Bergdörfern und Natur, auch Kulturhungrige finden hier einige Highlights. Tirol hat als Durchgangsregion für den europäischen Verkehr von Nord nach Süd, von Ost nach West eine erstaunlich lange Geschichte – das fängt schon mit dem Ötzi vor über 5000 Jahren an. Und die Habsburger und der Silberbergbau haben in historischer Zeit reiche Städte hinterlassen. Vor allem im **Inntal** gibt es viel zu entdecken: **Innsbruck** mit seiner historischen Altstadt, der reichen Geschichte und den vielen Museen, Schlössern und Kirchen beschäftigt für einige Tage. Nicht zuletzt kommen hier modern kontrastierend die Bauwerke der inzwischen verstorbenen Stararchitektin Zaha Hadid hinzu. Aber auch

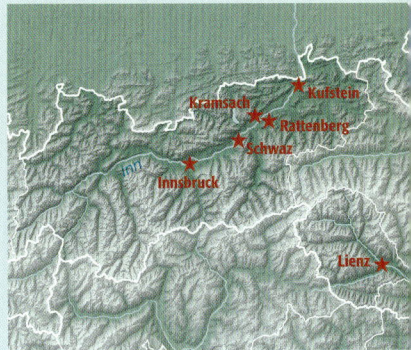

Tirol kulturell

Kufstein mit der Festung, die gotische Kirche in **Schwaz** und die historische Altstadt von **Rattenberg** lohnen einen Besuch. Versteckte Kleinode sind das Museum der Bauernhöfe in **Kramsach** und die Albin-Egger-Lienz-Sammlung in **Lienz** in Osttirol.

Tirol ohne Auto?

Die Anreise nach Tirol mit Zug oder Flugzeug ist unproblematisch (s. S. 22). Vor Ort kommt es dann auf die Region, das Tal an. Theoretisch sind alle Bergtäler mit öffentlichen Verkehrsmitteln erreichbar – allerdings einige etwas besser als andere. Gut und regelmäßig, auch am Wochenende, ist der öffentliche Nahverkehr z. B. im **Ötztal** und auch im **Stubaital**. **Seefeld** ist von Innsbruck aus u. a. mit der häufig verkehrenden Regionalbahn zu erreichen. In einigen Tälern wie dem **Pitztal** oder dem **Paznauntal** ist der öffentliche Nahverkehr in der allgemeinen Gästekarte mit eingeschlossen, auf jeden Fall aber in den optionalen Gästekarten. Trotzdem erfordert die Fortbewegung mit den öffentlichen Bussen einiges an Planung – und u. U. macht man sonntags besser etwas vor Ort.

Tirol persönlich – unsere Tipps

Was hat es mit den Gästekarten auf sich?

Wer in einer Region übernachtet, bekommt dort eine **Gästekarte,** die bestimmte Vergünstigungen gewährt: zumindest Ermäßigungen bei den Museumseintritten oder die Teilnahme an Stadtführungen, oft aber auch Gratisnutzung der Busse und Freibäder – und manchmal viel mehr. Manche Täler und Regionen bieten zudem käuflich zu erwerbende oder – häufiger – von den Hotels gestellte **Premiumkarten** an: Sie inkludieren u. U. die freie Nutzung von Bergbahnen und/oder Freizeiteinrichtungen, je nach Region beliebig oft oder z. B. täglich eine Bergbahn und ein freier oder stark ermäßigter Eintritt.

Spaß für Kinder und Jugendliche?

Jeden Tag nur wandern? Das finden Kinder schnell langweilig. Doch in Tirol gibt es vieles, was die Kleinen bei Laune hält: spektakuläre Spielplätze bei Hütten oder Bergstationen, Hochseilklettergärten und rasante Abfahrten.

Der **Alpenzoo in Innsbruck,** der **Wildpark in Aurach** und das **Haflingergestüt in Ebbs** lassen die Herzen kleiner Tierfreunde höher schlagen. Und die **Frei- und Spaßbäder** mit ihren Wasserrutschen sind immer eine Gaudi. Eine Mutprobe auch für Erwachsene ist die Doppelloopingrutsche des **Wave in Wörgl.** Und eine Fahrt auf einer der vielen **Sommerrodelbahnen,** etwa in **Mieders** im Stubaital, oder die Abfahrt mit dem **Mountaincart vom Kitzbüheler Horn** machen der ganzen Familie Spaß.

Einige Regionen wie das **Ötztal** oder der **Achensee** bieten ein eigenes **Jugendprogramm** an, bei dem die Teenager coole Sportarten wie Canyoning, Klettern und Mountainbiken mal ganz ohne Eltern ausprobieren können. Ebenso gibt es in einigen Regionen spezielle **Kinderprogramme.**

Was sollten Sie kulinarisch nicht versäumen?

Was uns dazu einfällt, ist alles Käse. Oder fast alles. Spätestens bei einer Wanderpause auf einer duftenden Almwiese werden Sie verstehen, warum der **Tiroler Käse** so lecker ist: Die Kühe verbringen den ganzen Sommer dort, und der Almkäse, der nur ab einer bestimmten Höhe und Steilheit der Wiesen so heißen darf, schmeckt nach all diesen Kräutern. Am besten probieren Sie ihn direkt in einer Sennerei oder auf der Alm – z. B. in der Schausennerei im **Almmuseum Alpe Dias in Kappl.** Ganz typisch für Tirol ist der magere, ohne Lab hergestellte **Graukäse,** traditionell mit Essig, Öl und Zwiebeln angemacht. Er schmeckt ziemlich deftig und streng und ist z. B. auf der **Untermarkter Alm bei Imst** besonders lecker.

Neben deftigen **Würsten** und **Räucherschinken** sind vor allem **Knödel** oder **Krapfen** regionaltypisch. Bäuerliche Sattmacher, die ihr Aroma oft dem Käse verdanken: **Kaspressknödel** oder **Zillertaler Krapfen** sind Klassiker. Eine deftige Variante für Fortgeschrittene sind die **Broder Krapfen,** zu bekommen im **Huber Bräu in St. Johann.**

Aus der guten Milch wird aber auch **Schokolade** hergestellt. Probieren Sie in **Landeck** oder **Innsbruck** die **Tiroler Edle**

Tirol auch für Kinder und Jugendliche

Haflingergestüt
Ebbs
Kufstein
Mountaincart-Abfahrt
Wave
Achensee
Wörgl!
Kitzbühel
Aurach
Wildpark
Alpenzoo
Inn
Innsbruck
Sommerrodelbahn
Ötztal
Lienz

Bummeln und edel shoppen können Sie in Kitzbühel

oder testen Sie Tiroler Schokolade auf unserer kulinarischen **Drauradwegtour** in Osttirol.

Zu trinken gibt es natürlich das wunderbare **Tiroler Quellwasser,** auch direkt aus der Leitung oder dem Brunnen. Und nach dem Essen einen samtigen **Tiroler Edelbrand.** Zahlreiche Brennereien sind zu besichtigen (natürlich inklusive Verkostung), Highlights sind z. B. der Spänling in **Stanz** oder der Osttiroler Pregler bei **Lienz.**

Wie sind denn die Tiroler so?

In einsamen Bergtälern rechnet man womöglich mit Eigenbrötlern oder gar Grantlern. Doch weit gefehlt – viele Tiroler sind tatsächlich sehr traditionsbewusst und heimatverbunden – aber gleichzeitig weltoffen. Eine historische Notwendigkeit: Erst waren die Menschen in den engen, kargen Tälern so arm, dass jahrhundertelang viele Tiroler im Ausland arbeiten mussten und von dort Einflüsse und Ideen mit zurückbrachten. Ab dem 19. Jh. kamen dann die Touristen. Chinesische und arabische Gäste sind inzwischen so selbstverständlich willkommen wie Briten und Deutsche. Tief verwurzelt ist eine gemütliche und sehr persönliche Art der Gastfreundschaft – in den typischen kleineren Hotels und Familienpensionen kennen die Wirtsleute ihre Gäste (und Stammgäste) und geben gerne individuelle Urlaubstipps.

Persönlicher Tipp zum Schluss

Ein (nicht zuletzt wegen der Schallschutzmauer) im Vorbeifahren oft übersehenes Städtchen im Inntal ist **Hall** mit seiner pittoresken Altstadt. Dank der unmittelbaren Nähe zu Innsbruck und seiner guten Auswahl an Geschäften und Restaurants ist es, so finden wir, eine hervorragende Basis für die Erkundung der gesamten Region.

NOCH FRAGEN?

Die können Sie gern per E-Mail stellen, wenn Sie die von Ihnen gesuchten Infos im Buch nicht finden:
ducke-thoma@dumontreise.de
info@dumontreise.de
Auch über eine Lesermail von Ihnen nach der Reise mit Hinweisen, was Ihnen gefallen hat oder welche Korrekturen Sie anbringen möchten, würden wir uns freuen.

Innergschlöss – abgeschieden am Venedigergletscher, S. 281

Blaue Quelle in Erl – entspannend und belebend, S. 96

Lieblingsorte!

Freiluftinhalatorium – gut benebelt, S. 155

Huber Bräu – das St. Johanner Traditions- bräu im Turm genießen, S. 106

Bergiselschanze – da runter?,
S. 174

SunOrama – entspannen mit Blick,
S. 204

Die Reiseführer von DuMont werden von Autoren geschrieben, die ihr Buch ständig aktualisieren und daher immer wieder dieselben Orte besuchen. Irgendwann entdeckt dabei jede Autorin und jeder Autor seine/ihre ganz persönlichen Lieblingsorte. Dörfer, die abseits des touristischen Mainstream liegen, eine ganz besondere Aussicht, Plätze, die zum Entspannen einladen, ein Stückchen ursprüngliche Natur – eben Wohlfühlorte, an die man immer wieder zurückkehren möchte.

Darmstädter Hütte – bekannt für Knödel und …, S. 258

Burg Schrofenstein – stille Ruine mit Aussicht, S. 242

Schnellüberblick

Imst und Außerfern
Die Gegend um Imst bietet Kletter-, Rafting- und Canyoning-Möglichkei- ten. Lieblicher geht es im Lechtal zu. Der Lech selbst ist einer der letzten Wild- flüsse Europas. S. 198

Innsbruck und Umgebung
Die Stadt lockt mit Kultur, schicken Läden und einem lebendigen Nachtleben.

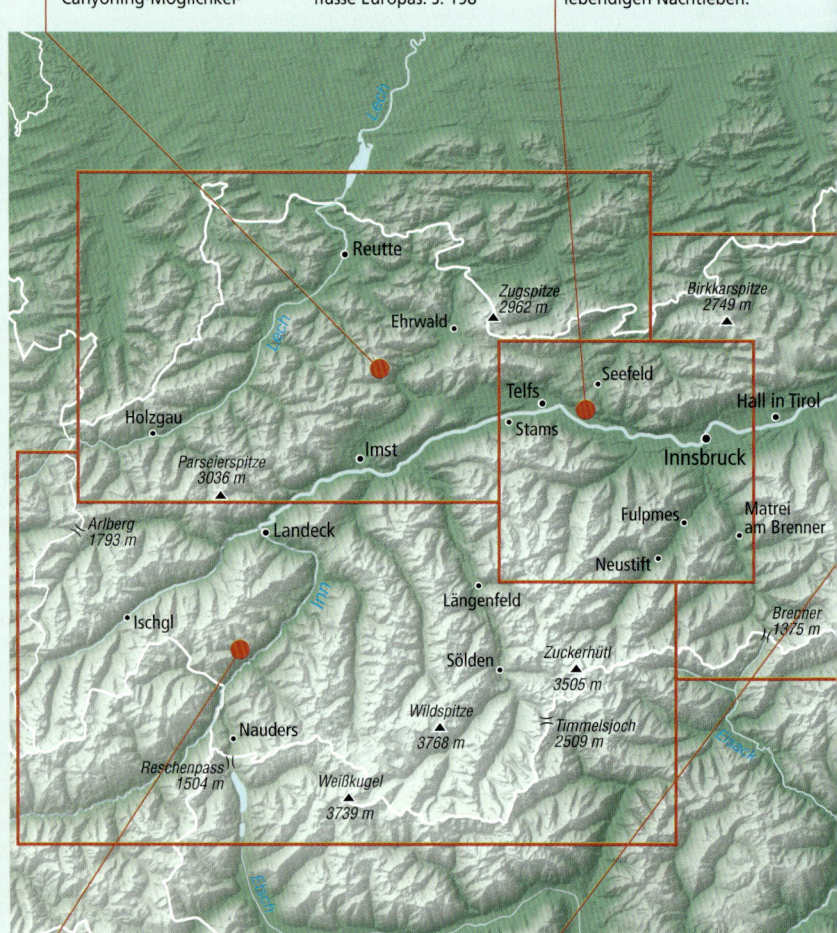

Region Oberland
Oft bis in den Hochsommer hinein schneebedeckte Gip- fel, enge Täler und felsige Schluchten machen das Oberland zum Traumziel für Wanderer und Bergstei- ger. S. 220

Das untere Inntal mit Seitentälern
Hier liegen mit Achensee und Zillertal klassische

Doch die Berge sind nah, auf der Nordkette, im Stubaital oder auf dem Seefelder Plateau. S. 162

Von Kufstein bis Kitzbühel Der schroffe Wilde Kaiser, die sanftere Hohe Salve und die Kitzbüheler Alpen prägen die Landschaft. Die beiden Städte bieten gehobenes Flair und ein Kulturangebot. S. 82

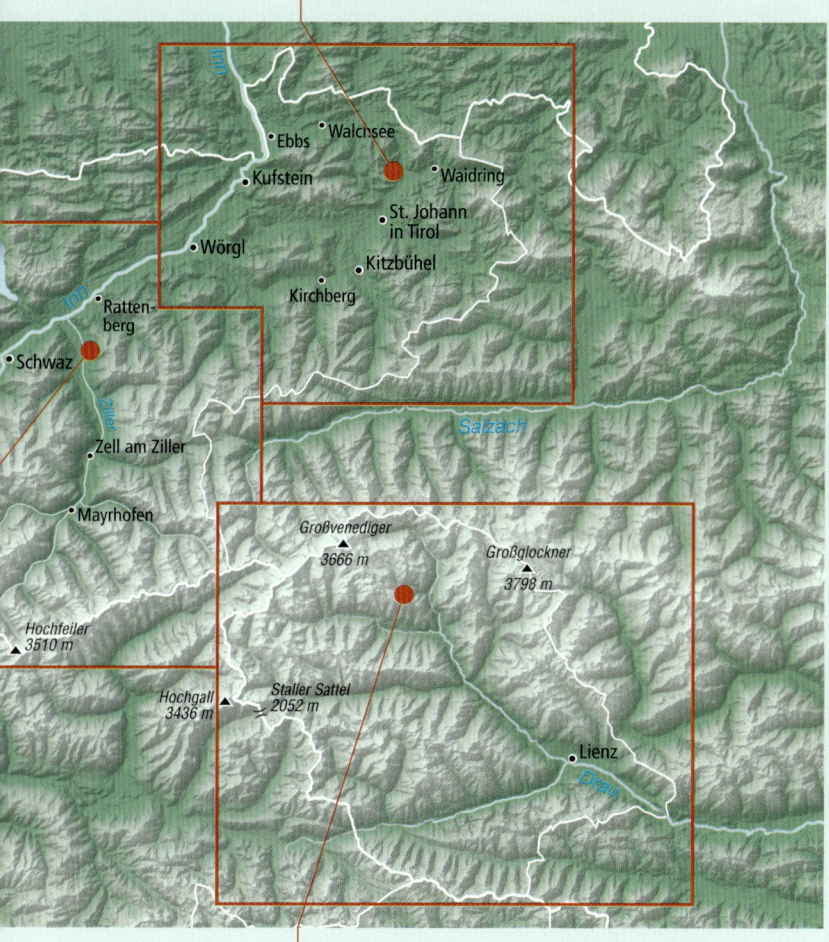

Familienziele, im Inntal Mittelalterstädte wie Rattenberg, Schwaz und Hall. S. 118

Osttirol Geografisch getrennt vom Rest des Bundeslands liegt hier der Nationalpark Hohe Tauern (Großglockner). Traditionsverbundenheit und Ruhe machen den Charme Osttirols aus. S. 262

Reiseinfos, Adressen, Websites

Gegen Abend wird es in den Berghütten ruhig – wunderbar nach einem langen Wandertag

Informationsquellen

Infos im Internet

www.tirol.at
Offizieller Online-Reiseführer von Tirol Werbung mit einer Fülle von Informationen zu Unterkünften, Essen, Aktivitäten und Veranstaltungen. Man kann sich die individuell relevanten Infos zu einem persönlichen Reiseführer zusammenstellen. Eine interaktive Karte erleichtert die Orientierung.

www.tirol.gv.at
Internetauftritt der Tiroler Landesregierung mit Informationen zum Landtag, den Gemeinden, aber auch zu Tourismus und Kultur. Viele Hintergrundinformationen.

www.tirol-erleben.at
Informative und aktuelle Seite mit zahlreichen Ausflugs-, Besichtigungs- und Einkaufstipps. Es gibt auch eine gedruckte Broschüre mit Besichtigungs-Highlights, die vor Ort in Tirol in den Touristeninformationen ausliegt.

www.tirol.tl
Online-Urlaubsportal einer Marketingfirma mit guten Kurzbeschreibungen der Ferienregionen und -orte sowie der relevanten Sehenswürdigkeiten.

www.tt.com
Jede Menge Aktuelles zu Politik, Wirtschaft, Sport und Kultur bietet die Online-Version der Tiroler Tageszeitung.

www.alpenverein.de, www. alpenverein.at, www.sac-cas.ch
Die Alpenvereine (von Deutschland, Österreich und der Schweiz) bieten Infos zu Hütten, Bergtouren, Aktivitäten und Veranstaltungen – auch in den Sektionen zu Hause.

www.bergfex.at
Internetplattform mit Tipps zum Alpinsport und Bergtourismus allgemein für ganz Österreich. Sehr umfangreiche Tipps zu Tirol: Wetterinformationen, Kartenmaterial, Tourenbeschreibungen, Webcam-Links und weitere zeitnahe urlaubsrelevante Informationen.

www.zamg.ac.at
Die österreichische Zentralanstalt für Meteorologie und Geodynamik informiert zuverlässig und aktuell über die Wetterverhältnisse. Es gibt auch einen speziellen Bergwetterbericht.

Informationsstellen

Für ganz Tirol
Tirol Werbung GmbH
Maria-Theresien-Str. 55
6020 Innsbruck
Tel. +43 512 532 01 00
www.tirol.at
Mo–Fr 8–18, Sa 8–12 Uhr

Touristeninformationen
Alle Ferienregionen Tirols besitzen eine Touristeninformation, die auch Gastgeberverzeichnisse verschickt. Alle haben zudem eine umfangreiche Internetseite mit Informationen zur Region, Aktivitäten und Tourenvorschlägen. Die Büros sind in der Regel Mo–Fr (manchmal mit Mittagspause), in der Saison in manchen Orten auch samstags oder sonntags vormittags geöffnet. Ist das Büro geschlossen, ist fast immer ein Regal mit Broschüren frei zugänglich. Die Adressen der einzelnen Büros finden sich im jeweiligen Ortskapitel.

Karten und Pläne

Gute Ortspläne und Übersichtskarten erhält man vor Ort in den Touristenbüros. Wanderwege sind fast überall vorbildlich ausgeschildert. Möchte man jedoch längere Bergtouren unternehmen, ist eine ordentliche Wanderkarte mit zuverlässigen Höhenlinien und möglichen Abkürzungen und Ausstiegen unbedingt zu empfehlen (auch zusätzlich zu Online- oder digitalen Karten!). Gutes Kartenmaterial vom Kompass-Verlags und DAV (Deutschen Alpenverein) ist auch vor Ort überall erhältlich; digitale Topos unter www.dav-shop.de oder unter www.open mtbmap.org. Dort sind die aktuellen Karten des internationalen lizenzfreien Projekts Open Street Map für GPS-Geräte fertig aufbereitet (Spende erbeten).

Lesetipps

Christoph W. Bauer: Im Alphabet der Häuser. Roman einer Stadt. Innsbruck 2007. Dialog an einer Bartheke in Innsbruck über die Häuser der Stadt und deren Geschichten.

Michael Forcher: Kleine Geschichte Tirols. Innsbruck, Wien 2015. Die Geschichte Tirols von der Zeit Ötzis bis in die Gegenwart, kurzweilig und gut strukturiert zusammengefasst.

Michael Gehler: Tirol im 20. Jahrhundert. Vom Kronland zur Europaregion. Innsbruck 2009. Recht detailliertes Geschichtswerk über die Landes- und Kommunalpolitik und besonders über die Abtrennung Südtirols nach dem Ersten Weltkrieg und die Konsequenzen.

Maria Gschwendtner: Tiroler Bäuerinnen kochen. Die besten Rezepte der original Tiroler Küche. Innsbruck 2007. Die Autorin, selbst Bäuerin, stellt in diesem Buch über 100 traditionelle Tiroler Rezepte vor: von der Gerstlsuppe über Spinatknödel bis hin zum Kaiserschmarren.

Norbert Mappes-Niediek: Österreich für Deutsche. Einblicke in ein fremdes Land. Berlin 2012. Ein klassischer Kulturführer, der Unterschiede zwischen so nah wirkenden Kulturen aufzeigt.

Irene Prugger: Almgeschichten. Vom Leben nah am Himmel. Innsbruck 2010. 31 Tiroler Almwirte erzählen aus ihrem Leben: von verregneten Sommern, von wandernden Touristen, von der Einsamkeit und Ruhe auf der Alm und von den Tieren.

Thomas Raab: Der Metzger bricht das Eis. München 2013. Den Wiener Restaurator Adrian Metzger verschlägt es in einen fiktiven Tiroler Wintersportort (starke Ähnlichkeit mit Kitzbühel). Dort will er dem Tod eines Obdachlosen nachgehen. Spannend, vergnüglich und voller guter Beobachtungen über den Wintertourismus in Tirol. Fünfter Band der Metzger-Serie.

Reinhard Rampold: Kunstführer Tirol. Die 400 bedeutendsten Kunstschätze in Nord- und Osttirol. Innsbruck 2014. Kunstschätze, hauptsächlich Kirchen, in Nord- und Osttirol werden etwas trocken, aber sehr fundiert dargestellt.

Brigitte Riebe: Die schöne Philippine Welserin. Meßkirch 2013. Historischer Kriminalroman über die unstandesgemäße Ehe zwischen der Bürgerlichen Philippine Welser und dem Habsburger Ferdinand II. (s. Entdeckungstour S. 178). Nach Philippines Tod munkelt man, sie sei vergiftet worden …

Sepp Schluiferer: Fern von Europa. Tirol ohne Maske. Innsbruck 2009. Satirische kurze Erzählungen über die ›typischen Tiroler‹. Äußerst kurzweilig. Bereits 1909 veröffentlichte der österreichische Autor Carl Techet dieses Buch erstmals (unter Pseudonym).

Stefan Spath/Udo Bernhardt: Bildatlas Tirol. Urlaub in den Bergen. Ostfildern 2016. Schöne Fotos kombiniert mit einer kurzen Einführung zu Land und Leuten.

Wetter und Reisezeit

Klima

Tirol gehört der gemäßigten Klimazone an. Das Wetter in **Nordtirol** wird durch kontinentale und atlantische Einflüsse bestimmt, mit eher feuchten Sommern und (noch) relativ schneereichen Wintern. Durch den Klimawandel wird die Schneemenge jedoch in Zukunft wohl weiter sinken.

Die zahlreichen Bergketten sind als Wetterscheiden für das Mikroklima verantwortlich. Vor allem an den **Nördlichen Kalkalpen,** den Bergen nördlich des Inntals, kommt es wegen der Staulagen häufiger zu Niederschlag. Dagegen ist das Klima in den **inneralpinen Tälern** wie im gesamten Inntal vergleichsweise mild und eher niederschlagsarm. In den **schmaleren Gebirgstälern** wie dem Pitztal oder dem Ötztal haben Orte im Talgrund weniger Sonnenstunden.

Osttirol hingegen kann aufgrund seiner Lage südlich des Alpenhauptkamms und der mediterranen Klimaeinflüsse aus dem Süden die meisten Sonnenstunden und die wenigsten Regentage im Jahr verbuchen.

Reisezeit

Jede Jahreszeit in Tirol hat ihren Reiz.

Frühjahr, Spätsommer und Herbst

Wer von günstigen Unterkünften profitieren möchte und zudem eher an leichteren Wanderungen unterhalb der Baumgrenze interessiert ist, für den sind Frühjahr und Herbst eine gute Reisezeit.

Im **März und April** kann das Thermometer abends und nachts noch Minusgrade anzeigen. In den Tälern kann es **ab Mai** schon sehr sonnig und warm sein, während auf den Bergen noch hoher Schnee liegt. Nur in Osttirol beginnt dann schon der Sommer. Wer im **Mai oder Anfang Juni** in die Berge möchte, sollte auf jeden Fall die Touristeninformation wegen der Wegbeschaffenheit kontaktieren – auch weil Frühjahrsstürme schon mal Bäume umstürzen und es bis in den Frühsommer dauern kann, die Schäden zu beseitigen.

Im **Spätsommer und Herbst** ist das Wetter meist beständiger. Schon **ab Anfang September** wird es in den meisten Orten merklich kühler und die Wälder beginnen sich bunt zu verfärben – auch hier ist Osttirol eine Ausnahme und etwas länger wärmer. Dennoch ist **ab Mitte September** die Zeit für Hochtouren in den Bergen und das Genießen von Badeseen vorbei. Dafür ist das Wetter ideal für Rad- oder Klettertouren. Und **Ende September/Anfang Oktober** finden allerorts die Almabtriebe statt: Die festlich geschmückten Kühe kehren in die Heimatställe zurück.

Klimadiagramm Innsbruck

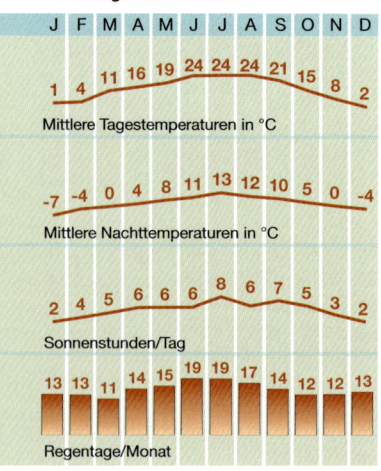

J	F	M	A	M	J	J	A	S	O	N	D
1	4	11	16	19	24	24	24	21	15	8	2

Mittlere Tagestemperaturen in °C

| -7 | -4 | 0 | 4 | 8 | 11 | 13 | 12 | 10 | 5 | 0 | -4 |

Mittlere Nachttemperaturen in °C

| 2 | 4 | 5 | 6 | 6 | 6 | 8 | 6 | 7 | 5 | 3 | 2 |

Sonnenstunden/Tag

| 13 | 13 | 11 | 14 | 15 | 19 | 19 | 17 | 14 | 12 | 12 | 13 |

Regentage/Monat

»Leise rieselt …« über Sölden, dem Highlight für Wintersportler

Hochsommer

Die Sommermonate **Juli und August** sind die wärmsten Monate: Mit oft schneefreien Gipfeln ist dies die beste Zeit für hochalpine Hüttentouren. Auf den Bergwiesen blühen Alpenrosen und viele andere Blumen. Allerdings bringt der Sommer auch oft Regen und Gewitter. Weil die Wetterlagen in den Gebirgstälern oft lokal begrenzt sind, kann es sich lohnen, kurzfristig flexibel zu sein – schon im nächsten Tal oder auf der anderen Seite des Inntals mag prima Wanderwetter sein! Die deutschen und holländischen Schulferien sind in vielen Gebieten die Hochsaison.

Winter

Wintersportler können **ab Ende November** mit Schnee in den Skigebieten rechnen, allerdings gab es in den letzten Jahren häufiger grüne Weihnachten. Je nach Skigebiet werden aber spätestens **ab Mitte Dezember** mit Schneekanonen oder gehortetem Schnee vom letzten Jahr zumindest einzelne Pisten und Loipen präpariert.

Der **Januar** ist mit Temperaturen von bis zu minus 10 °C der kälteste Monat, dann ist auch die Schneewahrscheinlichkeit am höchsten. Die **Wintersaison** geht bis in den März, in höheren Lagen und auf den Gletschern sogar bis in den Mai.

Kleidung und Ausrüstung

Für den **Wanderurlaub** sind den geplanten Touren angemessene Schuhe notwendig; fast für alle Wege in Tirol sollten sie über den Knöchel reichen. Außerdem braucht man Regenschutz und Kopfbedeckung, gegebenenfalls auch eine Sonnenbrille. In den Bergen ist die Intensität der UV-Strahlung wesentlich höher, daher unbedingt Sonnencreme mit hohem Lichtschutzfaktor (mindestens 20, besser höher) einpacken. Selbst wer eher im Tal bleibt, sollte auf jeden Fall auch etwas Wärmeres (Jacke oder Pullover) dabeihaben, da es auch im Hochsommer zu Kälteeinbrüchen kommen kann.

Anreise und Verkehrsmittel

Einreisebestimmungen

Österreich gehört zur EU, zur Einreise genügt daher ein Personalausweis oder Reisepass. Kinder benötigen unabhängig vom Alter ein eigenes Reisedokument. Zzt. (Ende 2016) werden allerdings Grenzkontrollen durchgeführt.

Zollbestimmungen

Normalerweise werden keine Zollkontrollen durchgeführt, doch sind Stichproben jederzeit möglich. Folgende Beschränkungen gelten innerhalb der EU: Abgabenfrei sind max. 800 Zigaretten, 400 Zigarillos, 200 Zigarren, 1 kg Tabak, 10 l Spirituosen, 20 l Zwischenerzeugnisse, 90 l Wein, 110 l Bier. Bei Überschreitung dieser Mengen muss ein Nachweis beigebracht werden, dass diese für den Eigenbedarf vorgesehen sind. Bei Reisen in und durch Drittländer (Schweiz) bzw. für Schweizer gilt: Zollfrei mitgeführt werden dürfen: 200 Zigaretten (oder 50 Zigarren oder 250 g Tabak), 1 l Spirituosen über 22 % oder 2 l Spirituosen unter 22 %, 50 ml Parfüm, 250 ml Eau de Toilette, 500 g Kaffee und 100 g Tee. S. hierzu auch: www.zoll.de/DE/Privatpersonen/Reisen/Reisen-innerhalb-der-EU, www.ezv.admin.ch.

Anreise

… mit dem Flugzeug

Mehrere Fluglinien bedienen den **Internationalen Flughafen Kranebitten** in Innsbruck, der allerdings verhältnismäßig oft von Verspätungen aufgrund von Wetterbedingungen betroffen ist. Von Deutschland aus fliegen **Lufthansa** (www.lufthansa.com), **Austrian Airlines** (www.austrian.com) und **Air Berlin** (www.airberlin.com) nach Innsbruck.

Weitere Flughäfen mit relativ guter Anbindung an Nordtirol sind München und Salzburg. Vom Allgäuflughafen Memmingen sind es nur 85 km bis Reutte im Lechtal. Von Lienz aus befindet sich der nächstgelegene Flughafen in Klagenfurt (145 km).

Von den Flughäfen gibt es Bahn- und/oder Busverbindungen in alle Feriengebiete Tirols. Eine Alternative sind Shuttlebusse oder Taxis mit Festpreisen. Details hierzu finden sich auf der Website der Touristeninformationen.

… mit der Bahn

Stressfrei und vor allem umweltfreundlich ist die Anreise mit der Bahn. Besonders wenn man mehrere Tage in einem Hotel oder einer Pension gebucht hat, ist die Abholung vom Bahnhof in der Regel kein Problem. Zahlreiche Sonderangebote, wie die **Sparschiene der ÖBB** und das **Europaspezialticket der DB,** sind zudem noch äußerst günstig. Von München aus verkehrt ein direkter Schnellzug im Zweistundentakt nach Innsbruck (ca. 2 Std.). 1 x tgl. fährt ein Direktzug von Berlin nach Innsbruck (gut 8 Std.). Von der Schweiz fährt der Railjet 6 x tgl. von Zürich nach Innsbruck (3,5 Std.). Verbindungen und Preise unter www.oebb.at.

Die Anreise nach **Osttirol** per Bahn erfolgt entweder über Kärnten (Spittal am Millstätter See), dort Umsteigen in die S-Bahn nach Lienz, oder über Kitzbühel mit Umsteigen dort in den Expressbus durch den Felbertauerntunnel. Von Bozen aus geht es über Toblach und Innichen ebenfalls nach Lienz.

... mit dem Bus

Auch einige Fernbuslinien fahren nach Tirol. **Flixbus/Mein Fernbus** (https://meinfernbus.de) fährt von München über Scharnitz und Seefeld nach Innsbruck. Von Chemnitz aus fährt **Dietrich Touristik** (www.dietrich-touristik.at) über München, Garmisch-Partenkirchen, Krün und Seefeld nach Telfs. **Eurobus** (www.eurobus.ch), ein Schweizer Busunternehmen, fährt von 14 Abfahrtsorten in der Schweiz nach Seefeld und an den Achensee.

Nach **Osttirol** fährt ein **Postbus** (www.postbus.at) von Innsbruck über die Brennerautobahn und das Pustertal nach Lienz. Alternativ können Sie den Postbus von Kufstein durch den Felbertauerntunnel nach Lienz benutzen.

... mit dem Auto

Die wichtigste Verkehrsader nach **Nordtirol** ist die Inntalautobahn über Kufstein nach Innsbruck und Landeck. Alternativ kann man über Füssen nach Reutte im Lechtal und weiter über den Fernpass fahren oder aus dem Münchner Raum über Mittenwald/Scharnitz oder über den Achenpass. Von Westen aus fährt man über Vorarlberg und den Arlbergtunnel.

Osttirol, das geografisch keine Verbindung zu Nordtirol hat, ist etwas umständlicher zu erreichen: Direkt von Norden kommt man über den Felbertauerntunnel. Eine großräumige Umfahrung ist auch über die Brennerautobahn und Südtirol möglich oder – nur im Sommer als Panorama-Mautstrecke – über die Großglockner-Hochalpenstraße.

Verkehrsmittel vor Ort

Bahn

Die **Hauptbahnlinie** in Nordtirol führt von der Grenze bei Kufstein durch das Inntal über Innsbruck und St. Anton weiter nach Vorarlberg. Eine **Seitenlinie** zweigt in Wörgl durch das Brixental nach Kitzbühel und St. Johann ab. Von Innsbruck geht eine Zugverbindung über den Brenner nach Bozen und Richtung Norden nach Seefeld in Tirol und weiter nach Scharnitz.

Die **ÖBB** (Österreichische Bundesbahn, www.oebb.at) bietet ein in R- und REX-Zügen sowie S-Bahnen gültiges Nahverkehrsticket, das **Einfach-raus-Ticket,** an, mit dem Kleingruppen günstig fahren können.

Privatbahnen fahren aus dem Inntal zum Achensee und ins Zillertal.

In alle übrigen Täler Nordtirols müssen Bahnreisende in den Bus umsteigen.

Bus

Selbst in die entlegenen Täler Tirols gibt es mehr oder weniger regelmäßige Busverbindungen. Busse fahren meist zwischen 6 und 24 Uhr und sind vor al-

Tarife und Tickets im Verkehrsverbund Tirol

Der öffentliche Nahverkehr ist in ein Zonensystem unterteilt, die **Tickets** gelten sowohl in der Bahn als auch in Bussen und Straßenbahnen. Ein Einzelticket berechtigt zur direkten Fahrt ohne Unterbrechung, zum Preis von Hin- und Rückfahrt erhält man ein Tagesticket. Tickets kauft man am Automaten an Bahnhöfen, seltener an Haltestellen oder beim Busfahrer. Zugverbindungen, Busverbindungen und Fahrtkosten lassen sich über die Homepage oder App des Verkehrsverbunds Tirol recherchieren (www.vvt.at).

Wandertaxi und Wanderbus

Im Sommer fahren in vielen Tälern zusätzliche Wanderbusse, Wandertaxis oder Hüttentaxis. Dieser Service wird von Privatanbietern zu einem festgelegten Tarif angeboten und ist auf die Bedürfnisse von Wanderern ausgelegt, d. h. einer oder wenige Busse morgens und abends.

lem auf die Bedürfnisse Einheimischer ohne Führerschein ausgerichtet, d. h. morgens bis 9 Uhr und am späten Nachmittag sind die Verbindungen häufiger, am Wochenende und in den Schulferien ist der Verkehr eingeschränkt. Auch gibt es über Mittag (ca. 12.30–15 Uhr) oft längere Pausen. Wer auf den Bus angewiesen ist, sollte daher gut planen. In einigen Urlaubsregionen beinhaltet die Gästekarte die freie Benutzung des öffentlichen Nahverkehrs.

Autofahren

Das Mitführen der **Grünen Versicherungskarte** ist Pflicht.

Zur Benutzung der österreichischen Autobahnen ist eine **Vignette** notwendig, die vor der Auffahrt auf die österreichische Autobahn oder Schnellstraße erworben werden muss. Erhältlich ist die Vignette in Österreich an Trafiken (Tabak-/Zeitschriftenkioske) und Tankstellen, in den Nachbarländern aus an grenznahen Tankstellen sowie über die jeweiligen Automobilclubs. Man hat die Wahl zwischen 10-Tages-, 2-Monats- und Jahresvignetten. 2016 kosten sie für einen Pkw 8,80/25,70/85,70 €, für ein Motorrad 5,10/12,90/34,10 €. **Aktuelle Vignettenpreise** finden Sie im Internet unter www.asfinag.at/maut/vignette.

Besondere Verkehrsregeln

Gegenverkehr auf Bergstraßen: Sind Sie auf Bergstraßen unterwegs und haben Gegenverkehr, muss das Fahrzeug ausweichen, dem dies aufgrund der örtlichen Verhältnisse leichter fällt.

Geschwindigkeitsbeschränkungen: innerorts 50 km/h, außerorts 100 km/h, Schnellstraßen 100 km/h, Autobahnen 130 km/h.

Halte- und Parkverbot: Gelbe Zickzacklinien bedeuten Halte-/Parkverbot. Auf Fahrbahnen mit Gegenverkehr darf nur geparkt werden, wenn mindestens zwei Fahrspuren freibleiben.

Promillegrenze: 0,5 ‰ (für Personen, die den Führerschein kürzer als zwei Jahre besitzen: 0,1 ‰).

Rettungsgasse: Auf Autobahnen und Schnellstraßen ist bei Stau oder stockendem Verkehr das Bilden einer Rettungsgasse (www.rettungsgasse.com) Pflicht, auch wenn sich noch kein Einsatzfahrzeug nähert. Bei Behinderung von Einsatzfahrzeugen sind Geldstrafen bis 2180 € möglich!

Überholen: Überholen ist 80 m vor und hinter Bahnübergängen verboten.

Unfall: Rufen Sie im Falle eines **Unfalls** zwecks Beweissicherung bei Sachschäden die Polizei, wird eine Gebühr von 36 € erhoben.

Vorfahrt: Vorfahrtsberechtigte verlieren durch Anhalten die Vorfahrt. Wenn nicht anders ausgeschildert, hat der in den **Kreisverkehr** Einfahrende Vorfahrt.

Winterreifen (bzw. **Schneeketten**): vorgeschrieben 1. Nov.–15. April.

Leihwagen

Wer mit öffentlichen Verkehrsmitteln anreist, aber vor Ort, vielleicht auch nur zeitweise, ein Auto zur Verfügung haben möchte, kann bei den gängigen Mietwagenfirmen ein Auto leihen. Am billigsten ist die Anmietung/Abgabe am Flughafen Kranebitten/Innsbruck. Günstige Angebote im Internet finden sich oft auf www.billigermietwagen.de.

Übernachten

Tourismus ist einer der wichtigsten Wirtschaftszweige in Tirol und entsprechend groß und vielfältig ist auch das Angebot an Unterkünften, das vom Luxusdesignerhotel bis zum Lager in einer Berghütte reicht.

Saison, Preise, Buchung

Der Winter ist (bisher) die **Hauptsaison** im Tourismus; um Weihnachten und Neujahr sind begehrte Unterkünfte lange im Voraus ausgebucht und bis zu ein Drittel teurer als im Sommer, frühzeitige Buchung ist daher ratsam.

Die **Preise** in diesem Reiseführer beziehen sich zumeist auf ein Doppelzimmer mit Frühstück (DZ/ÜF) in der Sommer-Hochsaison (Juli–Anf. Sept.). In Gastgeberverzeichnissen und auf Internetseiten ist der Preis meist pro Person angegeben und schließt in Hotels und Pensionen oft Halbpension mit ein: in der Regel ein üppiges mehrgängiges Menü. In der touristenärmeren Sommerzeit wird aus der Halbpension in manchen Betrieben eine Dreiviertelpension, d. h. nachmittägliches Kuchenbüfett oder eine Brotzeit sind im Preis enthalten. Zumindest im Sommer ist es in der Regel auch möglich, auf Anfrage nur Übernachtung mit Frühstück zu buchen. In den großen und bekannten Skigebieten wie Ischgl, Sölden und St. Anton sind im Sommer viele Hotels, Pensionen und Restaurants geschlossen. Dafür kann man dann vor allem in den Hotels der Vier- und Fünf-Sterne-Kategorie oft richtige **Schnäppchen** finden.

Fast überall wird zusätzlich eine **Tourismusabgabe** erhoben (2–3 €/Pers.).

Buchung

Die Tourismusverbände halten umfangreiches Material mit **Übernachtungsin**formationen bereit (auf Websites oder per Post). Wer auf Nummer sicher gehen oder unbedingt in einem bestimmten Hotel nächtigen möchte, bucht besser vor, aber in der Regel ist vor Ort immer noch ein Zimmer zu bekommen. Im Zweifelsfall hilft auch hier die Touristeninformation oder automatisierte Betteninformatoren, die oft an den Ortseinfahrten zu finden sind, weiter.

Neben den gängigen internationalen **Online-Buchungsportalen** hat auch die Seite von Tirol Werbung ein Buchungsportal für Unterkünfte in ganz Tirol (www.tirol.at/urlaub-buchen).

Hotels

Außer in der Landeshauptstadt Innsbruck finden sich in Tirol kaum Kettenhotels und selbst die großen Fünf- und Vier-Sterne-Hotels sind oft Familienbetriebe mit einer recht persönlichen Betreuung der Gäste. Wichtiger als die Sternekategorie ist fürs individuelle Wohlfühlen möglicherweise der Stil des Hotels, der reicht von althergebracht (Typ Stammplatz mit Tischab-

Nachhaltiges Übernachten

In diesem Buch haben wir verstärkt nachhaltige Unterkünfte bzw. Unterkünfte mit einer biologischen Orientierung berücksichtigt. Unter www.biohotels.info lässt sich auch gezielt in Tirol suchen. Mit dem österreichischen Umweltzeichen werden Betriebe ausgezeichnet, die besonderen Wert auf Nachhaltigkeit, Regionalität und Umweltfreundlichkeit legen (www.umweltzeichen.at). Viele Hotels bieten an, auf Wunsch die Handtücher nicht täglich zu wechseln – nutzen Sie dies.

falleimer) bis locker-modern (viel Holz und Stein). Einige Hotels nehmen auch explizit Hunde mit auf.

Insgesamt ist das Preis-Leistungs-Verhältnis in den Hotels, vor allem im Sommer, in ganz Tirol sehr gut und es sollte kein Problem sein, für etwa 80 € pro Nacht ein hochwertiges Doppelzimmer mit Frühstück zu buchen.

Pensionen

Der Übergang vom Hotel zur Pension und von der Pension zur Ferienwohnung ist in Tirol fließend, so haben viele Pensionen Ferienwohnungen und offerieren auf Wunsch auch den Ferienwohnungsgästen Frühstück. Im Vergleich zu Hotels bieten Pensionen etwas weniger Komfort, so ist die Rezeption meist nicht ständig besetzt und oft gibt es keine Option auf Halbpension. Die Zimmer sind u. U. etwas altmodischer eingerichtet, Internet und ein eigenes Bad hingegen sind in fast allen Pensionen eine Selbstverständlichkeit.

Ferienwohnungen, Privatzimmer und mehr

Vor allem im Winter fordern **Ferienwohnungen** und **Privatzimmer** einen Mindestaufenthalt von meist drei Nächten, im Sommer sind Einzelübernachtungen oft kein Problem, u. U. muss ein kleiner Zuschlag für Kurzaufenthalte bezahlt werden. Ebenso fällt eine Gebühr für die Endreinigung an. Über die Internetseite des **Privatvermieter Verbands Tirol** (www. privatvermieter-tirol.at) lassen sich zahlreiche Ferienwohnungen und Privatzimmer bequem online recherchieren und buchen. Die Mitgliedsbetriebe unterliegen einer Qualitätskontrolle, gemessen in Edelweiß (Kategorien von 2 bis 4 Edelweiß).

Traditionell, gemütlich und ursprünglich übernachtet man auch in einem gemieteten **Chalet** bzw. einem **Hüttendorf.** Informationen gibt es bei den Tourismusverbänden der Region.

Ferien auf dem Bauernhof

Für Familien mit Kindern ist auch ein Urlaub auf dem Bauernhof ein eindrückliches Erlebnis. Auf speziellen Kinderbauernhöfen können die Kleinen bei der Fütterung und beim Melken helfen, während sich die Eltern mit einem Buch auf der Sonnenterrasse entspannen. Nicht wenige dieser Bauernhöfe sind Biobauernhöfe. Einige Angebote finden sich im Internet unter www.urlaubambauernhof.at.

Hostels und Jugendherbergen

Außer in Innsbruck (s. S. 181) finden sich in Tirol kaum Jugendherbergen oder Hostels mit Unterkunftsmöglichkeiten im Schlafsaal. Diese sind zudem oft nur unwesentlich billiger als ein Einzelzimmer in einer günstigen Pension. Pro Person sind mindestens etwa 18 € zu kalkulieren. **Anbieter von Adventure-Sportarten,** etwa in Haiming und im Ötztal, bieten oft auch Schlafsäle zur Übernachtung für ihre Kunden an. Wenn Platz vorhanden ist, kann man dort auch unterkommen, wenn man keine Tour gebucht hat.

Camping

Campingplätze gibt es vor allem in den Tälern und auf den Hochplateaus, sie sind fast immer schön gelegen und bieten viel Natur. Man sollte aber bedenken, dass es in den höheren Tälern auch im Sommer nachts empfindlich kalt werden kann. In der Ausstattung

Ländliches Idyll wartet allenthalben abseits der touristischen Hotspots

reichen die Plätze von einfach bis luxuriös (Kletterwand, Schwimmbad, Sauna, Kinderanimation). Campingurlaub ist nicht unbedingt billig, so kann ein Stellplatz bis zu 45 € kosten. Insbesondere wer mit einem kleinen Zelt (und womöglich ohne Auto) unterwegs ist, sollte sich vorher über den Platz informieren, die großen, auf Familien mit Wohnmobil ausgelegten sind dann manchmal ein schlechter Deal, während andere Plätze z. B. günstige Radlerpauschalen bieten. Übrigens: Wer während des Aufenthalts eine Hüttentour macht, kann das Zelt mit überflüssigem Gepäck auf vielen Campingplätzen stehen lassen und nur die Zelt-Grundgebühr bezahlen, ca. 5–10 €.

Informationen zum Campen in Tirol finden sich unter www.campingtirol.at und www.camping.info/österreich.

Berghütten

Tirol ist das Land der Berge und man muss nicht unbedingt eine mehrtägige Hüttentour machen, um einmal auf einer Berghütte zu übernachten. Viele der Hütten (oft nur in der Sommersaison, ca. Juni–Anfang Okt. geöffnet) sind relativ einfach vom Tal oder von der Seilbahn aus zugänglich, bieten leckeres Essen und ein beeindruckendes Bergpanorama – allerdings meist keine Dusche und nur gegen eine relativ hohe Gebühr. In den Hütten gibt es in der Regel Privat- (z. B. Zwei- oder Vier-Bett-Zimmer, die man als Kleingruppe buchen kann, meist keine Einzelzimmer), Mehrbettzimmer und Bettenlager. Privat- und Mehrbettzimmer müssen in der Hochsaison vorreserviert werden, im Lager findet sich meist auch spontan noch ein Platz.

Viele Hütten werden vom Österreichischen oder Deutschen Alpenverein (ÖAV, DAV) betrieben, als Mitglied bekommt man Ermäßigungen von bis zu 50 %. Da kann sich eine Mitgliedschaft bereits ab einigen Übernachtungen lohnen – zumal die Alpenvereine auch Talhütten betreiben. Viele Hütten sind mittlerweile so komfortabel, dass es auch möglich ist, dort einen mehrtägigen Urlaub zu verbringen und Ausflüge in die Berge der Umgebung zu machen. Auf jeden Fall Ohrstöpsel mitnehmen!

Essen und Trinken

Die Tiroler Küche unterscheidet sich in vielen Punkten nur unwesentlich von der sonstigen österreichischen, so stehen Knödel und Mehlspeisen auf jeder Speisekarte. Bei einer Wanderung lässt sich gut eine Pause auf der Alm einlegen, mit einer traditionellen Brettljause (in manchen Gegenden in Tirol, z. B. im Oberland und in Osttirol auch Marend genannt). Sie besteht auf jeden Fall aus frischem Bauernbrot, Butter, Tiroler Speck, Kaminwurzen (einer kaltgeräucherten luftgetrockneten Wurst), Heumilchkäse und oft Essiggurken. Gute traditionelle Tiroler Küche findet man in den Gasthäusern mit dem **Siegel Tiroler Wirtshaus,** mit dem in ganz Tirol 123 Betriebe ausgezeichnet sind (www.tiroler-wirtshaus.at). Der Verein Genuss Region Österreich kürt jedes Jahr **GenussWirte,** ebenfalls eine Auszeichnung für gute regionale Küche (www.genuss-region.at).

Tiroler Schmankerl

Das Tiroler Gericht schlechthin sind **Knödel,** die es in vielen unterschiedlichen Variationen gibt: **Semmelknödel, Spinatknödel, Speckknödel** oder **Rote-Bete-Knödel,** wobei die Basis aus Brot besteht. Man isst die Knödel in einer klaren Suppe oder mit Salat, oft gibt es auf der Speisekarte auch **Knödel Tris** – drei verschiedene Knödel. Eine Besonderheit sind **Kaspressknödel,** flachgepresste Knödel mit Bergkäse oder Graukäse, die angebraten oder in Suppe serviert werden.

Graukäse (Graukas) ist ein fettarmer Sauermilchkäse, der relativ streng riecht und schmeckt. Er wird in verschiedenen Gerichten, wie Kaspressknödel oder gefüllten Krapfen, verwendet oder mit Essig, Öl und Zwiebeln sauer angemacht.

Wegen der kargen Landschaft waren die meisten Tiroler Bauern früher sehr arm und in der Küche wurden aus Resten ganze Mittagessen gezaubert. Ein typisches Montagsessen, das die Reste vom Sonntag verwertet, heute aber die ganze Woche über eigentlich in jedem Restaurant zu haben ist, ist das **Tiroler Gröstl:** ein Pfannengericht aus gekochten Kartoffeln, in Stücke geschnittenem Rind- oder Schweinefleisch (Reste vom Sonntagsbraten), Zwiebel und einem Spiegelei.

Kiachl sind in Schmalz ausgebackene Hefeteigfladen, man isst sie meist süß mit Marmelade oder Apfelmus, aber auch herzhaft mit Sauerkraut. Am besten schmecken sie ganz frisch.

Die bekannten **Zillertaler Krapfen** sind in Fett ausgebackene Teigtaschen mit einer Füllung aus Kartoffeln und Graukäse. In Osttirol gibt es herzhafte Krapfen innen hohl, ohne Füllung.

Ebenfalls in Fett ausgebacken sind die **Blattln** aus Kartoffelteig (ebenfalls ohne Füllung), die es vor allem im Unterinntal gibt und die mit Kraut gegessen werden.

Ähnlich den italienischen Ravioli oder den schwäbischen Maultaschen sind die **Schlutzkrapfen** (in Osttirol auch Schlipfkrapfen), gefüllt mit Kartoffeln, Spinat, Käse oder Fleisch.

Wer nur eine Kleinigkeit möchte, kann eine Tiroler **Gerstlsuppe** probieren – eine kräftige Gerstensuppe mit Speck; besonders gut ist sie in den Imbissstuben von Metzgereien.

Fleisch und Fisch

Weit über die Landesgrenzen hinaus bekannt ist der **Tiroler Speck,** ein Schweinespeck, der durch eine europäische Ursprungsbezeichnung

Gaumenfest in allen möglichen Variationen: Schlutzkrapfen. ›Schlutzen‹ bedeutet eigentlich nur so viel wie rutschen und dafür sorgt meist warme Tiroler Butter

geschützt ist. Nach dem Pökeln wird er über Buchenholz geräuchert und an der Tiroler Bergluft getrocknet. Das Familienunternehmen Handl hat sich auf die Herstellung von Tiroler Speck spezialisiert und verkauft die Köstlichkeiten in eigenen Läden in ganz Tirol – man kann auch vor Ort probieren (www.handltyrol.at). Der vakuumverpackte Speck ist auch ohne Kühlschrank haltbar und eignet sich gut als Souvenir.

In den Tiroler Bergen werden Hirsche, Rehe und Gämsen geschossen und entsprechend oft findet sich auch **Wild** auf den Speisekarten der Restaurants, serviert meist mit Spätzle oder Semmelknödel.

Bei **Beuscherl** handelt es sich um ein leicht saures Ragout aus Innereien, überwiegend Herz und Lunge und oft vom Kalb (Kalbsbeuscherl). Dazu werden gerne Semmelknödel gegessen.

Insbesondere das Zillertal und die Orte am Achensee sind auch bekannt für gute **Forellen**.

Mehlspeisen

Die österreichische und auch die tirolerische Mehlspeise schlechthin ist der **Kaiserschmarren,** ein in Stücke gezupfter dicker Pfannkuchen. Angeblich heißt er so, weil der österreichische Kaiser Franz Josef I. ihn gar so gerne aß. Immer ist er mit einer dicken Schicht Puderzucker bestäubt, manchmal sind Rosinen drin oder er wird mit Zwetschenröster (Zwetschgenkompott) oder Apfelmus gereicht. In Tirol kann man den Kaiserschmarren auch als Hauptspeise essen, als Nachtisch teilt man sich besser zu zweit eine Portion.

Strudel gibt es in vielen Variationen, doch am beliebtesten sind der Apfelstrudel und der **Topfenstrudel** (Quarkstrudel), aber auch **Nussstrudel, Mohnstrudel** und je nach Saison **Kirsch-** oder **Marillenstrudel** (Aprikosenstrudel). Der Teig kann ein dünner Hefeteig sein (klassisch) oder auch Blätterteig.

Auf vielen Speisekarten findet sich ein Nachtisch namens **Mohr im Hemd.**

Dahinter verbirgt sich ein kleiner Gugelhupf aus Brot, Zucker, Schokolade, Eiern und Gewürzen, der im Wasserbad zubereitet wird. Dazu kommt heiße Schokosauce, Sahne und manchmal Eiscreme.

Getränke

Traditionell wird in Tirol eher **Bier** als Wein getrunken, nicht zuletzt weil das rauere Klima in den Bergen für den Traubenanbau nicht geeignet ist. Die Tiroler Brauereien sind meist recht klein und produzieren mehr für den regionalen Verbrauch, am bekanntesten sind das **Starkenberger Bier** aus Tarrenz bei Imst (s. S. 209) und das **Zillertaler Bier.** Ein **Zwickl** ist ein naturtrübes unfiltriertes Bier.

Der **Wein** kommt meist aus Niederösterreich oder aus dem Burgenland, die bekanntesten und beliebtesten Sorten sind der **Blaue Zweigelt** (eher leicht, aber u. U. auch kräftig, rot) und der Grüne **Veltliner** (fruchtig, weiß).

Nach dem Essen oder zwischendurch trinkt man auch gerne ein **Schnapserl,** einen Schnaps. Der hat aber nichts mit billigem Fusel zu tun, sondern das Brennen von Hochprozentigem ist in Tirol eine Kunst für sich (s. S. 75).

Natürlich gibt es auch regionale **alkoholfreie Getränke:** Im Ausland bekannt ist der **Almdudler,** eine Kräuterlimonade, auch als **Almradler** mit Bier zu bestellen. Insbesondere auf der Hütte erfrischt ein **Skiwasser,** Wasser mit Himbeersirup, oder ein **Gespritzter Holler,** Mineralwasser mit Holundersaft.

Ein **Verlängerter** ist ein Espresso mit zusätzlich derselben Menge Wasser, ein **Brauner** ein Espresso mit Milch.

Vegetarier und Veganer

Viele der traditionellen Tiroler Gerichte sind ohnehin fleischfrei, so die süßen Mehlspeisen, viele Knödel oder auch Kasspatzn (Käsespätzle) mit gutem Tiroler Heumilchkäse, die auf fast jeder Speisekarte stehen. Nachfragen sollte man bei Suppen und Sauerkraut, die oft mit Speck zubereitet werden.

Schwieriger wird es für **Veganer** – das Konzept ist in Tirol zwar bekannt, aber (noch?) nicht sehr verbreitet. Wenige Lokale bieten explizit vegane Gerichte an und fast alle Mehlspeisen enthalten Eier und/oder Milch. In diesen Reiseführer haben wir verstärkt auch Restaurants mit einem veganen/vegetarischen Angebot aufgenommen. Viele Unterkünfte können sich, auch bei der Halbpension, auf Veganer (oder auf Lebensmittelunverträglichkeiten) einstellen, wenn man vorher Bescheid gibt.

Vom Tiroler Bier darf's auch mal mehr sein als nur ein ›Pfiff‹, ein kleines Glas á 0,2 Liter

Aktivurlaub und Sport

Baden

Wenn im Sommer das Wetter passt, sind klare **Badeseen** mit Kulisse das Größte (die Wassertemperatur erreicht aber auch im Sommer selten mehr als 22 °C) – doch für schlechteres Wetter gibt es viele **Hallen- und Thermalbäder.** Das größte Erlebnisbad in Tirol sind die **Wörgler Wasserwelt** (s. S. 116) mit der weltweit ersten Doppellooping-Wasserrutsche, einer der größten Saunakabinen der Welt und einem Starksolebad. Ein nostalgisches Freibad ist z. B. das schön restaurierte **S'Miederer Badl** (s. S. 185) im Stubaital. Mit einer Größe von fast 7 km² und bis zu 133 m Tiefe ist der **Achensee** (s. S. 125) der größte Badesee und einer der klarsten. Sehr schön sind auch der **Tristacher See** (s. S. 271) in Osttirol, der **Piburger See** (s. S. 225) im Ötztal und der kühle **Hintersteiner See** (s. S. 114) im Wilden Kaiser.

Gleitschirmfliegen

Wer noch höher hinaus möchte, versucht es vielleicht mit einem Tandem-Gleitschirmflug. Eine besonders gute Thermik haben das **Stubaital** und die Gegend um den **Achensee,** doch in allen Ferienregionen können Tandemflüge bei geeigneten Wetterverhältnissen recht kurzfristig organisiert werden.

Golf

In Tirol gibt es über 20 Golfplätze, oft vor spektakulärer Alpenkulisse. Wer auf mehreren Plätzen spielen möchte, ist mit der **Golf Alpin Card** gut bedient; sie kostet z. B. 325 € für fünf Greenfees und ist auf 30 Golfplätzen in Tirol und im Salzburger Land gültig (www.golf-alpin.at/de/golf-alpin-card). Die besten Golf-

möglichkeiten in Tirol finden sich in und um **Kitzbühel** (s. S. 103), in **Seefeld** (s. S. 197) und am **Achensee** (s. S. 130).

Klettern

Die Berge Tirols sind ein Kletterparadies – über 4400 Sportkletterrouten in allen Schwierigkeitsgraden, unzählige Mehrseillängenrouten und über 70 Klettersteige warten auf Bezwinger. Alle Infos zu Zustieg, Absicherung usw. sowie Topos findet man unter www.climbers-paradise.com. Für einen **reinen Sportkletterurlaub** eignen sich das **Ötztal** und die Gegend um **Imst.** Wunderbare **Alpinrouten** finden sich im **Wilden Kaiser.**

In den letzten Jahren sind überall neue **Klettersteige** entstanden. Anders als beim Sport- und Alpinklettern ist die Route durchgängig mit Tritten und Stahlseilen versehen, man sichert sich selbst mit einem speziellen Klettersteigset, das in fast allen Sportläden in Tirol auch ausgeliehen werden kann. Die Schwierigkeit der Klettersteige reicht von A (auch für Kinder geeignet) bis E (Könner). In den Bergregionen werden Einsteigerkurse angeboten, in manchen Regionen gibt es Übungsklettersteige. Bei Gewittergefahr sollte man nie in einen Klettersteig einsteigen.

Nicht nur für Kinder spannend ist ein Besuch im **Hochseilgarten,** wo in luftiger Höhe allerhand Hindernisse (gut gesichert natürlich) überwunden werden müssen. Eine Auswahl der besten Hochseilgärten findet man unter www.tirol.at/reisefuehrer/ausflugstipps/hochseilgaerten. Während sich viele Anlagen im Wald befinden, ist der höchste Hochseilgarten der Welt, nämlich der in der **Area 47** (s. S. 224) bei Oetz, direkt unter einer Autobahnbrücke.

Radfahren

Die Möglichkeiten für Radfahrer reichen vom Fernradweg bis hin zum schweren Single Trail.

Auf 230 km Länge führt der **Innradweg** relativ eben durch das gesamte Inntal; weitere Fernradwege, die teilweise über Tiroler Gebiet führen, sind der **Lechradweg** und der **Drauradweg** (s. S. 272). Sportlichere Radler können auf der **Via Claudia Augusta** oder auf der **Radroute München–Venedig** in mehreren Etappen den Alpenhauptkamm überqueren.

Mountainbiker finden besonders im **Paznauntal** (s. S. 252) und im **Dreiländereck um Nauders** zahlreiche Touren.

Wer (noch) nicht ganz so viel Kondition hat, kann auch mal eine Tour mit einem **E-Bike** bzw. einem **E-Mountainbike** ausprobieren. Besonders aktiv ist hier die Region **Kitzbühel**, mit 80 Verleihstationen und fast 60 Akku-Wechselstellen eine der größten E-Bike-Destinationen weltweit. Interessant sind auch die **Bike&Hike-Routenvorschläge** vieler Tourismusverbände: Man fährt mit dem E-Bike soweit es geht und steigt dann zu Fuß weiter auf den Gipfel. Eine Zweitagestour lässt sich so

an einem Tag bewältigen. Doch Vorsicht beim E-Mountainbiken: Was man so lässig raufgefahren ist, erweist sich bergab dann oft als sehr steil.

Ein relativ neuer Trend, vor allem bei einem jüngeren Publikum, ist das **Downhill-Fahren** bzw. sind **Singletrail-Touren:** Mit einem voll gefederten Fahrrad (Full Suspension) geht es bergab über Wurzeln und Steine. In vielen Ferienregionen wurden auch spezielle Trails mit Steilkurven, Sprungschanzen oder Wippen angelegt; umgekehrt darf man aber auch nicht einfach über jeden Wanderweg rasen. **Nauders** bietet insgesamt zwölf Trails, die durch Italien, Österreich und die Schweiz führen; das Ötztal hat mit der neuen **Teäre Line** in **Sölden** bereits Kultstatus. Der längste Singletrail Tirols findet sich mit dem **Flecklalm Trail** in den **Kitzbüheler Alpen** und das **Paznauntal** wirbt mit Einsteiger-Kursen. Das Downhill-Fahren (natürlich mit spezieller Schutzausrüstung) ist prinzipiell für alle etwas, die ein Fahrrad sicher beherrschen und nicht allzu viel Angst vor Stürzen haben. Anfänger sollten sich nach einer fachkundigen Einführung an Wochentagen vormittags auf eine leichte Route wagen.

Alle Arten von **Fahrrädern** können in den Sportgeschäften der Urlaubsgebiete **ausgeliehen** werden (Adressen und Preise im Ortsteil). Helme kosten pro Tag 2–5 € extra.

Not am Berg
Alpinnotruf (Bergrettung) 140
Euronotruf 112
Bei schlechtem Empfang: Handy ausschalten und statt der eigenen Pin-Nummer 112 eingeben.
Krankenkassen und Sozialversicherung übernehmen in der Regel die Bergungskosten im alpinen Gelände nicht. Wer sich auf anspruchsvollere Touren macht, sollte eine entsprechende **Zusatzversicherung** abschließen, z. B. über den österreichischen Bergrettungsdienst (www.bergrettung.at).

Wandern und Bergsteigen

Wandern und Bergsteigen ist in Tirol die Freizeitbeschäftigung Nummer eins. Dank eines von den Alpenvereinen entwickelten einheitlichen **Beschilderungssystems** fällt die Orientierung leicht. Grundsätzlich sind an allen wichtigen Abzweigungen **gelbe Wegweiser** an-

Das Mountainbike ist das Vehikel der Wahl – hier bei St. Anton am Arlberg

gebracht, die über mögliche **Ziele** und **Gehzeiten** informieren. Diese Zeiten sind Durchschnittswerte für Bergwege und werden wie folgt berechnet: 300 m bergauf oder 500 m bergab 1 Std., zuzüglich ½ Stunde je 4 km Strecke. Auf den Schildern steht unten rechts die Wegnummer, wichtig für die Orientierung per Karte oder Wegbeschreibung. Auf den **Schwierigkeitsgrad** bzw. konditionelle Anforderungen verweisen die **farbigen Punkte** hinter den Zielangaben. Analog zur Kategorisierung von Skipisten gilt: **blau** – einfacher Weg, keine Absturzgefahr; **rot** – mittelschwer, kann einzelne absturzgefährliche bzw. versicherte Passagen (mit Halteseilen) aufweisen; **schwarz** – schwerer Bergweg, absturzgefährlich, viele versicherte Passagen und/oder einfache Kletterstellen, Trittsicherheit und Schwindelfreiheit sind unbedingt erforderlich. Für Jogging und Nordic Walking fängt man also am besten mit den blauen Wegen an.

Die **Zwischenmarkierungen** auf Bäumen, Felsen usw. sind in der Regel rot-weiß-rot, unabhängig von der Schwierigkeit des Bergweges.

Wassersport

Canyoning

Beim Canyoning überwindet man eine Schlucht von oben nach unten mit Abseilen, Abklettern, Springen, Rutschen und Schwimmen. Hierfür wird eine spezielle Ausrüstung benötigt – Neoprenanzug, Schwimmweste, Helm und ein spezieller Canyoning-Klettergurt. Canyoning kann gefährlich sein und ist keine Sportart, die man alleine ›ausprobiert‹, sondern als geführte Tour bucht. Leichte Einsteigertouren, auch für Kinder geeignet, sind die **Rosengartenschlucht bei Imst** oder die **Stuibenfälle bei Reutte**. Man sollte

allerdings schwimmen können und keine Angst vor kaltem Wasser haben.

Rafting

Die meisten Flüsse in Tirol sind relativ wild und eignen sich eher zum Raften als zum gemütlichen Paddeln. Eine der beliebtesten Raftingstrecken Europas ist die **Imster Schlucht** (s. S. 206), die je nach gewählter Route familientauglich bis wild ist. Ein bisschen wilder geht es auf der **Tösener Schlucht** zwischen Prutz und Pfunds zu. Für Fortgeschrittene sind die Raftingstrecken auf der **Sanna bei Landeck**, auf der **Ötztaler Ache** und in der **Landecker Schlucht**. Ebenfalls geraftet wird auf dem **Lech** und auf der **Isel** in Osttirol.

Wintersport

Der Winter mit dem Skitourismus ist in Tirol nach wie vor die Hauptsaison – kein Wunder, denn bei über 80 Skigebieten mit über 3000 Pistenkilometern findet jeder Skifahrer etwas. Als anspruchsvolles, aber auch teures Skigebiet gilt **St. Anton** (s. S. 256), ebenfalls teuer und vor allem für Après-Ski bekannt sind **Ischgl** (s. S. 253), und **Kitzbühel** (s. S. 98). Klassische Familienskigebiete sind der **Achensee** und das **Pitztal**. Allerdings sind die modernen Skigebiete mit Beschneiungsanlagen, Liftverbundsystemen, Riesenhotels mit Wellness- und Saunaanlagen, aufwendiger An- und Abfahrt nicht besonders klima- und umweltfreundlich. Fahren Sie am besten in schneesichere höher gelegene Skigebiete, die ohne Beschneiungsanlagen auskommen, reisen Sie mit der Bahn an und benutzen Sie vor Ort den meist kostenfreien Skibus.

Gute **Langlaufgebiete** befinden sich z. B. in **Seefeld** s. S. 194), und in der Gegend um **St. Johann** (s. S. 105).

Feste und Unterhaltung

Neben den traditionellen Festen organisieren die Tourismusverbände vor allem im Sommer zahlreiche Sportveranstaltungen, Musikfestivals, Platzkonzerte oder Tiroler Abende, Genusswochen und vieles mehr. Einzelheiten hierzu finden sich in den Ortskapiteln und auf den Internetseiten der jeweiligen Tourismusverbände.

Brauchtum

Fasnacht

Der Karneval heißt in Tirol Fasnacht. Weil die wilden Tage auch den Kampf des Frühlings gegen den Winter symbolisieren, ist es nicht verwunderlich, dass gerade in den rauen Bergtälern die Fasnachtsbräuche recht bunt und unterschiedlich sind. Über die Grenzen Tirols hinaus bekannt und seit 2012 immaterielles UNESCO-Welterbe ist das **Imster Schemenlaufen** (s. S. 203), das nur alle vier Jahre stattfindet (9.2.2020, www. fasnacht.at). Bei den Umzügen sind handgeschnitzte Masken, aufwendige Kostüme und fantasievoll geschmückte Festwagen zu sehen. Alle drei Jahre findet der große Fasnachtsumzug, das **Nassereither Schellerlaufen**, im Ort Nassereith (17.2.2019, www.fasnacht-nassereith.at) statt, alle fünf Jahre der in Telfs, das **Telfer Schleicherlaufen** (2.2.2020, www.schleicherlaufen.at).

Im jährlichen Turnus kann man dagegen die Fasnachtsveranstaltungen in den sogenannten **MARTHA-Dörfern** (Mühlau, Arzl, Rum, Thaur, Absam) bei Hall mit den eigentümlichen Bräuchen des **Mullens** und **Matschgerns** ansehen (verschiedene Veranstaltungen über die ganze Fasnachtssaison). Kunstvolle Masken tragende Teilnehmer, die Muller bzw. Matschgerer, erweisen ausgewählten Zuschauern ihren Respekt, indem sie sie an der Schulter fassen und ihnen einen leichten Schlag versetzen – eine Art Ritterschlag ...

Ein ganz besonderer Brauch ist auch das alle zwei Jahre am Donnerstag vor Aschermittwoch stattfindende **Axamer Wampelerreiten** (28.2.2019), bei dem junge Burschen in Verkleidung miteinander rangeln und raufen.

Almabtriebe

Wenn Ende September/Anfang Oktober die Kühe, Schafe und Ziegen nach rund vier Monaten am Berg von den über 2100 Almen in Tirol in die Dörfer zurückkehren, wird das gefeiert. Die Tiere sind prächtig mit Blumen und Glocken geschmückt, es gibt Musik und Schmankerl. Besonders farbenfroh sind die Almabtriebe in **Kufstein, Kössen, Söll** und **Mayrhofen**. Die besonders prächtig inszenierten Almabtriebe sind meist solche von Rindern, aber bei der **Schafschied in Tarrenz** kehren rund 1000 Schafe und Lämmer in die heimatlichen Ställe zurück.

Erntedank

Eigentlich ein vorchristliches Dankfest, wird die ertragreiche Ernte heute vielerorts in Tirol auch mit einer christlichen Messe gefeiert, bei der die landwirtschaftlichen Produkte geweiht werden. Eine aus Buchs, Garben und Blumen geflochtene große Erntedankkrone wird anschließend durch den Ort getragen.

In den Tiroler Bezirkshauptstädten findet im Wechsel jedes Jahr ein großes **Bezirkserntedankfest** statt. Gefeiert wird aber auch in allen anderen Orten, selbst sehr kleinen. Zentraler Bestandteil des Festes ist die Sonn-

Festkalender

Januar/Februar
Fasnacht: Febr. Farbenfrohe Umzüge in ganz Tirol, s. S. 35.

März/April
Artacts: 2. März-Woche, www.muku. at. Drei Tage Jazz- und Improvisationsmusik in St. Johann.
Theaterfestival Steudltenn: Anf. April–Anf. Juni, www.steudltenn.com. Zeitgenössisches, auch politisches Theater in Uderns im Zillertal.
Electric Mountain Festival: Anf. April, www.electric-mountain-festival.com. Zwei Tage Electric Dance Music mit international renommierten DJs auf dem Giggijoch auf gut 2200 m in Sölden im Ötztal.

Mai/Juni
Theaterfestival Steudltenn: s. o.
Tanzsommer Innsbruck: Mitte Juni–Mitte Juli, www.tanzsommer.at.

Juli/August
Innsbrucker Festwochen der Alten Musik: Mitte Juli–Ende Aug., www.alte musik.at. Renaissance-, Barock- und klassische Musik.
Tiroler Festspiele: Anf. Juli–Anf. Aug., www.tiroler-festspiele.at. Musik, Theater und Tanz im Festspielhaus in Erl.
Internationales Straßentheaterfestival: Ende Juli, www.olala.at. Drei Tage Straßentheater in Lienz.

Operettensommer Kufstein: Ende Juli–Mitte Aug., www.operettensommer. com. Auf der Festung Kufstein.
Festival der Träume: Aug., www.fes tival-der-traeume.at. Kleinkunst- und Varietéfestival in Innsbruck.
Wiesenrock: 2. Aug.-Hälfte, www. wiesenrock.at. Zwei Tage dauerndes grünes, nachhaltiges Musikfestival in Wattens.
Bergfilmfest St. Anton: Ende Aug., www.filmfest-stanton.at. Drei Tage Outdoor-Filmfestival.

September/Oktober
Literaturfestival Sprachsalz: Anf. Sept., www.sprachsalz.com. Lesungen von österreichischen und internationalen sprachlich ungewöhnlichen Autoren in Hall.
Internationale Almkäseolympiade: Ende Sept., www.galtuer.com. Über 100 Senner aus Österreich, Deutschland, Südtirol und der Schweiz kämpfen in Galtür im Paznauntal um die goldene Sennerharfe.
Almabtriebe: Ende Sept./Anf. Okt., s. S. 35.

November/Dezember
Weihnachtsmärkte: Ende Nov.–24. Dez. In ganz Tirol.
Krampusläufe: Um den 5./6. Dez. In ganz Tirol, s. S. 58.

tagsmesse, dann folgen Trachtenumzüge mit geschmückten Festwagen und ein Fest auf dem Marktplatz mit Musik, Rummel und vielen Essensständen. Die meisten Erntedankfeste finden an Wochenenden Ende September oder Anfang Oktober statt.

Krampus- und Perchtenläufe
Wenn der strenge Winter anbricht, treten Gruppen furchterregender Krampusse und Perchten auf (s. S. 58). Ob traditionsbewusst mit Holzmasken oder modern mit blinkenden LED-Augen – eine Gaudi ist

es für die Teilnehmer fast immer und für die Zuschauer meistens; doch Vorsicht, in manchen Gegenden werden auch unbeteiligte Zuschauer in das Gerangel mit hineingezogen. Größere **Krampusumzüge** finden in **Lienz, Reutte, Haiming, Lermoos** und **Kappl** statt. Für eine Übersicht der Termine siehe z. B. www.krampuszeit.at.

Christliche Feste

Tirol ist überwiegend katholisch. Viele Kirchenfeste werden aufwendig mit viel Brauchtum begangen, zum Teil auch vorchristlichen Ritualen, die sich mit den christlichen Bräuchen vermischt haben.

So wird an **Ostern** nicht nur die Auferstehung Christi, sondern auch der Sieg des Frühlings über den Winter gefeiert. Kulturelle Höhepunkte sind **Passionsspiele** (z. B. in Erl und Thiersee), **Palmprozessionen** (besonders schön in Imst) und **Ostermärkte** (in Innsbruck, Hall und Kufstein). In der Vorweihnachtszeit sind die zahlreichen **Christkindlmärkte** besonders stimmungsvoll, so z. B. die Innsbrucker Bergweihnacht, der Lienzer Advent oder der Haller Adventsmarkt. Auch die zahlreichen **Krippenausstellungen** ziehen Besucher an.

Darüber hinaus werden kirchliche Feste wie **Fronleichnam** (2. Do nach Pfingsten), **Mariä Himmelfahrt** (15. Aug.) oder das **Herz-Jesu-Fest** (3. So nach Pfingsten) mit Prozessionen mit Böllerschüssen, Glockenleuten, Trachtenumzügen und einer feierlichen Messe begangen. In der Regel wird bei den Prozessionen eine Monstranz unter einem Baldachin durch den Ort getragen.

Reiseinfos von A bis Z

Ärztliche Versorgung und Apotheken

Die medizinische Versorgung in Tirol ist sehr gut. Für EU-Bürger sind Arzt- und Krankenhauskosten bei akuten Erkrankungen oder einem Unfall über die gesetzliche Krankenkasse abgedeckt. In der Klinik oder beim Arzt ist die **Europäische Versichertenkarte** vorzulegen (auf der Rückseite der elektronischen Gesundheitskarte). Auch Risikosportarten wie Rafting, Klettern und Canyoning sind über die gesetzliche Krankenkasse abgedeckt, Bergungskosten dagegen nicht. Hier lohnt auf jeden Fall eine zusätzliche Versicherung (s. S. 32).

Die Tageszeitungen und Gästebroschüren der Tourismusbüros listen die **Apotheken- und Ärztenotdienste** auf.

Diplomatische Vertretungen

Deutsche Botschaft
Gauermanngasse 2–4, 1010 Wien
Konsularabteilung: Strohgasse 14 c
1030 Wien
Tel. 01 71 15 40, www.wien.diplo.de
Deutsches Honorarkonsulat
Palais Hauser, Bozner Platz 4
6020 Innsbruck, Tel. 0512 57 01 99

Schweizerische Botschaft
Prinz Eugen-Str. 9 a, 1030 Wien
Tel. 01 795 05
www.eda.admin.ch/wien
Schweizerisches Konsulat
c/o Achammer-Tritthart + Partner
ATP-Haus, Heiliggeiststr. 16
6020 Innsbruck, Tel. 0512 53 70 15 00

Feiertage

1. Januar: Neujahr
6. Januar: Heilige Drei Könige
19. März: St.-Josefs-Tag (Vatertag)
Ostern: Karfreitag bis Ostermontag (veränderlich)
1. Mai: Tag der Arbeit
Christi Himmelfahrt (39 Tage nach Ostersonntag)
Pfingstsonntag/Pfingstmontag (7 Wochen nach Ostersonntag)
Fronleichnam (Do nach dem 1. So nach Pfingsten)
15. August: Mariä Himmelfahrt
26. Oktober: Nationalfeiertag
1. November: Allerheiligen
8. Dezember: Mariä Empfängnis
25/26. Dezember: Weihnachten

Geld

Die österreichische Währung ist der Euro (€): 1 € = 1,06 CHF, 1 CHF = 0,94 € (März 2017). Aktuelle Wechselkurse auf www.oanda.com.

Geldautomaten und Kreditkarten

Geld mit Bank- oder Kreditkarte am **Automaten** abzuheben ist kein Problem. Die Gebühren sind abhängig von den Gebühren Ihrer Hausbank. Bei Geldautomaten von Euronet werden zusätzlich 1,95 € Gebühr fällig. Alle gängigen **Kreditkarten** werden akzeptiert.

Gesundheit

Österreich allgemein gilt als Risikogebiet für die **Frühsommer-Meningoenzephalitis** (FSME), die von Zecken übertragen wird. In Tirol ist das Risiko jedoch im Vergleich zum Rest des Landes relativ gering. Wer viel in der Natur unterwegs ist, sollte trotzdem eine Zeckenimpfung in Erwägung ziehen (www.zecken.at). Für einen vollständigen Impfschutz sind drei Termine notwendig (frühzeitig pla-

nen!), die Impfkosten werden nicht von allen Krankenkassen übernommen.

Hunde

Für die Reise nach Österreich benötigt der Hund einen **EU-Heimtierausweis** mit Informationen zur Rasse, Wohnort und Tollwutimpfung. Des Weiteren ist man verpflichtet, sowohl **Leine** als auch **Maulkorb** mitzuführen; wo diese angelegt werden müssen, entscheiden die Gemeinden (Infos bei den örtlichen Tourismusverbänden). **Leinen- und Maulkorbpflicht** für alle Hunde besteht grundsätzlich in sämtlichen öffentlichen Verkehrsmitteln, bei größeren Menschenansammlungen, z. B. in Einkaufszentren, Badeanlagen und bei Veranstaltungen. Viele Hotels und Restaurants sind bestens auf die vierbeinigen Touristen eingestellt.

Kinder

Viele Tiroler Täler sind klassische Familienziele mit vielfältigen Angeboten für die kleinen Gäste. Kindersitze und Kindermenüs in Restaurants und viele Spielplätze sind eine Selbstverständlichkeit. Besonders kinderfreundlich sind der **Achensee** und die Gegend um **St. Johann in Tirol.** In den letzten Jahren haben auch immer mehr speziell auf Kinder ausgerichtete Touristenattraktionen eröffnet, so z. B. das **Fichtenschloss im Zillertal** (s. S. 134), **Ellmi's Zauberwelt in Ellmau** (s. S. 115) oder das **Hexenwasser in Söll** (s. S. 115).

Auch für Erwachsene ein Spaß sind die **Sommerrodelbahnen** (z. B. in Lienz, s. S. 269; Zell am Ziller, s. S. 134; Mieders, s. S. 185; Imst, s. S. 206) oder die Abfahrt mit dem **Mountaincart in St. Johann** (s. Unser Tipp s. S. 108). Bei Sommerrodelbahnen und **Kletterwäldern** gelten ein Mindestalter oder eine Mindestgröße.

Wandern ist nicht jedes Kindes Sache – aber jetzt wird's spannend …
Nur bitte nicht streicheln: nicht alle Kühe sind so gutmütig wie dieses freundliche Tier

Viele Tourismusverbände in den Regionen bieten **Aktivprogramme** speziell für Kinder und Jugendliche an. Auch eher auf Kinder ausgerichtet sind die von den Tourismusverbänden angebotenen **Schatzsuchen per GPS,** die zum Entdecken der Region einladen sollen. Die **Freibäder** und **Erlebnisbäder** haben fast alle einen speziellen Kleinkinderbereich und Wasserrutschen.

In Tirol gibt es einige **Kinderhotels** (www.kinderhotels.com/de) mit TÜV-geprüften Sicherheitsstandards, Kinderbetreuung und -programm. Einige dieser Kinderhotels bieten auch einen speziellen Babyservice, wie Babyspeisekarte, Babypflegesets auf dem Zimmer und 24 Stunden Arztservice.

Medien

Größte Tageszeitung in Tirol ist die **Tiroler Tageszeitung,** die in acht Lokalausgaben erscheint (www.tt.com). Die **Tirolerin** ist ein Fashion-Lifestyle-Magazin hauptsächlich für Frauen, das verstärkt auf regionale Inhalte setzt (www.tirolerin.at). **Radio Tirol** ist das vom ORF betriebene Regionalradio für Tirol und Südtirol, Schwerpunkt sind Schlager, Oldies und Volksmusik (auch im Internet: http://radiotirol.radio.de). Der private Hörfunksender **Radio U1 Tirol** kann in weiten Teilen des Ober- und Unterlands empfangen werden und spielt vor allem Evergreens und volkstümliche Schlager.

Notruf

Euronotruf 112
Feuerwehr: 122
Polizei: 133
Krankenwagen/Rettung: 144
Alpinnotruf (Bergrettung): 140, s. auch S. 32
Pannenhilfe: 120, 123
ADAC Notruf: +49 89 22 22 22
Kartensperrung: +49 116 116

Öffnungszeiten

Bergbahnen: in der Hauptsaison meist tgl. 9–17 Uhr.
Kirchen: tagsüber geöffnet.

Museen: Größere Museen in den Städten meist tgl., teils Mo Ruhetag; kleinere Museen oft nur 1–2 x/Woche oder nur auf Anfrage.

Supermärkte/Lebensmittelgeschäfte: meist Mo–Fr ca. 8–18/19 Uhr, Sa meist nur bis mittags.

Andere Läden: meist Mo–Fr 9/10–18/19 Uhr, Sa meist nur bis mittags, So auch in den Ferienregionen geschlossen. Vor allem in kleineren Orten ist eine Mittagspause (ca. 12–14 Uhr) üblich.

Tourismusinformationen: außer in großen Orten Sa nachmittags/So geschl.

Post

Porto: Briefe und Postkarten innerhalb Österreichs kosten 0,68 €, innerhalb Europas 0,80 €.

Öffnungszeiten: variierend je nach Filiale, oft Mo–Fr 8–18.30, Sa 9–13 Uhr, Sa aber auch häufiger geschlossen.

Rauchen

Ab 1. Mai 2018 gilt auch in Österreich das Rauchverbot in Gaststätten. Hotels können Raucherräume einrichten, diese müssen aber streng abgetrennt sein.

Reisekasse und Preise

Die Preise für **Übernachtung, Restaurantbesuche** und **Lebensmittel** liegen in Österreich etwas über denen in Deutschland. Es gibt weniger Lebensmitteldiscounter, Aldi heißt in Österreich Hofer (ähnliches Angebot). Vor allem in der Kette M-Preis gibt es viele Zwei-zum-Preis-von-einem-Angebote. Die **Benzinpreise** hingegen liegen etwas unter denen in Deutschland.

Reisen mit Handicap

In Tirol gibt es etliche **barrierefreie Wanderwege** (z. B. am Grawa-Wasserfall im Stubaital), auch viele **Bergbahnen** sind barrierefrei (z. B. Hintertuxer Gletscher). Zudem gibt es 19 geprüfte **Handbike-Routen.** Auf der Homepage von Tirol Werbung (www.tirol.at/reisefuehrer/barrierefrei/rolli-wandertouren) kann man die Broschüre **Rolli Roadbook: Barrierefreie Touren und Wanderungen** herunterladen.

Viele **Hotels, Gasthöfe** und auch **Ferienwohnungen** sind auf Gehbehinderte und Rollstuhlfahrer eingestellt. Das **Hotel Innsbruck** in Innsbruck ist besonders für Schwerhörige, Gehörlose, Blinde und Sehbehinderte ausgestattet (www.hotelinnsbruck.com).

Weitere Informationen auch bei der Interessenvertretung für Menschen mit Behinderungen ÖZIV Tirol (Tel. +43 512 57 19 83, www.oeziv-tirol.at) und bei den **Tourismusverbänden vor Ort;** für **Westtirol:** www.terraraetica.eu/de/humana-raetica/barrierefrei.html.

Schwule und Lesben

Außer in Innsbruck gibt es in Tirol keine schwul-lesbische Szene. Viele der klassischen Feriengebiete sind sehr auf heterosexuelle Familien ausgerichtet, schwule und lesbische Paare sind dort quasi nicht existent oder jedenfalls nicht sichtbar. Andererseits sind die meisten Tiroler offen und aufgeschlossen, mit Feindseligkeit oder Aggression muss man nicht rechnen. Erste Anlaufstellen können die Organisation **Homosexuelle in Tirol** (www.hositirol.at) oder das **Autonome FrauenLesbenzentrum** in Innsbruck sein (www.frauenlesbenzentrum.at).

Sicherheit

Weder Kriminalität noch Verkehrsunfälle stellen ein größeres Problem dar, aber bei manchen Aktivitäten sollte man sich Gedanken über die Sicherheit machen, sich nicht überschätzen (etwa bei Wanderungen oder Klettersteigen) und auf die richtige Ausrüstung achten. Planen Sie so, dass es ohne die Bergrettung geht! Notfälle/Versicherung: s. S. 32.

Souvenirs

Tiroler Hüte, Trachtenpuppen, Mozartkugeln und Bierkrüge – in den großen Souvenirgeschäften in den Touristenzentren wie Innsbruck und Mayrhofen besteht das Zielpublikum auch aus Asiaten und Arabern – und für die ist alles irgendwie ›alpenländischer Raum‹.

Doch es gibt auch geschmackvollere und spezifischere Andenken aus Tirol. Eine nette Auswahl expliziter **Tirol-Souvenirs,** sowohl Bekleidung als auch Gebrauchsgegenstände, findet sich in den **Tirolshops** von Tirol Werbung (www.tirolshop.com). Auch die vielen kulinarischen **Tiroler Spezialitäten** erinnern nach dem Urlaub noch an die Berge: Tiroler Speck, Schnaps, Honig, Marmeladen und Schokoladen wie die Tiroler Edle oder Pichler's Schokolade. Auch **Seifen oder Hautpflegeprodukte,** etwa mit Zirbenöl, Bergkräutern oder Tiroler Steinöl, bringen noch für ein paar Wochen Urlaubsduft nach Hause.

Telefonieren

Vorwahl Deutschland: +49
Vorwahl Österreich: +43
Vorwahl Schweiz: +41
Die **Vorwahlnummern** in Österreich bestehen aus einer Regional- (05 Tirol, 04 Osttirol) und einer Ortsvorwahl. Handyvorwahlen sind vierstellig und beginnen mit 06. Bei Anrufen aus dem Ausland entfällt die 0 der Vorwahl.

Telefonate aus dem Hotelfestnetz kosten meist eine moderate Zusatzgebühr. Mitte 2017 entfallen bei **EU-Handyverträgen** die Roaming-Gebühren.

Trinkgeld

Im Restaurant sind um die 10 % üblich – natürlich nur, wenn man zufrieden war. Im Hotel bekommen die Zimmermädchen 1–2 €/Tag. Am besten gibt man das Trinkgeld am Ende des Aufenthalts – bei längeren Aufenthalten kann man es auch auf 2 x aufteilen. Nett ist es, Trinkgeld persönlich zu übergeben oder mit einem kleinen Dankeschönzettel und auch an das Bedienpersonal bei Halbpension zu denken.

Verhalten in der Natur und am Berg

Vor einer Wanderung sollten Sie sich nach dem **Wetter** erkundigen und Prognosen wie Kaltfronten, starke Regenfälle oder Gewitterneigung (auch im Hochsommer) ernst nehmen. **Informieren** Sie bei längeren oder schwierigeren Wanderungen den Hüttenwirt oder Vermieter über die geplante Tour und die voraussichtliche Rückkehr.

Bleiben Sie auf **markierten Wegen** und vermeiden Sie ›Abkürzungen‹. Diese ist mitunter gefährlich und Gebirgswiesen und Latschenfelder sind Lebensräume für Wildtiere.

Auf Wanderungen in Tirol müssen häufiger **Weideflächen** gequert werden. Kühe, die offensichtlich auch gemolken werden (dicker Euter), sind an Menschen gewöhnt und normalerweise gutmütig. Halten Sie aber Abstand zu Bullen und Jungtieren, ebenso sollte man keine Kälber streicheln. Auf Weiden gehören Hunde an die Leine!

Zeit

Österreich stellt mit Deutschland und der Schweiz termingleich auf Sommer- bzw. Winterzeit um; es gibt also keinen Zeitunterschied zwischen den Ländern.

Panorama – Daten, Essays, Hintergründe

Wo die einen Urlaub machen, arbeiten die anderen – Heuernte bei Achenkirch

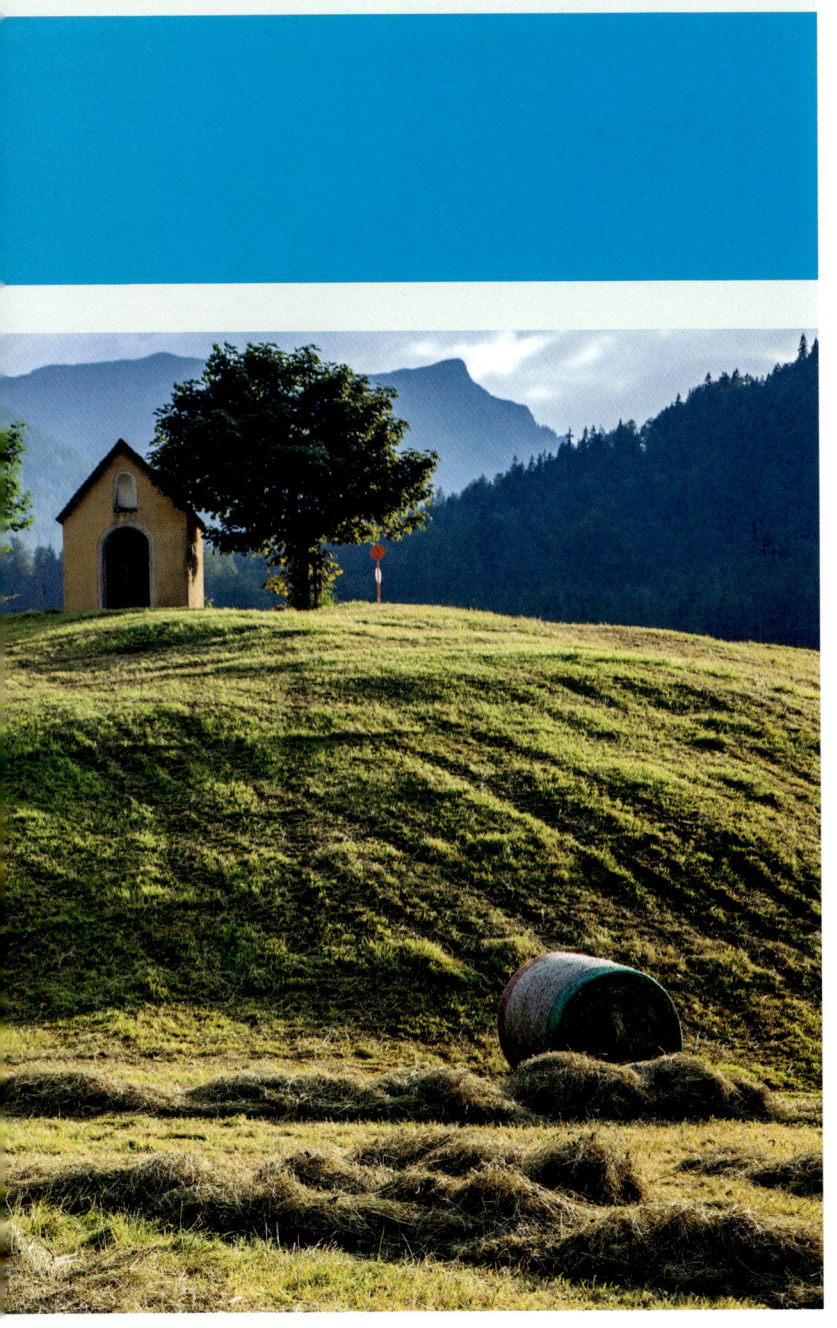

Daten und Fakten

Lage und Fläche: Das Bundesland Tirol liegt im Westen Österreichs. Zum Bundesland gehört auch Osttirol auf der Südseite des Alpenhauptkamms. Im Osten grenzt Tirol an Salzburg und Kärnten, im Norden an Bayern, im Westen an Vorarlberg, im Südwesten ein kurzes Stück an den Schweizer Kanton Graubünden und im Süden an Italien. Mit 12 648 km² ist Tirol etwas kleiner als Schleswig-Holstein, aber Österreichs drittgrößtes Bundesland (nach Niederösterreich und Oberösterreich).

Landeshauptstadt: Innsbruck, knapp 131 000 Einwohner

Weitere Tiroler Städte: Auf Innsbruck folgen mit großem Abstand (bezogen auf die Einwohnerzahl) Kufstein (mit ca. 19 000 Einw.), Telfs (15 400 Einw.), Hall (13 700 Einw.), Schwaz (13 500 Einw.), Wörgl (13 300 Einw.) und Lienz (12 000 Einw.).

Bevölkerung: ca. 740 000 Einwohner, darunter 14 % Migranten

Vorwahl: +43

Flagge: Das Tiroler Landeswappen zeigt den Tiroler Adler im weißen oder silbernen Schild. Der Adler ist rot und trägt eine goldene Krone sowie goldene Flügelspangen mit Kleeblattenden; hinter dem Kopf hat er einen grünen Kranz. Die Landesfarben sind weiß-rot und gehen auf das Wappen der Babenberger zurück.

Geografie und Natur

64 % des Bundeslands Tirol sind von Waldflächen (37 %) und Gebirgen (27 %) bedeckt. Der höchste Berg Tirols ist der Großglockner in Osttirol (3798 m), auch viele andere Berge ragen über 3000 m empor. Nur 11 %

der Landesfläche sind landwirtschaftlich nutzbar.

Der bedeutendste Fluss ist der Inn, der Tirol auf einer Länge von gut 200 km durchfließt. Er entspringt in der Schweiz und erreicht am Finstermünzpass die Tiroler Grenze. Bis Landeck ist das Inntal relativ schmal und wird dann flussabwärts breiter. Der Inn als Verkehrsader und Transportstrecke (auch für das Triften von Holz) war für den wirtschaftlichen Aufschwung vieler Städte, nicht zuletzt Innsbruck, entscheidend. Zweitwichtigster Fluss ist der Lech, dessen Tal vom Inn durch die Lechtaler Alpen getrennt ist.

Geschichte und Kultur

Bereits um 3000 v. Chr. hielten sich Menschen im Gebiet des heutigen Tirol auf. Ab etwa 1800 ist Kupferbergbau bei Schwaz und Kitzbühel nachgewiesen. Die systematische Besiedlung erfolgte aber erst mit den Römern und deren Straßenbau um die Zeitenwende. Ab dem 4. Jh. verdrängten germanische Stämme die Römer immer mehr. Im Mittelalter gehörten einzelne Teile Tirols immer mal wieder zum Herzogtum Bayern, der Hauptteil indes den Grafen von Görz und Tirol. 1363 ging Tirol als Erbe der letzten Görzer Gräfin Margarethe Maultasch an die Habsburger und gehörte damit zu Österreich.

Das 15. und 16. Jh. markierte mit den Herrschern Friedel mit der leeren Tasche, Sigmund dem Münzreichen und Maximilian I. eine wirtschaftliche und kulturelle Blütezeit: Der Bergbau brachte einigen Regionen reiches Einkommen. Ab dem 17. Jh. verlor Innsbruck dann durch die Zentralisierung in Wien an Bedeutung. Als 1805 im Frieden von Pressburg Tirol an die mit Napoleon verbündeten Bayern fiel, lehnten sich die Tiroler auf. Nach dem Ersten Weltkrieg wurde Südtirol an Italien abgegeben, Osttirol war damit vom Rest des Bundeslands getrennt. Seit dem 20. Jh. hat Tirol durch den Sommer- und Wintertourismus einen deutlichen wirtschaftlichen Aufschwung erfahren.

Staat und Politik

Das Bundesland Tirol ist verwaltungstechnisch in neun Bezirke unterteilt: Innsbruck Stadt und Innsbruck Land, Imst/Landeck, Reutte, Kufstein, Kitzbühel, Lienz und Schwaz. Seit den letzten Landtagswahlen 2014 wird Tirol von einer schwarz-grünen Regierung, bestehend aus der konservativen Österreichischen Volkspartei ÖVP und den Grünen, regiert.

Wirtschaft und Tourismus

Land- und Forstwirtschaft machen nur etwa 1 % der Bruttowertschöpfung aus, auf den Industriesektor entfallen rund 28 %; größter Produktionsbetrieb ist D. Swarovski & Co in Wattens, gefolgt von der Sandoz GmbH (Produktion von generischen Arzneimitteln). Den Löwenanteil erwirtschaftet der Dienstleistungssektor mit 71 % der Bruttowertschöpfung. Mit 7 % ist die Arbeitslosenquote niedriger als in Gesamtösterreich. Nahezu jeder vierte Vollzeitarbeitsplatz wird von der Tourismus- und Freizeitindustrie geschaffen und jeder dritte Euro wird direkt oder indirekt in der Tourismus- und Freizeitbranche verdient. Insgesamt steigen die Touristenzahlen im Winter nur leicht an, während der Sommer in den letzten Jahren an Fahrt aufgenommen hat. Die jährlichen Übernachtungen liegen bei über 40 Mio.

Bevölkerung, Sprache und Religion

Etwa 14 % der Bevölkerung Tirols sind keine österreichischen Staatsbürger. Von diesen wiederum kommen über 60 % aus EU-Ländern, die meisten aus Deutschland; viele Saisonarbeitskräfte kommen aus Süd- und Osteuropa.

Das **Tirolerische** als Dialekt existiert nicht, je nach Region weist die Mundart starke bayerische oder auch alemannische Elemente auf. Insgesamt sollte die Verständigung in Tirol aber keine Probleme bereiten. In Ortsnamen lassen sich keltische und rätoromanische Ursprünge ausmachen und vor allem im Oberland haben sich in den Dialekten ungewohnte Elemente erhalten. Die **Ötztaler Mundart** gehört z. B. zum nationalen immateriellen Kulturerbe der österreichischen UNESCO-Kommission.

Der überwiegende Teil der Bevölkerung ist **römisch-katholisch** und entsprechend prominent sind römisch-katholische Feiertage und Bräuche.

Geschichte im Überblick

Frühzeit

um 3200 v. Chr. Ötzi (s. S. 56) stirbt am Tiesenjoch in den Ötztaler Alpen an der Grenze zwischen dem heutigen Italien und Österreich.

1800–1500 v. Chr. Anfänge des Kupferbergbaus in Schwaz und bei Kitzbühel. Kupfer wird zur Bronzeherstellung benötigt, was Schmuck und Gebrauchsobjekte aus Bronze in der Tischofer Höhle bei Kufstein belegen.

Antike

ab ca. 600 v. Chr. Fritzens-Sanzeno-Kultur, benannt nach Fundorten in Fritzens in der Nähe von Innsbruk und Sanzeno im heutigen Trient. Charakteristika der Fritzens-Sanzeno-Kultur sind u. a. stempelverzierte Keramik, die sogenannten Fritzener Schalen, und keltische Gewandfibeln.

15 v. Chr. Zwei römische Legionen unter Tiberius und Drusus, Stiefsöhne Kaiser Augustus', dringen ins Inntal und weiter in die Seefelder Senke vor.

41–54 n. Chr. Das keltische Königreich Noricum, zu dem das heutige Tirol gehört, wird unter Kaiser Claudius endgültig römische Provinz. Infolgedessen entwickelt sich Aguntum (bei Lienz) zu einer reichen Handelsstadt.

4 Jh. Germaneneinfälle, bei denen Aguntum mehrmals verwüstet wird.

476 Ende des Weströmischen Reiches.

Mittelalter

ab dem 6. Jh. Die Bajuwaren dringen in die Alpentäler vor. Bis zum 8. Jh. bringen sie, nach einigen Rückschlägen (610 Niederlage gegen die Slawen bei Aguntum), große Teile des späteren Tirol unter die Herrschaft der Bayernherzöge. Das Lienzer Becken gehört zum Herzogtum Kärnten.

1004/1027 Die Bischöfe von Brixen und Trient werden mit den Grafschaften ›der Alpen‹ belehnt. Sie üben ihre Herrschaft jedoch nicht selbst, sondern durch adelige Familien aus.

1248 Eine Adelsfamilie aus Kärnten kann weite Teile Tirols unter ihre Herrschaft bringen. Sie nennen sich fortan Grafen von Tirol.

1253 Graf Albert von Tirol stirbt ohne männliche Nachkommen. Sein Reich geht über seine Töchter an die Grafen von Görz (heute Gorizia an der italienisch-slowenischen Grenze), die unter Meinhard II. die Einheit Tirols weiter festigen können. Meinhard II. gilt als der Vater des Landes Tirol.

1363	Margarethe Maultausch (aus der Tiroler Linie der Grafen von Görz) übergibt nach schweren Schicksalsschlägen und mangels eines männlichen Erben Tirol an ihren Verwandten, Rudolf IV. von Habsburg. Das Unterinntal bleibt bayerisch, das Zillertal gehört zu Salzburg.
1363–1368	Kriege um Tirol zwischen Habsburgern und Bayern, bei denen sich die Habsburger behaupten können.
1406–1439	Regierungszeit Herzog Friedrichs IV., genannt Friedel mit der leeren Tasche. Den Beinamen erhält er, weil er in der ersten Zeit seiner Regierung die Finanzen des Landes stark schwächt. Das kann er später mit dem Florieren der Silberbergwerke in Schwaz wieder ausgleichen. 1420 verlegt er seine Residenz von Meran nach Innsbruck.
1446–1490	Regierungszeit von Friedrichs Sohn Sigmund dem Münzreichen. Sigmund kann zunächst an die Erfolge seines Vaters anknüpfen; u. a. verlegt er die herzogliche Münze von Meran nach Hall. Doch sein aufwendiger Lebensstil und erfolglose Kriege bringen ihn und das Land Tirol bald in finanzielle Schwierigkeiten (ganz anders als sein Name vermuten lässt).
1490	Sigmund muss abdanken und das Land an den deutschen Habsburger Maximilian I., Oberhaupt der Habsburger Hauptlinie, übergeben.

Frühe Neuzeit: Unter Herrschaft der Habsburger

1490–1519	Regierungszeit Maximilians I. (ab 1508 Kaiser). Unter ihm wird Innsbruck zu einer repräsentativen Renaissanceresidenz erweitert.
1500	Durch das endgültige Aussterben der Görzer Grafen kommt das Pustertal mit Lienz zu Tirol.
1511	Maximilian erlässt ein Gesetz, das den Tirolern zusichert, nur im Falle der Landesverteidigung (von Tirol) zu den Waffen greifen zu müssen. Dieses Gesetz bleibt bis Ende des Ersten Weltkriegs gültig.
um 1520	Bergknappen aus Deutschland verbreiten auch in Tirol Luthers Reformationsgedanken.
1562	Die Jesuiten kommen im Zuge der Gegenreformation nach Innsbruck.
1557	Der Habsburger Ferdinand II. heiratet die Augsburger Bürgerliche Philippine Welser. Er schenkt ihr Schloss Ambras, das er zu einem Renaissanceschloss mit Museum ausbaut (s. Entdeckungstour s. S. 178).

1611/12	Eine Pestepidemie sucht Tirol heim.
1625	Erste schriftliche Quelle über ›Schwabenkinder‹ (s. S. 64), die zur saisonalen Kinderarbeit nach Deutschland gehen.
1618–1648	Dreißigjähriger Krieg, von dem Tirol fast verschont bleibt, abgesehen von einigen Plünderungen in Seefeld.
1703	Ein in Tirol eingedrungenes bayerisches Heer kann durch die Tiroler Bauern bei Landeck zurückgeschlagen werden.
1740–1780	Regierungszeit der Habsburgerin Maria Theresia. Sie setzt umfangreiche und effiziente Verwaltungsreformen durch. Unter ihrer Herrschaft wird Innsbruck dem Geschmack der Zeit entsprechend umgebaut (s. S. 164).
1780–1790	Maria Theresias Sohn Franz Joseph setzt als Joseph II. die Reformpolitik fort. Unter ihm werden viele kirchliche Privilegien aufgehoben.

19. Jahrhundert

1805	Nach der Schlacht von Austerlitz (Napoleon gegen das russisch-österreichische Heer) muss Österreich im Frieden von Pressburg Tirol an die mit Frankreich verbündeten Bayern abtreten.
1809	Aufstand der Tiroler gegen die bayerische Herrschaft. Einer der Anführer, Andreas Hofer, wird im Februar 1810 in Mantua hingerichtet.
1815	Nach dem Fall Napoleons wird Tirol auf dem Wiener Kongress wieder zusammengefügt und geht an Österreich zurück.
1867	Eröffnung der Brennerbahn von Innsbruck über den Brennerpass nach Bozen. Es ist die erste alpenüberquerende Bahnlinie überhaupt.
1884	Eröffnung des Arlberg-Eisenbahntunnels. Die verbesserte Infrastruktur kurbelt die Wirtschaft an und bringt mehr Touristen in die Tiroler Bergwelt.

Im 20. Jahrhundert

1918–1920	Mit dem Sieg der italienischen Truppen über Österreich im Ersten Weltkrieg fallen die Gebiete südlich des Brenners im Frieden von Saint Germain an Italien. Osttirol bleibt zwar bei Österreich, wird aber vom Rest Tirols geografisch getrennt.

um 1930	Elitäre undemokratische Regierungen (sogenannter Austrofaschismus) unter den Kanzlern Engelbert Dollfuß und Kurt Schuschnigg. Zunehmende Wahlerfolge der Nationalsozialisten.
1938	Hitler marschiert in Österreich ein und wird freudig begrüßt. Es folgt der ›Anschluss‹ an Deutschland und die Gaue Tirol-Vorarlberg und Kärnten (dem Osttirol zugeschlagen wird) werden gebildet.
Mai 1945	Einmarsch der Alliierten in Bozen und Innsbruck.
1946/47	Bei den Pariser Friedenskonferenzen zerschlagen sich die Hoffnungen auf eine Rückgabe Südtirols an Österreich. Osttirol wird wieder mit Nordtirol vereinigt.
Mai 1955	Der Österreichische Staatsvertrag beendet die Besatzungszeit.
1964	Olympische Winterspiele in Innsbruck. Österreich ist nach der Sowjetunion das zweiterfolgreichste Land mit vier Gold-, fünf Silber- und drei Bronzemedaillen.
1976	Zweite Olympische Winterspiele in Innsbruck, die nordischen Wettkämpfe werden in Seefeld ausgetragen.
1991	Fund der Ötzi-Gletschermumie in den Ötztaler Alpen (s. S. 56).
1995	Österreich tritt der EU bei.
1997/1998	Das Schengener Abkommen tritt in Kraft; die Grenzkontrollen zwischen Tirol und Südtirol entfallen. Die Europaregion Tirol-Südtirol-Trentino wird gegründet.

21. Jahrhundert

2008	In Innsbruck findet die Fußballeuropameisterschaft statt.
2013	Seit den Landtagswahlen wird die Regierung in Tirol von einer Koalition aus ÖVP (Österreichische Volkspartei) und Grünen gebildet. Damit endete die seit 68 Jahren bestehende Zusammenarbeit der ÖVP mit der SPÖ (Sozialdemokratische Partei Österreich).
4.12.2016	Der unabhängige Alexander Van der Bellen gewinnt mit 54,7 % der Stimmen die Bundespräsidentenwahl gegen FPÖ-Kandidat Hofer.
2019	Nordische Skiweltmeisterschaften in Seefeld (geplant).

Von der Furcht vorm Berg zum Vergnügen auf dem Berg

Heute ein beliebtes Wandergebiet – das Karwendelgebirge

Früher waren die Berge für die Menschen furchterregend. Niemand wollte hinauf und wer zwischen ihnen wohnen musste, hatte ein hartes Los. Der Alpinismus, das Skifahren und damit verbunden das Anwachsen des Tourismus hat das grundlegend verändert: Seit Menschen freiwillig in die Alpen kommen, um dort ihre Freizeit zu genießen, ist auch das Leben der Einheimischen leichter geworden. Und längst gehen die mindestens genauso gern in die Berge wie die Fremden.

Als die ersten Schweizer es sich im 16. Jh. in den Kopf setzten, Berge aus Neugier und zum Vergnügen zu erklimmen, hielt man sie für verrückt: Dass der Berg sie dafür strafen würde, lag auf der Hand, denn in den Bergen lebten Dämonen, Kobolde, Hexen und auf jeden Fall auch Räuber! Erst das Bemühen um wissenschaftliche Erkundung der Bergwelt brachte mehr neugierige Fremde in die Alpen – so wollte man etwa anhand des Luftdrucks die Höhe der Berge berechnen. Zunächst wurde vor allem rund um Chamonix geforscht und bestaunt, dann schwärmten zumeist englische Entdecker über die Westalpen aus. Mithilfe von felsgeübteren Einheimischen machten sie sich daran, nach und nach die Gipfel zu erobern.

Die Entwicklung des Tourismus

Bereits um 1800 kamen Bildungsreisende nach Tirol, um Natur, Bräuche und Alltag zu erfahren. Nicht zuletzt weck-

te die Bekanntheit des Freiheitskämpfers Andreas Hofer in Europa, und da vor allem in England, die Neugier auf dessen Heimatland. Ab Mitte des 19. Jh. folgten die Sommerfrischler, erste Reiseführer erschienen und zahlreiche Bauernbäder (z. B. das Aigner Badl, s. S. 273) versprachen Linderung von allerlei Wehwehchen. Bald schimpften die wohlsituierten Besucher bereits über knauserige Landsleute, die in billiger Pseudotracht in den Wirtshäusern saßen und sich danebenbenahmen.

Der Berg ruft!

Das 19. Jh. war das goldene Zeitalter des Alpinismus. Eine Erstbesteigung jagte die nächste, nicht zuletzt dank der Gründung von Alpinclubs und der Entwicklung neuer Techniken und Geräte. Bereits 1800 wurde der Großglockner, mit 3798 m der höchste Berg Österreichs, im Rahmen einer größeren Expedition bezwungen. 1848 folgte die Wildspitze. Und bald kamen auch die ersten Touristen, die sich mithilfe professioneller einheimischer Bergführer die Gipfel erschlossen. Auch hier bildeten wieder die bergbegeisterten Engländer die Avantgarde.

Franz Senn

Einer der Ersten, die das wirtschaftliche Potenzial des Bergtourismus für Tirol erkannten, war der Ötztaler Pfarrer Franz Senn (1831–84). Seine erste eigene Pfarre erhielt er 1860 in Vent im hintersten Winkel des

Ötztals. Dort hatte er die Idee, die Armut der Bergbauern durch den Bau von Berghütten und die Erschließung von Wegen zu lindern: Dank solcher Infrastruktur kamen ausländische Bergtouristen und bescherten den Bauern ein zusätzliches Einkommen. 1869 gründete Senn mit einigen Freunden in München den Deutschen Alpenverein, um genau diese konkrete Erschließung der Berge voranzutreiben – der zuvor schon gegründete Österreichische Alpenverein war nämlich vor allem wissenschaftlich ausgerichtet.

Später übernahm Senn die Pfarre in Neustift im Stubaital und förderte auch dort die Erschließung für Alpinisten und Touristen. Die zahlreichen Schmiede, die es traditionell im Stubaital gab, spezialisierten sich daraufhin u. a. auf die Herstellung von Eispickeln und Steigeisen. Noch heute stellt die Firma Stubai in Fulpmes Klettergeräte her.

Der Bau der Eisenbahn im Inntal ab 1858 und über den Brenner nach Italien (1867) sowie weitere Verbesserungen des Transports führten zu einem weiteren Ansteigen der Touristenzahlen. 1889 wurde bereits ein Verein »zur Hebung des Fremdenverkehrs in Nordtirol« gegründet und 1910 wurde ein erstes Fremdenverkehrsgesetz in Österreich erlassen. Der Erste Weltkrieg und insbesondere die Abtrennung des touristisch viel besser erschlossenen Südtirol dämpften die Entwicklung.

Ski heil!

Das Skifahren spielte im österreichischen Tourismus lange Zeit eine untergeordnete Rolle: Es wurde in den Alpen erst in den 1890er-Jahren

aus Norwegen eingeführt, damals kamen auch die ersten Skitouristen zum Arlberg. Doch anfangs blieb das Skifahren ein Minderheitensport, die meisten Besucher gingen Eislaufen oder Schlittenfahren. 1901 wurde der Skiclub Arlberg gegründet, heute der größte Skiclub der Welt. Ein systematischer Unterricht im Skifahren wurde erstmalig in den 1920er-Jahren ebenfalls in St. Anton entwickelt, anfangs mit nur zwei professionellen Skilehrern, bald aber auch als Pauschalangebot mit Hotel. Richtig beliebt wurden das Skifahren und die Wintersaison erst in der Zwischenkriegszeit, u. a. durch den Bau der ersten Bergbahnen und durch die Erfolge österreichischer Skisportler.

Der Massentourismus in der Nachkriegszeit

Nach dem Zweiten Weltkrieg lebte der Tourismus in Tirol schnell wieder auf und bis 1958/59 stieg die Anzahl der Übernachtungen auf über 10 Mio. an. Diese Zahl vervierfachte sich bis in die 1980er-Jahre, nicht zuletzt aufgrund des Wintersporttourismus, der nach gleich zwei Austragungen Olympischer Winterspiele in Innsbruck (1964 und 1976) eine ebensolche Bedeutung erlangt hatte wie der Wandertourismus.

Heute besuchen pro Jahr etwa 10 Mio. Gäste mit etwa 45 Mio. Übernachtungen Tirol, wobei inzwischen die Wintersaison weitaus bedeutender ist als die Sommersaison: Im Winter bleiben die Gäste durchschnittlich etwas länger und geben mehr Geld aus. In Tirol sind über 50 000 Menschen (gut 7 %) unmittelbar im Tourismus beschäftigt, die 16 % des Bruttoinlandsprodukts erwirtschaften.

Verbindungswege über und unter den Bergen

Schnell (oder doch nicht so schnell?) unterwegs auf der Brennerautobahn

Schnell mal nach Italien? Heute ist eine Fahrt über den Alpenhauptkamm keine große Sache mehr, auch wenn etliche Kilometer im Tunnel vielleicht nicht angenehm sind. Aber noch vor wenigen Jahrhunderten war die Überquerung der Alpenpässe eine echte Herausforderung.

Dank des Ötzi-Fundes (s. S. 56, 230) gilt es als sicher, dass schon in der Steinzeit Menschen über die Alpen gegangen sind – Viehhirten und wahrscheinlich auch Händler. Als die Römer ihr Reich dann nach Nordeuropa ausweiteten, existierten bereits etablierte Fußwege und Saumpfade. Die Römer bauten diese Routen zu richtigen Straßen aus, auf denen ihre Armeen geordnet marschieren konnten und über die sich im Gefolge des Militärs auch Handel und Kommunikation in die entlegeneren Reichsgebiete ausweiten konnten.

Römische Straßen

Die erste solche Römerstraße über die Alpen verlief über den Reschenpass, der vom Südtiroler Vinschgau ins obere Inntal führt. Mit gut 1500 m ist er einer der niedrigsten Pässe über den Alpenhauptkamm und über nicht zu steile Täler von beiden Seiten recht gut zu erreichen. Die römische Straße Via Claudia Augusta (s. S. 200), die seit etwa 50 n. Chr. über den Pass führte, wurde um 200 n. Chr. durch die Brennerstraße, die sogenannte Via Raetia, als Hauptverbindungsstraße abgelöst. Auch diese

Route stammte aus vorrömischer Zeit und wurde unter Kaiser Septimius Severus (146–211) zu einer befahrbaren Straße ausgebaut.

Mit den römischen Straßen war der Standard gesetzt – über Jahrhunderte wurden dieselben Routen genutzt, die Straßen instandgehalten, aber oft bewusst nicht wesentlich verbessert. So konnten die einheimischen Karrenführer und Transportunternehmer eine Monopolstellung ausbauen, denn wer die Strecke nicht kannte, riskierte sein Leben oder jedenfalls die Fracht zu verlieren.

In manchen Gegenden wurde sogar explizit die in den Felsuntergrund eingegrabene Spurweite im Vergleich zur sonst üblichen Standardspurweite verändert, um die durchreisenden Händler zu zwingen, ihre Waren auf einen Wagen des lokalen Dienstleisters umzuladen. Alternativ konnte man sich – gegen gutes Geld – eine andere Achse an den eigenen Wagen montieren lassen.

Bahnstrecken

So tat sich nach den Römern nicht mehr viel im Straßenbau über die Alpenpässe und echte Neuerungen und Fortschritte brachte erst die Eisenbahn – 1867 wurde zwischen Innsbruck und Bozen die Brennerbahn eröffnet, die erste alpenüberquerende Bahnlinie überhaupt.

Mit dem Ausbau des Eisenbahnnetzes stand man vor neuen Herausforderungen, denn für die Züge war die maximal mögliche Steigung beschränkt. Eine technische Meisterleistung und ein finanzielles Großprojekt war der Bau des über 10 km langen Arlberg-Eisenbahntunnels zwischen St. Anton und Lech am Arlberg. Nach langem

Ringen begannen 1880 von beiden Seiten aus die Bauarbeiten und dank moderner Bohrmaschinen und Tausenden Arbeitern konnte Kaiser Franz Josef I. am 20. September 1884 bereits die Jungfernfahrt antreten. Einen Tag später wurde der Passagierverkehr aufgenommen. Die neue Bahnverbindung erschloss das Tiroler Oberland und ermöglichte das rasche Wachstum von Wirtschaft und Tourismus.

2011 haben Österreich und Italien gemeinsam ein gigantisches Bauprojekt in Angriff genommen: den Brennerbasistunnel für den Personen- und Güterverkehr per Bahn. Der 55 km lange Tunnel zwischen Innsbruck und Franzensfeste/Fortezza soll ab 2026 einsatzbereit sein und wäre damit der längste Eisenbahntunnel der Welt.

Autostraßen

Mit der Zunahme privater Kraftfahrzeuge wurde dann Mitte des 20. Jh. auch der Ausbau der Autostraßen vorangetrieben.

Zu den ältesten größeren Straßentunneln Tirols gehört der 1967 eröffnete, gut 5 km lange Felbertauerntunnel, der eine Verbindung zwischen Nord- und Osttirol schaffte. Dabei verläuft ein kurzes Teilstück durch das Bundesland Salzburg. So kann die nur im Sommer befahrbare Großglockner-Hochalpenstraße oder der noch längere Umweg über Kärnten vermieden werden. Eine echte Sehenswürdigkeit aus dieser Zeit ist der nur einspurige, aber 2,5 km lange Harpferwandtunnel von 1965 zwischen Mayrhofen und Ginzling im Zillertal – klaustrophob sollte man dafür nicht sein.

Bald folgte der Bau weiterer bedeutender Tunnel: So wurde 1978 der fast 14 km lange Arlberg-Straßentunnel eröffnet, 1984 der Lermooser Tunnel am Fernpass.

Neue Verbindungen über die Bergkämme

Heute werden immer neue Verbindungen über die Berge geplant, die man sich früher nicht hätte träumen lassen, weil sie gewissermaßen das Gegenteil des bequemsten Weges sind: Um größere zusammenhängende Skigebiete zu entwickeln und den Gästen aus möglichst vielen verschiedenen Talorten Zugang dazu zu geben, werden Skilifte hinauf zu den höchsten Graten und Gletschergebieten gebaut. Nicht zuletzt die abnehmende Schneesicherheit in tieferen Lagen macht die hochalpinen Groß-Skigebiete für Investoren interessant. In Tirol gehören zu diesen mehrere Talregionen übergreifenden Skigebieten etwa St. Anton, Ischgl, die Zillertalarena und der Wilde Kaiser/ Brixental. Geplant (und umstritten) ist auch ein Zusammenschluss von Ötztaler und Pitztaler Skigebieten mittels dreier neuer Gondelbahnen. Sollten die Pläne genehmigt werden, würde in Tirol das größte Gletscherskigebiet der Welt entstehen.

Einfach den Berg hinaufgondeln – so werden Skigebiete erschlossen

Der Mann aus dem Eis – Ötzi

Am 19. September 1991 stießen zwei deutsche Touristen bei einer Wanderung am Tisenjoch, am Südende des Ötztals, auf eine gefrorene Leiche im Gletscher. Sie informierten umgehend die österreichischen Behörden und einige Tage später wurde die Eisleiche geborgen und nach Innsbruck in die Gerichtsmedizin gebracht: Da dachte man noch, der Mann sei in den letzten Jahren gestorben.

Eine Sensation

Unter denen, die in den Tagen nach der Entdeckung zur Fundstelle kamen, um die Leiche im Eis anzusehen, war der Extrembergsteiger Reinhold Messner. Er gehörte zu den Ersten, die auf einen archäologischen Fund tippten – und tatsächlich ergab die Radiokarbondatierung später ein Todesdatum vor 5200–5300 Jahren. In den nächsten Jahren untersuchten Innsbrucker Wissenschaftler die Leiche, die durch den Einschluss im Gletscher praktisch schockgefroren und sehr gut erhalten war.

Was Reinhold Messner allerdings auch bemerkt hatte, war, dass sich die Fundstelle bereits auf italienischer Seite befand. Die Grenzlinie ist an dieser Stelle entlang der Wasserscheide definiert und wegen der Gletscherbewegungen nicht fix – und der Mann aus dem Eis, der etwas vorschnell den Spitznamen Ötzi bekommen hatte, gehörte damit eigentlich Italien. 1998 wurde Ötzi daher in ein eigens für ihn gebautes Museum in Bozen überführt.

Wer war Ötzi?

Ötzi gehört zu den am besten untersuchten Leichen überhaupt und so weiß man trotz seines enormen Alters – älter als alle ägyptischen Mumien – recht viel über ihn. Wahrscheinlich war er gut 1,60 m groß, hatte Schuhgröße 38 und wog ca. 50 kg; er hatte braune, lockige Haare und blau-braune Augen. Mit Mitte 40 war er für damalige Verhältnisse sicher bereits ein alter Mann, aber offenbar ein geübter Bergsteiger. Er war vor seinem Tod relativ zügig aus dem Südtiroler Schnalstal zum Pass aufgestiegen.

Seine Kleidung und Ausrüstung waren einfach, aber funktional und spezialisiert: Ötzi trug Beinlinge und einen Lendenschurz aus Ziegenfell und hatte eine Bastmatte, Proviant und allerlei Werkzeug bei sich, darunter ein Messer, Feuerstein und Zunder, aber auch ein Kästchen mit Kohlenglut, damit das Feuermachen schneller ging. Am meisten beeindruckten die Wissenschaftler jedoch seine Schuhe: Diese waren mehrlagig, fast wie moderne Wanderschuhe, mit einem aus Bast geflochtenen Innengestell und einem Außenschuh aus verschiedenen Fellen, dazwischen eine Dämmschicht aus Gras, und als Profilsohle hatten sie einen unter die Sohle gebundenen Lederstreifen.

Außerdem führte Ötzi ein Beil aus Kupfer mit sich. Ungewöhnlich, denn er lebte in der Kupfersteinzeit, also zur Zeit des Übergangs von der Stein- zur Kupferzeit, als Werkzeuge aus Kupfer gerade neu waren und eine enorme Verbesserung gegenüber den alten Steinbeilen darstellten. Das Kupferbeil war vermutlich nicht nur ein hochwertiger Ausrüstungsgegenstand, sondern auch ein Statussymbol. Vielleicht war Ötzi also eine bedeutende Persönlichkeit – ein Klan-Chef, ein Karawanenführer? Noch wird weitergeforscht.

Doch ein Fall für Kriminalisten

Je mehr die Wissenschaftler herausfinden, desto ominöser wird der Fall Ötzi. 2001 wurde in Ötzis Schulter eine Pfeilspitze entdeckt. Der Pfeil traf ihn von hinten. Inzwischen weiß man sogar, dass dabei eine wichtige Arterie verletzt wurde, sodass Ötzi wahrscheinlich recht schnell verblutete. Außerdem bekam er kurz vor seinem Tod einen kräftigen Schlag auf den Kopf oder schlug sich infolge der Schwächung durch den Blutverlust den Kopf beim Sturz übel an einem Felsen an. Nach einer Messerwunde an der Hand zu schließen, dürfte er in den letzten ein oder zwei Tagen vor seinem Tod überdies in einen Nahkampf verwickelt gewesen sein. Eine Zeit lang vermutete man deshalb, er sei eilig aus dem Tal ins Gebirge geflüchtet – vielleicht war er schlicht ein Dieb? Doch wie passt das mit einer ausgiebigen Mahlzeit zusammen, die er etwa eine Stunde vor seinem Tod zu sich genommen hat? Ziemlich unstrittig ist inzwischen, dass Ötzi ermordet wurde.

Für den Laien kommt zu all diesen Rätseln noch das Staunen dazu: Wie kann man so viele Informationen über eine Person sammeln, die schon seit über 5000 Jahren tot ist? Durch das Einfrieren blieben die Körper und u. a. der komplette Mageninhalt hervorragend erhalten und so lässt sich sogar feststellen, welche Blütenpollen der Mann aufgenommen hatte und wie gut sein Essen bei seinem Tod bereits verdaut war.

Die Untersuchungen dauern an – schließlich geht es nicht nur um die Aufdeckung eines uralten Kriminalfalls, sondern um die Geschichte der Alpen und deren Erschließung. Anscheinend gab es in der Kupfersteinzeit bereits etablierte Passwege, aber wurden sie nur von Hirten oder in Ausnahmefällen genutzt – oder gab es regen Handel zwischen Nord- und Südtirol? War Ötzis Outdoor-Ausrüstung damals Standard für Handelsreisende oder Top-Technology für einen Privilegierten?

Auf Ötzis Spuren
Von Vent aus lässt sich als – lange – Tagestour oder mit Übernachtung eine Wanderung zur **Ötzi-Fundstelle** unternehmen (s. S. 230). Um **Ötzis Mumie** zu sehen, muss man ins italienische Bozen fahren. Dort ist sie im **Südtiroler Archäologiemuseum** (Museumstr. 43, Tel. 0039 0471 32 01 00, www.iceman.it, Di–So 10–18 Uhr, 9 €) zu bestaunen.

Über eine spärlich beleuchtete Straße am Ortsrand von Lienz schreitet der heilige Bischof Nikolaus, begleitet von kleinen Engeln. Da tauchen aus dem Dunkel mit Scheppern und Läuten ein paar weniger anheimelnde Figuren auf: furchterregende Gestalten mit dichtem zotteligem Fell, die sich stampfenden Schrittes nähern. Ihre runzligen Gesichter sind zu Fratzen verzerrt und manche haben Hauer statt Zähnen. Es sind die Krampusse!

nicht an die große Glocke gehängt wird: »Wir machen das ja nicht für die Touristen, sondern für uns und für unsere Kinder!«, sagen viele Osttiroler über die Krampusläufe im Winter.

In der ersten Dezemberwoche sind in Osttirol zahlreiche Krampusse unterwegs, und zwar stets nur im Gefolge des Nikolaus, der ihrem wilden Treiben auch als Einziger Einhalt gebieten kann. Und es ist in den entfernteren Talschlüssen, etwa in Matrei

Nikolaus und die Wilden Kerle – Krampusläufe

Der Krampus ist bis Süddeutschland als strenger Begleiter des Nikolaus bekannt, eine Variante des weiter verbreiteten Knecht Ruprecht. Aber seinen Ursprung hat der Krampus in den Tälern der Alpen, und seine Wurzeln sind weitaus älter als die abendländische Nikolaustradition. Der Krampus ist ein zotteliges, wildes Wesen, mal mit Hörnern, mal ohne, furchterregend und unberechenbar. Er symbolisiert die raue dunkle Zeit, die nach dem Herbst anbricht und gegen die man sich zur Wehr setzen muss – und ein bisschen vielleicht auch das Böse an sich.

Krampusbräuche in Osttirol

In Osttirol scheint die Zeit manchmal stehen geblieben, Traditionen werden großgeschrieben. So groß, dass manch faszinierende Dorfveranstaltung gar

oder im hinteren Defereggen-Tal, wo der Brauch der Krampusläufe über die Jahrhunderte ungebrochen ist.

In Matrei etwa geht es ziemlich ruppig zu: Dort greift der Krampus, der hier Klaubauf heißt, herumstehende Passanten und Zuschauer an und ringt sie zu Boden – aber letztendlich ist alles ein Spiel und sobald die beiden niedergestürzt sind, hilft man sich gegenseitig auf. So erklärt sich auch der Name Klaub(-)auf. Im Dorf weiß jeder um die Klaubauf-Etikette: Wer im Weg steht, sucht den Zweikampf. Von sich aus einen Klaubauf anzugreifen ist tabu und andere haben sich nicht einzumischen. Ebenfalls tabu sind Schuldzuweisungen, wenn sich im Gerangel doch mal jemand verletzt. Früher wurden so wohl ab und an auch Streitereien zwischen Rivalen um die Liebste ausgetra-

In Lienz verboten, andernorts in Tirol erlaubt – Krampusse mit Leuchtaugen

gen und Rechnungen beglichen, die über den Sommer offengeblieben waren. In Matrei bleibt man, nicht zuletzt wegen schlechter Erfahrungen mit der Presse und Raufbolden von außerhalb, die im Schutz der Kostümierung mitprügelten, heute lieber unter sich. Auch Touristen wird vom Besuch zu dieser Zeit eher abgeraten.

Brauchtum im Verein

Ganz anders dagegen in Lienz, der Hauptstadt Osttirols, wo die lange Zeit ziemlich eingeschlafene Tradition der Krampusläufe erst in den 1990er-Jahren wiederbelebt und mit einem klaren choreografischen Ablauf in geordnete Bahnen gelenkt wurde.

Der Zugweg am Ortsrand von Lienz ist mit Absperrungen versehen, in unmittelbarer Nähe zum Geschehen parken mehrere Rettungswagen. Das Gros der Zuschauer, unter denen sich auch reichlich Touristen befinden, bleibt hinter den Gitterstangen, den Glühwein wärmend in der Hand. Nur wer sich vor die Absperrung begibt, signalisiert seine Bereitschaft zum Raufen, wenn nun Hunderte wilder Kerle im Schein von Fackeln mit Scheppern und Läuten die Straße herunterkommen.

Der Lärm kommt von überdimensionalen Kuhglocken, die sich die Verkleideten auf den Rücken geschnallt

haben, jeweils drei oder vier davon. Die Glocken allein wiegen bis zu 15 kg, die komplette Montur bis zu 30 kg – und so manch ein Krampus muss beizeiten ins Fitnessstudio, um die erste Dezemberwoche durchzuhalten.

Mitmachen kann in Lienz nicht jeder, sondern man muss Mitglied im Krampusverein sein. Und der nimmt nur Leute, die ›passen‹ – zumindest in der Theorie auch Zugezogene. Halloween-Masken mit blinkenden Augen oder Gruselfiguren aus Hollywood-Filmen, andernorts üblich, sind in Lienz nicht erwünscht. Hier bevorzugt man die traditionellen handgeschnitzten Zirbenholzmasken. Das Krampusgehen ist Männersache, einzig kleine Mädchen dürfen als Engelchen beim Nikolaus dabei sein. Allerdings, so verrät ein Klaubauf-Aktivist aus Matrei, wo das Treiben weniger straff strukturiert ist: »Manchmal sind auch schon Mädels unterwegs gewesen, solange man das unter der Maske doch nicht bemerkt …«

Grusel für die Kleinen

In vielen Orten wird die Veranstaltung am nächsten Tag noch einmal in verkürzter Form für die Kinder wiederholt – mit wilden Kostümen, Nikolaus und Bescherung und nur ein paar Raufereien unter den älteren Jungs. Wenn am Schluss beim zeremoniellen Auslaufen alle ihre Maske abnehmen, leuchten die Kinderaugen genauso in einer Mischung aus Begeisterung und Erschöpfung wie am Tag zuvor die der Großen. Und dann zeigt sich, dass auch der wilde Krampus einen weichen Kern hat: »Du, Nikolaus«, sagt einer von den kleinen Zottelkerlen, »das macht Spaß!«

Krampusläufe anschauen
… auf Fotos – NIKRAMO: Entlarvt. Lienz 2009. Buch der Nikolaus- und Krampusgruppe Moarsfeld zur Maskenausstellung 2009 in der Tammerburg in Lienz, erhältlich über www.kurtglaenzer.com
… in natura – 1. Dez.-Woche, Lienz

Das Wörgler Freigeld – ein Währungsprojekt der 1930er-Jahre

Rosa Unterguggenberger war eine geschäftstüchtige Unternehmerin, weltgewandt und mehrsprachig. Ihre Heimatstadt Wörgl lag an einem wichtigen Eisenbahnknotenpunkt und hatte jahrzehntelang vom internationalen Handel profitiert. In ihrer Modeboutique nahm Rosa Unterguggenberger seit 1932 eine eigentümliche ›Währung‹ an, die Wörgler Arbeitswertscheine.

Legal waren die Papierchen nicht, sie wurden auch umgehend von der Österreichischen Notenbank verboten – und blieben doch fast zwei Jahre in Gebrauch. Während dieser Zeit bescherten sie Wörgl einen einzigartigen wirtschaftlichen Aufschwung, während sich andernorts in Österreich und Europa die Wirtschaftskrise immer weiter verschlimmerte. Von weit-

her kamen Politiker und Wirtschaftswissenschaftler, um das ›Wunder von Wörgl‹ selbst in Augenschein zu nehmen, selbst Angehörige der österreichischen Bundesregierung sollen insgeheim Bewunderung für das illegale Projekt gezeigt haben!

Schwundgeld

Das sogenannte Wörgler Freigeld oder Schwundgeld beruhte auf einem System, das der deutsche Kaufmann Silvio Gesell unter dem Eindruck einer Wirtschaftskrise in Argentinien schon 1911 entwickelt hatte. Wenn Geld durch Zinsen und niedrige Inflation immer an Wert gewinnt, so Gesell, dann werden Wohlhabende es horten und immer reicher werden, und damit geht die Funktion von Geld als

61

Tauschmittel verloren. Als Folge davon ist nicht genug Geld im Umlauf und die Wirtschaft stagniert. Also müsse man durch eine regelmäßige Abwertung verhindern, dass sich das Horten lohnt.

In Wörgl verloren die Arbeitswertscheine, die die Gemeinde selbst druckte, um damit städtische Arbeiter und Angestellte zu bezahlen, monatlich 1 % an Wert. Man musste entsprechende Klebemarken kaufen, damit der Schein gültig blieb – oder ihn schnell ausgeben bzw. seine Steuern damit bezahlen. Der Erlös aus den Klebemarken ging in die Wohlfahrtspflege, die Wörgler konsumierten mit ihren Arbeitsscheinen fleißig und das Geld blieb in der Gemeinde, weil es ja nur dort angenommen wurde.

Der Bürgermeister

Rosa Unterguggenberger hat nicht wenige der Freigeldpilger selbst empfangen und ihnen das System erklärt, denn sie war die Frau des Bürgermeisters. Und der war der Initiator der lokalen Währung. Michael Unterguggenberger war ein sozialer Aufsteiger – vom Hilfsarbeiter über die Bahngewerkschaft zum Gemeinderatsmitglied für die Sozialdemokratische Partei. Er hatte sich schon länger für gerechtere Wirtschaftssysteme und eine faire Währungsreform interessiert, und als das Los ihn 1931 in einer Pattsituation zwischen Bürgerlichen und Sozialdemokraten zum Bürgermeister bestimmte, war für ihn die Zeit reif, ein konkretes Projekt umzusetzen.

Unterguggenberger war ein charismatischer Redner, von seinem Projekt überzeugt, und die Lage war dramatisch genug, um die Wörgler auch zu drastischen Maßnahmen zu

überreden. Er brauchte trotzdem einen Mitstreiter aus dem bürgerlichen Lager und fand ihn in Georg Stawa, der in eine Wörgler Apothekerfamilie eingeheiratet hatte, zuvor aber Oberfinanzrat in Wien gewesen war. Stawa hatte nicht nur die ökonomische Kompetenz, um das Freigeldkonzept zu verstehen, sondern auch die gesellschaftliche Position, um das konservative Lager zu einem eigentlich klar sozialistischen Experiment ins Boot zu holen. Die Unternehmer machten mit, die lokale Raiffeisenbank übernahm die praktische Kontrolle und sogar der Pfarrer wurde überzeugt, obwohl Unterguggenberger 1929 wegen persönlicher Differenzen mit dem Bischof aus der Kirche ausgetreten war.

Das Experiment

Kaum war die Entscheidung getroffen, machte sich der Gemeinderat ans Werk. Zunächst nahm man sich ein paar kleinere Infrastrukturprojekte vor, die aus Geldmangel zuvor nicht hatten umgesetzt werden können: Der Platz vor der Schule musste asphaltiert werden, einige Straßen gebaut ... Die Gemeindeverwaltung druckte – eigentlich ungedeckte – Arbeitswertscheine, mit denen zumindest die Lohnkosten für diese Arbeiten bezahlt wurden. Etliche Wörgler Unternehmen akzeptierten die Scheine und natürlich konnte man bei der Gemeinde selbst damit Steuern und Gebühren bezahlen. Weil die Geldscheine ja jeden Monat an Wert verloren, wenn man nicht zusätzliche Wertmarken aufklebte, beeilten sich die Arbeiter, sie schnell wieder auszugeben und so machten die Läden wieder ein bisschen mehr Umsatz, das

Geld zirkulierte, und die lokale Wirtschaft erholte sich ein wenig.

Österreich litt damals besonders stark unter dem Börsencrash von 1929 – auch, weil der Schilling damals zu den stabilsten Währungen gehörte. Er war erst 1925 eingeführt worden, um die hyperinflationäre Krone der k. u. k. Monarchie zu ersetzen, und unterlag per Gesetz einer sehr strengen Geldpolitik, um nur ja keine neue Inflation zu riskieren. Während der Wirtschaftskrise war deshalb extrem wenig Geld im Umlauf (die wenigen Schillinge wurden gehortet), parallel dazu stieg Anfang der 1930er-Jahre die Arbeitslosigkeit in Österreich stetig – nur in Wörgl wurde sie im Verlauf des Freigeld-Experiments um 16 % reduziert!

Weil das Experiment, wenn auch in kleinem Rahmen, so erfolgreich war, dass die Wörgler Geldscheine sogar in einigen Nachbargemeinden akzeptiert wurden, weitete der Gemeinderat die Freigeldprojekte aus: Eine neue Brücke über den Wörgler Bach für die Straße in die Wildschönau wurde auf Drängen der Landesregierung sogar mit Beton gebaut. Ansonsten waren die meisten Projekte vor allem arbeitsintensive Baumaßnahmen wie neue Straßen, da ›richtiges‹ Geld für Baumaterial eben knapp war. Im Herbst 1932 wurde mit dem aufwendigen Bau einer Skisprungschanze begonnen – die Gemeinde steuerte 500 Arbeitsstunden bei, der Sportverein trug die übrigen Kosten. Das Eröffnungsspringen im Februar 1933 war eine Sensation – Wörgl hatte es sich geleistet, mitten in der Krise eine neue Touristenattraktion zu bauen! Die Schanze gibt es übrigens heute noch, mehrfach saniert und ausgebaut.

Der Erfolg ließ allerdings auch bald die österreichische Bundesregierung und die Notenbank aufmerksam werden. Natürlich durfte eine Gemeinde nicht einfach an der Zentralbank vorbei Geld drucken! Nur dem weltgewandten Apotheker Stawa, dem ehemaligen Oberfinanzrat, war es zu verdanken, dass die Gemeinde noch monatelang gegen die Verbote in Revision ging und ihr Projekt unterdessen weiterführen konnte. Am Schluss gab es sogar einen Kompromiss: Wörgl durfte kein Freigeld mehr drucken, aber die im Umlauf befindlichen Scheine konnten noch weiter benutzt werden.

Währungsalternativen

Das Wörgler Freigeld war die erste alternative Währung, die von einer Gemeinde ausgegeben wurde, nicht von einem Verein mit freiwilliger Mitgliedschaft. Es gilt deshalb noch heute als wichtiges Vorbild für Alternativwährungsprojekte. Seit den 1980er-Jahren sind solche Konzepte, ausgehend von Nordamerika, wiederentdeckt worden – insbesondere zur Förderung von lokalen und Umweltprojekten. In Tirol ist z. B. der Silberzehner aus Schwaz schon seit Jahren eine akzeptierte Währung und gilt inzwischen in etlichen Gemeinden der Region.

Unterguggenberger Institut Wörgl

Das 2003 gegründete und nach Michael Unterguggenberger benannte Institut befasst sich mit der Geschichte des Wörgler Freigelds und dem Thema Komplementärwährungen heute (www.unterguggenberger.org).

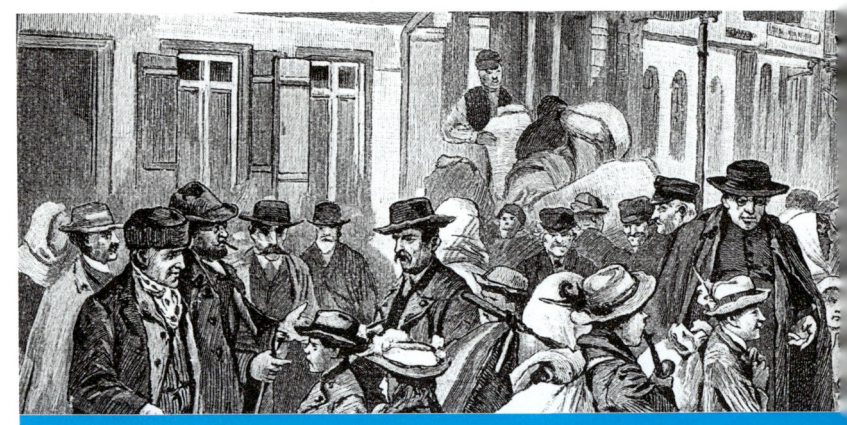

Die Schwabenkinder – verkauft in die Fremde

Zu vermieten – Schwabenkinder in Ravensburg (Holzstich von 1894)

Vor allem im Westen Tirols wird man immer wieder auf sie aufmerksam: Im Heimatmuseum oder auf Infotafeln am Wegesrand ist von den Schwabenkindern die Rede. Hinter dem harmlos wirkenden Begriff versteckt sich eine bedrückende Geschichte: Kinder aus armen Tiroler Bauernfamilien wurden bis in die 1930er-Jahre nach Schwaben geschickt, zum Arbeiten und damit man sie zu Hause nicht mit durchfüttern musste.

In den steilen Tiroler Bergtälern waren die Erträge oft schlecht und reichten nicht aus zur Ernährung der Großfamilien. So machten sich im 17. Jh. zunächst eher die erwachsenen Männer auf, um im wohlhabenderen Flachland zu arbeiten. Vor allem Handwerker fanden in Deutschland in den vom Dreißigjäh-

rigen Krieg verwüsteten Orten leicht Arbeit im Wiederaufbau, manche wanderten auch dauerhaft aus.

Andere handelten als Hausierer mit Waren, die in ihren Heimatdörfern in Handarbeit hergestellt wurden. So entwickelte mit der Zeit fast jedes Tal eine Spezialität – hier wurden Spitzendecken hergestellt, dort flauschige Fellmützen und andere züchteten und verkauften Kanarienvögel als Haustiere.

Doch vereinzelt waren wohl bereits im 17. Jh. auch Kinder unterwegs. So wird am Rand der großen Arbeitsmärkte in Süddeutschland auch von Kindermärkten berichtet. Ab dem 19. Jh. stieg die Zahl der zur Arbeit ins benachbarte Deutschland geschickten Kinder stark an. Dies hing mit strengeren Grenzkontrollen für Erwachsene und einem in Deutschland nach wie vor hohen Bedarf

an Arbeitskräften zusammen. Es waren Kinder aus dem Tiroler Oberland, dem Lechtal und aus Vorarlberg, die über den Sommer nach ›Schwaben‹ gingen, vor allem in die Gegend um Ravensburg (Schwaben) und Kempten (Allgäu).

Die Kinder erhielten zwar nur einen recht geringen Lohn für ihre Arbeit, aber wichtiger war, dass sie so den Familien zu Hause nicht zur Last fielen – für die war jeder Esser weniger am Tisch eine Erleichterung. Zu den schlechten Böden kam in den Herkunftsgebieten der Schwabenkinder nämlich noch die gängige Erbform der Realteilung hinzu: Dabei wurden Güter und Landstücke auf alle Nachkommen gleichmäßig aufgeteilt, bis es zum Leben zu wenig und zum Sterben knapp zu viel war. In Schwaben und im Allgäu hingegen galt das Anerben-

recht: Der älteste Sohn erbte den Hof, der somit nie kleiner wurde und immer viel zusätzliches Personal erforderte.

Zu Fuß über die Alpen

Zwar war unter Maria Theresia im 18. Jh. die allgemeine Schulpflicht eingeführt worden, aber arme Familien konnten davon auf Antrag befreit werden. Angesichts des akuten Hungers wurden dann oft Kinder ab 10 Jahren, in Ausnahmefällen sogar jüngere, für den gesamten Sommer ganz offiziell vom Unterricht freigestellt. Seit 1836 gab es auch im Königreich Württemberg eine allgemeine Schulpflicht – die galt aber nicht für ausländische Kinder.

Die Schwabenkinder machten sich also – mit wenigen älteren Begleitern – bereits Anfang März zu Fuß über die noch schneebedeckten Pässe auf in Richtung Bodensee.

Ab 1884 brachte die Eröffnung der Arlbergbahn immerhin etwas Erleichterung für den beschwerlichen Weg, da nun ein Teil der Strecke per Bahn zurückgelegt werden konnte. Um den Josefstag, den 19. März, fanden in Schwaben die Hütekinder-Märkte statt; der größte in Ravensburg, später in Friedrichshafen. Dort mussten sich die Kinder anpreisen und einen passenden Arbeitgeber finden. Je nach Alter arbeiteten sie als Hütekinder oder Knechte und Mägde auf den großen Bauernhöfen; dafür bekamen sie neben Kost und Logis im Herbst die sogenannte Doppelte Häs, zwei Sätze neuer Kleidung inklusive Schuhe und Hut und vielleicht ein bisschen Bargeld oder auch Naturalien.

Viele Kinder wurden ausgebeutet, doch es gibt auch Berichte von Kindern, die z. B. von den Arbeitgebern mit der Chance auf ein besseres Leben adoptiert wurden. Schlimm muss für die jüngeren Kinder das Heimweh gewesen sein. In der Hochzeit des Schwabengehens machten sich jährlich 5000 bis 6000 Kinder auf den Weg über die Berge. Um Martini, den 11. November, kehrten sie dann zurück zu ihren Familien.

www.schwabenkinder.eu: Projekt-Website mit Zugriff auf die Schwabenkinder-Datenbank

Romane und Sachbücher

Bauernhaus-Museum Wolfegg (Hrsg.), Christine Brugger und Stefan Zimmermann (Autoren): Die Schwabenkinder. Arbeit in der Fremde vom 17. bis 20. Jahrhundert. Ostfildern 2012
Elmar Bereuter: Die Schwabenkinder. Die Geschichte des Kaspanaze. München 2002, 2004
Othmar Franz Lang: Hungerweg. Das Schicksal der Schwabenkinder. Hamburg 1989, München 1993
Manfred Mai, Henriette Sauvant: Das verkaufte Glück. Der lange Weg der Schwabenkinder. Ravensburg 2013, 2015

Film und Bühne

Jo Baier: Schwabenkinder. 2003 (Film)
Claudia Lang-Forcher: Lechtaler Schwabenkinder. 2004. Das Theaterstück wird 2017 wieder auf der Geierwally-Freilichtbühne in Elbigenalp (Lechtal) aufgeführt.

Ende und späte Aufarbeitung

Etwa ab dem Jahr 1900 und dann mit dem Ersten Weltkrieg ging der Brauch, Kinder über den Sommer nach Schwaben zu schicken, deutlich zurück: Zum einen weil Kinderarbeit inzwischen international angeprangert wurde, zum anderen, weil ab 1921 auch ausländische Kinder in Baden-Württemberg offiziell schulpflichtig waren. Dennoch sind in der Schwabenkinder-Datenbank bis in die 1930er-Jahre Fälle aufgeführt, in denen Kinder zum Arbeiten über die Grenze gingen.

Lange Zeit wurde über das Schicksal der Schwabenkinder geschwiegen. Erst Ende der 1980er-Jahre rückte das Thema nicht zuletzt durch Othmar Franz Langs Kinder- und Jugendroman »Hungerweg« in den Fokus der Öffentlichkeit. 2012 eröffneten in mehreren Ländern thematische Ausstellungen zu den Schwabenkindern, in Tirol die umfangreichste ist im Museum Schloss Landeck (s. S. 240) zu sehen.

Glückliche Kühe und leckerer Käse – Almwirtschaft

Glückliche Kühe, die sich die Mägen mit duftenden Kräutern der Almwiesen vollschlagen, farbenfrohe Almabtriebe und frische Buttermilch und Käse – Klischeebilder von Tirol? Nein, die Tiroler Kühe sind wirklich viel in der Natur und der Käse schmeckt tatsächlich phänomenal gut – allerdings bedeutet Almwirtschaft auch viel Arbeit.

Seit Jahrhunderten schicken die Tiroler Bauern ihre Kühe im Sommer auf die hochgelegenen Almen. Auf den begrenzten ebenen Flächen in den Tälern bewirtschaftet man lieber Felder und die umliegenden Wiesen reichen gerade, um Heu als Viehfutter für den Winter zu machen. Daher schickte und schickt man die Kühe zur Sommerfrische in die Berge hinauf. Als Aufsicht genügten meist ein paar

junge Leute. Sie lebten den Sommer über in einfachen Hütten auf dem Berg. Manchmal, wenn die Überbevölkerung im Tal Familien zwang, sich anderswo ein Stück Land zu roden, wurden aus diesen temporären Behausungen der Hirten dauerhafte Siedlungen.

Viehwirtschaft im Nebenerwerb

Die meisten Almen sind nach wie vor nur temporär bewirtschaftet: Etwa im Juni bringen die Bauern ihre Kühe hoch auf die Almen, manchmal nur ein oder zwei Tiere, denn während österreichische Agrarbetriebe im Durchschnitt etwa 30 Kühe haben (in Deutschland ca. 60), sind es in Tirol, und dort vor allem im Oberland, bei den meisten Bauern weniger als zehn Tiere. Von denen gehören viele noch zu den alten, einheimischen Rinderrassen – so findet man etwa das relativ schlanke und drahtige Tiroler Grauvieh nur hier. Diese Tiere geben weniger Milch als die mit Silage gefütterten überzüchteten Hochleistungskühe, dafür kommen sie auf den steilen und steinigen Weiden und Almwiesen besser zurecht. Doch von der Landwirtschaft allein kann heute in Tirol eigentlich kein Bauer mehr leben.

Leben auf der Alm

Früher trugen die Bauern außerdem Lebensmittel und Holz für den Senner und die Hütejungen hinauf, heute bezahlen sie einen Beitrag zu deren Entlohnung. Denn so ganz allein finden die Kühe im kargen Bergland ihr Futter nicht, der Senner und sein Team planen strategisch, wann die Tiere auf welche Weidefläche gehen, immer ein Stück weiter hoch und am Ende des Sommers wieder näher an der Alm, wo das Gras nachgewachsen ist. Durch leicht auf- und abbaubare Elektrozäune ist die Arbeit eines Hirten heutzutage weniger anstrengend als

früher, als die Kühe noch den ganzen Tag beaufsichtigt werden mussten. Der Senner und sein Team müssen die Kühe zweimal täglich melken. Aus der Milch werden gleich vor Ort Käse und Butter hergestellt, wovon ein Teil oft direkt auf der Alm an müde Wanderer verkauft wird. Am Ende des Sommers geht das Gros aber anteilig an die Besitzer der Kühe zurück.

Alles Käse oder was?

Auch die Käseherstellung hat eine lange Tradition. Einen Beleg dafür liefern nicht zuletzt die ältesten bisher bekannten tönernen Käsesiebe: Sie sind 7500 Jahre alt! Gefunden wurden sie in der heutigen polnischen Woiwodschaft Kujawien-Pommern. Anfangs waren es vermutlich einfache Sauermilchprodukte – Wärme ausgesetzte Milch wurde sauer und gerann: Nomadische Steppenvölker hatten bereits entdeckt, dass geronnene Milch ein gutes Nahrungsmittel ist und sich gut transportieren lässt. Es dauerte nicht lange und man erkannte darüber hinaus die Wirkung von Lab und mancher Schimmelpilze. Spätestens mit den Römern gelangte die Technik der Käseherstellung dann auch nach Tirol. Seit mittelalterliche Mönche ihre Käserezepturen aufschrieben, lassen sich sogar einzelne Käsesorten zurückverfolgen.

Bis heute hat sich das Prinzip der Käseproduktion nicht groß verändert, allerdings sind mehr Know-how und strengere Hygienevorschriften hinzugekommen: Zunächst wird die Milch auf 31,5 °C erwärmt und Lab eingerührt, ein traditionell aus Kälbermägen gewonnenes Enzym, das zur Verdickung der Milch führt, ohne dass sie dabei sauer wird.

Ist das Lab eingerührt, beginnt die Milch nach etwa 30 Minuten zu gerinnen. Nun wird mit der sogenannten Käseharfe, einem Gerät mit parallel gespannten Metalldrähten, die eingedickte Milchmasse vorsichtig in kleine Bröckchen zerteilt. Beim weiteren Rühren und Erwärmen setzt sich nun die dünnflüssige klare Molke von den festen Bestandteilen ab. Wann der richtige Zeitpunkt ist, um die Masse in ein Käsesieb zu gießen und die Molke abfließen zu lassen, entscheidet der Senner anhand der Konsistenz. Pro 10 l Milch erhält man etwa 1 kg Hartkäse.

Der gepresste und geformte Käselaib kommt dann im Käselager ins Regal – früher waren das Holzbretter, heute sind die Regale aus Edelstahl – und die Käse, wegen der leichteren Lagerung, oft quadratisch. Mindestens sechs oder acht Wochen müssen die Käse dann reifen; dabei werden sie regelmäßig mit einer Salzlake angefeuchtet und abgewischt, die die Rinde fest und unempfindlich macht und dem Käse Salz zuführt. Man nennt das geschmiert. Die Schmiere kann auch durch bestimmte darin enthaltene Bakterien zur Reifung des (Schimmel-)Käses beitragen – bei anderen Sorten werden solche Bakterien schon zu Anfang der Milch zugesetzt.

Tiroler Käse und Milchprodukte, auch die aus dem Supermarkt, sind oft aus reiner Heumilch hergestellt, d. h. es wurde keine Silage verfüttert. Je nach Region haben die Kühe auf den Almen bis zu 1000 verschiedene Gräser und Kräuter gefressen und entsprechend würzig ist der Käse auch. Bergkäse oder Emmentaler muss in Österreich außerdem aus unpasteurisierter Rohmilch hergestellt worden sein. Zu den bekanntesten geschützten Käsesorten gehört der Paznauner Almkäse aus Westtirol. Übrigens haben die Alm- und Heumilchkäse auch einen besonders kleinen ökologischen Wasserfußabdruck – anders als bei Fütterung mit zugekaufter Silage, wo für die Bewässerung etwa von Maisfeldern oft viel wertvolles Wasser verbraucht wird.

Schausennereien und Museen
Seit einer Verschärfung der Hygienerichtlinien 2005 können Besucher in Betrieb befindliche Sennereien nur noch von außen durch eine Scheibe ansehen. Die meisten sind mit einem Käsegeschäft und einer kleinen Ausstellung kombiniert, aber um die tatsächliche Käseherstellung zu sehen, sollte man möglichst früh am Morgen kommen.

Almmuseum Alpe Dias: Kappl, Paznauntal. Mit traditioneller Sennerei-Vorführung zum Ansehen und Kosten – offiziell keine Lebensmittelproduktion, s. S. 252.
ErlebnisSennerei Zillertal: Hollenzen bei Mayrhofen, Zillertal, Abb. oben; s. S. 136
Wilder Käser: Kirchdorf in Tirol, Kaisergebirge, s. S. 109
Zillertaler Heumilch Sennerei: Fügen, Zillertal, s. S. 133

Von Wasser angetrieben – die Turbinen im Schaukraftwerk am Zammer Lochputz

Tirol ist das Land der Berge und an Wasser herrscht kein Mangel. Kein Wunder also, dass zur Energieversorgung seit alters Wasserkraft eingesetzt wird. Doch aus Wasserrädern und Wassermühlen sind heute Turbinen und Pumpspeicherkraftwerke geworden.

Die insgesamt über 1000 großen und kleinen Wasserkraftwerke Tirols erzeugen inzwischen über 7000 Gigawattstunden Strom, dazu kommt noch ein kleiner Anteil anderer Energien (Erdgas, Biomasse, Fotovoltaik). Das Bundesland verbraucht pro Jahr gut 6000 Gigawattstunden (Stand 2012) – sodass Tirol schon seit einigen Jahren zumindest rechnerisch energieautark ist, sogar einen Energieüberschuss produziert. Europaweit gehört Tirol bei erneuerbaren Energien zu den Spitzenreitern.

Hurra! Alles super also?

Trotzdem gibt es immer wieder Diskussionen um die Wasserkraftwerke. Denn während ein Wasserrad am Fluss, das eine Schleifmühle betreibt, traditionsreich und naturverbunden wirkt, rücken die modernen Wasserkraftwerke der Natur ziemlich zu Leibe. Für sie werden Flüsse und Bäche gestaut und kanalisiert, deren ökologischer Zustand verschlechtert sich damit unweigerlich allemal im Bereich der Stauung, und für Fische gibt es meist keine Möglichkeit mehr, entlang der Flüsse auf- und abzuwandern. Umweltschützer fordern deshalb die Einstellung von neuen und Ausbauprojekten. Statistiken zufolge sind nur ein Viertel aller größeren Tiroler Fließgewässer in einem sehr guten ökologischen Zustand, während etwa die Hälfte bereits so stark durch die Energiewirtschaft beeinträchtigt ist, dass inzwischen – aufgrund strengerer Umweltauflagen (zum Teil auch vonseiten der EU) – Sanierungsbedarf besteht.

Großwasser- versus Kleinwasserkraftwerke

Neben großen Staudämmen und Kraftwerken wird in Tirol auf den weiteren Ausbau dezentraler kleiner Wasserkraftwerke unter 10 Megawatt gesetzt, die staatliche Zuschüsse erhalten und einen Anteil von etwa 20 % der Stromversorgung ausmachen (darunter winzige Anlagen, die z. B. nur einzelne Almen mit Strom versorgen). Im Vergleich zum Stromgewinn, so die Kritiker, richten diese kleinen Anlagen aber mehr ökologischen Schaden an als ihre großen Pendants. Vorher natürlich fließende Wildbäche werden kanalisiert und die Betreiber der Kleinanlagen können sich oft keine Aufstiegshilfen für Fische oder Schutzbarrieren vor den Turbinen leisten. Auch steigt gerade an kleineren Gewässern die Hochwassergefahr durch Kraftwerke unverhältnismäßig stark.

Umweltschutz im Zwiespalt

So dreht sich die Diskussion vor allem um die Kriterien für Kraftwerksgenehmigungen und um Umweltauflagen, die von alten und neuen Anlagen erfüllt werden müssen. Klar abgelehnt: die energiewirtschaftliche Nutzung von Flussstrecken, die als (ökologisch) »einzigartig« (1,1 %) und »sehr selten« (6,2 %) ausgewiesen sind. Immerhin ein Drittel der Fließgewässer Tirols (ca. 1200 km) liegen in Schutzzonen, sind relativ natürliche Bäche und Flüsse, die

in Naturschutzgebieten entspringen; von diesen ist wiederum bereits ein Drittel (gut 400 km) durch Kraftwerke beeinträchtigt. So bangen nicht nur Naturschützer um die Bäche, sondern auch die Tourismusbranche: Denn murmelnde Bäche und wild rauschende Flüsse locken Bergtouristen in die Region.

Trotzdem soll die Energie natürlich aus erneuerbaren Quellen stammen, auch darauf legen nicht nur Touristen wert. Da bleiben nur weitere Energiesparmaßnahmen und ein Fokus auf bisher kaum genutzter Solarenergie.

Wasserkraftwerke
Sellrain-Silz: Kraftwerke Kühtai und Silz mit den Speicherseen Finstertal, Längental, westlich von Innsbruck.
Kaunertal: Kraftwerk Kaunertal mit Gepatschspeicher, Prutz, Westtirol
Imsterberg: Laufkraftwerk am Inn bei Imst
Achensee: Speicherkraftwerk, Jenbach
Amlach: Laufkraftwerk an der Drau, bei Lienz, Osttirol
Zammer Lochputz: kleines Schaukraftwerk, s. S. 244

Einige als »einzigartig« eingestufte Fließgewässer
Lech: Teilstück Weißenbach–Elmen
Tiefenbachklamm: bei Brixlegg, Unterinntal
Risstal: bei Hinterriss
Isar: Abschnitt bei Scharnitz
Ötztaler Ache: bei Umhausen
Gail: bei Untertilliach, Osttirol
Villgratenbach: zwischen Außer- und Innervillgraten, Osttirol
Mehr Infos unter: www.tiroler-um weltanwaltschaft.gv.at, www.na turpark-tiroler-lech.at, https://por tal.tirol.gv.at/weboffice/tirisMaps

Andreas Hofer und der Tiroler Freiheitskampf 1809

»Zu Mantua in Banden der treue Hofer war, in Mantua zum Tode führt ihn der Feinde Schar.« So beginnt das Andreas-Hofer-Lied, die Landeshymne von Tirol, die die große Symbolfigur des Tiroler Freiheitskampfes rühmt. Sie wird übrigens auch im italienischen Südtirol (Alto Adige) bei offiziellen Anlässen und Feierlichkeiten gespielt und gesungen.

Ursprünglich war Andreas Hofer (1767–1810) ein Gastwirt aus St. Leonhard im heutigen Südtirol, der den elterlichen Gasthof Am Sand übernommen hatte. Er wurde ins Tiroler Landesparlament gewählt und dort zu einem Anführer der Unabhängigkeitsbewegung gegen die Vereinnahmung Tirols durch Bayern. Tirol, das jahrhundertelang ein relativ unabhängiges Fürstentum unter der Herrschaft der

Habsburger gewesen war, hatte auch innerhalb des habsburgischen Staates Österreich etliche Sonderrechte. 1805 fiel es aber nach der von Österreich verlorenen Schlacht von Austerlitz an Bayern, das damals mit dem napoleonischen Frankreich verbündet war.

Freiheitskampf gegen Bayern und Napoleon

Unter der Herrschaft der Bayern wurden die Tiroler Privilegien und Autonomierechte alsbald aufgehoben und die Region dem Herzogtum Bayern eingegliedert. Nicht genug, dass die Bayern Steuern von den Tirolern erhoben – sie mischten sich in die Religion ein, und zwar mit aufklärerischem, antiklerikalem Kurs! Die Tiroler, konservative Bergbewohner und stramme

Katholiken, waren außer sich. Das Verbot der mitternächtlichen Christmette soll das Fass zum Überlaufen gebracht haben; dazu kam eine Zwangsrekrutierung durch die bayerische Armee. Der Widerstand formierte sich im Rahmen der Tiroler Schützen, einer schon seit 1511 bestehenden Miliz, die damals in der ständischen Landesverfassung eingerichtet worden war: Früher als in anderen Ländern hatten in Tirol auch Bauern und Bürger bestimmte

überwiegend keine Gewehre besaßen, sondern mit Spießen, Lanzen oder Dreschflegeln etc. kämpften. Anders als auf den späteren Bildern meist dargestellt, hatten die Tiroler nicht einmal einheitliche Uniformen. Mit diesem vergleichsweise ungeordneten, untrainierten Haufen von Bauern gelang es Hofer, die erfolgreichste Armee Europas zu besiegen.

Neben dem patriotischen Mut der Tiroler trug dazu sicher auch ihre

Rechte, aber eben auch die Pflicht zur Landesverteidigung. Zum Oberkommandierenden der Schützen wurde Andreas Hofer, der Sandwirt aus St. Leonhard.

Der Aufstand begann am 9. April 1809 und in den folgenden Wochen und Monaten gewannen die Tiroler mehrere bedeutende Schlachten gegen die bayerisch-französischen Truppen. Mehrere dieser Schlachten fanden am Bergisel statt, einem Hügel südlich von Innsbruck, der heute vor allem durch die Skisprungschanze der Stararchitektin Zaha Hadid (s. S. 173) bekannt ist, wo aber auch ein historisches Panoramabild an die erfolgreiche dritte Bergiselschlacht erinnert.

Andreas Hofer machte sich dabei als besonnener Militärführer einen Namen. Zu den organisierten Gruppen der Schützen gesellten sich für den Aufstand als »Landsturm« auch einfache Bauern und Knechte, die

Guerillataktik bei. Die französischen Soldaten waren entsetzt über die »rasenden Bauern«, die aus dem Hinterhalt schossen und dann auch noch Spottlieder anstimmten. Zudem besaßen diejenigen Tiroler, die überhaupt über Gewehre verfügten, die Jäger nämlich, viel treffgenauere Waffen als die Bayern und Franzosen, deren Armeegewehre auf 100-m-Salven ausgelegt waren.

Das kleine Bauernheer der Tiroler Schützen konnte Innsbruck einnehmen und weite Teile Tirols besetzen. Während der Tiroler Erfolge residierte Hofer mehrere Monate lang als kaiserlicher Oberkommandant Tirols in der Innsbrucker Hofburg. Im Oktober schloss der österreichische Kaiser Franz I., den die Tiroler nach wie vor als ihren Landesherrn ansahen, mit Napoleon den Friedensvertrag von Schönbrunn. Das wiederum nahmen die Franzosen zum Anlass, gemeinsam mit den verbündeten Bayern Tirol endgültig einzunehmen. Mit einer weiteren Schlacht am Bergisel am 1. November 1809 wurde der Tiroler Bauernaufstand erst nach einem halben Jahr beendet.

Tod in Mantua

Bald nach der Niederschlagung des Aufstands wurde der flüchtige Hofer festgenommen und als Gefangener nach Mantua, heute in Norditalien, gebracht, das damals auf französischem Gebiet lag. Und weil Napoleon den Bauernführer als persönlichen Widersacher empfand, führten weder Gnadengesuche von Napoleons Stiefsohn Eugène de Beauharnais, damals als Vizekönig von Italien für Südtirol zuständig, noch Lösegelder, die die Bürger von Mantua für den Gefangenen sammelten,

Andreas Hofer zum Ansehen
Von den vielen **Gedenkstätten** ist das Andreas-Hofer-Denkmal am **Bergisel** (s. S. 72, 176) das beeindruckendste, aber auch in **Kufstein** wacht Andreas Hofer auf einem Hügel vor der Stadt (s. S. 89). Sein **Grabmal** befindet sich in der Hofkirche in Innsbruck (s. S. 171).
Im Film »Andreas Hofer – Die Freiheit des Adlers« (Xaver Schwarzenberger, 2001) wird Andreas Hofer von Tobias Moretti gespielt, Franz Xaver Kroetz gibt den Freiheitskämpfer und Kapuzinerpater Joachim Haspinger.
Nicht nur für Kinder ist der Comic »Andreas Hofer. Eine illustrierte Geschichte« von Jochen Gasser und Norbert Parschalk (2009).

zu seiner Begnadigung. Am 20. Februar 1810 wurde Andreas Hofer vor ein Erschießungskommando gestellt. Der Legende nach soll er selbst das Feuer erneut angeordnet haben, nachdem die erste Salve ihn nicht getötet hatte.

Freiheitsheld oder Reaktionär?

Andreas Hofer ist insbesondere im Lauf des 19. Jh. zur Ikone des Tiroler Freiheitskampfes – für die Freiheit und die nationale Unabhängigkeit Tirols – stilisiert worden. Schon 1823 brachten Mitkämpfer Andreas Hofers dessen Leiche aus Mantua zurück nach Innsbruck, Denkmäler wurden errichtet und das Kaiserjägermuseum mit Erinnerungsstücken an den Freiheitskampf gegründet. Als Südtirol nach dem Ersten Weltkrieg 1919 Italien zugeschlagen wurde, wurde Andreas Hofer auch zum Patrioten schlechthin und zur Symbolfigur für die Einheit Tirols (Nordtirol, Südtirol, Westtirol und Welschtirol) verklärt. Doch die Motivation für den Freiheitskampf Hofers entstammte keineswegs einer aufklärerischen oder demokratischen Idee, sondern vielmehr einem (durchaus zeitgemäßen) reaktionären Widerstand gegen die Aufklärung, die antikatholischen Aktivitäten der bayerischen Besatzer, und den ›Sittenverfall‹, den viele Tiroler damit einhergehen sahen. So erließ Hofers kurzlebige Regierung am 25. August 1809 ein Arm- und Brustfleisch-Proklam, das Frauen dazu aufrief, sich zu ihrem eigenen Seelenheil ab jetzt züchtig zu bedecken, ansonsten hätten sie es sich selbst zuzuschreiben, wenn sie mit Dreck beworfen würden.

Edelbrand, Spirituose und Likör – Brennereien in Tirol

Schnaps ist ein Tiroler National-getränk und nicht nur das Trinken, sondern auch das Brennen hat lange Tradition: Auf 729 000 Einwohner kommen 4000 Brennereien. In grö-ßeren Orten findet man mindestens einen spezialisierten Schnapsladen und selbst in kleinen Dörfern werben manchmal gleich mehrere Schilder für den Ab-Hof-Verkauf von Edelbränden.

Brennrechte

Etwa 2500 Kleinbrennereien führen ihre Brennrechte noch auf die Regie-rungszeit Maria Theresias im 18. Jh. zurück. Damals verlieh die Kaiserin an »rechtschaffene, fleißige und or-dentliche Bauern« das Drei-Hektoli-ter-Brennrecht, das das Destillieren von 300 l Alkohol zum halben Steuersatz

erlaubte. Diese alten Brennrechte sind an einen Hof gebunden und können auch nur mit diesem vererbt werden.

Kleinbrennereien sind zumeist so-genannte Abfindungsbrennereien. Sie dürfen nur das Obst aus der eigenen Ernte benutzen, in Ausnahmefällen, z. B. bei einem Ernteschaden, auch selbst gesammelte wilde Kräuter, Wur-zeln oder Beeren. Weil diese Produktion von recht kleinen Mengen im Grunde für den Eigenbedarf gedacht ist, dürfen die unter diesem Brennrecht erzeugten Spirituosen nicht im Handel verkauft werden, sondern nur ab Hof oder im Gastgewerbe; dafür wird die zollamt-liche Steuerbemessung etwas verein-facht. Je nach Menge der Obstmaische wird dem Brenner eine Brennzeit von einigen Stunden oder Tagen zugeteilt, während der die Destillieranlage laufen darf – kontrolliert wird die Einhaltung dieser Zeit, aus der sich Alkoholmenge und Steuer gut schätzen lassen.

Edelbrand, Geist und Likör

Schnaps ist nicht gleich Schnaps. Und mit billigem Fusel, den man im Stamperglässchen hinunterschüttet, haben die Tiroler Schnäpse aus den Kleinbrennereien nichts zu tun.

Die höchste Qualitätsstufe der hochprozentigen Köstlichkeiten sind die Edelbrände. Sie werden nur aus Fruchtmaische gewonnen, ohne zusätzlichen Alkohol. Nach der alkoholischen Gärung wird die Maische zweifach destilliert. Die doppelte Destillation ist notwendig, da nach dem ersten Durchgang im gewonnenen Alkohol noch Methanol enthalten ist, das nicht nur schlecht schmeckt, sondern auch giftig ist. Nach dem zweiten Brand erhält man ein Produkt mit 78–80 % Alkohol, das dann mit reinem Quellwasser wieder auf etwa 40 % verdünnt wird. Edelbrände müssen laut Gesetz einen Mindestalkoholgehalt von 37,5 % aufweisen und dürfen nur Destillat und Quellwasser enthalten. Typische Obstsorten für Edelbrände sind Zwetschgen, Äpfel, Birnen und Aprikosen (Marillen), seltener gibt es Brände aus Quitten, Vogelbeeren oder Himbeeren. Der Grund: Beeren weisen meist einen relativ geringen Gehalt an Zucker auf, der aber ist es, der in Alkohol umgewandelt wird. Daher braucht man für die Herstellung von Beeren-Edelbränden bis zu 50 kg/l Frucht, entsprechend teuer sind sie. Weitaus üblicher sind Beerengeiste.

Ein Geist ist kein reines Destillat, sondern entsteht durch das Einlegen von Früchten in neutralem Alkohol, der die Aromen aufnimmt. Anschließend wird das Gemisch einmal destilliert. Typische Geiste in Tirol sind Himbeergeist oder Holundergeist.

Als Likör wird eine Spirituose (Brand oder Geist) bezeichnet, der Zucker zugesetzt ist, mindestens 100 g/l; der Alkoholgehalt beträgt mindestens 15 % (kann aber auch deutlich höher sein).

Schnapsverkostung
Um die 40 Brenner haben sich 2013 zur **Tiroler Schnapsroute** (www.schnapsroute.at) zusammengeschlossen und ermöglichen, oft nur auf Anmeldung und zu speziellen Terminen, einen Einblick in die Schnapsherstellung. Die **Naturbrennerei Kuenz** (s. S. 274) in Dölsach bei Lienz bietet regelmäßig öffentliche Führungen an. Auch im **Brennereidorf Stanz** (nicht als Gesamt Teil der Schnapsroute) bei Landeck (s. S. 245) lassen sich auch für Individualtouristen kurzfristig (n. V.) Verkostungen organisieren.

Tiroler Spezialitäten

Eine typische Osttiroler Spezialität ist der Pregler, ein Edelbrand aus einheimischen Äpfeln und Mostbirnen. Trotz des Alkoholgehalts von mindestens 40 % schmeckt er recht mild. Das Obst für die Edelbrände aus dem Stanzer Spänling (einer Wildpflaume) und der Stanzer Zwetschke stammt aus den Dörfern Stanz und Grins bei Landeck.

Ziemlich streng schmeckt der Zirbengeist oder Zirbenlikör: In der Regel wird dafür eine Kornspirituose mit wenig Eigengeschmack durch Zugabe von Zirbenzapfen veredelt. Eine Spirituose mit Meisterwurz ist meist ein Obstbrand, der mit den Wurzeln des hochalpinen Heilkrauts Meisterwurz veredelt wurde.

Zeitgenössische Architektur in Tirol

Mitten in der Felslandschaft blitzen Glas und Metall, futuristische Würfel erheben sich über dem Berggipfel und organisch wirkende Glasstrukturen scheinen aus dem Berg zu tropfen. Tirol ist in Sachen moderner Architektur seiner Zeit manchmal sogar einen Schritt voraus.

In der Landeshauptstadt

Hochburg neuer Architektur in Tirol ist erwartungsgemäß die Landeshauptstadt Innsbruck. Die Stadtverwaltung selbst geht dabei mit gutem Beispiel voran – nach langem Ringen, vor allem über die Kosten, hat Innsbruck gleich

zwei Projekte von der aus Bagdad stammenden Stararchitektin Zaha Hadid (1950–2016) verwirklicht, obwohl deren Entwürfe lange als unbaubar galten.

Schon von Weitem zu sehen ist die Skisprungschanze am Bergisel (s. S. 173), dem Hügel am Südrand von Innsbruck – eine Turmanlage mit Aussichtsplattform, Café und Aufzug. Die eigentliche 91 m lange Schanze ist mit einer netzartigen Unterkonstruktion fast freischwebend gebaut und ahmt in der Seitenansicht die gehockten Beine eines Skispringers nach.

Bald nach Fertigstellung der Schanze 2002 gab die Stadt dann gleich ein weiteres Großprojekt bei Hadid in Auftrag: Die 100 Jahre alte Standseilbahn auf

Gipfelstation der Hungerburgbahn – ein Entwurf von Zaha Hadid

die Hungerburg sollte erneuert werden. Hadid gestaltete neben den vier Stationen auch die s-förmige Schrägseilbrücke und die Kabinen, die mit viel Hightech so gesteuert werden, dass sie immer gleich ausgerichtet sind, obwohl sich die Neigung der Schiene während der Fahrt deutlich verändert, zum Teil bis auf 46 %. Die von innen beleuchteten Dächer der unterschiedlich gestalteten Stationen bestehen aus thermisch geformten und grünlich beschichteten Glasscheiben, die innen auf unsichtbaren Trägerrosten aufliegen und so geformt sind, dass sie wie fließendes Gletschereis aussehen (s. S. 177).

Zu den neueren Highlights der Architekturszene gehören das 2011 fertiggestellte Tirol Panorama (s. S. 176) gleich unterhalb des Bergisel. Hier war die Herausforderung, das über 1000 m² große Innsbrucker Riesenrundgemälde, eine neue Ausstellung und ein historisch zu erhaltendes Museumsgebäude zu kombinieren. Das Ergebnis der Zusammenarbeit der Architekturbüros stoll.wagner (Österreich) und hg merz (Deutschland) ist ein Dreierlei aus Panoramascheiben, Kellerräumen und klassischem Haus.

Mitten in Innsbruck setzen das schlichte BTV-Stadtforum des Österreichers Heinz Tesar (2006) und die lichten Rathausgalerien von Dominique Perrault (Frankreich) Akzente. Traditionsverbundener geben sich das u. a. von David Chipperfield (Großbritannien) neu errichtete Kaufhaus Tyrol in der Fußgängerzone und das 2004 modern umgebaute Sudhaus von Adambräu in Wilten, 1927 von dem bekannten Tiroler Architekten Lois Welzenbacher im Stil der klassischen Moderne gebaut. Heute wird dort kein Bier mehr gebraut, sondern die Gebäude beherbergen ein Architekturzentrum und das Archiv für Baukunst der Universität Innsbruck.

Auf dem Land

Doch auch außerhalb von Innsbruck findet sich spektakuläre moderne Architektur, z. B. in Erl bei Kufstein. Dort wurde das in den 1950er-Jahren von Robert Schuller errichtete weiße, gerundete Festspielhaus (s. S. 95) 2013 um einen schwarzen, spitzkantigen Block von Delugan Meissl Associated Architects ergänzt. In St. Christoph am Arlberg ließ der Luxushotelier Florian Werner für seine wachsende Kunstsammlung eine futuristisch wirkende Galerie samt Konzertsaal und Künstleratelier (Kunst und Konzertsaal arlberg1800, s. S. 260) kurzerhand im Berg verschwinden – weitgehend unterhalb der bestehenden Häuser im Chaletstil. Und für das Fasnachtsmuseum (Haus der Fasnacht, s. S. 202) in Imst wurde ein jahrhundertealtes Haus entkernt und luftig neu bespielt.

Nur wenige Projekte des aus Osttirol stammenden Architekturprofessors Raimund Abraham wurden verwirklicht, eines davon ist das Gebäude der Hypo Tirol Bank (s. S. 265) am Hauptplatz in Lienz, erst auf den zweiten Blick ein Blickfang mit seinen klaren Formen und Proportionen. Auf nur 7,60 m Breite entstand hier ein Zweckbau mit Nord-Süd-Ausrichtung und zwei völlig unterschiedlichen Fassaden.

Einkaufen in schöner Architektur

Die Einzelhandelskette M-Preis setzt bei ihren Supermarktgebäuden auf junge Architekten und auf Regionalität. 130 der über 200 Filialen wurden in den letzten 35 Jahren errichtet und viele davon sind echte Hingucker. Bei M-Preis gibt es keine Prototypen, son-

78

dern jedes neue Projekt wird einzeln vergeben, gerne auch an aufstrebende Architekturtalente. Die Materialien und die Architektur sollen zur Landschaft und Region passen, im fensterlosen Untergeschoss wird schon mal für mehr Luftigkeit die Decke verspiegelt. Zwei besonders schöne Filialen, entworfen vom Architektenduo Fügenschuh und Hrdlovics, sind der Markt in Nauders am Reschenpass mit einer gekrümmten Holzlamellenfassade (2006) und das Geschäft in Ellmau (2011), ein großflächig verglaster Pavillon, der sich fast perfekt in die Natur einfügt.

Am Berg

Doch die moderne zeitgenössische Architektur beschränkt sich längst nicht mehr auf die flacheren Teile Tirols, sondern ist auch in der wilden Bergwelt angekommen. Neben den traditionellen, eher rustikalen Almhütten finden sich immer mehr innovative und ökologisch nachhaltigere Schutzhütten, z. B. die Stüdlhütte (s. S. 291) auf dem Großglockner auf 2800 m, errichtet von dem Architekten Albin Glaser. Glaser baute ein lang gestrecktes, tonnenförmiges Gebäude mit dem Querschnitt einer beschnittenen Ellipse, dessen aluminiumgedecktes Dach auf der Windseite weit heruntergezogen ist. Mit solarthermischer und fotovoltaischer Sonnenenergienutzung ist die Stüdlhütte weitgehend energieautark. Engpässe können über ein pflanzenölbetriebenes Blockheizkraftwerk abgefangen werden.

Auf dem Gaislachkogel (Sölden) auf einer Höhe von 3048 m mit spektakulärem Blick über die Ötztaler Alpen befindet sich das Restaurant IceQ (Abb. und mehr: s. S. 229), eine Stahl-Glas-Konstruktion des renommierten Architektenbüros Obermoser. Vom Dach des Gebäudes führt eine Brücke direkt auf den Gipfel des Gaislachkogel – und auch dieses Restaurant ist durch Dreifach-Isolier-Verglasung und Wärmerückgewinnung äußerst energieeffizient.

Zeitgenössisch wohnen im Urlaub?

In den Urlaubsorten und Hochtälern bestimmt die traditionelle Bauweise mit flachen Giebeln und mehreren Balkonreihen mit Geranien das Bild, selbst mehrstöckige Hotels sind oft im Chaletstil errichtet. Auf ein ›Tiroler‹ Erscheinungsbild wird nach wie vor Wert gelegt, doch immer mehr Hotels heben sich behutsam vom Althergebrachten ab. Da werden Balkone geräumiger und Fenster größer, in der Innenausstattung kommen Natursteine, einheimische Hölzer und Filz zum Einsatz. Die neuen Bauherren versuchen, Komfort und Bergerlebnis mit regionalem Charakter und Nachhaltigkeit zu verbinden.

Auswahl architektonisch interessanter Hotels
Hall: Parkhotel, s. S. 156
Innsbruck: Nala, s. S. 181
Ischgl: Goldener Adler, s. S. 254
Kals: Gradonna Mountain Resort, s. S. 291
Kappl: Zhero, s. S. 253
Matrei in Osttirol: Gasthof Hinteregger, s. S. 282
Sölden: Bergland, s. S. 231; Die Berge, s. S. 231
Zell am Ziller: Das Posthotel, s. S. 134

Unterwegs
in Tirol

Per Gleitschirm vom Zwölferkopf über den Achensee – mit Blick auf das Rofangebirge

Von Kufstein bis Kitzbühel

Highlights❗

Kufstein: Die Perle Tirols, so wird die Stadt im bekannten Kufsteinlied besungen, lädt mit der Festung Kufstein und der schönen Altstadt zum Verweilen ein. S. 84

Wilder Kaiser: Die schroffen Felsspitzen des Wilder-Kaiser-Massivs garantieren ein eindrückliches Bergerlebnis. Einige der geschichtsträchtigsten Kletterberge Österreichs befinden sich hier. S. 110

Auf Entdeckungstour

Auf dem Adlerweg durch den Wilden Kaiser: Nicht ganz auf Adlerschwingen, aber doch ziemlich weit oben im Gebirge verläuft der Adlerweg, auf den ersten drei Etappen zwischen St. Johann und Kufstein. S. 112

Kultur & Sehenswertes

Festung Kufstein: Die weitläufige Anlage mit ihren vielen Türmen, Gängen und Ausstellungen ist so richtig etwas für große und kleine Entdecker. S. 84

Museum Kitzbühel – Sammlung Alfons Walde: Im Kitzbüheler Heimatmuseum ist die weltgrößte Sammlung von Bildern des Kitzbüheler Heimatmalers Alfons Walde, der stark vom Expressionismus und Secessionismus beeinflusst war, zu bewundern. S. 99

Aktiv unterwegs

Tischofer Höhle: Eine kleine zwei- bis dreistündige Wanderung führt zu den ältesten Siedlungsspuren Tirols. S. 92

Mountaincart: Von der Harschbichlalm mit dem Mountaincart, einer Art Kettcar ohne Pedale, nach St. Johann abfahren: 900 Höhenmeter werden auf 5 km überwunden! S. 108

Genießen & Atmosphäre

Schokohörnchen: Vollwertig, groß und enorm lecker sind die Schokocroissants der 1. Vollwertbäckerei Heidi Hauber in Kufstein. S. 91

Stullen: Dicke Scheiben Sauerteigbrot mit selbstgemachten Aufstrichen sind die Spezialität im Pano in Kitzbühel. Das helle Café ist auch bei Einheimischen sehr beliebt. S. 102

Abends & Nachts

Rekord: Der Stollen 1930 in Kufstein steht für die weltgrößte Auswahl unterschiedlicher Ginsorten im Guinness-Buch der Rekorde. S. 91

Schroffe Felsen und grüne Hügel

Der schroffe einzeln stehende Gebirgsstock des Wilden Kaisers und die rollenden Hügel der Hohen Salve und der Kitzbüheler Alpen prägen die Landschaft im Osten Nordtirols. Die vielen kleinen Ferienorte der Region haben vor allem für Familien viel zu bieten, während Kufstein mit der bekannten Festung und der schönen Innenstadt auch Kulturinteressierte anlockt.

Von Kufstein aus führt die B178 auf der Südseite des Wilden Kaisers an zahlreichen familienfreundlichen Ferienorten wie Ellmau und Going vorbei bis St. Johann in Tirol. Von Kufstein ein Stück weiter innabwärts liegt die regionale Industrie- und Einkaufsstadt Wörgl, von wo das Brixental, ein breites grünes Tal, in Richtung Kitzbühel abzweigt.

Kufstein❗ ▶ L 3

Kufstein gilt als das Eingangstor nach Tirol. Die Stadt liegt hinter einer Engstelle im Inntal, die schon immer die natürliche Grenze zu Bayern bildete. Von ihrer markanten Festung auf einem steilen Felsen konnte der Zugang bestens überwacht und abgesichert werden.

Das Gebiet um Kufstein war bereits in prähistorischer Zeit bewohnt, doch bis zum Mittelalter existierte keine bedeutende Siedlung auf dem heutigen Stadtgebiet. Die Festung wurde 1205 erstmals erwähnt und in der Folgezeit wurde sie samt der unter ihr liegenden Stadt aufgrund ihrer Grenzlage zwischen Bayern und Tirol strategisch relevanter. Im Mittelalter gehörte Kufstein oft zu Bayern; der bayerische Herzog Stefan der Jüngere war es auch, der dem Ort 1393 das Stadtrecht verlieh. 1505 fiel die Stadt formell an Kaiser Maximilian I., als Honorar für seinen Schiedsspruch im Landshuter Erbfolgekrieg. Als der Kommandant der Burg sich weigerte, sie zu übergeben, ließ Maximilian die Stadt kurzerhand mit Kanonen beschießen und nahm sie gewaltsam ein. Die Schäden wurden anschließend nicht nur beseitigt, sondern der Habsburger Kaiser baute die Burg zur heutigen imposanten Anlage mit dem runden Kaiserturm aus.

1703 wurde Kufstein im Spanischen Erbfolgekrieg erneut belagert, wobei fast die gesamte damalige Stadt durch explodierende Pulverfässer abbrannte. Mit einer kurzen Unterbrechung 1805–13, als die Stadt zum mit Napoleon verbündeten Bayern gehörte, blieb Kufstein danach österreichisch. Die Nähe zur Grenze brachte durch Zölle und Handelsrouten im Wesentlichen Vorteile; insbesondere die seit 1858 bestehende Eisenbahnlinie trug zum wirtschaftlichen Gedeihen bei. Heute ist Kufstein mit 19 000 Einwohnern die zweitgrößte Stadt Tirols. Mit ihren schönen Stadtplätzen ist sie nicht nur für Touristen attraktiv, sondern als regionales kulturelles und Wirtschaftszentrum auch zum Wohnen.

Festung Kufstein 🟧1

Oberer Stadtplatz 6, www.festung.kufstein.at, Mitte/Ende März–Ende Okt. 9–18, Wintersaison 10–17 Uhr, letzter Einlass 1 Std. vor Schließung

(Heimatmuseum im Winter geschlossen), Sommer 11,50 €, Winter 10 €, 6–18 Jahre 7/6 €, inkl. Berg- und Talfahrt, Ausstellungen und Museen Die riesige Festungsanlage beherbergt etliche Ausstellungen, Museen und die größte Freiluftorgel der Welt. Außerdem wird sie als Eventlocation genutzt. Der **Eingang** für die Besichtigung der riesigen Festungsanlage befindet sich hinter der Pfarrkirche St. Vitus, von dort führt ein historischer Schrägaufzug, die **Panoramabahn Kaiser Maximilian,** auf den Festungsberg. Oben ist eine Art riesiges Hamsterrad zu sehen, in dem vor der Umstellung auf Elektrizität noch ein Diener laufen musste, um den Aufzug anzutreiben.

Obere Schlosskaserne

Im Zentrum der Burganlage liegt die Obere Schlosskaserne, ein mehrfach abgebrannter und wieder errichteter Gebäudekomplex um einen Innenhof. Heute befinden sich in den Häusern die **Festungswirtschaft** und das ziem-

Infobox

Anreise und Weiterkommen

Am einfachsten per Bahn durchs Inntal nach Kufstein oder von Salzburg aus nach Kitzbühel (www.oebb.at). Mit dem Auto über die Inntalautobahn (A12), über Rosenheim (A 93) und den Grenzübergang Kiefersfelden/Kufstein. Zwischen Kufstein und Kitzbühel verkehren in beide Richtungen um das Wilder-Kaiser-Massiv auch Busse.

Gästekarten

Kufsteiner FerienlandCard: kostenlos bei Übernachtung. Sie berechtigt zu zahlreichen Ermäßigungen in Sehenswürdigkeiten, zu verbilligten Bustickets und zur Teilnahme am Ferienprogramm der Region.
Kitzbüheler Red Card: kostenlos bei Übernachtung. Sie gilt nur für Ermäßigungen in Partnerbetrieben, nicht für den öffentlichen Nahverkehr.
Kitzbüheler Alpen Sommer Card: www.kitzbueheler-alpen.com, Stichwort: Bergbahnen. Sie gilt für 31 Lifte in den gesamten Kitzbüheler Alpen und bis Kufstein und ist für 3–14 Tage erhältlich (ca. 50–100 €, Jugendliche ca. 36–75 €, Kinder ca. 25–50 €), gegen Aufpreis auch einschließlich Busbenutzung. Diverse weitere Ermäßigungen.
Wilder Kaiser GästeCard Sommer: www.wilderkaiser.info, kostenlos bei Übernachtung. Sie berechtigt zur Nutzung etlicher Buslinien, der WLAN-Hotspots und zur Teilnahme an Wanderungen und Familienprogrammpunkten.
Erlebnis Wanderpass Wilder Kaiser: www.skiwelt.at/de/skiwelt-erlebnis-wanderpass.html. Der Pass ist für 1–14 Tage (23–95,50 €, 16–18 Jahre 17,50–71,50 €, 5–15 Jahre 11,50–47,50 €) erhältlich. Er beinhaltet die Nutzung von 13 Gondeln/Bergbahnen, den Eintritt in sechs Berg-Erlebniswelten und die Nutzung des KaiserJet (Wander- und Bäderbus zwischen Going, Ellmau, Scheffau und Söll). Dazu kommen diverse Rabatte.
St. Johann Card: kostenlos bei Übernachtung. Sie berechtigt zur Benutzung der Busse bis Kitzbühel, zur Teilnahme am Wander- und Kinderprogramm und der WLAN-Hotspots und gewährt Preisnachlässe in vielen Partnerbetrieben.

Kufstein

lich umfangreiche **Heimatmuseum.** Spannend sind dort die Steinzeitfunde aus der Tischofer Höhle (s. S. 92) mit mehreren Skeletten von Höhlenbären und die Funde aus frühbronzezeitlichen Gräbern aus der Umgebung.

Kaiserturm
Dahinter gelangt man zum Kaiserturm, dem markanten Rundturm aus der Zeit Maximilians, der im 18.–20. Jh. als **Staatsgefängnis** diente. So beschäftigt sich die **Ausstellung im Obergeschoss** mit dieser Zeit: Welche Haftbedingungen mussten die Gefangenen ertragen und wer saß dort überhaupt ein?

Äußere Batterien und Festungsanlagen
In den äußeren Batterien und Festungsanlagen befinden sich weitere

Orgelklänge
Jeden Tag um 12 Uhr ertönt in der Festung die **Heldenorgel** – mit 4949 Pfeifen die größte Freiluftorgel der Welt. Auf der Burg beim Bürgerturm kann man sie besichtigen, aber am Marktplatz bei einem Kaffee auch gut hören.

Ausstellungen, etwa über Kaiser Maximilian in Kufstein, die Tiroler Kaiserjäger oder das Lied »Stille Nacht, heilige Nacht« (s. S. 132).

In der hochgelegenen **Wallachenbastion** werden ziemlich reißerisch mittelalterliche Folterwerkzeuge aus- und vorgestellt, und unter den schön arrangierten Kanonen der **Elisabethbatterie** kann man im **Kräutergarten der Annabatterie** auch picknicken.

Ein klein bisschen abenteuerlich wird es im engen **Felsengang** aus dem 16. Jh., der unter den Mauern zum anderen Ende der Festung führt.

Rund um die Festung

Die meisten historischen Sehenswürdigkeiten liegen rings um den Festungshügel und lassen sich bequem in einem Rundgang erlaufen. Die Stadt hat 23 Infotafeln zur Geschichte aufgestellt, die vom Stadtplatz durch die Römerhofgasse um die Festung zurück zur Pfarrkirche führen (Faltblatt in der Touristeninformation erhältlich).

Römerhofgasse 2
Wichtigstes Überbleibsel aus dem Mittelalter ist die Römerhofgasse zwi-

schen Inn und Festung, die einzige Gasse, die den Brand von 1703 überstanden hat. Hier sind noch Einschusslöcher der Kanonen **Purlepaus** und **Weckauf** zu sehen, die von der Beschießung durch Maximilian I. 1505 rühren. Heute reihen sich in der Römerhofgasse Lokale, Andenkengeschäfte und Trachtenläden aneinander. Zwei der Gasthäuser, das **Batzenhäusel** und das **Auracher Löchl** 🔴**1** (s. S. 90), können auf eine jahrhundertealte Geschichte zurückblicken. Am Ende der schmalen Straße führt ein kleines Tor, das **Auslasstörl** 🟥**3**, wie früher zum Inn. Nachts ist die Römerhofgasse stimmungsvoll beleuchtet.

Unterer und Oberer Stadtplatz

Das Zentrum der Altstadt ist der Untere Stadtplatz mit Läden und Cafés ringsum und dem neogotischen **Marienbrunnen** 🟧**4** aus dem 19. Jh. Damals gewährleisteten solche Brunnen die Wasserversorgung der Stadt.

An seinem östlichen Ende stößt der Untere auf den Oberen Stadtplatz. Hier steht linker Hand das sehenswerte Gebäude der **Sparkasse** 🟥**5** (Oberer Stadtplatz 1, Mo–Mi, Fr 8–16, Do 8–18 Uhr): ein Repräsentativbau von 1906/07 mit Elementen von Jugend- und Heimatstil. Das Haus war damals als kombinierte Post und Sparkasse geplant und sollte die hohen städtebaulichen Ansprüche einer prosperierenden Stadt zeigen. Fotogen ist es immer noch und selbst in der öffentlich zugänglichen Schalterhalle sind noch einige historische Details zu bewundern.

Rechter Hand liegt am Eck von Unterem und Oberem Stadtplatz das Kufsteiner **Rathaus** 🟧**6** (Oberer Stadtplatz 17) mit Stufengiebel und Stadtwappen.

Zum Traditionsgasthof Auracher Löchl gehört das kleinste Brückenrestaurant der Welt

Stadtpfarrkirche St. Vitus 7

Pfarrplatz, www.kufstein-stvitus.at
Jenseits der Kirchgasse erhebt sich die große Stadtpfarrkirche Hl. Vitus. Sie wurde ursprünglich im 14. Jh. errichtet, in den nächsten Jahrhunderten weiter ausgebaut und barockisiert, bevor sie der Stadtbrand 1703 stark beschädigte. Nur Teile des Turmes und des Chores blieben unversehrt. Im Inneren bilden das spätgotische Gewölbe, einige barocke Reliefs und ein klassizistischer Hochaltar eine in-

teressante Mischung. Sehr auffällig und auf den ersten Blick ein wenig irritierend wirken die modernen Deckenfresken aus dem Jahr 1929.

Dreifaltigkeitskapelle 8

Pfarrplatz 2, www.kufstein-stvitus.at
Die Dreifaltigkeitskapelle südlich hinter der Pfarrkirche steht auf einem extrem abschüssigen Grundstück, das ein gewisser Herr Weinräntl wohl um 1500 der Kirche stiftete; dafür sollten ihm Messen gelesen werden. Entstanden ist

und einem kurzen Film über Josef Madersperger. Der gebürtige Kufsteiner war Schneidermeister in Wien und entwickelte 1814 eine funktionstüchtige Nähmaschine. Es gelang ihm aber nicht, sie patentieren zu lassen oder zu vermarkten, und so geriet seine Erfindung in Vergessenheit. Erst in den 1850er-Jahren begannen sich Nähmaschinen, gebaut von Isaac Merritt Singer (USA), durchzusetzen.

Am östlichen Stadtrand

Andreas-Hofer- und Madersperger-Denkmal

Auf dem Kalvarienberg erhebt sich in Erinnerung an den Tiroler Freiheitskämpfer Andreas Hofer (s. S. 72) sein **Denkmal** 10 (Hörfarterstr.). Wegen des guten Blicks auf Stadt und Festung lohnt sich ein Abstecher.

Nicht weit entfernt steht in einer Grünanlage das **Madersperger-Denkmal** 11 (Kienbergstr.).

Im Ortsteil Weissach

Riedel Glas 12

Weissachstr. 28–34, 05372 64 89 69 01, www.riedel.com, Shop & Outlet Mo–Fr 9–18, Sa 9–17, Glashütte und Sinnfonie Mo–Fr 9–12, 13–16 Uhr, Eintritt frei

Die schon im 19. Jh. gegründete Glasfabrik Riedel im Süden der Stadt bietet Besuchern die Möglichkeit, von einer Empore in die **Produktionshalle** zu sehen, wo mundgeblasene Objekte hergestellt werden. Infotafeln erläutern den Prozess des Glasblasens; im Ausstellungsraum **Sinnfonie** folgt noch ein Film über die Glasherstellung. Heute ist der größere Teil der Produktion maschinell. Die Glasbläserhalle ist gerade im Obergeschoss

dort ein ungewöhnlicher zweistöckiger Sakralbau, dessen Untergeschoss nur zu einer Seite Fenster hat. Im 17./18. Jh. wurde die Kapelle der Zeit entsprechend im Barockstil neu gestaltet.

Nähmaschinenmuseum Madersperger 9

Kinkstr. 16, Mo–Sa 10–17 Uhr, freiwillige Spende 1 €

Das winzige Nähmaschinenmuseum besteht nur aus einem Raum mit ein paar Ausstellungsstücken, Schautafeln

sehr warm! Angeschlossen sind ein **Ab-Werk-Verkauf** sowie ein separates Geschäft für Ware zweiter Wahl.

Übernachten

Die (wenigen) Hotels direkt in Kufstein sind allesamt relativ teuer, günstiger wird es in der Umgebung von Kufstein, z. B. in Ebbs und Erl.

Die ganze Welt mit Innblick – **Träumerei #8** 1 : Römerhofgasse 4, Tel. 05372 621 38, www.traeumerei.tirol, DZ/ÜF ab ca. 150 €. Das Hotel, das zum alteingesessenen Gasthof Auracher Löchl gehört, ist zum Boutiquehotel umgebaut worden. Jedes der 34 Zimmer hat eine Stadt oder ein Reiseland zum Thema und ist mit viel Liebe zum Detail gestaltet. Fulminantes Frühstück.

Klare Linien – **Arte Hotel** 1 : Marktgasse 2, Kulturquartier, Tel. 05372 61 50 00, www.arte-kufstein.at, DZ/ÜF ab ca. 150 €. 2016 eröffnetes Nichtraucherhotel im Zentrum von Kufstein, mit geräumigen hellen Zimmern und Wellnessbereich mit Blick auf die Festung. Der Frühstücksraum verwandelt sich abends in eine Weinbar mit Kulturprogramm. Auch barrierefreie Zimmer.

Familiär – **Alpenrose** 2 : Weissachstr. 47, Weissach, Tel. 05372 621 22, www.alpenrose-kufstein.at, DZ/ÜF ab ca. 140 €. Traditionelles Hotel mit recht großen Zimmern, darunter auch barrierefreie, mit Kühlschrank, Heißgetränkeservice und Büchertausch. Spa-Bereich und beliebtes Restaurant.

Modern – **Hotel Kufsteinerhof** 3 : Franz-Josef-Platz 1, Tel. 05372 714 12, www.kufsteinerhof.at, DZ/ÜF ab ca. 110 €. Eine der preiswerteren Unterkünfte in Kufstein mit funktionalen Zimmern, klaren Linien und kräftigen Farben. Größere Doppel- und Dreierzimmer mit Kochnische (Mikrowelle und Spüle); auch die Einzelzimmer sind recht geräumig.

Essen & Trinken

Steak – **Auracher Löchl** 1 : Römerhofgasse 4, Tel. 05372 621 38, www.auracher-loechl.at, tgl. 11–22 Uhr, Hauptgerichte 15–20 €. Steaks (Preis nach Gewicht), auch dry aged, und Tiroler ›Tapas‹ gibt es im Traditionsrestaurant Auracher Löchl. Ebenfalls dazu gehört das kleinste Brückenrestaurant der Welt – für Verliebte! –, denn mit zwei Personen ist es ausgebucht.

Bodenständig – **Eggers Bräustüberl** 2 : Oberer Stadtplatz 5a, Tel. 05372 610 90, www.bräustüberl-kufstein.at, Mo–Fr 10–14.30, 16.30–24, Sa 10–24 Uhr, Hauptgerichte um 10 €. Tiroler Jausen, steirisches und manchmal auch asiatisches, gute vegetarische Auswahl. Große Portionen.

Zeitsprung – **Tea N'Kraft** 3 : Villa Pirmoser, Salurnerstr. 5, Tel. 0699 18 87 00 07, www.tea-und-kraft.at, Di–Sa 10–18 Uhr. Plüschiges Café in einer alten Villa, mit liebevoller Tee-Auswahl, gutem Kaffee, selbstgebackenen Kuchen (einer ist immer vegan) und angeschlossenem Esoterik- und Kunsthandwerksverkauf.

Frisch geröstet – **Die Bohne Tirols** 4 : Kinkstr. 30, 05372 206 90, www.kaffeehaus.at, Mo–Sa 8–20, So 9–18 Uhr. Beliebtes Selbstbedienungscafé mit eigener Kaffeerösterei. Gemütliche helle Räume auf drei Stockwerken plus Terrasse, guter Kaffee und etliche Frühstücksangebote.

Einkaufen

Antiquitäten – **Antiquitäten Pöll** 1 : Georg-Pirmoser-Str. 15, Tel. 05372 654 75, www.antiquitaeten-poell.com, Mo–Fr 9–12, 15–18, Sa 9–12 Uhr. Bilder, Skulpturen und Mobiliar vor allem aus dem alpenländischen Raum.

Outdoor – **Sportler Alpin** 2 : Kaiserbergstr. 25, Tel. 05372 631 00, www.sportler.com, Mo–Fr 9–13, 14–18, Sa 9–17 Uhr. Sehr gut sortierter Laden mit einer großen Auswahl schicker Outdoor-Kleidung.

Biobäcker – **1. Vollwertbäckerei Heidi Hauber** 3 : Südtirolerplatz 1, am Bahnhof, Tel. 05372 621 68. Unbedingt die enormen Schokocroissants probieren.

Supermärkte – Im Stadtzentrum liegen mehrere Supermärkte, u. a. **Spar** 4 (Unterer Stadtplatz 27–29, Mo–Fr 7–19, Sa 7.30–18 Uhr) und **M-Preis in den Kufstein Galerien** 5 (Feldgasse 1, www.kufstein-galerien.at, allgemein Mo–Fr 9–18.30, Sa 9–18, Lebensmittel Mo–Fr 8–19, Sa 8–18 Uhr).

Aktiv

Aussicht genießen und wandern – **Brentenjoch:** Der **Kaiserlift** 1 (Tel. 05372 693 03 63, Mai–Okt. außer bei Unwettergefahr tgl. 8.30–16.30 Uhr, Brentenjoch hin und zurück 15 €, mit Gästekarte 12 €, einfache Fahrt 10 €) fährt seit 1971 vom nördlichen Ortsteil Sparchen hinauf aufs Hochplateau am Brentenjoch. Dort bietet sich eine herrliche Aussicht auf die Bergwelt, kleine (und große) Wanderungen lassen sich unternehmen und fürs leibliche Wohl wird auch gesorgt. Nicht zuletzt die leckeren Kiachln auf der Brentenjochalm sind sehr beliebt, die werden aber nur samstags gebacken. Wer eine kleine Tour unternehmen möchte, kann z. B. die 3 km zur Kaindlhütte wandern (s. auch Entdeckungstour, Etappe 3, S. 114). **Weitere Wandermöglichkeiten:** Kaisertal und Tischofer Höhle (s. S. 92).

Mit dem E-Bike unterwegs – Wer Kufstein und Umgebung per E-Bike erkunden möchte, kann bei der **Touristeninformation** ein E-Bike leihen. 20 €/Tag (plus 2 € Helm). Im Sommerprogramm für Gäste ist u. a. eine kostenlose Einführung mit Probefahrt auf dem E-Bike (Mo) enthalten.

Touren mit dem Rennrad – Die **Touristeninformation** hält eine Broschüre mit Tourenvorschlägen (ca. 60–100 km, unterschiedliche Schwierigkeitsgrade) und viele Infos bereit.

Abends & Nachts

Cool im Eiskeller – **Stollen 1930** 1 : Römerhofgasse 4, 05372 621 38 59, www.auracher-loechl.at/stollen1930, tgl. 18–2 Uhr. Die stimmungsvolle Bar ist wirklich cool: Der Stollen im Fels der Festung Kufstein wurde im 15. Jh. als kühler Lagerraum für das damals hier gebraute Bier angelegt. Heute wird hier u. a. die weltgrößte Auswahl an unterschiedlichen Ginsorten geboten.

Mediterran – **Liebelei** 2 : Unterer Stadtplatz 15, Tel. 05372 213 20. Mo–Sa 9–21.15, bei gutem Wetter auch So. Italienische Weinbar direkt am Unteren Marktplatz, auch kleine mediterrane Gerichte.

Konzerte & Comedy – **Kulturfabrik** 3 : Feldgasse 12, Tel. 0660 685 30 30, www.kufa.at, Do, So 19–1, Fr/Sa 19–2 Uhr, bei Veranstaltungen laut Programminfo. In der Kulturfabrik finden Konzerte, Comedyshows und Tanzveranstaltungen statt, ansonsten hat die Bar geöffnet.

Infos & Termine

Infos

www.kufstein.com: Infos zur Stadt Kufstein und Umgebung, zu Sehenswürdigkeiten, Touren, Hotels etc.

Touristeninformation Kufstein: Unterer Stadtplatz 8, Tel. 05372 622 07, www.kufstein.com, Mo–Fr 9–18, Sa 9–13 Uhr.

Kufsteiner FerienlandCard: s. S. 85

Verkehr

Busse: Ein engmaschiges **Busnetz** deckt alle Orte in der Umgebung von Kufstein ab. Gegen Vorlage der FerienlandCard gibt es die Busfahrkarten für die Linien der IOG (Inntaler Omnibus Gesellschaft) für 1 € (einfache Fahrt).

Termine

Ritter-Fest Kufstein: Pfingsten (Fr–Mo 10–22 Uhr), www.ritter-fest.at. Jedes Jahr findet auf der Festung Kufstein dieses Mittelalterfestival mit Gauklern, Feuershows, Ritterkämpfen, Mittelaltermarkt und Festumzügen statt.
Glücktage: Ende Mai, www.glueck-ta ge.com. Relativ jung ist das glück.tage Festival mit Lesungen und Vorträgen von Autoren, Philosophen und Naturwissenschaftlern rund um das Thema Glück. Explizit nicht esoterisch!

Umgebung von Kufstein

Neben der Festungsstadt Kufstein gehören zum Ferienland Kufstein die Dörfer Bad Häring, Ebbs, Erl, Langkampfen, Niederndorf, Niederndorferberg, Schwoich und Thiersee. Nordöstlich von Kufstein zweigt nach Osten das malerische Kaisertal ab, ein leichter Zugang zum Wilden und Zahmen Kaiser. Folgt man dem rechten Innufer weiter Richtung Bayern, kommt man in die Ferienorte Ebbs und Erl.

Kaisertal und Tischofer Höhle ▶ M 3

Kaisertal

Das Kaisertal, zwischen Vorderkaiser und Wildem Kaiser gelegen, war lange Zeit nur zu Fuß erreichbar. Der traditionelle Zustieg über die Kaierstiege führt auf die Wanderwege in alle Teile des Kaisergebirges (bestehend aus dem zentralen Wilden Kaiser und einigen auch kaiserlich benannten Vorbergen). Dem Tal folgend gelangt man über die kleine Antoniuskapelle zur **Anton-Karg-Hütte** (-Haus; s. auch S. 93), die früher sicher nicht von ungefähr Hinterbärenbad hieß. Wie eine Berghütte sieht das Anton-Karg-Haus allerdings überhaupt nicht aus – es wurde bereits 1894/95 als Sommervilla für die Kufsteiner Gesellschaft errichtet. 2011 wurde das Haus als erste Schutzhütte des Österreichischen Alpenvereins unter Denkmalschutz gestellt. Eine **Gedenkstätte** erinnert an zahlreiche Bergsteiger, die im Wilden Kaiser verunglückt sind.

Erst dahinter am **Hans-Berger-Haus** beginnt der Aufstieg zum **Stripsenjochhaus** und den eigentlichen Felsspitzen des Kaisergebirges. Seitlich führen **Wege** hinauf auf den **Vorderkaiser** (links) und über den **Bettlersteig** nach rechts zur **Kaindlhütte** und zum **Brentenjoch** (Bergstation des Kaiserlifts).

Wanderung über die Tischofer Höhle zum Gasthof Pfandl

Start/Ziel: Wanderparkplatz Sparchen, Stadtbus 1 oder Bus 4030 bis Kaisertal, Wegstrecke: insgesamt ca. 6 km, 350 Höhenmeter, 2–3 Std. reine Gehzeit
Nah am Eingang des Kaisertals befindet sich die prähistorische, 8 m hohe und 40 m tiefe **Tischofer Höhle**. Zwar diente sie während des Tiroler Bauernaufstands gegen Napoleon (1809) als Sammelplatz für die Tiroler Schützen, doch erst durch spätere Ausgrabungen wurde sie als **Fundstätte** der ältesten menschlichen Zeugnisse in Tirol bekannt. Neben Überresten von etwa 380 **Höhlenbä-**

Wanderung über die Tischofer Höhle zum Gasthof Pfandl

ren wurden nämlich in der tiefsten Kulturschicht **Pfeilspitzen** gefunden, die nach neuesten Erkenntnissen über 35 000 Jahre alt sind! In der frühen Bronzezeit (um 1800 v. Chr.) befand sich in der Nähe eine **Werkstatt für Bronzebeile.** Einige der Funde, die bei Ausgrabungen im frühen 20. Jh. geborgen wurden, sind in der Festung Kufstein zu besichtigen.

Vom **Parkplatz** am **Eingang des Kaisertals** führen fast 300 gemäßigte Stufen auf die Flanke des steilen Tals. Nach etwa 1 km zeigt ein **Schild** den Pfad zur Tischofer Höhle an, der in einigen Serpentinen in Richtung Talgrund führt. Kurz vor dem Bach geht es rechts hinunter zur Tischofer Höhle. Vorbei an der eher kleinen, unscheinbaren **Hyänenhöhle,** in der ebenfalls Keramik und sogar die Düse eines Schmelzofens gefunden wurde, erreicht man dann die **Tischofer Höhle.**

Wer nun **direkt zurück** möchte, geht zum Bach hinunter und im Bogen retour in Richtung Kaiserlift.

Alternativ steigt man wieder hinauf auf den Hauptweg und folgt diesem, zunächst über Almwiesen, dann wieder durch Wald, bis zum **Gasthof**

Pfandl (s. S. 93). Neben dem Gasthof Pfandl sollte man einen Blick auf das **Totenkapellchen** für die Verstorbenen der Familien Schwaighofer und Pfandl werfen – schon wegen der amüsanten Gedenkplakette für den Stadtpfarrer Sabin Josef Stefan.

Übernachten, Essen

Berghütte – **Anton-Karg-Haus:** Kaisertal 2 (2 Std. auf dem Direktweg ab Kaisertal-Eingang), Tel. 05372 625 78, www.hinterbaerenbad.at, Ende April–Anf. Okt., Zimmer und Lager müssen bis 18.30 Uhr bezogen sein, warme Küche So–Do bis 19, Fr/Sa 19.30 Uhr, Zimmer/Pers. 26 €, 16 € für Alpenvereinsmitglieder, Lager/Pers. 22 €, 12 € (Kinder und Jugendliche bis 25 Jahre günstiger). Geräumige Zimmer, teilweise sogar mit Balkon, und ein wunderbarer Blick auf die hellen Kalkfelsen des Kaisergebirges; s. auch S. 92.

Gemütliche Stube – **Gasthof Pfandl:** Kaisertal 7 (ca. 2,5 km zu Fuß vom Kaisertal-Eingang), Tel. 05372 621 18, www.pfandlhof.at, Di/Mi, Fr/Sa 8–23 (Küche bis 20), So/Mo 11–17 Uhr, Hauptgerichte

10–15 €, DZ/ÜF ab 70 €. Beliebtes Ausflugslokal. Tiroler Schmankerl in einer urigen Holzstube, besonders gut sind die Wildgerichte aus eigener Jagd. Alle Milchprodukte sind aus Bio-Heumilch, sonst alles regional.

Ebbs ▶ M 2

Mit gut 5000 Einwohnern ist Ebbs eines der größten Dörfer Tirols, trotzdem aber ein typisches Bauerndorf am Ufer des Inn. Einen Besuch wert ist die barocke **Pfarrkirche Mariä Himmelfahrt** (Kaiserbergstr. 2) aus dem 18. Jh. Der Inn ist hier Grenzfluss, auf der anderen Seite liegt Bayern.

Fohlenhof Ebbs

Schlossallee 31, Tel. 05373 422 10, www.haflinger-tirol.com, tgl. 9–17 Uhr, 6 €, Sommer Fr 20 Uhr Haflinger Show 13 €, mit Gästekarte 12 €, 5–16 Jahre 7/6 €
Haflinger sind robuste, ziemlich kleine Gebirgspferde, die früher viel als Saumpferde, also als Lastpferde auf schmalen Wegen genutzt wurden, heute vor allem als Freizeitpferde. Das Gestüt in Ebbs ist das weltgrößte Haflinger-Zuchtgestüt. Eine kleine Ausstellung informiert über die Geschichte der Haflingerzucht in Ebbs – zu sehen sind auch einige Schlitten und Kutschen. Besucher können frei durch die Stallungen und Außenanlage streifen, Reit- oder Kutschfahrstunden (Buchung/Preise s. Website) nehmen oder Ausritte unternehmen. Eine ca. 60-minütige Haflinger Show präsentiert im Sommer (s. o.) das vielfältige Können der Haflinger.

Übernachten, Essen

Am Innradweg – **Pension Apartment Hödner:** Oberndorf 20, Tel. 05373 434 76, www.hoedner.com. DZ ab 52 €, Apartment/2 Pers. ab 55 € zzgl. Endreinigung, Frühstück 7 €/Pers. Moderne Zimmer und Apartments am Ortsrand, gleich am Innradweg. Gutes Frühstücksbüfett, ganztägig Kaffee und Tee, freundlicher Service. Auch mit Halbpension (17 €/Pers., bis 10 Jahre 10 €) beim Sattlerwirt gegenüber möglich.
Schmankerln – **Sattlerwirt:** Oberndorf 89, Ebbs, Tel. 05373 422 03, www.sattlerwirt.at, DZ/ÜF ab ca. 50 €, bei längerem Aufenthalt günstiger, Wirtshaus tgl. 9–24 Uhr. Beliebte traditionelle Gaststube mit deftigen Tiroler Jausen und Gerichten in reichlichen Portionen. Vegetarische Optionen sind gekennzeichnet und es gibt immer ein veganes Gericht. Im angeschlossenen Hotel logieren häufiger Seminargruppen. Hauptgerichte 15–20 €, Jausen bis 10 €.

Einkaufen

Brennerei und Bio – **Zum Messerschmied:** Kaiserbergstr. 16, www.wundertropfen.com, Tel. 05373 435 88, 0664 73 48 17 76, Fr/Sa 9–12 und n. V. Albert Schmider baute die Familiendestille zu einem Hofladen mit regionalen Produkten und eigenen Abfindungsbränden aus, in der Schnapsschule kann man etwas über das Brennen (und Trinken) Tiroler Schnäpse lernen.
Käse – **Bio-Sennerei Hatzenstädt:** Gränzing 22, Niederndorfberg bei Ebbs, Tel. 05373 617 13, www.biokäserei-tirol.at. Mo–Fr 9–12, 14–18, Sa 9–12, 14–17, So 9–11 Uhr. Die Sennerei gehört zu den ersten Biokäsereien Europas. Mit einer Milchseilbahn wird ein Teil der frischen Heumilch der Zulieferbauern direkt an die Sennerei angeliefert. Im angeschlossenen Laden gibt es neben vier eigenen

Käsesorten, Heumilch, Buttermilch, Joghurt und Butter auch andere Bioprodukte wie Müsli oder Kräutertees. Sennereibesichtigung für Gruppen auf Anfrage möglich.

Aktiv

Erholung – **Hallodu Fun Arena:** Gießenweg 20, Tel. 05373 42 20 28 00, www.hallodu.at, tgl. 11–22 Uhr, Sauna ab 14 €, Freibad Anf. Mai–Anf./Mitte Sept. bei Badewetter tgl. 10–19 Uhr, Tageskarte 5,50 €, Eislaufbahn Ende Okt.–Anf./Mitte März (4 €). Große Freizeitanlage mit Saunawelt, einem großen Freibad im Sommer, einer Eislaufbahn im Winter, Kegelbahn und Restaurant.

Infos & Termine

Tourismusbüro Ebbs: Wildbichler Str. 31, Tel. 05372 622 07, Mo–Fr 9–12 Uhr
Blumenkorso Ebbs: Ende Aug. Umzug mit 40 blumengeschmückten Wagen, dazu spielen Musiker aus der Region, z. B. Hansi Hinterseer.
Kufsteiner FerienlandCard: s. S. 85

Zwischen Kufstein und Erl ► M 2

Auf dem Weg zwischen Kufstein und Erl – übrigens eine schöne verkehrsberuhigte **Radtour** auf dem Innradweg – passiert man bei Oberaudorf das **Wehr des Wasserkraftwerks Oberaudorf-Ebbs.** Wer genau hinsieht, erkennt an den Ufern des träge gestauten Inn spitzkegelig abgenagte Baumstümpfe – die Spuren von **Bibern,** die dort leben. Direkt neben dem Wehr ist die **Fischtreppe** zu sehen, eine Aufstiegshilfe, die es den Innfischen ermöglichen soll, trotz der Kraftwerkssperre zwischen den ver-

schiedenen Inn-Abschnitten zu wechseln.

Erl ► L 2

Der kleine Ort Erl (ca. 1500 Einw.) am Inn in der Nähe der deutschen Grenze, bereits im 3. Jh. von den Römern gegründet, gilt als einer der ältesten der Region. Die barocke **Pfarrkirche St. Andreas** im Ortskern wurde 1980 innen vollständig renoviert.

Bekannt ist Erl vor allem für sein **Festspielhaus** (Mühlgraben 56; s. auch S. 78). Schon von Weitem fällt die markante Architektur auf. Im 1959 vollendeten runden linken Teil finden alle sechs Jahre die **Passionsspiele** statt, ein religiöses Theaterstück, das auf ein Gelübde aus der Zeit der Pest zurückgeht und seit 1613 nachgewiesen ist. Gebaut wurde das Passionsspielhaus von dem Innsbrucker Architekten Robert Schuller. Der gezackte rechte Gebäudeteil wurde erst 2012 vom Wiener Architektenpaar Delugan-Meissl errichtet, um der jährlichen Konzertreihe der Sommerfestspiele Erl auch eine Wintersaison zu ermöglichen.

Knapp 500 m südlich vom neuen Festspielhaus führt ein Fußweg zur **Blauen Quelle** (s. Lieblingsort S. 96)

Übernachten, Essen

Für Festspielbesucher – **Posthotel Erlerwirt:** Dorf 46–48, Tel. 05373 814 50, www.posthotel-erlerwirt.at, DZ/HP 150 €, zur Festspielzeit 250 €. Zweckmäßiges Hotel mit gutem Frühstücksbüfett und einem Hallenbad mit 13-m-Pool.
Internationale Auszeichnungen – **Gasthof Blaue Quelle:** Mühlgraben 52, Tel. 05373 81 28, www.blaue quelle.at. Mi–Sa 11.45–21.30, Kü-

Lieblingsort

Blaue Quelle in Erl – entspan-
nend und belebend ▶ M 2

Mit einem guten Buch auf der
Bank am Ufer der Blauen Quelle
sitzen – so lässt sich der Sommer
aushalten. Die Blaue Quelle ist die
größte Trinkwasserquelle Tirols,
700 l mineralhaltiges Wasser
sprudeln hier pro Sekunde aus dem
Berg. Zum Baden ist es allerdings
zu kalt, das Wasser hat eine Tem-
peratur von 7 °C, außerdem steht
die Quelle unter Naturschutz.

che 11.45–13.45, 18–21.30, So Küche 11.45–13.45, 17.30–20.45 Uhr. Bei Erl gibt es nicht nur mehr Kultur, als in solch einem Dorf zu erwarten wäre, sondern auch unerwartet gute Küche im Gasthof neben der Blauen Quelle. Österreichische Klassiker und regionale Besonderheiten, wie Pfannenkasspatzeln oder Moosbeerschmarren; Forellen aus eigener Zucht. Hauptgerichte 11–30 €.

Infos & Termine

Tourismusbüro Erl: Dorf 39, Tel. 05372 622 07, Mo–Fr 9–12 Uhr
Passionsspiele Erl: alle sechs Jahre, nächster Termin Sommer 2019, www.passionsspiele.at. Die ältesten Passionsspiele im deutschsprachigen Raum.
Tiroler Festspiele Erl: www.tirolerfestspiele.at. Juli. Vierwöchiges Theater- und Konzertprogramm, seit 2012 auch eine Wintersaison (Weihnachten–6. Jan.).
Gästekarte: Kufsteiner Ferienland-Card, s. S. 85

Kitzbühel ▶ N 4

Kitzbühel (ca. 8330 Einw.) mit seiner gut erhaltenen mittelalterlichen Altstadt liegt auf einem kleinen, steilen Hügel, der in der Eiszeit entstanden ist – dem Bühel. In der Gegend um Kitzbühel wurde bereits in der Bronzezeit Kupfer geschürft, urkundlich erwähnt wird Kitzbühel aber erstmals um 1180. Die politischen Geschicke des Ortes liefen stets etwa parallel zu Kufstein (s. S. 84). Der Kupferbergbau blieb lange Zeit der bedeutendste Wirtschaftszweig. Er hatte seine Blütezeit im 16. Jh., als allein im Kupferbergwerk am Jochberg in der Nähe pro Jahr Tausende Tonnen Kupfer abgebaut wurden.

Als der Bergbau im 19. Jh. zurückging, tat sich zum Glück für den Ort bald eine neue Einnahmequelle auf: Der gebürtige Kufsteiner Franz Reisch begeisterte sich Ende des 19. Jh. für den neuen norwegischen Sport des Skifahrens und baute in Kitzbühel eine Infrastruktur für die damals noch wenigen, aber durchweg betuchten Skitouristen auf. Der Kitzbüheler Skiclub wurde schon 1902 gegründet, bald darauf gab es in Kitzbühel Skilehrer und Sporthotels. 1931 wurde das erste Hahnenkamm-Rennen (s. S. 101) ausgetragen, das heute als eines der schwierigsten Skirennen der Welt gilt.

Etwas westlich außerhalb der Stadt liegt der malerische Schwarzsee, ein Ausflugsziel mit historischer Badeanstalt. Hier befindet sich auch einer der vier Kitzbüheler Golfplätze.

Im Winter findet sich die High Society in Kitzbühel ein, nicht nur für den Wintersport – bekanntestes Event ist das Hahnenkamm-Rennen – sondern vor allem zum Après-Ski.

Altstadt

Zur mittelalterlichen Stadt gehörte nur die elliptische Hügelkuppe mit den Straßen **Vorderstadt** und **Hinterstadt**. Heute konzentrieren sich hier und in den umliegenden Gassen (teils Fußgängerzone) schöne Geschäfte, schicke Bars und Lokale, dazu kommen ein paar Hotels.

Die **Altstadthäuser** auf der Ostseite (Vorderstadt) gehen nach hinten über die Hügelkante hinaus auf die deutlich tiefere Straße **Im Gries** und gewinnen entsprechend auf der Rückseite mehrere Stockwerke dazu. Gut zu sehen ist das in der **KitzGalleria** **1** (Vorderstadt 17, Im Gries 20) einer Edel-Shoppingmall, die auf der Vorderstadtseite eine

Altstadthausfassade, auf der Rückseite Im Gries aber einen Aufzug und mehrere Stockwerke mit Läden aufweist.

Am Nordrand des Bühel stehen gleich mehrere Kirchen nebeneinander: die barockisierte spätgotische **Pfarrkirche St. Andreas** **2** (großes Dach, kleiner Turm), die **Liebfrauenkirche** **3** (kleines Dach, großer Turm), und die barocke **Johannes-Nepomuk-Kapelle** **4** . Etwas unterhalb liegt die klassizistische **Spitalskirche zum Hl. Geist** **5** .

Museum Kitzbühel – Sammlung Alfons Walde **6**

Hinterstadt 32, Tel. 05356 672 74, www.museum-kitzbuehel.at, Di–So 10–13, Sa bis 17, Hochsommer tgl. 10–17 Uhr, 6,50 €, bis 18 Jahre Eintritt frei

Das Stadtmuseum befindet sich in einem beeindruckenden mittelalterlichen Getreidespeicher (1. Hälfte 15. Jh.), der mit dem Südwestturm der Stadtbefestigung (Kern 12. Jh.) verbunden ist. Der über Jahrhunderte immer wieder erweiterte Speicher ist heute teilweise entkernt und wurde zu einem modernen Museum ausgebaut. Ständig zu sehen sind **archäologische Funde** aus der Bronzezeit sowie eine historische **Ausstellung zum Wintersport** in Kitzbühel. Regelmäßig werden darüber hinaus Wechselausstellungen gezeigt. In den oberen Stockwerken ist die namengebende **Sammlung** des Kitzbüheler Heimatmalers (und Architekten) Alfons Walde (1891–1958), der vom Expressionismus und Secessionismus beeinflusst war, untergebracht. Besonders bekannt wurde er mit seinen Wintersportbildern

Der mittelalterliche Getreidespeicher zeigt nicht nur die Sammlung Walde, sondern auch Archäologisches und Historisches aus der Region

wie »Der Aufstieg«, die er auch selbst als Poster und Postkarten druckte und die in vielen Hotels und Restaurants in und um Kitzbühel als Drucke hängen.

Kitzbüheler Horn 7

Per Auto 7,5 km über asphaltierte Mautstraße (geöffnet ca. Ende 1. Mai-Woche–Anf. Nov., Pkw 10 €, Motorrad 5 €, zzgl. 3 €/Pers., letzterer Betrag wird bei Verzehr im Alpenhaus verrechnet) bis Alpenhaus, Hornbahn, www.bergbahn-kitzbuehel.at, ab Talstation Kitzbühel Anf. Mai–Anf. Okt. tgl. 8.30–17 Uhr, Hornbahn/Horngipfelbahn alle 30 Min., Berg- und Talfahrt bzw. Kombiticket Harschbichlbahn 23,50 €, bis 16 Jahre 8,20 €

Die markante Spitze des Kitzbüheler Horns ragt 1996 m empor. Bis zum Restaurant Alpenhaus 300 m unterhalb des Gipfels führt eine asphaltierte Mautstraße von Kitzbühel hinauf – der Berg ist auch bei Rennradlern und Mountainbikern eine beliebte Trainingsstrecke.

Die Bergstationen der beiden Hornbahnen verbindet ein leichter **Wanderweg,** der im Sommer an einem schönen **Alpenblumengarten** (Eintritt frei) und einem großen **Kinderspielplatz** beim Alpenhaus vorbeiführt.

Vom **Gipfel** führt ein **Wanderweg** auf die St. Johanner Seite des Kitzbüheler Horns, von wo man mit dem Mountaincart (s. Unser Tipp S. 108) nach St. Johann (s. S. 108) abfahren kann.

Streif 8

›Sommer‹betrieb Hahnenkammbahn, www.bergbahn-kitzbuehel.at, Ende

Kitzbühel

Sehenswert
1 KitzGalleria
2 Pfarrkirche St. Andreas
3 Liebfrauenkirche
4 Johannes-Nepomuk-Kapelle
5 Spitalskirche zum Hl. Geist
6 Museum Kitzbühel – Sammlung Alfons Walde
7 Kitzbüheler Horn
8 Streif

Übernachten
1 Q! Hotel Maria Theresia
2 Gamshof
3 Frühstückspension Kometer
4 SnowBunny Backpackers

Essen & Trinken
1 Bergdiele
2 Huberbräu Stüberl
3 Pano
4 Schatzi-Café
5 Metzgerei Huber

Einkaufen
1 Alpenmädl
2 Kitzbüheler Genussmarkt

Aktiv
1 Element³
2 Städtisches Freibad Schwarzsee
3 Golf Club Schwarzsee

Abends & Nachts
1 Casino
2 Leo Hillinger Wineshop & Bar
3 The Londoner

Mai–Ende Okt. tgl. 8.30–17 Uhr, Berg- und Talfahrt 23,50 €, bis 16 Jahre 8,20 €
Die Streif, die fast immer als »legendär« attribuiert wird, ist eine besonders steile und gefährliche Skipiste am Hang des Hahnenkamm. Sie ist Bestandteil des seit 1931 durchgeführten **Hahnenkamm-Rennens** und bekannt dafür, dass dort oft Athleten stürzen. Die Durchschnittsgeschwindigkeit der Teilnehmer soll bei über 100 km/h liegen und nicht zuletzt deshalb ist es eines der zuschauerträchtigsten Rennen überhaupt.

Seit 1929 fährt die in den Folgejahrzehnten wiederholt umgebaute **Hahnenkammbahn** auf den Hahnenkamm (1712 m). Im **Sommer** kann man die Streif über einen **Wanderweg** erlaufen, Skifans erkennen die gefährlichsten Stellen (dank Hinweistafeln) als Wiesenhänge wieder, in der Hauptsaison (Juni–Sept.) sind sogar Bildschirme mit Videoauszügen aufgestellt.

Übernachten

Im Zentrum – **Q! Hotel Maria Theresia** 1: Bichlstr. 15, Tel. 05356 647 11, www.hotel-maria-theresia.at, DZ/ÜF ab 140 €. Der eigentümliche Name ist Programm: Das Maria Theresia versucht den Spagat zwischen traditionell und angesagt, chillen und wohlfühlen.

Individuell – **Gamshof** 2: Franz-Erler-Str. 7, Tel. 05356 630 13, www.hotelgamshof.at, DZ/ÜF ab ca. 120 €. Kräftige warme Farben und kuschelige Materialien dominieren in dem fröhlich sanierten Haus; die 26 Zimmer sind alle etwas unterschiedlich, vom Einzelzimmer bis zu Familienzimmern. Regionale Produkte beim Frühstück, Unverträglichkeiten und Essenswünsche möglichst anmelden. Sauna und Bar.

Persönlich – **Frühstückspension Kometer** 3: Gerbergasse 7 / Im Gries, Tel. 05356 622 89 17, www.pension-kometer.com, DZ/ÜF 110 € (Zuschlag bei Kurzaufenthalten). Eine der günstigeren Übernachtungsoptionen in Kitzbühel, mit renovierten Zimmern, Kühlschrank, Aufenthaltsraum (Selbstversorger okay) und gutem Frühstücksbüfett. Die Wirtin ist engagiert und zur Stelle.

Hostel – **SnowBunny Backpackers** 4: Bichlstr. 30, Tel. 0676 794 02 33, http://snowbunnys.co.uk, im Sommer ab 22 €

im 6er-Schlafsaal, DZ/ÜF 133 €. Back-packer-Unterkunft im Zentrum von Kitzbühel mit Doppelzimmern, Twin-zimmern (Stockbett) und Schlafsälen. Gute Gemeinschaftsräume und Wasch-maschine. Mehrere Katzen.

Essen & Trinken

Exklusiv – **Bergdiele** `1` : Graggaugas-se 7, Tel. 05356 674 03, www.berg diele-kitzbuehel.at, Di–Sa 18–2 Uhr, Hauptgerichte 25–35 €, Menü ab 49 €. Gehobenes Lokal mit internationa-ler Küche und österreichischer Haus-mannskost in gedämpft tirolerischer Atmosphäre. Häufiger prominen-te Gäste, in der Saison reservieren.
Deftige Hausmannskost – **Huber-bräu Stüberl** `2` : Vorderstadt 18, Tel. 05356 656 77, Mo–Sa 9–18 Uhr. Eher etwas fleischlastiges Gasthaus, große Schnitzel, guter Kartoffelsalat und ein sehr gutes Preis-Leistungs-Verhältnis. Hauptgerichte ab 8 €.
Sauerteigbrote – **Pano** `3` : Hinterstadt 12, Tel. 05356 654 61, www.pano. coop, Mo–Fr 8.30–18, Sa 8–18, So 9–18 Uhr. Trendiges Café mit gutem Kaffee und extrem leckerem Kuchen (etwa Apfel-Schmand); die Spezialität sind dicke Brotscheiben mit eigenen Auf-strichen, wie der sehr deftige Stram-me Moritz.
Träume in Pink – **Schatzi-Café** `4` : Un-tere Gänsbachgasse 5, Tel. 0676 341 41 73, www.schatzi-kitzbuehel.com. Mi–Mo 9–18 Uhr. Kleines, ganz in Rosa gehaltenes Café einer ehemali-gen Filmproduzentin. Die Spezialität bei den hausgemachten Kuchen ist der Gamsbusserl-Schokokuchen, an-dere schwören auf Apfelstrudel und Kaiserschmarren. Auch kleine Gerich-te sowie diverse Alkoholika. Gerichte meist bis 10 €.
Frisch auf den Tisch – **Metzgerei Hu-ber** `5` : Bichlstr. 14, Tel. 05356 624 80,

www.huber-metzger.at. Mo–Fr 11–15 Uhr, Laden 8–18, Sa 8–12.30 Uhr. Das Fleisch- und Delikatessengeschäft Hu-ber bietet im angeschlossenen Imbiss deftige Speisen aus eigener Herstel-lung – neben dem Huberschen Fleisch ist auch erstaunlich viel Salat und Gemüse auf dem Teller und es gibt sogar vegetarische Gerichte wie Kas-pressknödel oder Käsebrote. Haupt-gerichte 5–10 €.

Einkaufen

Regionales – **Heimatgold:** in der Kitz Galleria `1` , Im Gries 20, Tel. 03687 22 50 56 00, www.heimatgold.at, Mo–Sa 9–18 Uhr. Fachgeschäft vor allem für kulinarische Spezialitäten der Region im Untergeschoss des Stadtkaufhau-ses, u. a. Schnäpse und Marmeladen, Käse und Speck. Im angeschlossenen Café können die Leckereien gleich verkostet werden.
Designerdirndl – **Alpenmädl** `1` : Jo-sef-Pirchl-Str. 8, www.alpenmaedel. de, Mo/Di, Do/Fr 10–18, Sa 10–14 Uhr. Klassische Dirndlschnitte, aber mit ausgefallenen Stoffen und unge-wöhnlichem Farbmix. Viele Unikate.
Wochenmarkt – **Kitzbüheler Genuss-markt** `2` : Hinterstadt, Sa 8–14 Uhr. Als besonderes Schmankerl kocht hier immer einer der Kitzbüheler Wirte.

Aktiv

Für viele Unternehmungen (Wandern, Mountainbike etc.) gibt es online GPS-Tracks zum Herunterladen unter: www.kitzbuehel.com.
Abenteuersport – **Element**[3] `1` : Klos-tergasse 8, Tel. 05356 723 01-10, www.element3.at, Mo–Fr 9–17 Uhr. Tourangebote wie Canyoning, Stand-up-Paddling oder Gleitschirmflie-gen. Auch Fahrradverleih. Im Winter Schneeschuhwandern.

Maßgefertigte Schuhe gibt's bei Herbert Haderer in der Vorderstadt, Hausnummer 29

Baden – **Städtisches Freibad Schwarzsee 2**: Tel. 05356 623 81, Ende Mai–Anf. Okt., 4,90 €, Kinder 2,60 €. Historische Badeanstalt am naturbelassenen Schwarzsee (8 ha groß, 8 m tief), einem Hochmoorsee mit schönem Alpenpanorama. Mit Kinderbecken und Rutsche. Wer mag, kann den Schwarzsee auf einem Spazierweg zu Fuß umrunden. Am See werden auch Ruder- und Elektroboote verliehen.

Golf – **Golf Club Schwarzsee 3**: Golfweg-Schwarzsee 35, Tel. 05356 666 60, -70, www.golf-schwarzsee.at. 18-Loch-Platz, Handicap 45, Greenfee 82–89 €, bis 18 Jahre 39–45 €, mit Gästecard Kitzbühel 20 % Ermäßigung. Sehr schöne Lage mit Blick auf See und Kitzbüheler Horn. Außerdem **drei weitere Golfplätze** in Kitzbühel, Informationen unter www.kitzbuehel-golf. com. Im Sommer täglich Golfschnupperstunden, 9 Uhr am Golf Club Schwarzsee.

Mountaincart – **Mountaincart-Verleih Harschbichlalm:** s. Unser Tipp S. 108

Abends & Nachts

Spielerglück – **Casino 1**: Hinterstadt 24, Tel. 05356 623 00, www.kitzbuehel. casinos.at, saisonal unterschiedlich, Dez.–März, Juni–Sept. Kasinovollbetrieb ab 18 Uhr, Restaurant tgl. 17.30 (Sommer u. U. ab 11)–22 Uhr. Angebote für Dinnermenüs mit Sekt und kleinem Startkapital.

Österreichische Weine – **Leo Hillinger Wineshop & Bar 2**: Rathausplatz 5, Tel. 05356 202 51, www.leo-hillinger. com. Mo–Fr 12–24, Sa 11–24 Uhr (außerhalb der Saison auch kürzer). Schickes Ambiente, um österreichische Weine zu verkosten oder einfach lässig im Zentrum von Kitzbühel zu sitzen. Auch Tische direkt in der Fußgängerzone: halt sehen und gesehen werden.

British – **The Londoner 3**: Franz-Reisch-Str. 4, Tel. 05356 714 27, www.londoner.

at, tgl. 15–24 Uhr. Legendäres British Pub, im Winter Kult, im Sommer auch nicht schlecht.

Infos & Termine

Infos

Tourismusbüro: Hinterstadt 18, Tel. 05356 666 60, www.kitzbuehel.com. Mo–Fr 8.30–18, Sa 9–18, So 10–12, 16–18 Uhr.
Gästekarte: Kitzbüheler Red Card, s. S. 85

Verkehr

Bahn: S-Bahn, Rex und IC durchs Brixental auf der Strecke Innsbruck–Wörgl–Salzburg.
Bus: Direktbusse nach Lienz/Osttirol

Termine

Hahnenkamm-Rennen: Ende Jan., www.hahnenkamm.com. Neben dem wohl gefährlichsten Abfahrtsrennen werden auch Wettbewerbe im Super-G, im Slalom und der Superkombination ausgetragen. Das Spektakel erstreckt sich über drei Tage, viele kommen nicht zuletzt wegen des Rahmenprogramms.
Wandereuropiade Kitzbühel: drei Tage Ende Mai. In dieser Zeit finden ständig organisierte Wanderungen statt.
Kitzbüheler Alpenrallye: Anf. Juni, www.alpenrallye.at. Größte Oldtimerrallye Europas, zu der viele Prominente mit ihren schicken Autos anreisen.
Internationales Kitzbüheler Horn Berg-Radrennen: um den 20. Juli. Das Radrennen für Profis und Amateure gilt als das härteste Radrennen Österreichs. Das Horn ist mit 22,3 % Maximalsteigung und 12,5 % Steigung im Durchschnitt der steilste Radberg Österreichs.
Generali-Open Tennis Turnier: Ende Juli/Anf. Aug., www.generaliopen.com. Internationales Tennisturnier, Teil der ATP World Tour 250.

Umgebung von Kitzbühel

Von Wörgl im Inntal zweigt das Brixental in Richtung Kitzbühel ab. Die größten Orte sind von Wörgl aus Hopfgarten, Brixen im Thale und Kirchberg, allesamt Touristenorte mit wesentlich günstigeren Unterkunftsmöglichkeiten als Kitzbühel. Nach Süden führt die Bundesstraße 161 über Aurach und Jochberg zum Pass Thun und weiter ins Obere Salzachtal.

Der **Fernwanderweg KAT** (Kitzbüheler Alpen Trail) führt auf 108 km und über 6000 Höhenmeter in sechs Etappen von Hopfgarten nach St. Ulrich einmal quer durch die Kitzbüheler Alpen. Dabei passiert man Sehenswürdigkeiten wie die Streif und den Alpengarten am Kitzbüheler Horn. Über die Touristeninformation der Kitzbüheler Alpen können auch Pauschalen und/oder Gepäcktransfer gebucht werden (www.kitzbueheleralpen.com).

Wildpark Aurach ▶ N 4

Wildparkweg 5, Aurach, Tel. 05356 652 51, www.wildpark-tirol.at, Bus 4010 ca. stdl. ab Kitzbühel bis Haltestelle Auwirt in Aurach, dann gut 4 km zu Fuß (s. u.), Juli–Sept. tgl. 10–17, Anf. Sept. oder Okt.–Anf. Jan. Mi–So 10–17 Uhr, 8 €, 6–14 Jahre 6 €, Wildfütterung außer Mitte Sept.– Mitte Nov. tgl. 14.30, Fütterung im Streichelzoo Sa/So 13.30 Uhr

4,5 km südlich von Kitzbühel liegt Aurach. Östlich des Ortszentrums lohnt auf 1100 m Höhe der Wildpark Aurach einen Besuch. Der Weg dorthin überwindet auf gut 4 km 300 Höhenmeter und führt größtteils auf wenig befahrenen Straßen durch eine nette Landschaft.

Der Wildpark selbst zeichnet sich vor allem durch seine schöne Lage mit Bergpanorama aus, die meisten Tiere – darunter Rot-, Dam- und Steinwild sowie Mufflons (eine Wildschafart) – laufen frei im Parkgelände herum. Neben den einheimischen Wildtieren gibt es auch exotischere Tiere im Gehege wie Lamas, Yaks, Kängurus, Affen oder Emus.

Hohe Salve ▶ M 4

www.hohe.salve.at, im Süden Zustieg von Hopfgarten oder Brixen im Thale, von der Nordseite von Söll (Tagestour), Bergbahnen fahren von Söll (s. Hexenwasser, S. 115) und Hopfgarten (Mitte Mai–Mitte Okt., Berg- und Talfahrt 18 €, bis 15 Jahre 9 €)
Der Höhenzug nördlich von Brixen im Thale ist relativ niedrig und im Vergleich zu den felsigen Gipfeln des Kaisergebirges grün und rollend. Höchster Berg ist mit 1828 m die Hohe Salve, von deren Gipfel sich ein wunderbarer Panoramablick auf den Wilden Kaiser (s. auch S. 110) wie auf die Kitzbüheler Alpen im Süden und bei gutem Wetter bis zum Großvenediger und Großglockner bietet.

Einkaufen

Edelbrände – **Erber:** Dorfstr.57, Brixen im Thale, Tel. 05334 81 07, www.erberedelbrand.com, April–Mitte Dez. Mo/Di, Do/Fr 9–18, Mi 9–12, Sa 9–12.30, Mitte Dez.–März Mo–Fr 9–18, Sa 9–12.30 Uhr. Die größte Brennerei Tirols hat eine hauseigene Quelle und traditionelle Kupferkessel; im Direktverkauf gibt es eine große Auswahl an Edelbränden (auch Vogelbeere und Heidelbeere) und anderen Schnäpsen und Likören. Alles kann im Laden auch verkostet werden. Ab zehn Personen sind Brennereiführungen möglich.

Infos

www.kitzbueheler-alpen.com: Infos zur Ferienregion Kitzbüheler Alpen.
www.kitzbueheler-alpen.com/de/hohe-salve: Infos speziell zum Gebiet Hohe Salve.
Tourismusbüro Brixental: Hauptstr. 8, Kirchberg in Tirol, Tel. 05357 20 00, Mo–Sa 8.30–18 Uhr.
Kitzbüheler Red Card: s. S. 85

St. Johann in Tirol

▶ N 3

St. Johann liegt nördlich am Fuß des Kitzbüheler Horns in einem breiten Talkessel. Der Ort ist deutlich weniger elitär als der Nachbar Kitzbühel, hat sich aber über die letzten Jahrzehnte zu einem regionalen Gewerbezentrum entwickelt und ist inzwischen die einwohnerstärkste Gemeinde (ca. 9230 Einw.) im Bezirk. Neben dem Tourismus ist die Landwirtschaft sehr bedeutend, u. a. ist St. Johann ein Zentrum der Milchwirtschaft.

Altstadt

In der kleinen Altstadt lohnen die eindrucksvolle barocke **Pfarrkirche Mariä Himmelfahrt** (Dechant-Wieshofer-Str.) und das schöne **historische Ensemble am Hauptplatz** einen Blick. Neben dem **Gasthof zum Dampfl** (Nr. 1, s. S. 109) sticht vor allem das **Postamt** (Nr. 11) mit schöner Fassadenmalerei hervor, beide vom Anfang des 20. Jh. Am Rand der Altstadt ist der kantige, 27 m hohe Turm der **Brauerei Huber** (s. Lieblingsort S. 106) auffällig.

St. Johann ist eine gute und im Vergleich zu Kitzbühel kostengünstigere Basis für mittelschwere und familien-

Lieblingsort

Huber Bräu – das St. Johanner Traditionsbräu im Turm genießen
Das Bier von hier: Seit 1883 wird beim Huber Bräu, mittlerweile in der
vierten Generation, gebraut! Und am besten probiert man das Huber
Bier im Turmrestaurant in luftigen 27 m Höhe, bei schönem Wetter
natürlich auf der umlaufenden Terrasse. Klassiker sind das St. Johanner
Original, das Spezial und das Meisterpils, aber wir mögen besonders das
Augustinus, ein dunkles, süffiges Bier. Es wird heute noch nach dem Ori-
ginalrezept von Augustinus Feller gebraut – im 18. Jh. Bierbrauer, Wirt
und Freiheitskämpfer aus St. Johann. Dazu gibt's deftige Tiroler Küche.
Huber Bräu Turmstüberl: Brauweg 4, St. Johann in Tirol, Tel. 05352 622
21, www.huberbraeu.at, tgl. 10.30–22, warme Küche 11.30–20.45 Uhr,
Jausen und Gerichte ca. 5–15 €.

freundliche Wanderungen und Ausflüge (auch ins mondäne Kitzbühel). Mit seiner lebhaften **Restaurant- und Kneipenszene** hat St. Johann das städtischere Flair.

Museum St. Johann in Tirol

Bahnhofstr. 8, Tel. 05352 690 02 13, www.museum1.at, Sommer Di–Sa 10–12, Do 16–18 Uhr, ab Sept. verkürzte Öffnungszeiten, Winter auf Anfrage, 2,50 €, 14–18 Jahre 2 €

Das Museumsgebäude diente einst als Besserungsanstalt für Priester mit ›sündigem Lebenswandel‹. Heute sind in den Räumlichkeiten Ausstellungsstücke zur Stadtgeschichte und Tradition, insbesondere aber zur Geologie und Geografie der Region untergebracht, vom großen Reliefmodell des Wilden Kaisers bis zur Geschichte des Silber- und Kupferabbaus in der Region.

Unser Tipp

Abfahrt mit dem Mountaincart

Statt vom Kitzbüheler Horn mit der Seilbahn wieder talabwärts zu schweben oder zu Fuß zu gehen, kann man seit 2016 auch mit dem **Mountaincart**, einer Art Kettcar ohne Pedale, nach St. Johann abfahren. Es geht immer bergab, mal mehr, mal weniger steil: 5 km und 900 Höhenmeter (20–30 Min.). Kinder unter 12 dürfen nicht allein fahren. Ein Riesenspaß!

Lässt sich auch gut als Runde Kitzbühel–Hornbahn zum Gipfel–Wanderung zur Harschbichlalm–Mountaincart nach St. Johann kombinieren. Ab St. Johann geht es dann per Bus zurück zum Ausgangsort.

Mountaincart-Verleih an der Harschbichlalm: 10 € inkl. Helm.

Kitzbüheler Horn

Harschbichlbahn, Ende Mai–Anf. Okt. tgl. 9–17 Uhr, Berg- und Talfahrt 17,50 €, Kombiticket Horngipfelbahn 23,50 €, bis 16 Jahre 8,20 €

Die Seilbahn fährt von St. Johann hinauf bis zur Harschbichlalm auf etwa 1600 m. Von dort führt ein Wanderweg bis zum Gipfel. Alternativ dazu führen mehrere Klettersteige aufs Horn. An der Mittelstation liegt der **Kletterwald Hornpark** (s. S. 110). Die Wege unterhalb der Seilbahn sind, obwohl es über Almen geht, allesamt eher nichtssagende breite Schotterfahrwege. Spaß macht die Abfahrt mit dem **Mountaincart** von der Harschbichlalm nach St. Johann (s. links Unser Tipp).

Übernachten

Wandererfreundlich – **Aktivhotel Crystal:** Hornweg 2, Tel. 05352 626 30, www.hotel-crystal.at, DZ/HP 142 €. Ob Wandern oder Radfahren, im Aktivhotel Crystal gibt es die richtigen Routentipps, kostenlose Wanderkarten und Ausdrucke von Tourenvorschlägen. Zudem finden im Sommer an 2–3 Tagen die Woche geführte Wanderungen statt.

Toller Blick – **Gasthof zur Schönen Aussicht:** Berglehen 23, Tel. Tel. 05352 622 70, www.schoene-aussicht.com, DZ/HP 99 €. Für diejenigen, die vor allem Ruhe suchen, etwas außerhalb gelegen, dafür in toller Hanglage mit Blick auf den Wilden Kaiser. Recht große und saubere Zimmer.

Camping – **Camping Michelnhof:** Weiberndorf 6, ca. 2 km außerhalb, Tel. 05352 625 84, www.camping-michelnhof.at. Familiärer Campingplatz mit Wilder-Kaiser-Blick. Gute Sanitäranlagen und Restaurant vor Ort.

Essen & Trinken

Mediterran – **Villa Masiano:** Speckbacherstr. 30, Tel. 05352 646 30, www.villamasianco.at, Hauptgerichte 15–20 €. Beliebtes Lokal in der Nähe der Harschbichlbahn, neben italienischen und Tiroler Gerichten gibt es auch internationale Küche wie Tex-Mex.

Alteingesessen – **Gasthof zum Dampfl:** Hauptplatz 1, Tel. 05352 207 06, www.zumdampfl.at, tgl. 11–24 Uhr, Hauptgerichte um 15 €. Uriger Gasthof direkt am Hauptplatz mit ein paar kreativen Schnörkeln an althergebrachten Tiroler Schmankerln, auch Vegetarier oder Allergiker werden satt.

Selbstgebraut – **Huber Bräu:** s. Lieblingsort S. 106.

Knödel-di-ho – **Knödelticket:** ca. 25 €. Die Harschbichlbahn bietet im Verbund mit den Almwirtschaften am Hang des Kitzbüheler Horns ein günstiges Kombiticket für die Seilbahnfahrt plus zwei Portionen Knödel an – genau richtig für eine entspannte Wanderung mit deftiger Stärkung. Damit sich das Durchprobieren auch lohnt, hat jede Alm eine (oder mehrere) unterschiedliche Knödelspezialitäten.

Eiscafé – **Venezia:** Speckbacher Str. 2, Tel. 05352 658 37, tgl. 9–22 Uhr. Gutes selbstgemachtes Eis, viele unterschiedliche Sorten, direkt in der Fußgängerzone – zum Mitnehmen oder Verweilen.

Einkaufen

Hochprozentig – **Aggstein's Schnapserlebnis** – **Schnapsalm:** Mauthfeld 2, Tel. 05352 65500, www.aggstein.co.at, Mo–Fr 8.30–18, Sa 8–12 Uhr, Ausstellungsrundgang 4 €, Führung mit Verkostung 9 €. Die Brennerei Aggstein stellt seit Generationen Schnäpse her – hauptsächlich einfache Spirituo-

---

Unser Tipp

Bouldern, der Schlechtwettertipp
Anders als beim Klettern sind beim Bouldern (Klettern in Absprunghöhe) weder Vorkenntnisse noch spezielle Ausrüstung erforderlich. Koasa Boulder bietet eine große Boulderhalle mit Café. Einfach mal ausprobieren!
Koasa Boulder: Salzburger Str. 17c, Tel. 05352 216 10, http://boulderhalle-stjohann.at, Mo–Fr 8–22, Sa/So 8–20 Uhr, 10,50 €, 14–17 Jahre 9 €, 6–13 Jahre 6,50 €, 3–5 Jahre 2 €.

---

sen (50 % Destillat), Geiste und Liköre mit regionalen Früchten und Kräutern, aber auch einige Edelbrände. Spezialität sind die herberen Schnäpse wie Bergheu, Vogelbeere und Enzian.

Stinker – **Wilder Käser:** Schwendter Str. 76, Gasteig, Kirchdorf in Tirol, Tel. 05352 636 66, www.wilder-kaeser.at, 7 x tgl. Bus 4000 bis Gasteig (11–16 Min.), Mai–Okt. tgl., Mitte Dez.–April Di–Sa 9–18 Uhr. Am Fuß der Hinterkaiser-Berge liegt diese Käserei mit Direktverkauf, Gaststube, Terrasse und Schaukäserei. Durch eine Glasscheibe beim Käsen zusehen kann man höchstens morgens, aber es gibt eine kleine Ausstellung und einen Film über die Käseherstellung. Die Spezialität sind ein Camembert (Kleiner Stinker) und ein intensiver Weichkäse mit Rotschmiere (Großer Stinker); empfehlenswert ist auch die wunderbare Buttermilch, alles aus Heumilch.

Frisch und regional – **Wochenmarkt:** Mitte März–Ende Nov. Fr. Am Hauptplatz im Zentrum von St. Johann bieten mehr als 20 Stände Typisches und Frisches aus der Region.

Aktiv

Geocaching – St. Johann hat eine aktive Cacher-Community. Besonders beliebt ist die Serie »Kaspars Abenteuer«: www.geocaching.com.

Bouldern, der Schlechtwettertipp – **Koasa Boulder:** s. Unser Tipp S. 109.

Klettern – **Kletterwald Hornpark:** Hornweg 21, bei der Mittelstation Harschbichl der Harschbichlbahn, Tel. 05352 630 63, www.hornpark.at, Mai–Okt. tgl. 9–17 Uhr, Winter nur geführt nach Voranmeldung, 24 €, bis 15 Jahre 17 €, Kombiticket mit Bergbahn 30/20 €. Ausblick auf den Wilden Kaiser, acht Parcours, Highlight Flying Fox Parcours (500 m lang), spezieller Parcours für Kinder ab 3 Jahren.

Mountaincart – **Mountaincart-Verleih Harschbichlalm** **4** : s. Unser Tipp S. 108.

Abends & Nachts

Außer in der Altstadt finden sich auch südlich der Bahnlinie bis zur Lift-Talstation Ausgehmöglichkeiten.

Kneipe – **Rogi's Cafe Bar Pub:** Speckbacherstr. 34, Tel. 05352 614 68, tgl. 16 Uhr bis spät. Eine lange Theke, bayerisches Bier, britischer Cider und ein paar herzhafte Gerichte, dafür keine Tirolfolklore – das gibt's in Rogi's Cafe Bar Pub. Große Terrasse hinterm Haus mit Blick auf den Wilden Kaiser.

Infos & Termine

Tourismusbüro: Poststr. 2, Tel. 05352 63 33 50, www.kitzbueheler-alpen. com, Mo–Fr 8.30–18, Sa 9–12 Uhr.

Knödelfest: Ende Sept., www.knoedelfest.at. 17 Wirte, 25 000 Knödel, 22 Sorten und der längste Knödeltisch der Welt! Jedes Jahr kann man in St. Johann in Knödeln schwelgen.

Wilder Kaiser ! ▶ M/N 3

In dem kleinen grün-rollenden Hochtal zwischen dem Wilden Kaiser und der Hohen Salve reihen sich die beschaulichen Touristenorte Ellmau, Going, Scheffau und Söll aneinander.

International bekannt ist die Gegend vor allem durch die Fernsehserie »Bergdoktor«, die in **Ellmau** spielt – und immer wieder spektakuläre Aufnahmen des Wilden Kaisers zeigt. Für die Bergdoktor-Fans gibt es geführte Touren zu

den Drehorten und an einigen Drehorten kann man sich per QR-Code die entsprechende Szene aufs Handy spielen lassen. Ellmau ist denn auch touristisch der bedeutendste Ort mit einer größeren Auswahl an Hotels und Restaurants in der Region Wilder Kaiser.

Scheffau ist im Sommer ein sehr verträumtes Nest, **Going** besteht im Wesentlichen aus dem Wellnessresort Stanglwirt und **Söll,** etwas abseits der anderen Orte, wirkt eher wie ein Wohnort mit Verwaltung und Läden und weniger wie ein Tiroler Touristendorf.

Von all diesen Orten bietet sich ein phänomenaler Blick auf den Wilden Kaiser, dessen höchster Gipfel die Ellmauer Halt (2344 m) ist. Besonders einfach ist der **Zugang zum Wilden Kaiser** von Going und Scheffau. Der **Hintersteiner See** (s. Entdeckungstour S. 112) bei Scheffau ist einer der saubersten Seen in Tirol und mit dem Wilden Kaiser im Hintergrund wunderschön. ▷ S. 115

Aus dem Hochtal bei Scheffau öffnet sich ein herrlicher Panoramablick auf den Wilden Kaiser

Auf Entdeckungstour: Auf dem Adlerweg durch den Wilden Kaiser

Nicht ganz auf Adlerschwingen, aber doch ziemlich weit oben im Gebirge verläuft der Adlerweg, ein Fernwanderweg durch ganz Tirol. Auf den ersten drei Etappen zwischen St. Johann und Kufstein nähert man sich wandernd dem spektakulären einzeln stehenden Felsmassiv des Wilden Kaisers.

Reisekarte: St. Johann, ▶ N 3; Kufstein, ▶ L 3
Infos: www.adlerweg.tirol.at, www. adlerweg.com; **Kaiserlift in Kufstein:** Mai–Okt. tgl. 8.30–16.30 Uhr, 10 €.

Strecke: ab St. Johann, Rummlerhof, Hinterkaiserweg 68 (bzw. Bahnhof, plus 3 km) bis Bahnhof Kufstein. Der Weg verläuft in alpinem Gelände, teils als Steig, meist auf bequemen Bergwegen; **Etappe 1:** St. Johann–Gaudeamushütte, 17 km, 1000 Höhenmeter.

Etappe 2: Gaudeamushütte–Hintersteiner See, 14 km, 700 (im Abstieg 1000) Höhenmeter. **Etappe 3:** Hintersteiner See–Bergstation Kaiserlift, 13 km, 900 Höhenmeter. Abfahrt nach Kufstein.

Übernachten, Essen:
Pension Maier, Hinterstein 79, Scheffau, www.pension-maier.at, Tel. 05358 82 03.
Obere Regalm, Tel. 0664 130 91 64, Juni–Sept. Mi (nicht bei Regen), Sa/So/Fei.

Gaudeamushütte: s. S. 115
Walleralm: www.walleralm.at, Frühjahr–Herbst tgl., Winter nur Fr–So. Kleine Gerichte und Brotzeiten, alles unter 8 €.
Kaindlhütte: www.kaindlhuette.com, Tel. 0174 806 74 49, Mai/Juni–Sept. tgl. 11–17 Uhr. Kleine Gerichte, Kuchen und Getränke.
Brentenjochalm: Juni–Sept. tgl. 9–17 Uhr. Nur kleine Gerichte, Kaffee und Kuchen.

Auf Adlers Schwingen

Nicht nur wegen der guten Ausblicke, wie ein Adler sie auf die Landschaft hat, trägt der Adlerweg seinen Namen, sondern auch, weil er auf der Tirolkarte einem Adler mit ausgebreiteten Schwingen ähneln soll. Einen zweiten, kleineren Adler(weg) gibt es in Osttirol. Zusammen haben die beiden Wege 33 Etappen mit einer Gesamtlänge von über 400 km und über 30 000 kumulierten Höhenmetern (!) und führen durch die schönsten Bergregionen Tirols.

Schon die Anfangsetappen sind spektakulär: Der **Wilde Kaiser** macht seinem Namen alle Ehre. Der Bergstock ragt zwischen Kufstein und Kitzbühel auf, ohne Verbindung zum Alpenhauptkamm, sondern lediglich umgeben von einigen Satellitenbergen, wie dem Vorderkaiser oder dem Zahmen Kaiser. Die höchste Spitze des Wilden Kaisers, die **Ellmauer Halt,** ist mit 2344 m für Tirol gar nicht besonders hoch. Trotzdem hat es das Kaisergebirge mit seinen schroffen Felsgipfeln – die wie die Zacken einer Kaiserkrone aufgereiht sind – in sich: Im Frühsommer liegt noch lange Schnee und über den zentralen Felsengrat verlaufen keine bequemen Pfade, dafür haben Kletterer und Klettersteiggeher ihre Freude an den aufragenden Felswänden.

Etappe 1 – Felswände über Almwiesen

Unter den schroff aufragenden Felsen zieht sich an den meisten Seiten ein sanfteres Band von Almwiesen auf halber Höhe (etwa auf 1500 m) entlang. Die ideale Höhe für Wanderer, mit gutem Blick, Bergwiesen, gelegentlichen Waldpassagen, nicht zu schwierigen Wegen und immer wieder bewirtschafteten Almhütten für die Jause.

Nach dem notwendigen **Aufstieg durch den Wald,** der auch am 60 m hohen **Schleierwasserfall** vorbeiführt, einem beliebten Klettergebiet der Spitzenkletterer, erreicht der Adlerweg denn auch bald die Almwiesen-Terrasse. Hier hat man nun die Wahl zwischen der nur an schönen Tagen bewirtschafteten **Ackerlhütte** in prima Lage oder einer Käseplatte auf der Sonnenterrasse der **Oberen Regalm.** Die Stärkung ist auch nötig, denn bis zum ersten Etappenziel, der **Gaudeamushütte,** geht es noch einmal 200 Höhenmeter weiter hinauf über den **Baumgartenkopf.** Die **Gaudeamushütte** ist die einzige Unterkunft, wenn man nicht weit absteigen möchte, daher sollte man an Sommerwochenenden lieber reservieren. Im Alpenvereins-Haus gibt es Hüttenromantik, eine tolle Aussicht und sehr leckeres Essen (auch vegetarisch und vegan).

Etappe 2 – Felserlebnis im Klamml

Der nächste Tag beginnt mit einem Highlight, dem streckenweise etwas anspruchsvollen Steig durchs **Klamml** und über einen **Grat** zur fast 400 m höher gelegenen **Gruttenhütte.** Da muss man auch mal die Hände zu Hilfe nehmen und einige höhere Absätze überwinden. Abgesehen von einer **kurzen Leiter** geht es über einige **Eisentritte,** zusätzlichen Halt gibt an einigen Stellen ein **Stahlseil** (Alterna-

tivroute für nicht Schwindelfreie oder Schlechtwetter vorhanden). Neben dem normalen Klamml-Steig gibt es auch einen echten **Klettersteig** (Ausrüstung erforderlich).

Der Adlerweg selbst bleibt unterhalb der Felsen im Wald, umrundet etwas langweilig die Felswand des **Treffauers** (2304 m) und führt dann durch verwunschene moosige Wälder und über einige Almen. Von der unbewirtschafteten **Steiner Hochalm** geht es hinab zur schön ausgemalten **St.-Leonhard-Kapelle** in Bärnstatt und weiter zum **Hintersteiner See** (Abb. S. 112), dem Etappenende des zweiten Tages. Der außerordentlich malerisch gelegene, glasklare See, einer der saubersten Seen Tirols, ist zwar in Privatbesitz (Tiroler Wasserkraft AG), an einer Ecke gibt es aber eine öffentliche Badestelle mit Restaurant und Kiosk. Weil die Übernachtungsmöglichkeiten direkt am See begrenzt sind, bietet sich als Ausweichmöglichkeit das 3 km entfernte Dorf **Scheffau** an, zu dem etwa halbstündlich ein Gratis-Gästebus (Seebus) fährt.

Etappe 3 – Glasklarer Bergsee

Egal ob man abends noch bis zur **Pension Maier** am anderen Ende des Sees läuft oder in Bärnstätt oder Scheffau übernachtet und morgens erst den See passiert – der Fußweg auf der Südseite ist vielleicht etwas steiler, aber mit Abstand die schönere Option als die Straße.

Vom See geht es dann bis zur bewirtschafteten **Walleralm** recht gemächlich auf einem breiten **Fahrweg** und dann etwas steiler bis zum **Hochegg** (1470 m), von wo der Weg sich wieder absenkt auf das **Hochplateau** auf der Nordseite der Felsenzacken. Mittendrin ist die **Kaindlhütte**, ein beliebtes Ausflugsziel von Kufstein aus. Hier ist das Ziel schon in Sichtweite, die Hütte bietet sich also für eine Jause an – außer wenn gerade Samstag sein sollte! Dann nämlich werden auf der **Brentenjochalm,** keine 3 km weiter auf ziemlich ebener Strecke, die berühmten ›Kiachln‹ serviert. Für diese frittierten Hefeteigfladen mit Apfelmus oder Preiselbeermarmelade (in Bayern heißen sie Ausgezogene) pilgern die Kufsteiner im Sommer eigens hier herauf. Gleich dahinter schwebt der generalsanierte **Kaiserlift** über fast 2,5 km und 700 Höhenmeter steil und still hinunter ins Inntal. Ein wunderbar beschaulicher Ausklang für eine spektakuläre Wanderung.

Familien-Erlebnisparks mit Wilder-Kaiser-Blick

Bergbahntickets, Eintritte in Erlebnis Wanderpass (s. S. 85) inkludiert

Nördlich von Going sind am Fuß des Wilden Kaisers mehrere **Moorwanderwege** unter dem Schlagwort »Moore & more« familienfreundlich mit Spielplätzen, Baumhäusern und Quizstationen aufbereitet.

Zur **Südseite** fahren auf die Hohe Salve Bergbahnen. Dort befinden sich auch einige der Sommer-Familienattraktionen: bei Söll das **Hexenwasser** (www.hexenwasser.at, Bergbahn 9–17.30 Uhr, Mitte/Ende Mai–Mitte Okt. betreute Stationen tgl. 11–16.30 Uhr), bei Ellmau **Ellmi's Zauberwelt** (Bergstation Hartkaiserbahn, www.ellmi.at, Mai–Anf. Nov. tgl. 9–17.30 Uhr), ein Spielpark mit Märchen- und Fantasy-Elementen und bei Scheffau die **Kaiserwelt** (Bergstation Brandstadlbahn, www.kaiserwelt.at, Mai–Okt. tgl. 9–17.30 Uhr), ein Abenteuerspielplatz mit Baumhütten und Kletterwand.

Übernachten

Bio – **Stanglwirt:** Kaiserweg 1, Going, Tel. 05358 20 00, www.stanglwirt.com, DZ/ÜF ab ca. 200 €. Sehr großes, daher manchmal etwas unpersönliches Resorthotel mit großzügigen, hellen Zimmern. Gutes Kinderprogramm mit Kinderwasserwelt, Kinderschreinerei etc.; Golfanlage, großer Spa- und Wellnessbereich und natürlich Bio-Essen.

Typischer Gasthof – **Weberbauer:** Dorf 44, Scheffau, Tel. 05358 81 15, www.gasthof-weberbauer.at, DZ/HP um 120 €. Einer von mehreren Gasthöfen im Zentrum von Scheffau an der Kirche. Er hat ordentliche Zimmer

mit Holzbalkon und bietet ein üppiges regionales Frühstücksbüfett mit frischem Obstsalat.

Essen & Trinken

Obwohl nicht besonders typisch für die Region Wilder Kaiser, sollte man doch zumindest wegen des Namens einmal Kaiserschmarren im Wilden Kaiser essen. Tatsächlich eine regionale Spezialität sind die Broder Krapfen, große gefüllte Teigtaschen mit einer Graukäse-Variante (Broder Kaas), die in Öl ausgebacken werden. Am ehesten bekommt man sie auf Dorffesten oder auch beim Huber Bräu in St. Johann (s. Lieblingsort S. 106).

Steaks und Burger – **Bikerranch Wiesenhof:** Dorf 33, Scheffau, Tel. 05358 8398, www.bikerranch.at, tgl. ab 12 Uhr, Hauptgerichte 10–20 €. Die Steaks und Burger des Motorradfahrer-Hotels sind weithin bekannt. Die Portionen sind für richtige Kerle, es gibt aber auch vegetarische Burger; bei gutem Wetter wird gegrillt.

Für Sportliche – **Gaudeamushütte:** Am Kaiser 190, Going, Tel. 05358 22 62, http://dav-main-spessart.de, ca. Mitte Mai–Mitte Okt. tgl. 8–20 Uhr. Die einst von der Akademischen Sektion Berlin des Alpenvereins gegründete Berghütte (der Name erinnert an das Studentenlied »Gaudeamus igitur«) ist von Going und Ellmau in 1,5 Std. zu erwandern (vom Wanderparkplatz Wochenbrunner Alm in 30 Min.) und liegt wunderbar unter den Felswänden des Wilden Kaisers mit Blick auf die Kitzbüheler Alpen. Gute deftige Küche, auch vegetarische und vegane Optionen. Brotzeiten ab 5 €, Gerichte ab ca. 8 €.

Genießerei – **Jägerwirt's Genussladl:** Dorf 54, Scheffau, Tel. 0664 5512 501, www.jaegerwirt-scheffau.at, Di–Sa 11–18 Uhr. Im schicken Bauernlädchen gibt es nicht nur die Kräutertees und Schmankerl aus dem Laden gleich zu verkosten, sondern auch Espresso oder Aperol Spritz. Super Lage direkt neben der Kirche und für Scheffau fast mondän.

Aktiv

Wasserkuren – **Kneippweg:** 2 km langer Rundweg in Scheffau mit sieben Stationen. Neben Tret- und Armbecken auch ein Freiluft-Inhalator.
Fernwanderwege – Gleich zwei Fernwanderwege führen durch den Wilden Kaiser, neben dem **Adlerweg** (s. Entdeckungstour S. 112) auch die **Kaiserkrone,** die in fünf Tagen einmal rund um das Wilder-Kaiser-Massiv führt (65 km, 5000 Höhenmeter).

Infos

Infos
www.wilderkaiser.info: Website für die gesamte Region.
Tourismusbüro Ellmau: Dorf 35, Ellmau, Tel. 050509 616, www.wilderkaiser. info, Mo–Fr 8.30–12, 14–17.30, Sa 8.30–12, 16–18, So 10–12 Uhr.
Tourismusbüro Going: Dorfstr. 10, Tel. 050509 510. Mo–Fr 8.30–18, Sa 15–18 Uhr.
Tourismusbüro Scheffau: Dorf 28, Tel. 050509 310, Mo–Fr 9–17.30, Sa 9–14 Uhr.
Tourismusbüro Söll: Dorf 84, Tel. 050509 210, Mo–Fr 9–12, 13–18 Uhr.
Gästekarte, Erlebnis Wanderpass: s. S. 85

Verkehr
Verkehr: Abgesehen vom regulären Bus 4060 (Wörgl–St. Johann, ca. alle 2 Std.) fährt in der Sommersaison zwischen den Touristenorten des Wilden Kaisers ein Gratis-Gästeshuttle, der Kaiserjet (stdl., Juli–Sept. alle 30 Min.).

Wörgl ►L 4

Wörgl, von manch Einheimischem als »hässlichste Stadt Tirols« bezeichnet, ist zwar in der Tat eine Industriestadt und ein Verkehrszentrum, bietet aber andererseits eine gute Anbindung an viele Ferienregionen, wenig Alpenschmonz und günstige Unterkünfte. Die Stadt Wörgl wurde im Krieg weitgehend zerstört und bis auf die hübsche, alte Apotheke in der Bahnhofstraße sind kaum historische Gebäude erhalten. Doch zwischen den Neubauten finden sich sogar im Stadtzentrum einige aktive Bauernhöfe, inklusive Tiergeräuschen und -gerüchen – charmant. Touristen besuchen in Wörgl vor allem das Erlebnisbad Wave oder kommen zum Shoppen in der Bahnhofstraße und den verschiedenen Einkaufszentren.

Mehr als nur einen Blick verdienen die **Meilensteine im Straßenpflaster** verwenden, eine verblüffende Geschichtsleiste mit Zinsrechnung, die auf das **Wörgler Freigeld** Bezug nimmt (s. S. 61). Zum Thema Freigeld gibt es auch einen kurzen **Rundwanderweg.**

Das **Heimatmuseum** (Brixentaler Str. 1, Tel. 05332 772 39, Juni–Sept. Di, Sa 10–11.30 Uhr, sonst n. V., Eintritt frei) in der alten Volksschule und heutigen Landesmusikschule zeigt Fotos und die selbstgedruckten Geldscheine – passend dazu auch Kerbhölzer, auf denen noch früher mit Kerben die Schulden vermerkt wurden.

Wörgler Wasserwelt (Wave)

Innsbrucker Str. 112, Tel. 05332 77733, www.woerglerwasserwelt. at, Bad und Isla Sola tgl. 10–22, L2 Doppellooping 11–15, 16–20, Bathai

*11.30–22 Uhr, Sauna Mo–Sa 13–22,
So 11–22 Uhr, Bad, Doppellooping
und Bathai ab 6,90 €, 12–17 Jahre ab
6 €, 6–11 Jahre ab 5,40 €, darunter
Eintritt frei (90 Min.); es gibt auch Ta-
geskarten, diverse Kombis und immer
wieder Specials*

Das Wörgler Schwimmbad ist das
größte Freizeitbad Tirols; neben
dem umfangreichen Spaßbad gibt
es auch ein Sportbad, ein Solebad,
eine riesige Saunalandschaft mit
ungewöhnlichen Aufgussprogram-
men, beispielsweise Rock on Ice für
Hardcore-Saunisten, sowie das etwas
lauere Tropical Spa Bathai (im normalen Erlebnisbadpreis inkludiert).
Besuchermagnet aber ist die Wasser-
rutsche mit Doppellooping (s. Unser
Tipp rechts).

Übernachten, Essen

Funktional – **Gasthof Weißes Lamm:**
Innsbrucker Str. 7, Tel. 05332 72201,
www.gh-weisseslamm.at, DZ/ÜF ab
90 €. Einfache, aber zweckmäßige Unterkunft nah am Ortszentrum.

Günstig – **Bed & Rooms:** Innsbrucker
Str. 10, Tel. 0676 971 92 77, www.
bedandrooms.at, DZ 84 €. Der nette
Besitzer hat viele Restaurant- und
Ausflugstipps parat, das WLAN
funktioniert super, es gibt eine Pad-
Kaffeemaschine auf dem Zimmer und
Frühstück im Café nebenan. Guter
Deal!

Tortenpause – **Konditorei Ibounig:**
Bahnhofstr. 3, Tel. 05332 722 09,
www.konditorei-ibounig.at, Mo, Mi–
Sa 8.30–18, So 9–18, Filiale Bahnhofstr. 39, Mo–Sa 9–18, Filiale im Shop-
pingcenter M4 Wörgl, Salzburger
Str. 32, Mo–Fr 8–18.30, Sa 8–18 Uhr.
Familiär betriebenes, beliebtes Café
mit üppigen Sahnetorten und selbstgemachter Schokolade, auch kleine
Gerichte.

Unser Tipp

L2 Doppellooping im Wave
In 25 m Höhe ist der Start. Um die nöti-
ge Geschwindigkeit für beide Loopings
zu erreichen (etwa 65 km/h), muss man
im ›Raketenstart‹-Modus 14 m fast
senkrecht nach unten rutschen, und
dann ist Körperspannung das A und
O. Zwölf Sekunden dauert der Spaß …
Unlimitiertes Doppellooping-Vergnü-
gen kostet 2 € extra auf den Badepreis.
Zweimal war für uns genug. Mindestalter 14 Jahre! (www.woerglerwasser
welt.at, s. S. 116).

Aktiv

Klettern – **Kletterhalle Wörgl:** Salzburger Str. 33, Tel. 05332 715 67, www.
kletterhalle-woergl.at, tgl. 10–23 Uhr,
12,50 €, 12–17 Jahre 9,80 €, 6–11 Jahre
6 €. Die Kletterrouten sind überwiegend Vorstieg, es gibt aber sowohl
innen als auch außen einen Boulder-
bereich.

Abends & Nachts

Kultur in vielen Facetten – **Komma
Café Bar & Veranstaltungszentrum:**
Martin-Pichler-Str. 21a, Tel. 05332
755 05, www.komma.at, Bar nur vor
Abendveranstaltungen ab 17 Uhr
geöffnet. Ob Folk, Jazz oder World
Music, modernes Theater oder Co-
medy – das Komma bietet eine bunte
Mischung.

Infos

Tourismusbüro: Innsbrucker Str. 1, Tel.
057 507 70 00, Mo–Fr 9–18 und Sa
10–12 Uhr.

Das untere Inntal mit Seitentälern

Highlights!

Achensee-Dampf-Zahnradbahn: Die Schmalspur-Zahnradbahn juckelt und dampft heute noch zwischen Jenbach und Seespitz am Südufer des Achensees, wie bei der Eröffnung 1889. S. 126

Haller Altstadt: Kopfsteingepflasterte Gassen und gedeckte Stiegen durchziehen die kompakte Altstadt von Hall. Hier lohnt immer ein Blick in die gotischen Gewölbe der Hinterhöfe. S. 148

Auf Entdeckungstour

Glück auf im Silberbergwerk Schwaz: Auf einer 90-minütigen Tour erfährt man viel über die Mutter aller Bergwerke – das Silberbergwerk in Schwaz, im 16. Jh. das größte der Welt. S. 142

Schauen, shoppen, genießen – Altstadtbummel in Hall: In der mittelalterlichen Altstadt von Hall in Tirol reihen sich ausgefallene Läden und schnuckelige Cafés aneinander. S. 152

Die Kristallwelten von Swarovski: Eine Wunderwelt aus funkelnden Kristallen, vom Illusionsmeister André Heller entworfen – etwas für Träumer. S. 159

Kultur & Sehenswertes

Museum Tiroler Bauernhöfe: Im Freilichtmuseum in Kramsach wurden 14 historische Bauernhöfe aus unterschiedlichen Gegenden Tirols zusammengetragen. S. 121

Münze Hall: Das Museum in der Burg Hasegg bietet einen hervorragenden Einblick in die Geschichte der Münzprägung in Hall. S. 150

Zu Fuß unterwegs

Karwendelgebirge: Die felsigen Berge des Karwendel bieten zahlreiche Wandermöglichkeiten von einfach bis mehrtägig. S. 128

Genießen & Atmosphäre

Schulhaus: In den ehemaligen Klassenzimmern im Dorf Zellberg nicht weit von Zell am Ziller gibt es heute feine Regionalküche. S. 135

Haller Törtchen: Die nussigen Lebkuchen hat Sigmund der Münzreiche im 15. Jh. in Hall eingeführt – heute backt die Konditorei Weiler sie nach altem Rezept. S. 156

Abends & Nachts

Bergladen: Eigentlich ein Schnapsladen in Mayrhofen, der im Sommer zusätzlich von 20–22 Uhr geöffnet hat. S. 139

Familienferien und Kulturprogramm

Im Tiroler Unterland – rund um das Inntal zwischen Wörgl und Innsbruck – liegen einige der beliebtesten und etabliertesten Ferienregionen. Die Berge sind nicht gar so hoch und die Täler eher breit – ein Tiroler Klischeebild. Viele Täler, wie das Zillertal und das Achental mit dem Achensee, sind eher klassische Familienziele als Action-sport-Destinationen. Vor allem das Zillertal ist auch bei Bustouristen beliebt und Tirolerabende und Trachtenläden haben dort eine lange Tradition.

Das Inntal als Hauptverkehrsader der Region ist schon lange besiedelt und einige der sehenswertesten mittelalterlichen Städte befinden sich hier: Hall und Rattenberg. Auch eine

---

Infobox

Anreise und Weiterkommen
Per Auto über die Inntalautobahn oder per Zug über Kufstein. Wer per Bahn kommt, muss in Jenbach in Regionalzüge oder Busse ins Zillertal und zum Achensee umsteigen.

Gästekarten
Alpbachtal Seenland Card Sommer: www.alpbachtal.at. Kostenlos bei Übernachtung in der Region Kramsach und Rattenberg, mit ungewöhnlich vielen Vorteilen: Gratis enthalten sind vier Bergbahnen in der Region, die Regiobusse Mittleres Unterinntal, Wander- und Kinderprogramme, die Badeseen bei Kramsach, Schwimmbäder (u. a. WAVE Wörgl) und Museen (u. a. das Museum Tiroler Bauernhöfe, Kramsach).
Zillertal Activcard: www.zillertal. at. Sie gibt es für sechs, neun oder zwölf aufeinanderfolgende Tage (61,50/84/105,50 €, 7–17 Jahre 31,50/43,50/54,50 €). Sie gewährt freie Fahrt für Bergbahnen, den Zug und Busse sowie Eintritte oder Ermäßigung in zahlreiche Bäder, Museen etc.

AchenseeCard/Achensee Erlebniscard: www.achensee.com. Die **Achensee-Card** erhält man kostenfrei bei einer Übernachtung vom Gastgeber (auch in Wiesing im Inntal). Sie berechtigt zur Nutzung des öffentlichen Nahverkehrs und gewährt zahlreiche Ermäßigungen. Die sieben Tage gültige **Achensee Erlebniscard** (nur für Inhaber der AchenseeCard) enthält Inklusivleistungen wie Bergbahnen, Museen und Schifffahrten, 63 €, mitreisende Kinder (7–15 Jahre) 31,50 €.
Silbercard (Silberregion Karwendel = Schwaz und Umgebung): www.silberregion-karwendel.at. Kostenlos bei einer Übernachtung in Schwaz und Umgebung. Ermäßigungen auf Sehenswürdigkeiten und Gratisteilnahme am Ferienprogramm.
Schatzkarte Region Hall-Wattens: www.hall-wattens.at. Kostenlos bei Übernachtung, enthalten sind die Nutzung der öffentlichen Busse (nicht bis Innsbruck), Stadtführungen in Hall und der Eintritt in kleinere Museen (15–20 % Ermäßigung bei den Top-Sehenswürdigkeiten).

der meistbesuchten Touristendestinationen des Landes, die Weltzentrale der Strassproduktion, ist bei Hall zu finden.

Kramsach ▸ K 4

Mit knapp 5000 Einwohnern ist Kramsach zwar ein vergleichsweise großer Ort im unteren Inntal, touristisch aber eher wegen der Sehenswürdigkeiten in der Umgebung interessant: Die schnuckelige historische Altstadt von Rattenberg (s. S. 123) liegt gleich jenseits des Inn, das zum Gemeindegebiet gehörende Museum Tiroler Bauernhöfe (s. u.) gut 5 km vom Ortszentrum Kramsach entfernt. Im Ortsteil Hagau befindet sich außerdem der ›lustige Friedhof‹, der private **Museumsfriedhof Tirol** (Hagau 82, Tel. 05337 624 47, www.museumsfriedhof. info, Sommer tgl. 9–18, Winter 9–17 Uhr, Eintritt frei; keine echten Gräber), dessen Kreuze und Grabsteine mit humorvollen Inschriften versehen sind. Bei Kramsach befinden sich zudem mehrere **Badeseen** (s. S. 122), die als die wärmsten Tirols gelten.

Museum Tiroler Bauernhöfe

Angerberg 10, www.museum-tb. at, Tel. 05337 626 36, Mai–Sept. tgl. 9–18, Palmsonntag–April, Okt. tgl. 9–17 Uhr, letzter Einlass 90 Min. vor Schließung, 8 €, 5–17 Jahre 2,80 €, Familienkarte (2 Erw., Kinder bis 17 Jahre) 16 €, für einen Besuch mindestens 3 Std. einplanen

14 historische Bauernhöfe aus unterschiedlichen Gegenden Tirols wurden in diesem Freilichtmuseum zusammengetragen. Gleich beim Eingang erläutert eine kleine Ausstellung, wie

das überhaupt funktioniert, so ein Haus ab- und woanders wieder aufzubauen. Ein 4 km langer Rundweg führt dann durch das Areal, die Höfe samt Nebengebäuden liegen fotogen eingebettet in Wiesen und Hänge. Die meisten Höfe sind zugänglich, innen informieren Schautafeln, Projektionen, Filme und Audiostücke abwechslungsreich über das Leben von einst.

Am Rundweg gibt es noch weitere Info-Pavillons, Picknickplätze und Spiel-, Erlebnis- und Barfußwege. Direkt beim Bauernhofmuseum liegt das Wirtshaus Rohrerhof (s. S. 122).

Übernachten, Essen

In 5. Generation – **Landgasthof Gappen**: Achenrain 58, Tel. 05337 622 86, www.gappen.at, DZ/ÜF ab 84 €, ab drei Tagen günstiger. Größere Anlage mit Hotel, Ferienwohnungen, Restaurant und Pizzeria.

Bauernhof – **Windhaghof**: Seebühel 31, Tel. 05337 654 84, DZ/ÜF ab 60 €, auch Ferienwohnungen. Bauernhof zwischen Reintaler See und Krummsee. Kinderfreundlich.

Camping – Mehrere Campingplätze an den Kramsacher Seen oberhalb von Kramsach, in der Nähe des Bauernhofmuseums: **Seeblick Toni** (Moosen 46, Tel. 05337 635 44, www.camping-seeblick.tirol) ist eine vor allem auf Wohnwagen ausgelegte riesige Anlage mit Animationsprogramm. Beschaulicher geht es nebenan am **Seehof** (Moosen 42, Tel. 05337 635 41, www.camping-seehof.com) zu.

Tirolerisch – **Wirtshaus Rohrerhof:** Angerberg 9, Tel. 05337 633 37, www.wirtshaus-rohrerhof.at, im Sommer tgl. 9–18 Uhr. Zu diesem Wirtshaus in einem historischen Gebäude beim Bauernhofmuseum gehört eine eigene Brennerei. Es gibt deftige Tiroler Spezialitäten wie Schlutzkrapfen und »Fingernudeln«. Hauptgerichte 10–15 €, alles auch als kleine Portion erhältlich.

Einkaufen

Kramsacher Prügel – Eine Art Baumkuchen, der traditionell auf Stöcken direkt über dem Feuer gebacken wurde. Erhältlich u. a. bei der **Konditorei Mader:** Winkl 63, Tel. 05337 649 77, www.pruegeltorten.at, Mo–Fr 8–19, Sa 8–17 Uhr.

Aktiv

Baden – In der Gemeinde Kramsach liegen die **Reintaler Seen:** Größter ist der **Reintaler See** (3,50 €) selbst, als wärmster gilt der **Krummsee** (Seebad Mai–Sept. bei Schönwetter 8–19 Uhr, 4,50/2,50 €), dazu kommen **Berglsteiner See, Buch-** und **Frauensee.** Außerdem gibt es noch den **Reither Badesee** (3 €).

Zu besonderen Anlässen spielen im Museum Tiroler Bauernhäuser auch mal Alphornbläser

Klettern – **Reintaler Klettersteig:** www. klettersteig-reintalersee.at, Karfreitag–Sept. Schöner Klettersteig für Geübte (Schwierigkeit C/D) mit kurzem Zustieg (20 Min.) vom Reintaler See, Klettersteig Aufstieg 200 Höhenmeter), Abstieg 400 Höhenmeter. Gesamtdauer 3–4 Std.

Infos

Tourismusbüro Kramsach: Zentrum 1, Tel. 05337 212 00 20, Mo–Fr 8.30–12.30, 14–17.30, Sa 8.30–12.30 Uhr. **Gästekarte Alpbachtal Seenland Card Sommer:** s. S. 120

Rattenberg ▸ K 4

Rattenberg ist mit nicht einmal 500 Einwohnern die kleinste Stadt Österreichs und wirkt eher wie ein historisch erhaltener Vorort der größeren Stadt Kramsach. Geschichtlich zum ersten Mal erwähnt wurde Rattenberg 1254 und schon im Jahr 1393 erhielt der Ort das Stadtrecht. Wie viele Ortschaften im Unterinntal gehörte Rattenberg im Lauf der Geschichte mal zu Bayern, mal zu Tirol. Vom 15. bis in die Mitte des 16. Jh. profitierte das Städtchen wirtschaftlich sehr vom Silberbergbau im nahen Schwaz. Aus dieser Zeit stammt auch ein Großteil der schönen Bebauung: schmale, vierstöckige Häuser mit zum Teil über mehrere Stockwerke reichenden polygonalen Erkern, mit Ziergiebeln, Fassadenmalereien und Gewölbebögen.

Mit dem Niedergang des Bergbaus in Schwaz verschlechterte sich auch die Situation in Rattenberg. Zudem hatten sich durch den Einfluss der Bergknappen reformatorische Ideen im Inntal verbreitet, und viele Einwohner Rattenbergs gehörten im 16. Jh. den Hutterern an, einer der ersten Freikirchen aus der Wiedertäuferbewegung, die bald rigoros verfolgt wurden. An der Burg erinnert z. B. eine Tafel an das Schicksal von Lienhart Schiemer, einem prominenten Bürger der Stadt (von ihm stammte die Gemeindeordnung), der 1528 als Hutterer geköpft wurde.

Altstadt

Die Altstadt besteht im Wesentlichen aus zwei verkehrsberuhigten Gassen mit Lokalen, Andenkenläden und Fachgeschäften für Glas und Keramik. Tagsüber sind viele Bustouristen in der kleinen Altstadt unterwegs.

Eine davon, die **Südtiroler Straße,** verläuft von einem großen Besucherparkplatz, wo sich auch das Tourismusbüro und das **Handwerkskunstmuseum** (Nagelschmiedhäuser; Nr. 33, Tel. 05337 670 97, Mai–Okt. tgl. 9–17.30, Nov.–Anf. Jan. 9.30–12, 13–17.30 Uhr, ab 4 €, Kinder und Jugendliche Eintritt frei) befinden, bis zum **Hauptplatz.**

Dort steht das **Geburtshaus der Hl. Notburga.** Das Eckhaus ist unschwer zu erkennen, ist es doch mit einem Bilderfries, Namen und der Jahreszahl 1265 versehen. Letztere verweist auf das Geburtsjahr Notburgas. Die hl. Notburga ist die beliebteste Volksheilige Tirols: Selbst eine Magd, wurde sie zur Schutzpatronin der Dienstmägde und der Landwirtschaft. Ein paar Schritte weiter ist der **Stadtbrunnen** auf dem Sparkassenplatz ebenfalls mit einer Notburga-Figur geschmückt.

Hinter dem Geburtshaus führt die **Klostergasse** zum Augustinermuseum.

Augustinermuseum

Klostergasse 95, Tel. 05337 648 31, www.augustinermuseum.at, Mai–2. So im Okt. tgl. 10–17 Uhr, 4 €, bis 18 Jahre Eintritt frei

Das Museum befindet sich in einem früheren Augustinerkloster, das 1384 gestiftet und bis 1971 durchgehend als Kloster genutzt wurde. Seit den 1980er-Jahren erfolgte eine Restaurierung, und zwar gezielt für die Nutzung als Museum: Die historischen Gebäudeteile wie ein gotischer Kreuzgang, die spätgotische Hofkapelle und die barocke Klosterkirche samt Uhrturm wurden durch eine passende Sammlung sakraler Kunst ergänzt.

Pfarrkirche St. Virgil
Bienerstr.
Auf einem Hügel unterhalb der Burg steht die ursprünglich aus dem 13. Jh. stammende Pfarrkirche St. Virgil. Sie ist wegen ihrer farbenprächtigen und detailreichen Barockausstattung, die von Künstlern der bekannten Wessobrunner Schule stammt, absolut sehenswert. Neben der Maria-Himmelfahrt-Kirche in Schwaz (s. S. 141) ist sie zudem ein Beispiel für eine zweigeteilte Kirche mit **separaten Kirchenschiffen** für die Bürger und die Bergknappen. Die Bergarbeiter galten als unzivilisiert und verroht – anständige Bürger wollten nichts mit ihnen zu tun haben … Im Untergeschoss ist die ungewöhnliche **Mariengrotte** noch einen Blick wert, etwas erhöht neben dem Hauptportal die Notburgakapelle aus dem 20. Jh.

Burgruine
Ein Aufzug beim bzw. im Rathaus (Pfarrgasse 92) bei der Kirche St. Virgil bringt Besucher bequem auf den Absatz des Burgfelsens mit der Burgruine von Rattenberg. Ab dem 13. Jh. wichtige Befestigungsanlage und Verwaltungszentrum, sind heute nur noch einige **Mauerreste** erhalten. Auf dem Gelände befindet sich auch die **Freilichtbühne,** wo im Sommer Theaterveranstaltungen stattfinden.

Während des Ersten Weltkriegs hielt sich der Maler Egon Schiele in Rattenberg auf, um die Lebensmittellager des Militärs zu dokumentieren. Eine Zeichnung der Dächer Rattenbergs vom Festungsberg aus ist erhalten (Kopie auf einer Schautafel) – und der Blick bietet sich heute noch fast genauso dar.

Übernachten, Essen

Frühstückspension – **Haus Schloßkeller:** Südtiroler Str. 13, Tel. 05337 626 96, ghschlosskeller@gmx.net, DZ/ÜF ab 84 €. Die einzige Übernachtungsmöglichkeit in der Altstadt hat nur fünf Zimmer.
Gehoben – **Malerwinkel:** Pfarrgasse 92–93, Tel. 05337 642 32, www.malerwinkel-rattenberg.com. Mo–Sa 10–1 Uhr, Hauptgerichte 20–30 €, Vegetarisches und Salate ab 10 €. In dem edel modernisierten historischen Haus wird genauso gekocht: kreativ veränderte Traditionsküche.
Frisch gezapft – **Brauhaus Fürst:** Bienerstr. 84, Tel. 05337 638 70, www.brauhaus-rattenberg.at, Sommer tgl., Winter Mi–So 10–14, 17–22 Uhr, Hauptgerichte 10–12 €, auf Vorbestellung: Fürstenmahl, ab 2 Pers. 24 €/Pers. Tiroler Klassiker vom Gulasch über Gröstl bis Spinatknödel, diverse Schnitzel und Flammkuchen.

Einkaufen

Düfte – **Würzen mit Style:** Südtiroler Str. 39, Tel. 05337 644 16, www.wuerzenmitstyle.at, Mo–Fr 9–18, Sa 9–13 Uhr. Fachgeschäft für Gewürze (nicht nur aus Tirol und Südtirol). Viele große Gläser, in denen die lose abfüllbaren Gewürze und Gewürzmischungen lagern, bestimmen den Raum und den Duft.
Licht – **Kerzenwelt Schlitters:** Südtiroler Str. 37, Tel. 05288 636 70, www.

kerzenwelt-schlitters.at, April–Dez. tgl. 10–18 Uhr. Filialgeschäft der Kerzenfabrik Schlitters, große Auswahl an dekorativen Kerzen.

Glas – **Kristallglas Kisslinger:** Südtiroler Str. 41, Tel. 05337 62317, www. kisslinger-kristall.com. Mo–Fr 8–17, Sa/So 9–17 Uhr. Das größte von etlichen Glasgeschäften in Rattenberg, mit Einblick in die Glasbläserwerkstatt und kleiner Ausstellung Zauberwelt des Glases. Große Auswahl an farbigen Glasobjekten und Trinkgläsern.

Abends & Nachts

Freilichttheater – **Schlossbergspiele Rattenberg:** in der Burgruine, Tel. 05337 935 70, www.schlossbergspiele-rattenberg.at, Anf. Juli–Anf. Aug., häufige Termine, jeweils 21 Uhr, Karten ca. 20 €.

Infos

Tourismusbüro: Parkplatz P1, Südtiroler Str. 34a, Tel. 05337 212 00 50, Mo–Fr 9.30–12.30, 13–16.30, Sa 9.30–12.30, 13–16.30, So 10–16 Uhr.
Gästekarte Alpbachtal: s. S. 120
Bahn: Am Bahnhof Rattenberg-Kramsach hält nur sehr sporadisch eine S-Bahn, aber der nächste Bahnhof, Brixlegg, ist nur ca. 1 km entfernt.
Parken: Der große Besucherparkplatz liegt fast unmittelbar neben der Autobahnabfahrt Kramsach.

Achensee ▶ J 4

Der Achensee ist mit 6,8 km^2 der größte See Tirols und im Sommer nicht nur Badesee, sondern auch Ausgangsort für Touren in die umliegenden Berge – idealerweise am selben Tag! Er liegt fast 400 m oberhalb des Inntals in einem breiten Becken zwischen den Gebirgszügen Karwendel und Rofan, 10 km weiter nördlich bildet der Achenpass einen wichtigen Übergang nach Bayern.

Historisch war die Gegend um den Achensee eher für die fürstliche Jagd bedeutend, später auch als Transportweg zwischen Bayern und Tirol. Über die Seeache gab es eine Wasserverbindung zur Isar nach Bayern, die Waren wurden in Frachtschiffe verladen und mussten nicht mühsam über die steilen Bergstraßen transportiert werden. Bereits Ende des 19. Jh., mit dem Bau der Achensee-Dampf-Zahnradbahn (s. S. 126), setzte auch der Tourismus ein. In Seenähe wurden vornehme Residenzen für den europäischen Adel gebaut und 1934 kam der erste Golfplatz hinzu. Vornehm geht es heute immer noch zu, und vor allem in Pertisau und Achenkirch gibt es viele Luxushotels.

Ortschaften

Weder Eben, Maurach (im Süden) noch Achenkirch (im Norden) liegen direkt am See. Pertisau am Westufer hingegen verfügt über ein kurzes Stück Seepromenade, der eigentliche Ort erstreckt sich aber Richtung Karwendel.

Eben

Vom Inntal aus erreicht man – auf der Straße oder mit der Dampf-Zahnradbahn – als Erstes Eben, einen kleinen Ort mit **Notburgakirche** und dem **Notburga Museum** (Eben 1, Tel. 0664 391 41 86, www.notburga-museum.at, Mi, Fr, So 15–17 Uhr, 2,50 €, Schüler 2 €; zu Notburga s. S. 123). Ab Eben wird das Gelände flacher und öffnet sich zum Talkessel. Eben ist verwaltungstechnisch der Hauptort des Achensee-Gebiets und geht unmerklich in Maurach über.

Maurach

Maurach, eines der Touristenzentren am See, ist relativ kompakt, bodenständig und belebt. Es gibt mehrere Läden und weniger feine Hotels. Von Maurach führt eine **Seilbahn** auf das östlich gelegene Rofangebirge (s. S. 127).

Pertisau

Pertisau erstreckt sich ziemlich weitläufig zwischen dem linken (westlichen) Seeufer und dem Karwendelgebirge. An der fast mondänen **Seepromenade** lässt es sich flanieren. Vom südlichen Ortsrand fährt die **Karwendel-Bergbahn** auf den Zwölferkopf (s. S. 128).

In Pertisau ist das **Museum Vitalberg** (Tel. 05243 201 86, www.vitalberg.at, Mai–Nov. tgl. 9–17.30, Dez.–April 10–16.30 Uhr, 8,50 €, 6–15 Jahre 4,30 €) ganz der Geschichte des Tiroler Steinöls gewidmet. Per Audioguide werden Besucher durch einige Räume mit Dioramen und Ausstellungsstücken geleitet. Schon seit dem Mittelalter wird Steinöl aus Ölschiefer gewonnen und in der Volksmedizin eingesetzt. Der Gründer der Firma Tiroler Steinöl, Martin Albrecht, fand 1902 Ölschiefer mit organisch gebundenem Schwefel in der Umgebung von Pertisau und gewann daraus Steinöl; nach einigen Rückschlägen wird es auch heute noch hier produziert. Zunächst als Veterinärsalbe benutzt, werden inzwischen vor allem steinölhaltige Hautpflegeprodukte propagiert.

Achenkirch

Das Zentrum des lang gezogenen Ortes liegt auf der Nordseite des Achensees fast 2 km vom Ufer entfernt. Direkt am Seeufer aber liegt die ehemalige **Zollstation Scholastika**, heute als Hotel genutzt. In der Nähe befindet sich auch das **Sixenhof Heimatmuseum Achental** (Achenkirch 29, Tel. 05246

65 08, www.sixenhof.at, Mai–Okt. tgl. 13–17 Uhr, 4 €, bis 14 Jahre in Begleitung Erw. Eintritt frei). In diesem ehemaligen Einhof (Stall und Wohnung in einem Haus) wird auf drei Etagen vom Leben am Achensee erzählt.

Aktiv

Schwimmen – Im Sommer ist der **Achensee** selbst mit Temperaturen bis 22 °C natürlich die Hauptattraktion. **Strandbäder** befinden sich in **Achenkirch, Pertisau** und **Buchau** bei Maurach. Alle Strandbäder sind frei zugänglich, nur der Parkplatz ist kostenpflichtig.

Wandern – In Buchau beginnt außerdem der **Wuselweg**, ein 4 km langer Parcours mit Spielstationen für die Kleinen.

Wassersport – Gleich an mehreren Stellen am See können **Boote** (s. S. 129) oder **SUP-Boards** ausgeliehen werden. Wenn der Wind richtig weht, brausen die **Kitesurfer** (s. S. 130) über den See.

Ausflugsboote – Wer auf dem See bequem unterwegs sein möchte, kann einen der **Personendampfer der Achenseeschifffahrt** (s. S. 130) besteigen.

Achensee-Dampf-Zahnradbahn !

www.achenseebahn.at, Juni–Sept. tgl. 7 x, Mai, Okt. tgl. 3 x, im Winter nur zu ausgewählten Terminen, einfache Fahrt 23 €, Hin- und Rückfahrt 29,50 €
Die Schmalspur-Zahnradbahn verkehrt zwischen Jenbach und der Station Seespitz am Südufer des Achensees. Die Bahnstrecke wurde 1889 eröffnet und wird bis heute ausschließlich von Dampfzügen bedient. Die historischen Waggons haben Querbänke und Türen an jeder Sitzreihe. Zum Teil sind sie oben offen, dann bekommt man ganz schön viel Dampf ab. Die

Mit der Zahnradbahn ran an den See und dann mit dem Ausflugsschiff über den See – so lässt sich die Landschaft bequem genießen

Fahrt ruckelt, vor allem bergab, ziemlich. Insgesamt eine sehr historische Form der Anreise oder einfach eine vergnügliche Ausflugsoption.

Rofangebirge ▶ J/K 4

Rofan-Seilbahn, Tel. 05243 52 92, www.rofanseilbahn.at, ca. Mai–Mitte Juni, Mitte Sept.–Okt. 8.30–17, Mitte Juni–Mitte Sept. 8–17.30 Uhr, alle 15 Min., Berg- und Talfahrt 20/12 €, Kombi Bergfahrt/Airrofan 25/15,50 €, Winter bei guter Schnee- und Wetterlage ca. Mitte Dez.–Anf. April
Hinter Maurach und Buchau liegen die Berge des Rofangebirges. Von Maurach aus bringt die **Rofan-Seilbahn** Besucher auf ein Hochplateau zur **Erfurter Hütte** (1831 m). Dort oben erheben sich die malerischen Gipfelnadeln des Rofan.

Airrofan Skyglider
Bei der Erfurter Hütte, 9,50 €, Kombiticket Seilbahn s. o.

Gleich bei der Erfurter Hütte befindet sich der Airrofan Skyglider, eine Seilrutsche (Flying Fox), bei der jeweils vier Personen gleichzeitig an einem schräg gespannten Drahtseil so einhängt werden, dass sie mit dem Kopf voraus kurzzeitig mit bis zu 80 km/h den Berg ›hinunterfliegen‹ – eine Art Jahrmarkt-Fahrgeschäft in spektakulärer Bergkulisse.

Wanderungen und Klettersteige
Empfehlenswert sind die **Wanderung auf die Rofanspitze** (2259 m, 2,5 Std.) und der Weg von der **Bergstation zur Dalfazalm** (alternativ und schwieriger über den Hochiss) und weiter über den **Dalfazer Wasserfall** zum **Seeufer bei Buchau** (2,5 Std.).
Auch für die fünf **Klettersteige** der Achenseer **Fünf-Gipfel-Runde** ist die Bergstation Startpunkt. Für die einzelnen Klettersteige benötigt man 30 Min.–1,5 Std. (plus Zustieg), ihr Schwierigkeitsgrad liegt zwischen B/C und C/D. Sie lassen sich zu einer ins-

gesamt etwa siebenstündigen Tour kombinieren. Klettersteigausrüstung ist unbedingt erforderlich.

Karwendelgebirge

▶ G 5–J 4

Naturpark Karwendel: www.karwen del.org, Karwendel Bergbahn: Tel. 05243 53 26, www.karwendel-berg bahn.at, ca. Mai–Anf. Nov. 8.30–17 Uhr, alle 15 Min., Bergfahrt 16,50 €, 7–15 Jahre 10,50 €, Talfahrt 9,50/6 €, Berg- und Talfahrt 16,50/10,50 €, Mitte Dez.–Mitte/Ende April gelten abweichende Zeiten und Tarife
Auf der Westseite des Sees, bei Pertisau, beginnt der felsige Karwendel, Teil der nördlichen Kalkalpen, der bis Hall und Innsbruck, Seefeld, Scharnitz und Mittenwald in Bayern reicht. Der **Naturpark Karwendel** gibt einen

Wanderführer mit Touren heraus, die auch mit öffentlichen Verkehrsmitteln machbar sind. Von Pertisau geht es mit der Seilbahn (Karwendel Bergbahn) auf den **Zwölferkopf** (1491 m) mitten hinein in die Bergwelt.

Aber auch vom Tal sind die Wandereinstiege ins Karwendelgebirge freundlich. Oft sind in dieser Gegend Steinböcke zu sehen.

Übernachten

Reiten – **Posthotel:** Achenkirch 382, Tel. 05246 65 22, www.posthotel.at, DZ/VP ab ca. 330 €, ab 6 Nächten günstiger. Luxushotel mit Reitmöglichkeit, denn zum Hotel gehört auch die größte private Lipizzanerzucht Europas.
Wellness – **Hotel Rieser:** Pertisau 52, Tel. 05243 52 51, www.hotel-rieser. com, DZ/VP ab ca. 300 €, DZ/ÜF ab ca. 285 €, ab 3 Nächten günstiger. Eines

Alternatives Verkehrsmittel – Pferdewagen statt Wanderbus oder eigene Kraft

von mehreren Spa- und Sporthotels in Pertisau, schön zwischen See und Golfplatz gelegen.
Modern – **Berghof:** Pertisau 34a, Tel. 05243 53 65, www.berghof-achensee.at, DZ/ÜF ab 98 €. Schnörkellose Einrichtung mit großen Fenstern und vielen Naturmaterialien, schöne Lage in der Nähe der Karwendelbergbahn.
Bio-Bauernhof – **Wachhof:** Dorfstr. 66, Maurach, Tel. 05243 53 58, www.achensee.com/wachhof, DZ/ÜF ab 52 €. Recht zentrales Quartier mit Aufenthaltsraum und Liegewiese, gutes Preis-Leistungs-Verhältnis.
Camping – **Seecamping Wimmer:** Achenseestr. 75, Buchau, Tel. 05243 52 17, www.achensee-camping.at. Beschaulicher ebener Platz direkt am See neben der Badestelle; Restaurant und Bushaltestelle. Günstige Radlerpauschale.

Essen & Trinken

Achenseebier – **Langlaufstüberl:** Am Golfplatz 26, Pertisau, Tel. 05243 52 06, Mo–Do 10–22, Fr 10–24, Sa/So 10–1 Uhr, Sommer Mo geschlossen. Im Langlaufstüberl wird das naturtrübe Achensee Hell und das Achensee Weizen gebraut, dazu gibt es Deftiges wie Schlachtteller, Spanferkel und Steaks. Einfache Gerichte ab 7 €, Fleischgerichte ab 12 €.
Fangfrisch – **St. Hubertus:** Pertisau 2, Tel. 05243 52 33, www.hubertus-achensee.at, tgl. 10–1 Uhr. Der Gasthof ist bekannt für gute Wild- und Fischgerichte, z. B. Achenseeforelle und Hecht. Hauptgerichte 10–18 €. Auch Zimmer (DZ/ÜF ab ca. 100 €).
Ausflugsziel – **Gramai Alm:** Naturpark Karwendel, Pertisau, Tel. 05243 51 66, www.gramaialm.at, warme Küche 11–21 Uhr. Leicht erreichbare Ausflugsalm (als unschwere Wanderung ab Pertisau oder mit dem Auto, bis

18.30 Uhr Maut) mit Streichelzoo und Abenteuerspielplatz. Hier wird regionale Küche serviert (Hauptgerichte 10 €). Spezialität des Hauses ist das Hut-Essen: Auf den Tisch kommt ein heißer Eisenhut und darauf brutzeln sich die Gäste unterschiedliche Fleischstücke, dazu gibt es mehrere Beilagen (ab 2 Pers., 29,50 €/Pers.). Schlafen können Sie hier auch (DZ/ÜF ab 100 €).
Ein bisschen Riviera – **Seelounge:** Seepromenade 72, Pertisau, Tel. 05243 555 90, www.entners.com, tgl. 10–2 Uhr. Zum dahinterliegenden Hotel Entner gehörendes chilliges Café direkt am Seeufer. Wir empfehlen die Topfentorte oder die großen Eisbecher!

Einkaufen

Schnaps – **Edelbrennerei Franz Kostenzer:** Achenseestr. 22, Maurach, Tel. 05243 57 95, www.schnaps-achensee.at. Verkauf Mo–Fr 8.30–12.30, 14–18, Sa 8.30–12.30. Riesige Auswahl, Do 17 Uhr Verkostung (8 €, um Anmeldung wird gebeten).
Tiroler Steinöl – **Museum Vitalberg Shop:** s. S. 126

Aktiv

Bootsverleihe – Nördlich des Strandbads in Buchau verleiht das **Wassersportzentrum Achensee** (Tel. 0664 262 91 79, www.surfen-achensee.com) Tretboote (14 €/Std.) und Bretter für SUP 10 €/Std. Im **Strandbad Pertisau** (Tel. 05243 58 23) sind ebenfalls SUP (10 €/Std.) und Tretboote (14 €/Std.) sowie Kanadier (25 €/Std.) im Angebot.
Für Familien – **Kinderprogramm:** Mo–Fr, kostenlos mit Gästekarte, 5 € Beteiligung fürs Mittagessen; **Jugendprogramm:** ca. 30 €/Tag, z. B. Stand-up-Paddling oder Hochseilklettergarten.
Gleitschirmfliegen – **Fly Achensee:** Talstation Rofan-Seilbahn, Maurach, Tel.

0676 771 63 69, www.tandemfliegen-achensee.aero, Sommer und Winter, ab 99 € zzgl. Auffahrt.

Golf – **Golf- und Landclub Achensee:** Pertisau 35c, Tel. 05243 53 77, www.golfclub-achensee.at, Sekretariat tgl. 8–18 Uhr, Handicap 45, Greenfee 80 €, 9 Loch 50 €. Ältester Golfclub Tirols, mit Achensee-Blick.

Kitesurfen – An drei ausgewiesenen Stellen ist **Kitesurfen** erlaubt. Die Berechtigung hierzu kostet 35 €/Jahr. Infos unter www.kiteclub-achensee.com.

Sportgeräteverleih – **Sport Busslehner:** Achenkirch 185, Tel. 05246 63 16, www.busslehner-sports.com, Rad ab 17 €/Tag, Kinder günstiger, Klettersteigset 18 €/Tag; **Sport Wörndle:** Dorfstr. 26, Maurach, Tel. 05243 61 07, www.sportwoerndle.at, Rad ab 16 €/Tag, Kinder günstiger, Klettersteigset 21 €/Tag; **Sport Leithner:** Pertisau 36d, Tel. 05243 200 17, www.schischule-leithner.at, Rad ab 12 €/Tag, Klettersteigset 15 €/Tag.

Abends & Nachts

Tanzen – **Stefans Laterndl:** Pertisau 50d, Tel. 05243 589 75, www.stefans laterndl.at, tgl. 21–3 Uhr. Disco und Party bis in die Morgenstunden.

Infos & Termine

Infos
www.achensee.com: Website der Tourismusregion.

Tourismusbüro Pertisau: Pertisau 55d, Tel. 05243 430 70, Mo–Fr 9–12, 14–17, Sa 9–12, 14–16 Uhr.

Tourismusbüro Achenkirch: Achenkirch 387, Tel. 05246 530 00, Mo–Fr 8–18 Uhr.

Gästekarten Achensee: s. S. 120

Termine
Karwendelmarsch: Ende Aug., http://karwendelmarsch.info. 2500 Läufer und

Wanderer starten in Scharnitz im Karwendel für 35 km bis Eng (Karwendel) oder für die komplette Strecke (52 km) bis Pertisau am Achensee. Es geht einmal quer durch das Karwendelgebirge.

Achenseelauf: Anf. Sept., www.achenseelauf.at. Ab Parkplatz Karwendelbahn in Pertisau geht es einmal rund um den Achensee (23,2 km). Einer der schönsten Panoramaläufe in Österreich.

Verkehr
Bahn: Achensee-Dampf-Zahnradbahn s. S. 126

Bus: Busse über Wiesing und die Kanzelkehre sind schneller und preiswerter als die Achensee-Dampf-Zahnradbahn. Insgesamt verkehren die Buslinien um den Achensee eher spärlich, haben aber gute Anschlussverbindungen ab Maurach Mittelschule. Mit Gästekarte kostenlos, auch am Anreisetag, wenn man dem Busfahrer Bescheid gibt.

Achenseeschiffahrt: www.tirol-schiffahrt.at/achenseeschiffahrt. Mehrmals am Tag (saisonal variierend) kreuzen die Personendampfer der Achenseeschiffahrt über den See. Preise und Fahrpläne auf der Website.

Zillertal ▶ J 4/K 4–7

Bei Jenbach zweigt nach Süden hin das Zillertal ab, vielleicht Tirols bekanntestes Tal. Obwohl seit der Bronzezeit Menschen an der Ziller leben, gab das Land nicht viel her und die Menschen waren recht arm. Neben der Landwirtschaft – noch heute vor allem Milchwirtschaft – gingen die Zillertaler deshalb ab dem 17. Jh. als fahrende Händler nach Deutschland. Sie waren besonders bekannt für ihre Heilöle und -salben und für musikalische Auftritte in Tracht und begründeten so in weiten Teilen Europas das Image des ›lustigen Tirolers‹. Erst ab dem 19. Jh.

verbesserte zunächst der Sommerfri-
schetourismus die einheimische Wirt-
schaftssituation. Seit den 1980er-Jah-
ren ist jedoch der Winter mit etwa 4,5
Mio. Gästeübernachtungen (2,8 Mio.
im Sommer) die wichtigere Saison.

Bis zum Hauptort **Mayrhofen** nach
etwa 30 km ist das Zillertal bei einem
Höhenunterschied von nur 100 m
recht breit und flach, mit Almen an
den Hängen und wenig hohen Bergen. Die größeren Orte ab Jenbach
sind Straß, Fügen und Zell am Ziller.
Bei Zell zweigt das **Gerlostal** in Richtung **Gerlospass** (1531 m) ab. Hinter
Mayrhofen beginnt der **Naturpark
Zillertaler Alpen**. Hier geht zum einen
nach Westen das engere **Tuxertal** ab,
zum anderen mehrere kleinere Täler,
die zusammengefasst als **Zillertaler
Gründe** bezeichnet werden. Bekannt
sind das nach Süd(west)en verlau-
fende Hochtal **Zemmgrund** (mit dem
Kletterdorf Ginzling) und der nach
Osten abgehende **Zillergrund**.

Das gesamte Zillertal, insbesondere Mayrhofen, ist eine Hochburg des
klassischen Tirol-Sommertourismus mit
schunkelnden Busgruppen (heute viele
Holländer), Folkloreveranstaltungen
und Souvenirläden. Für Bergeinsamkeit muss man in die weniger erschlossenen Seitentäler ausweichen – andererseits hat das Massengeschäft eine
gute Infrastruktur mit sich gebracht.

Infos

www.zillertal.at: Website der Touris-
musregion
Gästekarte Zillertal: s. S. 120
Verkehr: Die **Zillertalbahn** (www.ziller
talbahn.at) fährt halbstündlich von
Jenbach im Inntal bis Mayrhofen,
Ende April–Ende Mai Sa/So, bis Mitte
Okt. Mi–So 1 x tgl. auch als Dampfzug
(10.10 Uhr ab Jenbach, 13.01 ab Mayr-
hofen, Fahrzeit ca. 90 Min., einfache

Unser Tipp

Zillertaler Einreibungen
Als Tiroler Händler als Hausierer durch
Europa zogen, waren die Zillertaler
Wanderhändler bekannt für Salben
und Hausmittel wie Murmeltieröl und
Ziegenbuttersalbe. Modernere Nach-
folgeprodukte werden in den Apothe-
ken und Souvenirgeschäften verkauft.

Fahrt 13,90 €, hin/zurück 20,30 €, 6–15
Jahre die Hälfte). Zur Weiterfahrt in
die Seitentäler muss man auf teils seltener verkehrende **Busse** umsteigen
(www.vvt.at). Die **Hauptstraße B171**
entlang des Tals ist einspurig und sehr
stauanfällig.

Fügen ► K 5

Trotz einiger historisch erhaltener Gebäude wirkt Fügen, nicht zuletzt wegen
großer Sägewerke am Ortsrand, nicht
besonders beschaulich. In der Gemeinde Fügen, zu der neben dem Ort etwa
ein Dutzend Dörfer gehört, gibt es viele
günstigere (Privat-)Unterkünfte, allerdings vergleichsweise wenige Restaurants. Auffällig thront das **Schloss** (nicht
zu besichtigen) aus dem 16. Jh. oberhalb des Ortes. Im Ortszentrum sind in
der **Pfarrkirche** (Ecke Hochfügener und
Hauptstr.) einige gotische Elemente erhalten, u. a. schöne Fresken in der angebauten Michaelskapelle.

Heimatmuseum
*Lindenweg 2, Tel. 0650 244 80, www.
hmv-fuegen.at, Ende Juni–Okt., Dez.–
Ostern (Skisaison) Di, Fr 16–19, letzter
Einlass 18.15, Mo ab 20 Uhr, 3,50 €,
10–18 Jahre 2 €*

Weniger bekannt als »Stille Nacht, heilige Nacht«, aber dennoch immer mal wieder zu hören

Das Heimatmuseum hinter der Kirche beschäftigt sich mit historischen Themen wie dem **Bergbau** und dem **Handwerk** im Zillertal.

Für 2018 ist zur 200-Jahr-Feier eine größere Sonderausstellung zum Weihnachtslied **»Stille Nacht, heilige Nacht«** geplant. Im Zillertal soll die Beliebtheit dieses weltweit bekanntesten Weihnachtsliedes ihren Ursprung haben: Komponiert und uraufgeführt wurde »Stille Nacht, heilige Nacht« zwar 1818 in der nicht mehr erhaltenen St.-Nikolaus-Kirche in Oberndorf bei Salzburg, doch zu dieser Zeit reparierte dort der Fügener Orgelbauer Karl Mauracher die Orgel. Er brachte Noten und Text mit zurück ins Zillertal, wo er es mit dem Kirchenchor einstudierte. Bereits 1822 wurde es auf der Fügener Burg Kaiser Franz I. und Zar Alexander I. vorgetragen. Insbesondere die Händlerfamilien Rainer aus Fügen und Strasser aus Mayrhofen sangen das Lied auch im Ausland auf ihren Verkaufstouren. Ein ›Marketinginstrument‹: Wer musikalisch war, nutzte dies auf den Marktplätzen, gern in möglichst exotisch wirkender Tiroler Tracht, um Kunden anzuziehen. So trugen die Strassers »Stille Nacht, heilige Nacht« als Teil ihres Volksliederrepertoires in Leipzig und Dresden vor. Es kam so gut an, dass der Text 1832 als ›ächtes Tirolerlied‹ gedruckt wurde und die Strassers vor dem preußischen König Wilhelm IV. auftreten durften. Heute ist das Lied in über 100 Sprachen übersetzt.

Holzerlebniswelt FeuerWerk

Binderholz GmbH, Zillertalstr. 39, Tel. 05288 60 15 50, www.binder-feuer werk.com, Mai–Okt. Mo–Sa, Nov.–April Mo–Fr 9–16, Führung 9, 11, 13, 15 Uhr, 8,50 €, 8–14 Jahre 4 €, Film »HolzWerk – der Weg des Stammes«

*3/1,50 €, Konzerte, Veranstaltungen
s. Website*

Das große Stammwerk der Firma Binderholz, eines überregionalen Produzenten von Schnittholz, dominiert den Ort Fügen. Um die bei der Verarbeitung anfallenden Holzreste zu nutzen, hat die Firma 2004 ein Biomasse-Heizkraftwerk in Betrieb genommen, das mit Pellets aus eigener Produktion betrieben wird. Das Kraftwerk kann im Rahmen einer **Führung** besichtigt werden. Allerdings werden die technischen Daten und Zusammenhänge recht schnell abgehandelt, zugunsten eines Werbefilms und weiterer Stationen, die Holz als Wohlfühl-Rohstoff anpreisen.

Der **Film »HolzWerk«** über die Holzproduktion hingegen ist durchaus informativ. Von der auch ohne Führung frei zugänglichen **Terrasse der Restaurants** kann man die Produktionsanlagen überblicken: Die riesigen Stämme werden von Roboterarmen wie Streichhölzer bewegt.

Übernachten, Essen

Kostengünstige Ferienwohnungen in und um Fügen lassen sich gut über die Website von Zillertaltourismus suchen (www.zillertal.at) und teilweise auch buchen.

Spa-Landschaft – **Gartenhotel Crystal:** Hochfügener Str. 63, Tel. 05288 624 25, www.gartenhotel-crystal.at, DZ/Dreiviertelpension ab 188 €. Helle Zimmer und eine über 1000 m² große lichtdurchflutete Spa-Landschaft inklusive Pool. Zusätzlich gibt es im großen Garten ein 20-m-Becken. Lebensmittel aus der Region, vieles aus dem eigenen Garten.

Kuchen und Gebäck – **Bäckerei Unterwurzacher:** Hauptstr. 58, Tel. 05288 622 74, Mo–Fr 6–18, Sa 6–12 Uhr. Die Bäckerei Unterwurzacher bildet mit zwei – empfehlenswerten – Kollegen in Innsbruck und Landeck die Minivereinigung Die Brotbuben. Hier in Fügen ist der Bäckerei ein Sitzbereich für den Sofortverzehr angeschlossen. Lecker sind auch die herzhaften Gebäckstücke.

Einkaufen

Alles Käse – **Zillertaler Heumilch Sennerei:** Sennereistr. 22, Tel. 05288 623 34, www.kaeserei-fuegen.at, Mo–Fr 8–18, Sa 8–14 Uhr. Direktverkauf einer recht großen Sennerei, außerdem Schausennerei mit Fenster in die Produktionsanlagen und kleiner Ausstellung. Ein kurzer Film zeigt die Käseherstellung.

Zillertaler Einreibungen – **Apotheken, Souvenirläden:** s. Unser Tipp S. 131

Aktiv

Erlebnistherme: Badweg 1, Tel. 05288 632 40, www.erlebnistherme-zillertal.at, tgl. 10–22 Uhr, Freibad Anf. Mai–Anf./Mitte Sept. tgl. 9–19, Sauna (ab 15 Jahre) Mi–Fr 17–22, Sa/So 15–22 Uhr, Therme ab 8 €, 15–18 Jahre 7,50 €, 6–14 Jahre 6,60 €, inkl. Freibad 16,30/14,10/13 €, auch nur Frei-

Unser Tipp

»Die Piefke-Saga«
Die vierteilige Fernsehserie von 1990 (Teil 1–3) und 1993 (Teil 4) spielt in einem fiktiven Ort Lahnenberg im Zillertal, es geht um das Verhältnis der Tiroler Tourismusbranche zu ihren deutschen Urlaubsgästen. Obwohl über 20 Jahre alt, irgendwie immer noch aktuell – und wirklich lustig!

bad buchbar, Sauna ab 12,20/10,50 €, Kombitickets, Tagestickets etc. Mehrere Becken und Rutschen, ganz neu ist die 134 m lange Reifen-Röhren-Rutsche. Textil- und FKK-Sauna.

Abends & Nachts

Kultur: Lesungen, Cabaret, neue Tiroler Musik und Jazz gibt es im Restaurant FeuerWerk in der HolzErlebniswelt (s. S. 132).

Infos

Tourismusbüro: Hauptstr. 54, Tel. 05288 622 62, Mo–Fr 9–18, Sa/So 9–12, 15–18 Uhr.

Zell am Ziller ▶ K 6

Zell war etwa seit dem 12. Jh. der Hauptort des Zillertals. Hier fanden die Viehmärkte statt und bis heute ist Zell Sitz der Verwaltung, des Gerichts und auch der Tourismusschulen des Zillertals. In touristischer Hinsicht ist der Rummel allerdings eher gering und die nette **Altstadt** mit kleinen Läden und Cafés hat etwas Lässig-Entspanntes.

Zillertal Arena

Tel. 05282 71 65, www.zillertalarena. com, Rosenalmbahn Ende Mai–Anf. Okt. 9–17, sonst 8.30–16.30, bei Bedarf bis 17 Uhr, Berg- und Talfahrt bis Bergstation Rosenalm 19,80 €, 7–12 Jahre 9 €
Die Zillertal Arena nahe bei Zell ist eines der größten Skigebiete im Zillertal, aber hat auch Sommertouristen etwas zu bieten. Die **Rosenalmbahn** am Ortsrand von Zell bringt Besucher auf einen grünen Wiesenabsatz zur **Bergstation Rosenalm** (1744 m). Von dort führen leichte, nicht zu steile

Wanderwege um den Karspitz nach Südosten ins Gerlostal.

Direkt an der **Bergstation** liegt der **Waldspielplatz Fichtenschloss** (Mai–Anf./Mitte Okt., frei zugänglich, bei Nässe Rutschgefahr): Ein hölzernes Schloss mit Türmen und Gerüsten zum Klettern und Rutschen – auch für Erwachsene ein Spaß. Daneben gibt es einen schönen **Picknickplatz**, einen **Niederseilgarten** und **Sandkästen** mit Kränen und Schubkarren. Hier leben nämlich versteckt in den Bergen die Fichtenwichtel, Baumeister solcher Schlösser.

An der **Talstation** der Rosenalmbahn beginnt der **Arena Coaster** (Ende Mai–Juni tgl. 10–17.30, Juli/Anf. Sept. 9.30–18, Anf.–ca. Ende Sept. 10–17, ca. Ende Sept.–ca.Ende Okt. 10.30–16.30 Uhr, 4,90 €, bis 6 Jahre 3 €), eine familienfreundliche sanfte Sommerrodelbahn, bei der die Passagiere mit dem Schlitten per Zahnradbahn 150 m hochgezogen werden. Die Abfahrt ist 1,5 km lang, Hauptattraktion ist der doppelte Kreisel am Schluss.

Ebenfalls bei der Talstation können Mutige beim **Bagjump** (Anf. Juli–Anf. Sept., tgl. 9–18 Uhr, 1 Sprung 1,50 €) auf ein überdimensionales Luftkissen springen.

Übernachten, Essen

Stylish – **Das Posthotel:** Rohrerstr. 4, Tel. 05282 22 36, www.zillerseasons. at, DZ/ÜF ab 178 €. Modernes Designhotel mit viel Zirbenholz in den Zimmern, Granitfußboden im Bad und einzelnen Antiquitäten. Zertifiziert mit dem EU-Ecolabel. Das Bettzeug ist aus Buchenholzfasern. Kleiner, aber feiner Wellnessbereich und Langschläferfrühstück bis 11 Uhr.

Viel Holz – **Pension Reischhof:** Zellbergeben 58, Tel. 05282 27 36, www.reisch hof.at, DZ/ÜF ca. 60–80 € €. Familiäre

Pension auf einem Hügel am Ortsrand. Rustikale Zimmer, eigene Kühe, Aufenthaltsraum, Teeküche, große Terrasse.

Almenblick – **Schulhaus:** Zellberg 162, Tel. 05282 33 76, www.schulhaus.tirol. Mi–So 8–22 Uhr, Hauptgerichte 15–20 €. Das ehemalige Schulhaus des Dorfes Zellberg liegt ca. 250 m höher als Zell direkt oberhalb am Hang. Heute gibt es in den Klassenzimmern gute Tiroler Küche. Die Zutaten sind frisch und regional, häufig bio, Vegetarier und Allergiker werden explizit begrüßt, mit mehreren vegetarischen Optionen schon auf der Karte.

Abends & Nachts

Cocktails – **Cocktailbar Englhof:** im Hotel Englhof, Zellbergeben 28, Tel. 05282 31 34, www.englhof.at, tgl. 16–1 Uhr. Diese Hotelbar gilt zu Recht als eine der besten Bars im Zillertal. Ihr Personal ist gut ausgebildet, das Getränkeangebot ist groß – und dennoch sorgfältig ausgewählt. Interessant ist die Spirituosenverkostung (6 Spirituosen je nach Qualität 19,50–59,90 €).

Entspannen am Pool – **Bar Luise:** im Posthotel, s. S. 134, tgl. 17–24 Uhr, bei Bedarf länger. Den Drink im Posthotel kann man im Sommer draußen am Pool genießen.

Einkaufen

Schnaps und Gin – **Stiegenhaushof:** Schwendau 130, ca. 5 km südlich von Zell, Tel. 0664 198 31 50, www.stiegenhaushof.at. Di–Sa 10–12, 15–18 Uhr. Spezialität ist neben den Edelbränden der Stiegenhaushof-Gin mit Bergheu, der auch pur schmeckt. In der Schaubrennerei sind nach Anmeldung auch Verkostungen möglich.

Infos & Termine

Tourismusbüro: Dorfplatz 3a, Tel. 05282 228 10, www.zillertalarena.com, Mo–Fr 8–12, 13–18, Sa 8.30–11.30 Uhr.

Gauder Fest: 1. Mai-Wochenende, www.gauderfest.at. Das mehrtägige Frühlings- und Trachtenfest ist das größte Österreichs, mit allem, was dazugehört: Bieranstich, Festreden und ein großer Umzug mit geschmückten Wagen, Blasmusik und Trachtengruppen.

Strasser Häusl in Laimach ▶ K 6

Laimach 129, Mayrhofen-Hippach, Tel. 0676 322 55 22, Bus 8327 (Gäste- und Dörferbus) Mayrhofen–Regio-

nalmuseum Laimach, Mai–Mitte Okt.
So–Fr 10–16.30 Uhr, 2 €
2,5 km südlich von Zell, gut 6 km nördlich von Mayrhofen ist das Strasser Häusl zu besichtigen, ein zum Museum ausgebautes Bauernhaus, das früher der Strasser-Familie gehörte – einer der Händlerfamilien, die das damals noch unbekannte Weihnachtslied »Stille Nacht, heilige Nacht« in ihr Repertoire aufgenommen hatten, um es auf ihren geschäftlichen Reisen in Deutschland aufzuführen (s. S. 132).

Naturpark Zillertaler Alpen ▶ J–L 6/7

www.naturpark-zillertal.at
Der Naturpark Zillertaler Alpen hat eine Gesamtfläche von fast 380 km². Er umfasst die meisten Berge südlich von Mayrhofen. Neben dem Tuxertal gehören dazu sieben weitere kleinere Seitentäler, die zusammen die Zillertaler Gründe genannt werden. Insgesamt befinden sich dort 80 Gletscher. Von Mayrhofen aus gut zu erreichen ist der Hintertuxer Gletscher.

Mayrhofen ▶ K 6

Der Ort im Zillertal mit dem meisten Trubel ist Mayrhofen. Im Winter eher schick mit viel internationalem Skipublikum (Ski Zillertal 3000), sind im Sommer mehr Bustouristen in den Gassen unterwegs. Mayrhofen ist einer der ältesten Touristenorte in Tirol, bereits um 1900 gab es organisierte Urlaubsreisen hierher. Durch den relativ frühen Bau von Bergbahnen in der Nachkriegszeit (Penkenbahn 1954) kamen dann auch viele Wintersportgäste. In Laufentfernung zum Ort liegt die ErlebnisSennerei Zillertal und auch im Sommer bringen die **Ahornbahn** und die **Penkenbahn** Urlauber schnell von Mayrhofen hinauf in die umliegenden Berge.

ErlebnisSennerei Zillertal

Hollenzen 116, Mayrhofen, Tel. 05285 639 06 30, www.erlebnissennerei-zillertal.at, tgl. 9–17 Uhr Schausennerei und Schaubauernhof tgl. 9–17, letzter Einlass 16.15, 12 €, mit Käseverkostung 18,90 €, 7–14 Jahre 6/12,90 €, Restaurant tgl. 9–18.30 Uhr, moderate Preise, Shop Mo–Sa 8–18, So 9–18 Uhr
Die Sennerei in Mayrhofen ist eine kommerziell arbeitende Käsefabrik mit Besucherzentrum, Direktverkauf, Veranstaltungen und einem Rundgang auf einer geschlossenen Galerie im Obergeschoss des Produktionsgebäudes. Durch Glasscheiben kann man bei der Käseherstellung zusehen, wobei viele Arbeitsgänge nicht von Hand ausgeführt werden – zum Schmieren werden die Käse z. B. von einem Roboter aus ihren Metallregalen genommen. Der gesamte Rundgang wird von Infotafeln und/oder einem Audioguide (überlappend) kommentiert, am Schluss gibt es verschiedene Joghurts aus der hauseigenen Produktion zu kosten. Am besten morgens kommen, dann ist bei der Käseproduktion mehr zu sehen.

Ahornbahn

www.mayrhofner-bergbahnen. com, Mitte Juni–Mitte Okt. 8.30–17 Uhr alle 30 Min., Berg- und Talfahrt 19,90 €, 7–16 Jahre 19 €
Die Ahornbahn von Mayrhofen hinauf auf den Ahornspitz (2976 m) ist die größte Pendelbahn Tirols: Eine Kabine hat Platz für bis zu 160 Personen.

Wer einmal Adler, Bussarde und Uhus sehen möchte, kann hier oben der **Adlerbühne Ahorn** (Juni–Okt. tgl. 9.30–11.30, Greifvogelvorführung bei gutem Wetter Sa–Do 14 Uhr, 10,60 €,

Nur für Könner – Eisklettern am Hintertuxer Gletscher

Das untere Inntal mit Seitentälern

7–16 Jahre 5,80 €) einen Besuch abstatten. In Aktion erlebt man die Vögel hier bei Greifvogelvorführungen.

Zu einer kleinen Stärkung lädt dann das **Café-Bistro Freiraum** (Tel. 05285 622 77, www.freiraum-mayrho fen.com, Di–So 9–17 Uhr) ein, das aus einer 56 m langen, schmalen Panoramaplattform besteht.

Natürlich bieten sich auch **Wanderungen** an. Einer der **Rundwege** ist sogar barrierefrei und für Kinder gut geeignet. Eine **anspruchsvolle Tagestour** führt auf die **Ahornspitze** (2973 m). Schwindelfreiheit und Trittsicherheit sind erforderlich. Der Tiroler Extrembergsteiger Peter Habeler hat übrigens am Ahorn für seine Besteigung des Mount Everest (die erste eines Österreichers ohne zusätzlichen Sauerstoff) trainiert, weil der Neigungswinkel des Berges der Everestspitze ähnlich ist.

Hintertuxer Gletscher ▶ J 7

www.tux.at, www.hintertuxerglet scher.at, Bus 4104 Mayrhofen–Hintertux (www.mayrhofen.at/service/ fahrplaene), Fahrzeit 45 Min. bis Hintertux-Gletscherbahn, ca. alle 30 Min.; Gletscherbahn, www.hinter tuxergletscher.at, tgl. 8.15–16.30 Uhr, Berg- und Talfahrt bis Bergstation Gefrorene Wand 33,50 €, 10–14 Jahre 21 €

Von Mayrhofen fährt ein Bus bis ins hinterste Tuxertal, wo der Hintertuxer Gletscher bereits zu sehen ist. Von der Endstation Hintertux fährt die dreiteilige **Gletscherbahn** über die **Sommerbergalm** (2100 m) und das **Tuxer Fernerhaus** (2660 m) bis zum **Sommerskigebiet** auf 3250 m.

Ab der **Mittelstation Sommerbergalm** führen verschiedene **Wanderwege** zurück ins Tal, etwa über die Bichlalm (2 Std.) oder etwas länger über das Tuxerjochhaus.

Von der **Bergstation Gefrorene Wand** gelangt man zu einer Höhle im Gletscher, dem **Natur Eis Palast** (ganzjährig, ab 6 Jahre, VIP-Tour stdl. 10.30–14.30 Uhr, 75 Min., 21 €, Kinder 13 €. inkl. Bootsfahrt in der Höhle; Schnuppertour tgl. 15.15 Uhr, 30 Min., 8/4 €). Die Eishöhle ist farbig ausgeleuchtet. Der Besuch erfolgt in der Gruppe und mit entsprechender Sicherheitsausrüstung. Eine faszinierende Einführung in die Gletscherkunde.

Ginzling ▶ K 7

Ginzling im Zemmgrund gilt als Bergsteigerdorf, da von hier die Entdeckung und Bezwingung der Zillertaler Alpen stattfand. Mit den **Ewigen Jagdgründen** in Ortsnähe hat Ginzling eines der ältesten und bekanntesten Kletter- und Bouldergebiete Österreichs.

Wer sich über den Naturpark und die dort seit Langem stattfindende Gletscherforschung sowie die Geschichte des Alpinismus informieren möchte, besucht am besten das **Naturparkhaus** (Ginzling 239, Tel. 05286 521 81, tgl. 8.30–12, 13–17 Uhr, in der kalten Jahreszeit u. U. abweichend, 4 €, Kinder 2 €) in Ginzling im Zemmgrund. Dort gibt es eine kleine, aber äußerst vielfältige Ausstellung mit digitalen Displays zur Geologie, Flora und Fauna, zum Alpinismus und zum Klimawandel. Viele interaktive Stationen und kurzweilige Geschichten.

Zum Schlegeisspeicher ▶ J 7

Die von Ginzling weiterführende Schlegeis-Alpenstraße zum **Schlegeisspeicher** ist ab Ginzling nur von Mitte Mai bis Ende Oktober geöffnet und auf den letzten 13,3 km ab dem Gasthof Breitlahner in Ginzling mautpflichtig (Pkw 12,50 €). Vom fast 1800 m hoch gelegenen Stausee sind **Wanderungen** zur Olperer Hütte (1,5 Std.) und weiter zum Hintertuxer Gletscher möglich.

Übernachten

… in Mayrhofen

Modern & entspannt – **Huber's Boutiquehotel:** Dornaustr. 612, Tel. 05285 625 69, www.hbhotel.at, DZ/Dreiviertelpension (15–17 Uhr Mehlspeisen) ab 158 €, etwas günstigere Klassikzimmer 138 €, ab 4 Nächten günstiger. Das Huber bezeichnet sich selbst als Lifestyle-Hotel. Moderne, frische Zimmer, alle mit Balkon und Bergblick, großzügiger schicker Spa-Bereich.

Guter Deal – **Edelweiss:** Brandbergstr. 352, Tel. 05285 622 08, www.restaurant-edelweiss.at, DZ/ÜF ab 64 €, Aufpreis HP 12 €/Pers. Ein bisschen altmodische, aber sehr saubere Zimmer und freundliches Personal. Angeschlossen ist ein beliebtes Restaurant (tgl. 11–23 Uhr) mit Pizzen (8–11 €) und Tiroler Küche.

Camping – **Camping Mayrhofen:** Laubichl 125a, Tel. 05285 625 80 51, www.campingplatz-tirol.at. Großer ebener Platz, auch mit Zeltwiese, in Laufentfernung zum Ort.

… in Ginzling

Alteingesessen – **Gasthof Alt Ginzling:** Ginzling 240, Tel. 05286 52 01, www.altginzling.at, DZ/ÜF ab 82 €, ab 4 Nächten günstiger. Alteingesessene Unterkunft im Zentrum von Ginzling.

Essen & Trinken

… in Mayrhofen

Echt italienisch – **Pane e Vino da Michele:** Hauptstr. 456, Tel. 0664 380 78 94, www.pane-e-vino.net, tgl. 10–24 Uhr, Hauptgerichte 20–25 €, teils auch mehr. Kleines, gediegenes italienisches Restaurant mit großer Weinauswahl. Keine Pizza.

Beliebt – **Edelweiss:** Restaurant und Pizzeria, s. Übernachten.

Aus Heumilch – **Sennerei G'schäftl:** Hauptstr. 446, Tel. 05285 649 26, Mo–Fr 7.30–18.30, Sa 7.30–12.30 Uhr. Filiale der ErlebnisSennerei Zillertal (s. S. 136) mit Verkauf und Café-Terrasse.

Crêpes & Smoothies – **La Dolce Vita:** Hauptstr. 405, Tel. 0664 633 99 66, Mo–Sa 10–21, So 12–21 Uhr, alles 3,50–5 €. Winziges Café mit unterschiedlichen Crêpes und Smoothies – mit Namen wie Sonnenanbeterin oder Fitnesstrainer. Allerdings nur Einweggeschirr.

Eis – **New York:** Hauptstr. 142, Tel. 0676 733 88 33, tgl. 9–23 Uhr. Eigentlich ein Bistro, aber im Sommer besonders wegen der ungewöhnlichen hausgemachten Eissorten beliebt, z. B. Zimt-Pflaume oder Sacher.

Einkaufen

… in Mayrhofen

Sauber – **Benediktiner Seifenmanufaktur:** Hauptstr. 456, Tel. 05285 648 25, www.seifenmanufaktur.at, Mo–Fr 10–18, Sa 9–17 Uhr. Große Auswahl handgemachter Seifen, auch Seifenbruch und Blöcke, aus einer Manufaktur in St. Wolfgang (Salzkammergut); vegane Seifen sind separat ausgezeichnet.

Schnapsschpetschialischt – **Bergladen:** Hauptstr. 476, Tel 0664 474 56 44, www.bergladen.at, Mo–Sa 10–18, Sommer auch Mo–Fr 20–22 Uhr. Mehrere prämierte Zillertaler Brennereien produzieren exklusiv für den Bergladen. Diverse Sorten Edelbrände, Schnäpse und Liköre, darunter Klassiker wie Zwetschke (Zwetschge), Marille und Meisterwurz (gewöhnungsbedürftig), nicht zu süßer Nussschnaps und Neukreationen wie Banane-Schoko-Brand, Heu- oder Chili-Schnaps. Wer erst einmal probieren möchte, kann das Probiergedeck ordern: fünf Schnäpse und Speck 15 €, Schnaps des Tages 1 €.

Aktiv

Outdoor in allen Facetten – Im Zillertal finden sich eine ganze Reihe Anbieter von Outdoor-Aktivitäten, alle mit ähnlichen Angeboten: **Freiluftakademie Sebastian Keiler,** Mühlfeldweg 10, Aschau, Tel. 0676 611 16 05, www.freiluftakademie.at, vor allem Rafting und Canyoning; **RAW (Rock Air Water) Günter Burgsteiner,** Stumm, Tel. 0664 271 85 58, www.rock-air-water.at, Paragliding, Canyoning, Bergsteigen und Klettern; **Mountain Sports,** Büro Alpinschule Bernhard Neumann, Hauptstr. 456, Basecamp, Hollenzen 75, Mayrhofen, Tel. 0664 31 202 66, www.mountain-sports-zillertal.com, Rafting, Canyoning, Tubing, Klettern und andere Fun-Aktivitäten.
Fahrradverleih: Zillertalbahn, am Bhf. Mayrhofen, ab 9 € (4 Std.), E-Bike ab 15 €; Helm 2 €.

Abends & Nachts

Mayrhofen ist einer der Top-Orte in Tirol für Après-Ski, davon ist in der Sommersaison allerdings nicht viel zu spüren. Am ehesten bekommt man seinen Schlummertrunk noch in einer der Hotelbars.
Musikbar – **Mo's:** Hauptstr. 417, Tel. 05285 634 35, www.mos-cafe.com, So–Fr 10–1, Sa 9–1 Uhr. American Diner mit mediterranen, asiatischen und karibischen Elementen, Burger und Cocktails, auch Veganes. Mehrmals wöchentlich DJs und Musikevents.

Infos & Termine

www.naturpark-zillertal.at: Infos rund um den Naturpark
Tourismusbüro: Durster Straße 225, Mayrhofen, Tel. 05285 67 60, www.mayrhofen.at, Fr/Sa 9–18, So 9–13 Uhr.
Gästekarte Zillertal: s. S. 120

Volksmusik: Sommersaison, Fr ab 15 Uhr. Volksmusikkonzert in der Erlebnissennerei Mayrhofen.

Schwaz ▶ J 5

Der kleine Stadt Schwaz (ca. 13 440 Einw.) im unteren Inntal hat eine große Geschichte, die eng mit dem Bergbau verknüpft ist (s. Entdeckungstour S. 142). Erzabbau gab es wohl schon in der Bronzezeit, und eine Siedlung Schwaz (Suate) wurde schon 930 erwähnt. 1409 wurde Silber entdeckt, und zwar viel davon, wie sich bald herausstellte. Schwaz entwickelte sich zur Silberstadt des Habsburger Reiches, die Bergwerke brachten Arbeitsplätze, Handel und Wohlstand. Um 1500 war Schwaz die zweitgrößte Stadt Österreichs – allerdings ohne Stadtrecht, das wurde erst 1899 verliehen! Von 20 000 Einwohnern waren weit über die Hälfte Kumpel (damals: Bergknappen). Verdient haben aber alle, was im Stadtbild heute noch zu sehen ist. Viele schöne Bürgerhäuser stammen aus dieser Zeit. Ab 1600 ließ die Bedeutung des Bergbaus nach, in den Freiheitskriegen zerstörte ein Stadtbrand 1809 einiges. Heute ist Schwaz Bezirkshauptstadt, durchaus mit touristischen Attraktionen, aber nicht direkt ein Ferienort.

Altstadt

Die Altstadt ist recht schnell erkundet, im Tourismusbüro ist eine Broschüre mit einem historischen **Stadtrundgang** erhältlich. Von der imposanten gotischen **Pfarrkirche Maria Himmelfahrt** (s. S. 141) verläuft die Fußgängerzone, die **Franz-Josef-Straße,** mit schönen historischen Bürgerhäusern, zum spätgotischen **Rathaus.** Vom **Pfundsplatz** gleich neben dem Rat-

Buddhistischer Ruhepol im Museum der Völker

haus führt die **Fuggergasse** leicht bergauf, seitlich liegt das 1515 eingeweihte, ebenfalls gerade noch gotische **Franziskanerkloster** (Gilmstr. 1, Tel. 05242 632 65, www.franziskaner-schwaz.at, nur Kirche und Kreuzgang sind zugänglich, Mo–Sa 9.30–11.30 Uhr, Eintritt frei) mit schönem Kreuzgang, daneben an der Ecke Ludwig-Penz-Straße das namengebende **Fuggerhaus**, heute Sitz der Tertiar-Schulschwestern. Die reiche Augsburger Kaufmannsfamilie hatte sich nämlich auch bald in die Silberminen eingekauft und ließ um 1525 hier ein Wohn- und Verwaltungshaus bauen, das kurzzeitig sogar Zentrale des Fugger'schen Handelsimperiums war. Im Bogen kommt man vorbei am gotischen **Rabalderhaus,** das heute das **Museum Kunst in Schwaz** (Martin-Wintersteller-Gasse 9, www.rabalderhaus.at, bei Ausstellungen Do–So 16–19 Uhr) beherbergt, mit einem typischen angebauten Treppenturm, zurück zur Kirche Maria Himmelfahrt.

Pfarrkirche Maria Himmelfahrt
Tannenberggasse 15
Die Pfarrkirche mit ihrem hohen kupfergedeckten Dach, dem gotischen Nordturm und den Zinnengiebeln an der Fassade scheint heute überdimensioniert für den relativ kleinen Ort Schwaz. Ursprünglich wurde sie ab 1460 dreischiffig gebaut, aber 40 Jahre später auf vier Schiffe erweitert – eine höchst ungewöhnliche Konstruktion mit zwei nebeneinander liegenden Hauptschiffen jeweils mit eigenem Chor und Altar. In der Mitte verlief eine mehrere Meter hohe Holztrennwand.

Was für Kulturkämpfe da in der ›guten alten Zeit‹ getobt haben müssen, auf der einen Seite die alteingesessenen Bürger, zur Minderheit in ihrer Stadt geworden, auf der anderen Seite die Knappen: Glücksritter und Arbeitsmigranten. Die Knappen mit ihrem lebensgefährlichen Job brauchten den seelsorgerischen Beistand natürlich auch – und hatten mit ih- ▷ S. 145

Auf Entdeckungstour:
Glück auf im Silberbergwerk Schwaz

Vor 500 Jahren war Schwaz die zweitgrößte Stadt Österreichs und das Herz dieser Stadt schlug tief unten im dunklen, kühlen Stollen. Es schlug ziemlich laut, denn die Bergleute droschen mit Schlegel und Eisen auf den Fels ein, um die begehrten Erzbrocken herauszubrechen.

Reisekarte: ▶ J 5

Silberbergwerk Schwaz: Alte Landstr. 3a, Tel. 05242 723 72, www.silberberg werk.at, Mai–Sept. tgl. 9–17, Okt.–April tgl. 10–16 Uhr (Mitte Nov.–25. Dez. meist geschlossen), 17 €, 5–14 Jahre 10 €.

Anforderungen: Es gibt für Kinder keine Altersbeschränkung, auch Kleinkinder dürfen im Tragetuch mitgenommen werden. Im Stollen erfolgt eine Führung (inkl. Einfahrt ca. 90 Min.) auf einem etwa 1 km langen Rundweg mit Stufen, für Gehbehinderte ungeeignet. Die Einfahrt erfolgt per Bahn durch einen sehr engen waagerechten Stollen, auf dem Rundgang sind die Gänge relativ geräumig und beleuchtet. Die Luftfeuchtigkeit ist sehr hoch, die Luft etwa 12 °C kühl und pollenfrei.

Jause: Knappenkuchl, s. S. 146

142

Die Mutter aller Bergwerke

Schwaz bzw. sein Bergwerk bezeichnet man gern als Mutter aller Bergwerke – es war das größte Silberbergwerk der damals bekannten Welt. Bis zu 12 000 Knappen, also Bergleute, sollen hier im 16. Jh. gearbeitet haben.

Der Sage nach riss im Jahr 1409 ein wütender Stier vor einer Viehhirtin die Grasnarbe stark auf und legte dabei einen dunkel glänzenden Stein frei. Eine Skulptur vor dem Stolleneingang erinnert heute noch an den Stier. Heute weiß man, dass der glänzende Schwazit bereits in der Bronzezeit von Erzsuchern gesammelt wurde, um das darin reichlich enthaltene Kupfer zu gewinnen. Als es dann im Mittelalter gelang, auch das Silber herauszulösen, das sich, wenn auch mit nur unter 1 %, ebenfalls in dem Fahlerz fand, wurde Schwaz zur Bergbaumetropole. Unter dem Habsburgerfürsten Sigmund dem Münzreichen (der nicht ohne Grund so hieß) wurde 1491 der bedeutendste Stollen begonnen, der Sigmund-Erbstollen, der 2 km fast waagerecht in den Berg führt und für dessen Fertigstellung 26 Jahre benötigt wurden.

Glück auf!

Vor der Einfahrt mit der kleinen **Grubenbahn** in den engen Zufahrtsstollen werden die Besucher mit Helmen und Regenmänteln ausgestattet, und dann heißt es: »Glück auf!« – und vor allem Kopf einziehen. Sieben Minuten dauert die Fahrt durch den spärlich beleuchteten Stollen und es geht tief in den Berg hinein. Endlich angekommen, hat man 400 m Berg über sich! Dabei geht es nach innen sogar leicht bergauf, denn diese **Gänge** wurden nicht nur als Zugang benutzt, sondern auch, um Wasser aus dem Bergwerk abzuleiten. Darüber hinaus wurden

sie auch zur Belüftung genutzt, Bewetterung in der Bergmannssprache.

Zu Fuß geht es weiter in den nun breiteren Stollen: Hier und da zeigen farbige Flecken im Stein, dass hier früher zahlreiche Mineralien zu finden waren. Figurengruppen und gelegentlich projizierte Filme illustrieren, wie es damals im Berg zuging. Die Knappen, die mit einfachsten Werkzeugen dem Fels zuleibe rückten – der Einsatz von Sprengstoff im Bergbau wurde erst im 17. Jh. entwickelt und war anfangs mit vielen tragischen Fehlschlägen verbunden –, hatten, so schätzt man, eine Lebenserwartung von ca. 35 Jahren. ›Normale‹ Arbeiter wurden immerhin etwa 20 Jahre älter.

Technologie am Wasserrad

Besonders hart und dabei schlecht bezahlt war die Arbeit der **Wasserschöpfer:** Um in tieferen Gesteinsschichten zu arbeiten, wurden vom Hauptstollen aus senkrechte Schächte nach unten gegraben, aber weil dort immer das Grundwasser hineinlief, mussten Hunderte von Arbeitern das Wasser eimerweise nach oben durchreichen. Das war so zermürbend, dass sie nur in Vier- und nicht wie die Knappen in Achtstundenschichten arbeiteten.

Weil die Wasserschöpfer aus Protest gegen die Arbeitsbedingungen so häufig streikten, dass tiefer gelegene Schichten überflutet wurden und nicht

Mit handbetriebenen Loren wurde das Erz mühsam durch den Stollen transportiert

mehr bearbeitet werden konnten, ließen die Betreiber ab 1554 ein neu entwickeltes **Spezial-Wasserrad** einbauen, das sich abwechselnd in beide Richtungen drehen konnte. Dafür wurde von oben ein Bach ins Bergwerk umgeleitet, trieb das Wasserrad an und floss durch den Zugangsstollen ab. Die Energie des Rades wurde genutzt, um an derselben Achse zwei große Schöpfeimer abwechselnd in den Schacht nach unten abzulassen und von dort das Sickerwasser hochzuziehen – das wurde dann ebenfalls durch den Siegfried-Erbstollen abgeleitet. Diese **Schwazer Wasserkunst,** das innovative Wasserrad mit Wendetechnik, ist im hinteren Teil des Stollens rekonstruiert. Anhand eines Modells wird gezeigt, wie es funktionierte.

Außerhalb der Gesellschaft
Die Wasserschöpfer waren übrigens nicht die Einzigen, die streikten. Auch die eigentlichen **Bergleute** waren oft unzufrieden, und sie waren ein ungebärdiger Haufen. Im Gegenzug für die risikoreiche und beschwerliche Arbeit erstritten sie sich – neben guten Verdienstmöglichkeiten – diverse **Privilegien** wie ein Vorkaufsrecht am Markt, eigene Gerichtsbarkeit und Steuerfreiheit. De facto standen sie außerhalb

der Gesellschaft und waren bei den Bürgern so verschrien, dass die sich in ihrer Pfarrkirche Maria Himmelfahrt (s. S. 141) mit einem 3 m hohen Zaun vor den Knappen schützten.

1525 kam es wegen der hohen Lebensmittelpreise und eines Streits um Feiertage zum **Aufstand** gegen den Landesherrn und die Bankiersfamilie der Fugger, der inzwischen praktisch die gesamte Stadt einschließlich Bergwerk gehörte.

Der Niedergang
Mit der Technisierung nahm die Zahl der Bergleute in Schwaz ab. Das Bergwerk behielt aber noch lange seine Vorbildfunktion: Auf dem Rückweg, der durch einen anderen Stollen führt, sind Bilder aus dem **Schwazer Bergbuch** von 1556 ausgestellt. Es wurde zu einem Standardwerk für die Minenentwicklung in der Neuen Welt. Das viel günstiger geförderte Silber aus Mexiko führte schließlich zum Niedergang des Schwazer Silberbergbaus. Erz wurde noch bis 1957 abgebaut.

Zurück ans Licht
Nach etwa einer Stunde unter Tage geht es dann mit dem Bähnchen wieder zurück ans Tageslicht.

144

rer lukrativen Arbeit die riesige Kirche erst ermöglicht. Große Teile der Innenausstattung wurden im 17/18. Jh. barockisiert, ab 1900 wurde regotisiert.

Außerhalb der Altstadt

Silberbergwerk Schwaz
s. Entdeckungstour S. 142

Planetarium
Alte Landstr. 15, Tel. 05242 721 29, www.planetarium.at, in der Saison tgl. 5 Vorführungen (s. Website), 10 €, bis 16 Jahre 8 €
Gleich neben dem Eingang zum Stollen des Silberbergwerks (s. Entdeckungstour S. 142) befindet sich das kleine Schwazer Planetarium. Der Sternenhimmel wird digital in die Kuppel projiziert und ist auch tagsüber oder bei bedecktem Himmel zu bewundern. Auch ein Alternativprogramm für diejenigen, die nicht mit in den Bergwerksstollen wollen, oder anschließend für den Kontrast: vom Untergrund ins Universum.

Museum der Völker
St. Martin 16, Schwaz, Tel. 05242 660 90, www.museumdervoelker.com, Di–So 10–17, letzter Einlass 16.30 Uhr, 9,50 €, ermäßigt 7,50 €
Das private Museum des Schwazer Prominenten Gert Chesi zeigt nach dem Wunderkammer-Prinzip (s. Entdeckungstour S. 178) Stücke aus **Afrika-** bzw. **Asien-Sammlungen** (Abb. S. 141), darunter viele Objekte aus Chesis eigener Sammlung. Der Fokus liegt auf exotischen Skulpturen und Objekten im Zusammenhang mit Ritualen und religiösen Bräuchen, die zum Teil durch Fotos und Filmausschnitte (aus Dokumentarfilmen von Chesi) ergänzt werden. Vor allem aus Asien finden sich einige kostbare historische Skulpturen. Insgesamt ist das Museum eher etwas

für Interessierte mit Vorwissen, auch weil die Informationen auf dem Begleitblatt recht mager sind.

Umgebung von Schwaz

Schloss Tratzberg ▶ J 4

Tratzberg 1, Tel. 05242 635 66, www.schloss-tratzberg.at, nur mit Audioguide-Führung, Ende März–Anf. Nov. tgl. 10–16 (Beginn letzte Führung), Juli/Aug. letzte Führung 17 Uhr, 13,50 €, 13–17 Jahre 9,50 €, bis 12 Jahre 8 €, Fußweg vom Parkplatz zum Eingang, alternativ ›Bummelzug‹; s. auch Unser Tipp S. 145
Tratzberg wurde im 13. Jh. erstmals erwähnt, sah damals aber eher aus wie eine mittelalterliche Burg. Diese wechselte über die Jahrhunderte etliche Male den Besitzer, u. a. waren Kaiser

Unser Tipp

Rundtour Wolfsklamm – St. Georgenberg – Kreuzweg – Tratzberg ▶ J 4/5
Im Anschluss an die Wolfsklamm (s. S. 146) kann man gut zum Schloss Tratzberg weiterwandern: am besten zeitlich so geplant, dass man in St. Georgenberg einkehren kann. Von Georgenberg führt ein gemütlicher breiter Weg teils über einen modern gestalteten Kreuzweg leicht abwärts nach Tratzberg (ca. 1,5 Std.). Nach der Besichtigung kann man in Tratzberg in den historischen Bus (Sehenswürdigkeiten Transfer) steigen, der etwa stündlich in Richtung Stans bzw. Schwaz fährt.

Maximilian I. und die Familie Fugger hier Hausherren. Ein Augsburger Kaufmann (Ritter von Ilsung) baute die Festung ab 1554 zu einem repräsentativen Renaissanceschloss um. Die heutigen Inhaber, die Grafen Enzenberg, kamen 1847 in den Besitz des Schlosses, in dem sie heute noch leben. Große Teile sind aber für Touristen zugänglich, und zwar im Rahmen eines etwa einstündigen geführten Rundgangs mit einem recht kurzweiligen Audioguide (mehrsprachig, auch Kinderversion). Highlight des Rundgangs ist der **Habsburgersaal** mit einem gemalten Stammbaum des Hauses Habsburg, wobei die Erbfolge jeweils durch eine blaue Unterlegung des Namens markiert ist.

Wolfsklamm ► J 5

Stans, www.wolfsklamm.com, Bus 4111 ab Schwaz bis Stans-Schwimmbad oder S-Bahn-Haltestelle Stans, dann 10 Min. zu Fuß, je nach Witterung Mai–Okt. 9–16 Uhr (Antritt des Rückwegs auch später möglich), insbesondere Anf. Mai, Mitte Ende Okt. ist es ratsam, sich bei der Gemeinde Stans nach der Begehbarkeit der Schlucht zu erkundigen (Tel. 05242 635 78), 4 € Wegemaut (Kassenhäuschen nur am Talausgang); s. auch Unser Tipp S. 145
Von der Bushaltestelle in Stans sind es ca. 200 m bis zum **Wanderparkplatz am Eingang der Wolfsklamm.** Wenig später wird die Schlucht (1,3 km, 200 Höhenmeter) recht eng und steil. Der Weg führt nun zum Teil auf Holzstegen direkt über dem Bach oder auf felsigem Grund an den Felswänden entlang. Bei Regen rutschig! Mit Wasserfällen, Brücken und Felsdurchbrüchen bietet die Klamm reichlich Abwechslung. Am Ausgang der Schlucht führt der Weg etwa 100 Höhenmeter und gut 30 Min. weiter zur **Benediktinerabtei St. Geor-**

genberg (www.st-georgenberg.at, Mo–Sa 8–12, 14–16.30, So 10.30–11.30, 14–16.30 Uhr) mit der denkmalgeschützten Hohen Brücke, deren Steinbogen aus dem Jahr 1497 stammt. Im **Wallfahrtsgasthaus** (s. u.) kann man sich stärken.

Übernachten, Essen

Wirtshausstube – **Gasthof Einhorn Schaller:** Innsbrucker Str. 31, Schwaz, Tel. 05242 740 47, www.gasthof-schaller. at, Mi–Mo 9–23, Küche 11.30–14, 17.30–20.30/21 Uhr, DZ/ÜF ab 82 €. 13 etwas unterschiedliche Zimmer in einem urigen Traditionsgasthof – gemütlich, hell und modern. In der holzgetäfelten Gaststube gibt es Tiroler Spezialitäten (Mo z. B. Blattln, s. S. 28, Hauptgerichte ab 8 €) und schon zum Frühstück richtig guten Kaffee.

Schicht im Schacht – **Knappenkuchl:** Alte Landstr. 3a, Schwaz, Tel. 05242 723 72 13, Mo–Mi 10–20, Do–Sa 10–22, So 10–18 Uhr. Solide Pausenoption am Eingang zum Silberbergwerk. Neben einer kleinen Auswahl herzhafter Gerichte für hungrige Bergleute (heute eher hungrige Handwerker aus der Umgebung) gibt es nachmittags auch frischgebackenen Kuchen.

Einkehr – **Wallfahrtsgasthof St. Georgenberg:** St. Georgenberg 181, Stans, am oberen Ende der Wolfsklamm, Tel. 05242 714 35, www.wallfahrtsgasthaus-st-georgenberg.at, tgl. 9–17 Uhr, Hauptgerichte 10–15 €. Unschlagbare Lage auf dem Klosterfels, Terrasse mit Kastanienbäumen. Deftige Tiroler Spezialitäten wie Kiachl und Blattln auf Kraut, Hirschgulasch oder süße Krapfen mit Milch.

Abends & Nachts

Livemusik – **Kulturcafé Eremitage:** Innsbrucker Str. 14, Tel. 05242 652 51, www.eremitage.at, Di–Fr 11–14,

Eng wird es in der Wolfsklamm

17–23, Sa/So 17–23 Uhr. Häufiger Jazz-konzerte oder Lesungen.

Einkaufen

Deftig – **Bauernladen:** Franz-Josef-Str. 2, Schwaz, Tel. 05242 211 33, www.bauernladenschwaz.at, Mo–Fr 8–18, Sa 9–12 Uhr. In dem kleinen Feinkostladen direkt neben dem historischen Rathaus gibt es allerlei Schmankerln aus der Region, von Schinken, Wurst und Käse bis zum Obst- oder Haselnussschnaps.

Wochenmarkt – **Bauernmarkt:** Pfunds-platz, Schwaz, Sa 8.30–11 Uhr. Hier gibt's Obst, Gemüse und Milchproduk-te von Erzeugern aus dem Umland.

Infos & Termine

Infos

Tourismusbüro: Münchner Str. 11, Schwaz, Tel. 05242 632 40, www.silber region-karwendel.com, Mo–Fr 9–12.30, 13.30–17, Sa 9–12 Uhr.

Termine

Tinzlmesse: So nach dem 6. Jan. (Drei-königstag), Schwaz. Historische Bitt-messe, die Handwerker und Gewerbe-treibende zu Jahresbeginn abhalten, um göttlichen Segen für ein ertragrei-ches Jahr zu erbitten. Tinzl bedeutet Zunft und bei der Tinzlmesse werden auch die Tinzlstangen (Zunftstangen) von Zunftmeistern oder deren Lehrlin-gen zur Schau gestellt.

Verkehr

Bahn: Der Bahnhof Schwaz liegt et-was außerhalb auf der linken Innseite. **Bus:** Der historische Bus, **Sehenswür-digkeiten Transfer** genannt, fährt Mitte Juni–Mitte Sept. ca. stdl. zwischen ca. 10 und 17 Uhr eine Runde von Jenbach über Tratzberg, den Eingang zur Wolfsklamm und Schwaz (Stadt und Silberbergwerk) und zurück nach Jenbach; nur in eine Richtung. Kostenlos mit den Gästekarten Silbercard, Achenseecard, Zillertal Activcard und Alpbachtalcard oder mit Eintrittskarten der angefahrenen Sehenswürdigkeiten.

Hall in Tirol ▸ H 5

Die mittelalterliche Stadt Hall verdankt ihre Existenz dem Salz, das in den Bergen des Karwendel hinter der Stadt abgebaut wurde und lange Zeit eines der wichtigsten Handelsgüter war. Im 13. Jh. erstmals erwähnt, erhielt Hall schon 1303 Stadtrechte. Nach einem Stadtbrand 1447 wurde die ganze Stadt neu aufgebaut, die meisten Häuser gehen zumindest in den Grundmauern immer noch auf diese Zeit zurück. Noch mehr Aufschwung brachte 1477 die Verlegung der Münze nach Hall. In den folgenden Jahrhunderten war Hall dank Salz, Silber und Handel eine reiche Stadt. Erst ab dem 18. Jh. setzte der Niedergang ein, zunächst mit der Schließung der Münze (1809), dann wurde die Saline immer unrentabler, bis die Salzgewinnung 1967 endgültig eingestellt wurde.

Haller Altstadt !

Die kompakte Altstadt liegt, heute von einer Ringstraße, dem Stadtgraben, anstelle der alten Stadtmauer umschlossen, an einem Hang. Zentraler Platz der Altstadt ist der Obere Stadtplatz. Kopfsteingepflasterte Gassen und gedeckte Stiegen durchziehen die Stadt und immer lohnt ein Blick in die gotischen Gewölbe der Hinterhöfe. Neben dem Turm der Münze südlich der Altstadt bestim-

men die Türme von drei Kirchen das Stadtbild: der Pfarrkirche St. Nikolaus, der Stiftskirche und der Jesuitenkirche. In der Stadt verteilt sind (geplant bis Ende 2017) Repliken der Bilder des Haller Künstlers Heinz Weiler ausgestellt (www.heinzweiler.at).

Pfarrkirche St. Nikolaus 1
Pfarrplatz
Die älteste Kirche der Stadt ist dem hl. Nikolaus von Myra als Patron der Schiffer gewidmet. Sie wurde im 14. Jh. als gotische, einschiffige Hallenbasilika gebaut. Sobald man ins Innere tritt, wird deutlich, dass die heute dreischiffige Kirche nicht ursprünglich in ihrer heutigen Form geplant war: Der Chor ist gegen das Langschiff schräg nach rechts versetzt. Bei einer Erweiterung im frühen 15. Jh. wurde nämlich der damalige Stadtturm, ein wuchtiger hoher Feuerausguck auf der Nordseite, als Kirchturm integriert. Nach Norden war damit Platz für ein Seitenschiff, nach Süden aber nicht, und der Chor im Osten musste wegen der Enge der Stadt und des hügeligen Baulands auch an der bisherigen Position bleiben, also von der neuen Hauptachse versetzt. Mitte des 18. Jh. wurde der Innenraum dann kräftig barockisiert.

Sehenswert sind die **Waldaufkapelle** im nördlichen Seitenschiff mit den Reliquien der Haller Heiltumssammlung, der **Fasser-Altar** im rechten Seitenschiff, wo ein Engel ein (Salz-)Fass hält, und die separat stehende gotische **Magdalenenkapelle** hinter dem Chor.

Rathaus 2
Oberer Stadtplatz 1–2, zu den Bürozeiten öffentlich zugänglich
Neben der Nikolauskirche verdient das Rathaus Beachtung – von außen wie innen. Herzog Leopold IV.

Durch den Torbogen des Rathauses öffnet sich der Blick auf den Oberen Stadtplatz

schenkte das gotische und mit Zinnen geschmückte Königshaus, einst Stadtburg des Grafen Heinrich von Görz-Tirol (1295–1335), der Stadt Hall, der es seither als Rathaus dient. Nach dem großen Stadtbrand von 1447 wurde es wieder aufgebaut. Damals schenkte Herzog Sigmund der Münzreiche (1427–96) den Bürgern Halls den heutigen **Rathaussaal**: Getäfelt mit Zirbelholz und schön ausgeschmückt, ist er als Trauzimmer beliebt – und ebenfalls zugänglich, wenn nicht gerade eine Veranstaltung stattfindet.

Stiftskirche (Herz-Jesu-Basilika) und Jesuitenkirche

Die **Stiftskirche** 3 gehört zum Nonnenkloster der Weißen Tauben (Kloster Herz Jesu, Stiftsplatz). 1567 gründeten es die unverheirateten Schwestern Kaiser Ferdinands II., die Erzherzoginnen Magdalena (federführend), Helena und Margaret, als **Haller Damenstift.** 1570 wurde die Kirche eingeweiht. Das Stift hatte bis ins 18. Jh. Bestand, bis Kaiser Joseph II. 1783 seine Aufhebung verfügte. Danach befand sich hier einige Zeit ein Spital. Erst 1912 erfolgte die Wiederbelebung des Klosters durch den belgischen Orden Filles de Sacré Cœur (Töchter des Herzens Jesu), dessen Nonnen aufgrund ihres weißen Habits auch als Weiße Tauben bekannt sind. In der Stiftskirche mit prächtigen Stuckaturen betet in halbstündigem Wechsel immer eine der sieben im Kloster in strenger Klausur lebenden Nonnen.

Über Eck dazu steht die **Jesuiten-kirche** 4 (Stiftsplatz), auch Aller-heiligenkirche genannt. Die drei Erzherzoginnen hatten als geistliche Betreuung des Ordens die Jesuiten in die Stadt geholt und 1571 die Kir-che gegründet. Eingeweiht wurde sie 1610.

Bergbaumuseum 5

Fürstengasse 1, Tel.05223 45544, http://www.hall-wattens.at/de/fueh rungen-bergbaumuseum.html, Mo, Do, Sa 11.30, nur mit Führung (ca. 45 Min.), 5 €, Kinder 3 €, mit Gästekarte günstiger
Das Bergbaumuseum wurde bereits 1929 unter einem alten Adelshaus angelegt – man schlug zur Veran-schaulichung des Gewerbes im städ-tischen Keller etwa 60 m Stollen in den Fels. Die Stollen samt Modellen des Salzbergwerks und anderen Ex-ponaten – Figurengruppen, Fossili-en, Werkzeugen – sind seitdem ori-ginal erhalten und in sich historisch interessant. Die eigentliche Ausstel-lung zum Salzbergbau wird derzeit museumspädagogisch aufbereitet und soll 2017 neu eröffnen.

Münze Hall und Münzerturm in der Burg Hasegg 6

Burg Hasegg 6, Tel 05223 58 55-165, www.muenze-hall.at, April–Okt. Di–So 10–17, Nov.–März Di–Sa 10–17, letzter Einlass jeweils 16 Uhr (3. Jan.-Woche–2. März-Woche nur für Gruppen n. V.), Münze Hall 8 €, 6–16 Jahre 5,50 €, Münzerturm/ Museum Stadtarchäologie 5,50/4 €, Kombiticket 11,50/8 €
Das **Museum der Münze Hall** in der Burg Hasegg bietet einen hervorra-genden Überblick über die Geschichte der Münzprägung in Hall – und ver-mittelt auch, warum die Haller Münze so bedeutend war.

Bis 1477 ließen die Tiroler Fürsten ihre Münzen in Meran prägen, aber aus sicherheitspolitischen Gründen (Südtirol war kriegsgefährdeter) ließ Erzherzog Sigmund die Münze ins Inntal, näher zur Hauptstadt Inns-bruck verlegen. Hall war bereits eine befestigte Stadt und lag nicht allzu weit vom Silberbergwerk in Schwaz entfernt, gute Voraussetzungen also für eine Münze. Schon 1486 wurde deshalb auch eine revolutionäre Neuerung eingeführt: Als Ersatz für die bis dahin den Geldstandard definierenden Goldgulden wur-de eine Silbergroßmünze geprägt, der sogenannte **Guldiner.** Wie der Name andeutet, war der Guldiner vom Metallwert her dem Goldgul-den gleichwertig. Der Vorteil für die Habsburger war, dass sie die eigenen Silbervorkommen für die Münzprä-gung nutzen konnten, statt Gold an-kaufen zu müssen. Das Experiment machte Schule und bald wurde in Joachimsthal in Böhmen eine ana-loge Silbermünze hergestellt, der Joachimsthaler oder **Thaler.** Diese schweren Silbermünzen verbreiteten sich über Europa und mit der Kolo-nisierung Amerikas über die ganze Welt, und aus dem Kurznamen Tha-ler oder Taler wurde der Dollar.

Für die Massenprägung entwickel-ten die Habsburger Münzer eine halb-automatische **Prägemaschine,** die das mühsame Schlagen jedes Talers per Hand vereinfachte und an mehreren Münzprägestätten im Habsburger Weltreich eingesetzt wurde. Vollstän-dig erhalten ist keine, aber im Münz-museum ist eine mögliche **Rekonstruk-tion** ausgestellt.

Die Münzprägung wurde 1809 unter Napoleon eingestellt, 1976 anlässlich der Olympischen Spiele in Innsbruck aber wieder aufgenom-men, sowohl als Ableger der öster-

Hall in Tirol

Sehenswert

1 Pfarrkirche St. Nikolaus
2 Rathaus
3 Stiftskirche/Herz-Jesu-Basilika
4 Jesuitenkirche
5 Bergbaumuseum
6 Münze Hall und Münzerturm in der Burg Hasegg
7 Freiluftinhalatorium

Übernachten

1 Parkhotel
2 Gartenhotel Maria Theresia
3 Gasthof Badl
4 Schwimmbad-Camping Hall

Essen & Trinken

1 Geisterburg
2 Burgtaverne
3 – 5 s. auch Entdeckungstour S. 152
3 Café Morgenbrot
4 Bar Centrale
5 Teegießerei
6 Konditorei Weiler

Einkaufen

1 – 6 s. Entdeckungstour S. 152
7 Bäckerei Liebe Sonne

Abends & Nachts

1 La Spritzzeria
2 Kurhaus
3 Salzlager

reichischen Nationalbank als auch für Gedenkmünzen, private Medaillen und die Haller Lokalwährung Guldiner.

In den Rundgang durchs Museum ist der **Münzerturm** integriert – den man mit Zusatz- oder Kombiticket besteigen kann. Seit 2007 birgt er das **Museum Stadtarchäologie,** das die Haller Geschichte und den mittelalterlichen Alltag präsentiert.

Am Ende des Rundgangs – nach einem **Dokumentarfilm** zur Münze – haben die Besucher die Gelegenheit, sich selbst eine **Erinnerungsmünze** zu

schlagen, eine Kopie des ersten Haller Guldiners (2,50–18 €).

Kurpark und Freiluftinhalatorium

Im Nordosten grenzt der **Kurpark** an die Altstadt: Von 1938 bis 1974 hieß die Stadt offiziell Solbad Hall, im Bemühen, aus dem schwindenden Salzreichtum zumindest noch einen Kurbetrieb herauszuschlagen – jedoch ohne Erfolg. Das **Freiluftinhalatorium** 7 (s. Lieblingsort S. 155) wurde allerdings erst vor einigen Jahren nach dem Vorbild von Bad Reichenhall angelegt – in Hall ▷ S. 156

Auf Entdeckungstour: Schauen, shoppen, genießen – Altstadtbummel in Hall

Eine gut erhaltene mittelalterliche Altstadt, in der kaum ein Weg weiter als 500 m ist, zentral im unteren Inntal nur ein paar Kilometer von Innsbruck entfernt, mit netten kleinen Läden und Cafés – kein Wunder, dass die Tiroler zum Bummeln und Flanieren herkommen. Für Touristen noch eher ein Geheimtipp.

Cityplan: S. 151

Infos: s. S. 156

Planung: Das Büro im Laden 1, Arbesgasse 13, Tel. 0650 227 01 75, www.dasbüroimladen.at, Mi, Sa 9–12.30, Do/Fr 9–12.30, 14.30–18 Uhr; **Bergith Worsch 2**, Rosengasse 2, Tel. 0699 145 207 02, www.bergith.com, n. V.; **Villa Kuchenbunt 3**, Rosengasse 6, Tel. 05223 227 44, www.villakuchenbunt.com, Di–Fr 9–12, 15–18, Sa 9–12 Uhr;

Interior for Kids 4, Eugenstr. 13, Tel. 05223 238 80, www.fb.com/interiorforkids, Mi 9–12.30, Do/Fr 9–12.30, 14.30–18, Sa 9–13 Uhr; **Feine Feder 5**, Eugenstr. 9, Tel. 0664 283 54 07, www.kalligrafieraum.at, Mo/Di n. V., Mi 9–12.30, 16–18, Do/Fr 9–12.30 Uhr; **Lebens-Art s'Kreativwerkstattl 6**, Oberer Stadtplatz 7, Eingang Langer Graben, Tel. 0664 53 06 272, www.lebensart-hall.at, Mo–Fr 9.30–17.30, Sa 9.30–13 Uhr.

Einkehradressen 3 – 6: s. S. 156

Am besten beginnt man den Stadt-bummel an der **Pfarrkirche St. Niko-laus**  am Oberen Stadtplatz. Von hier führt der Lange Graben nach unten, die Wallpachgasse nach oben, quer führen die Rosengasse und Waldaufstraße zum Stadtgraben, der die Altstadt umschließt. Es lohnt sich auch, in die Seitengassen hineinzu-schauen und alte Verbindungswege zwischen historischen Häusern und Hinterhöfen zu entdecken.

Design und Kunst

Zu den ungewöhnlichsten Shop-Kon-zepten gehört das der Grafikerin Katrin Stiller, die quasi aus ihrem Atelier in der Arbesgasse heraus nicht nur ihre eige-nen Designs verkauft, sondern auch schöne Dinge, die ihr selbst gefallen. Das Geschäft, in dem mittelalterliche Ausgrabungen offen einsehbar sind, heißt denn auch **Das Büro im Laden** 1.

In der Rosengasse kann man bei der Bildhauerin **Bergith Worsch** 2 ins Atelier schauen. Nicht weit davon ver-kauft die **Villa Kuchenbunt** 3 alles, was zum Verzieren von Cupcakes ge-braucht wird, vom rosa Marzipan über das Modellierwerkzeug bis zu ausge-fallenen Kerzen (für den Kuchen). Wie man das alles benutzt und verarbei-tet, kann man in den äußerst belieb-ten Kursen dort ebenfalls lernen.

Eine Straße weiter, in der Eugen-straße, ist die Malermeisterin Elke Hell vom Ausmalen von Kinderzimmern ei-nen Schritt weitergegangen und bietet jetzt in ihrem Laden **Interior for Kids** 4 auch die Inneneinrichtung dazu an: von kinderfreundlichen Stoffen über Holz-spielzeug bis zu praktischem Geschirr. Mehr für Erwachsene ist das Kalligra-fiegeschäft **Feine Feder** 5 nebenan mit einer großen Auswahl an edlem Papier.

Zurück am Langen Graben, in der Nähe der Pfarrkirche, passiert man noch das Schmuck- und Einrichtungsgeschäft **LebensArt s'Kreativwerkstattl** 6, wo vom Schmuck bis zu den Möbeln vieles von den Inhabern selbst gemacht ist, bei vielen anderen Stücken achten sie auf fairen Handel. Besonders sehens-wert ist auch die romanische Holzdecke im Ausstellungsraum im Untergeschoss.

Das Wichtigste sind die Pausen!

In der kleinen Altstadt Halls finden sich viele schnuckelige Cafés. Wer möch-te, kann sich stärken, noch bevor die meisten Läden geöffnet haben – im **Morgenbrot** 3 (Krippgasse 10; Abb. S. 152) z. B. gibt es morgens frische Waffeln, süß oder pikant. Für einen kräftigen Espresso bietet sich die **Bar Centrale** 4 (Schlossergasse 1) an, dort gibt es leckeres italienisches Gebäck. Teetrinker sind in der Arbesgasse bei der **Teegießerei** 5 bestens aufgehoben – eigentlich ein Teegeschäft, aber an der Theke kann man sich jeden Tee aus dem Sortiment aufgießen lassen. Den besten Kuchen bietet die **Konditorei Weiler** 6 am Oberen Stadtplatz – hier hat man auch die Lebkuchentradition, die Sigmund der Münzreiche im 15. Jh. eingeführt hat, wieder aufgegriffen: Das nussige Haller Törtchen ist wie anno dazumal »ohne ein Stäubchen Mehl« gebacken und in der schönen Geschenkbox ein perfektes Mitbringsel.

Lieblingsort

Freiluftinhalatorium –
gut benebelt

Sieht aus wie moderne Kunst und ist zudem noch gesund: Über die Schwarzdornzweige an der Wand rieselt Solewasser. Die Luft ringsum wird dadurch mit feinen Salzpartikeln angereichert und ist gut für die Bronchien. Damit es richtig wirkt, sollte man täglich eine Stunde hier verbringen – aber auch sonst ist das **Inhalatorium 7** ganz entspannend **(Kurpark,** in den Sommermonaten frei zugänglich).

selbst war es für die Salzherstellung eigentlich nie nötig, das salzhaltige Wasser zum Vorverdampfen in der Sonne abrieseln zu lassen, denn hier gab es genügend Holz, um die Sole einzukochen.

Übernachten

Architekturikone – **Parkhotel** 1 : Thurnfeldgasse 1, Tel. 05223 537 69, www.parkhotel-hall.com, DZ/ÜF ab 195 €. Zimmer in zwei schicken Türmen: klassische Moderne oder kontemporärer Glaspalast.

Im Grünen – **Gartenhotel Maria Theresia** 2 : Reinmichlstr. 25, Tel. 05223 563 13, www.gartenhotel.at, DZ/ÜF ab 150 €. Solides Hotel etwas außerhalb im Dorf Heiligkreuz. Beliebt für Familienfeiern – gutes Frühstück im hellen Frühstücksraum.

Am Inn – **Gasthof Badl** 3 : Haller Innbrücke 4, Tel. 0223 567 84, www.badl.at, DZ/ÜF ab 84 €. Gleich gegenüber vom Münzerturm, über eine alte gedeckte Fußgängerbrücke zu erreichen, liegt der historische Gasthof, in dem früher ein Kurbad war. Schlichte, gut ausgestattete Zimmer, abends auch Restaurant.

Camping – **Schwimmbad-Camping Hall** 4 : Scheidensteinstr. 26, am Freibad, Tel. 05223 45 46 47, www.camping-hall.at, Mai–Sept., für Wohnmobile ganzjährig. In Laufweite zur Altstadt.

Essen & Trinken

Holzofen-Pizza – **Geisterburg** 1 : Stadtgraben 18, Tel. 05223 419 10, www.geisterburg.at, tgl. 10–24, warme Küche 11–22, Pizza bis 23.30 Uhr, Gerichte ca. 10–26 €. Weitläufiges altes Haus mit einem belaubten Hof und drinnen einem extra Kinderspielzimmer. Die Geisterburg ist besonders

bekannt für knusprige Pizzen und würzige Burger; viele vegetarische Optionen.

Urig – **Burgtaverne** 2 : Burg Hasegg 3, Tel. 05223 56 695, Mo–Fr 10–23, Sa/So 9–24 Uhr, Hauptgerichte 10–15 €. Tiroler Hausmannskost in einem alten Gemäuer der Burg Hasegg, freundlich serviert und zu guten Preisen. Die Spezialität des Hauses ist Cordon Bleu in unzähligen klassischen und exotischeren Varianten.

Waffeln schon am Morgen – **Morgenbrot** 3 : Krippgasse 10, Tel. 0699 17 22 60 57, www.morgenbrot.at, Mo, Do, Fr 8.30–18, Sa 8.30–17, So 8.30–12.30 Uhr; s. Entdeckungstour S. 152.

Italienisches – **Bar Centrale** 4 : Schlossergasse 1, Tel. 05223 56055, www.bar-centrale.at, Mo–Fr 9–24, Sa 10–14.30, Winter auch 18–24 Uhr. Ideal für einen kräftigen Espresso und süßes, sauleckeres italienisches Gebäck; s. Entdeckungstour S. 152.

Für Teetrinker – **Teegießerei** 5 : Arbesgasse 3, Tel. 05223 204 11, www.teegiesserei.at, Mo/Di, Do/Fr Fr 9–12, 15–17.30, Mi 9–12, Sa 9–12.30 Uhr; s. Entdeckungstour S. 152.

Haller Törtchen – **Konditorei Weiler** 6 : Oberer Stadtplatz 2, Tel. 05223 525 60, Mi–Sa 8.30–18, So 10–18 Uhr; s. Entdeckungstour S. 152.

Einkaufen

Altstadtbummel – Die kleineren Läden und Fachgeschäfte in der Altstadt haben im Vergleich zu großen Ladenketten eher kürzere Öffnungszeiten. Viele schließen Mo und/oder Di, gegebenenfalls besser vorher anrufen. **Das Büro im Laden** 1 , **Bergith Worsch** 2 , **Villa Kuchenbunt** 3 , **Feine Feder** 4 , **Interior for Kids** 5 , **LebensArt s'Kreativwerkstattl** 6 : s. Entdeckungstour S. 152, eine Shopping-Broschüre erhält man im Tourismusbüro.

Bio-Bäckerei – **Bäckerei Liebe Sonne** `7` :
Agramsgasse 23, Tel. 0650 884 08 56,
www.liebesonne.eu, Mo–Fr 7–18.30, Sa
7–12.30 Uhr. Für Selbstversorger. Kräftige Tiroler Sauerteigbrote und Kleingebäck; auch Süßes und Käse.

Aktiv & Kreativ

Der Tourismusverband Hall-Wattens
bietet geführte **Wanderungen, Touren, Kochkurse** (tgl.) und vieles mehr
an. Mit Gästekarte sind diese Veranstaltungen kostenlos oder zumindest
verbilligt. Infos unter www.hall-wattens.at.

Abends & Nachts

Künstlerkneipe – **La Spritzzeria** `1` :
Langer Graben 9, Mo–Sa 7.30–21 Uhr.
Winzige Bar gleich neben der Kirche,
für einen Aperol zwischendurch.
Musikevents – Konzerte aller Art
finden insbesondere im **Kurhaus** `2`
(Stadtgraben 17) und im **Salzlager** `3`
(Saline 18), statt, die zum Salzraum
Hall (www.salzraum.at) gehören. Tickets unter www.oeticket.com.

Infos & Termine

Infos
Tourismusbüro: Unterer Stadtplatz
19, Tel. 05223 455 44, www.hall-wattens.at, Mo–Fr 9–18, Sa 9–13 Uhr.
Das Tourismusbüro hält auch einen
ausführlichen Shopping-, Restaurant-
etc.-Führer mit Stadtplänen für Besucher bereit. Online finden Sie ihn auf
www.haller-kaufleute.at.
Gästekarte: Schatzkarte Region Hall-Wattens, s. S. 120

Termine
Besonders sehenswert sind die **Fronleichnamsprozession** (Mai) und der
Adventsmarkt.

Verkehr
Bahn: S-Bahn ab Innsbruck (2 Stationen)
bis Bahnhof Hall.
Bus: Von Innsbruck gelangt man per
Bus in 30 Min. in die Altstadt von
Hall.

Umgebung von Hall

Nördlich von Hall ragt das Karwendelgebirge auf. Das Halltal gilt als einer
der anstrengenderen und steileren
Einstiege in die Bergwelt des Karwendel. Am Fuß der Berge liegt Absam,
das mit der bekannten Wallfahrtskirche. Und in der Nähe ist mit den Swarovski-Werken in Wattens eine der
Haupt-Touristenattraktionen Tirols zu
finden.

Absam ▸ H 5

Wallfahrtskirche Basilika St. Michael (Absam) ▸ H 5
*www.absam.at, Bus ab Hall bis Absam
Kirche (7 Min.), Zugang auch über
den Tiroler Jakobsweg*
Die Kirche ist die bedeutendste Marienwallfahrtsstätte in Tirol. Erstmals
geschichtlich erwähnt wurde sie 1331,
der heutige Bau stammt aus dem
15. Jh. und wurde im 18. Jh. barockisiert. Im Jahr 2000 wurde die Pfarrkirche St. Michael zur Basilica minor
erhoben.
Das verehrte **Marienbildnis,** das
zum Ziel der Wallfahrer wurde, soll
am 17. Januar 1797 plötzlich in der
Fensterscheibe eines Bauernhauses
etwa 100 m nördlich der Pfarrkirche
erschienen sein und wurde von den
Dorfbewohnern als Wunder gedeutet, als ein nicht von Menschenhand
geschaffenes Bild Mariens. Nach längerer Prüfung ließ sich das Bild in der
Fensterscheibe wirklich nicht anders

erklären und man brachte es in die Pfarrkirche. Die kleine Scheibe ist im rechten Seitenaltar angebracht.

Zum Ensemble gehören außerdem eine moderne **Gnadenkapelle** mit Glasaltar, ein gut ausgestatteter **Devotionalienladen** und eine sehenswerte **Kapelle mit Votivbildern,** von denen einige schon vom Ende des 18. Jh. stammen.

Auf dem Historischen Solewanderweg zum König-Max-Stollen

Start/Ziel: Wanderparkplatz Halltaleingang, Absam, Bus 503, Haltestelle Bettelhofsiedlung, bis König-Max-Stollen 6 km, 620 Höhenmeter, ca. 2 Std. – und dann retour; im Tourismusbüro Hall ist eine Broschüre zum Solewanderweg erhältlich, Infos unter www.karwendel.org

Am **Wanderparkplatz Halltaleingang** informieren Tafeln über den Naturpark Karwendel und den Solewanderweg. Von hier führt ein breiter **Wanderweg** immer am Fluss entlang talaufwärts.

Auf elf **Stationstafeln** wird die Arbeit der Salzbergleute erläutert: Oben im Berg wurde in einem Stollen Wasser in das salzhaltige Gestein geleitet, das das Salz herauslöste und als Sole wieder herausfloss. Dieses Salzwasser wurde dann ins Tal geleitet, dafür hatte man entlang des gesamten Weges **hölzerne Röhren** verlegt – hier und da sind bei genauerem Hinsehen noch einige Reste auszumachen. In Hall wurde das Salzwasser dann in großen Sudpfannen eingekocht – übrig blieb das reine Salz. Dafür waren große Mengen Feuerholz nötig, das über den Inn aus den Bergen herangeschwemmt wurde.

Auf dem Solewanderweg passiert man darüber hinaus kleine Kapellen und sogenannte Ladhütten (Lagerschuppen). Nach 6 km ist der **König-Max-Stollen** (geschlossen) erreicht.

Wattens ► H 5

Swarovski-Werke
s. Entdeckungstour S. 159

Auf dem Historischen Solewanderweg zum König-Max-Stollen

Auf Entdeckungstour:
Die Kristallwelten von Swarovski

Eine Wunderwelt aus funkelnden Kristallen, vom Illusionsmeister André Heller entworfen – etwas für Träumer. Doch die Swarovski Kristallwelten bieten noch einiges mehr: moderne Kunst, Familienspaß und nicht zuletzt Shopping im Flagship Store von Swarovski.

Reisekarte: ▶ H 5

Swarovski Kristallwelten: Kristallweltenstr. 1, Wattens, Tel. 05224 510 80, www.kristallwelten.swarovski. com, tgl. 8.30–19.30, letzter Einlass 18.30, Restaurant zusätzlich Fr/ Sa bis 23 (warme Küche bis 21.30) Uhr, 19 €, 6–14 Jahre 7,50 €, auch Familienkarten (Zutritt zu Restaurant und Shop kostenlos), **Achtung:** Zeitfenster-Tickets für Wunderkammern – Wartezeit u. U. bis zu 1 Std.

Mehrere regionale Gästekarten (etwa die Innsbruck Card oder die Achensee ErlebnisCard) berechtigen auch zum Besuch der Kristallwelten.

Anfahrt: ab Innsbruck **Shuttlebus** 4 x tgl. ab Hbf zum Eingang (5 €, in der Innsbruckcard enthalten) oder **Bus 4123** ca. alle 30 Min. bis Swarovski Kristallwelten, von dort ausgeschildert.

Zeitbedarf: für alle Bereiche ab ca. 3 Std.

Das Gesicht eines urtümlichen Riesen der Vorzeit erhebt sich über dem kleinen Teich, moosüberwachsen, aber mit wachen, funkelnden Augen. Wie sonst in den alten Sagen die Zwerge, so wacht dieser Riese über einen Schatz: die Wunder der Welt, die er bei seinen Wanderungen gesammelt und in unterirdischen Höhlen versteckt hat.

Neue Angebote auch für Schmuckmuffel

Wer weder für Märchen, Wunder und Varieté noch für Schmuck etwas übrig hat und Konsum eher ablehnend gegenübersteht, gehört wohl nicht gerade zur Hauptzielgruppe der Kristallwelten. Spätestens seit der Neueröffnung 2015 jedoch gibt es Attraktionen, die auch Skeptikern und Mitläufern den Besuch schmackhaft machen sollen, wie einen Spielplatz für Groß und Klein und hochkarätige Kunst. Besonders an regnerischen Tagen in der Hauptsaison zählt der **Themenpark** bei der Kristallfabrik Swarovski zu den Top-Attraktionen Österreichs. Weniger besuchte Zeiten sind dann gleich morgens nach Öffnung, über die Mittagszeit oder wieder ab dem späten Nachmittag.

Die Kristallwelten bestehen aus mehreren Bereichen – **Garten, Wunderkammern im Riesen, Spielturm, Shop** und **Restaurant**. Je nach Witterung bietet sich ein Erkundungsgang durch den Garten an, bevor man in die Wunderkammern (Zeitfenster-Tickets) eintaucht. In den Garten, wo sich auch der Spielturm befindet, kann man dann beliebig oft zurückkehren.

Kristallwolke und Alpingarten

Der **Eingang zum Garten (1)** liegt neben dem Restaurant, von dessen verglasten Fronten aus man einen entsprechend guten Blick hat, und führt durch Birkenhaine und eine Miniatur-version der Voralpenlandschaft gleich zu Kristallwolke & Spiegelwasser. Die **Kristallwolke (2)** ist eine Installation aus 800 000 Kristallen, die bei Sonnenschein oder abends beleuchtet eine Art Blitzlichtgewitter generieren kann – und diese Lichter reflektiert das **Spiegelwasser (3)**. Die Landschaftsarchitekten Cao und Perrot sind für ihre ungewöhnlichen, künstlerischen Projekte, darunter auch die Wolke in den Kristallwelten, ausgezeichnet worden: In die natürliche Landschaft bauen sie nichtorganische Objekte wie Glas oder eben Kristall ein, spielen mit Größenverhältnissen und überraschen mit Lichteffekten.

Wer möchte, kann sich von hier auf eine Entdeckungstour zu weiteren **Kunstobjekten** und **Installationen** machen, die im Garten verstreut sind. Ansonsten geht man einfach spazieren, staunt und schaut. Zum sorglosen Staunen passt übrigens auch, dass es keine Verbote gibt, weder hier noch in den Wunderkammern: Man darf alles anfassen, auch die Kristalle, und überall auch abseits der angelegten Wege gehen. Was möglich ist, ist auch erlaubt.

Auf dem Hügel hinter dem Kopf des Riesen blüht und sprießt es – hier ist ein **alpiner Garten (4)** mit einheimischen Pflanzen angelegt. Von dessen kleiner Aussichtsplattform sieht das darunterliegende **Heckenlabyrinth (5)**, das die Hand André Hellers darstellt, noch aus, als wäre es leicht zu meistern …

Neben dem Labyrinth ist der Garten beim letzten Umbau um zwei **Spielbereiche** ergänzt worden: einen Außenbereich, den **Spielplatz (6)**, zum Fangen, Verstecken und Entdecken und einen fünfstöckigen **Spielturm (7)** zum Klettern und Hopsen. Das Besondere daran: Es gibt keine Alters- oder Größenbeschränkungen, die Eltern können mit ins Klettergerüst und auf die Rutsche. Und wer seit Jahren auf keinem Trampolin war, hat hier mal wieder die Möglichkeit dazu.

Staunen in den Wunderkammern

Durch den markanten Kopf des Riesen gelangt man in die eigentliche Ausstellung, die **Wunderkammern (8).** Sie orientieren sich an den klassischen Wunderkammern der Fürsten (wie in Schloss Ambras, s. Entdeckungstour S. 178), und wie diese vereinen sie zwei Facetten, die nicht unmittelbar zusammenzugehören scheinen: zum einen ein Fantasy-Land aus Wundern der Natur und der Kunstfertigkeit, zum Staunen und Betrachten, das man einfach auf sich wirken lassen kann, und zum anderen Wissenschaft und Technik. Denn hinter den Licht- und Klangeffekten stecken naturwissenschaftliche Phänomene und Technologien. Wie ist der Kristalldom aufgebaut, in dessen Mitte es so hallt? Wie entstehen die Farben und die Spiegelillusionen der Kunstinstallationen? Wie werden die Automaten, die roboterhaften Figuren, so täuschend echt bewegt?

Von der vergoldeten **Eingangshalle** und der **Blauen Halle,** die mit hochkarätiger **Kunst der Moderne** geschmückt ist (u. a. Andy Warhol, Salvador Dalí, Niki de Saint-Phalle), führt der **Rundgang** durch insgesamt 16 Räume: Der funkelnde und ewig spiegelnde **Kristalldom** (Abb. S. 159), in dem man sich fühlt wie in einer Discokugel, ist als geodätische Kuppel konstruiert und die architektonische Installation **Into Lattice Sun** von Lee Bul ist von Skizzen des Architekten Bruno Taut (Berliner Hufeisensiedlung) inspiriert. Dazwischen gibt es einen **Kristall-Weihnachtsbaum** wie ein Winterwunderland, eine lustige übergroße **Modellbahn,** einen **Gang,** in dem die eigenen Tritte Kristalle auf dem Boden

projizieren, und einen **Zauberwald** aus Messing mit riesigen Kristallen.

Für manchen ist jedoch der **letzte Raum** der Höhepunkt der Sammlung, denn hier ist die **Firmengeschichte** vor allem anhand einiger **weltbekannter Swarovski-Produkte** ausgestellt: Kleider von Shirley Bassey, der Prototyp von Elton Johns Krone, und der Originalschuh von Walt Disneys Aschenputtel!

Eine Frage neugieriger Besucher bleibt jedoch offen: Wie entstehen die funkelnden künstlichen ›Diamanten‹ von Swarovski eigentlich? Doch darüber schweigt sich die Firma seit über 100 Jahren aus – es ist eines der bestgehüteten Firmengeheimnisse der Welt.

Shop

Der Rundgang endet im **Swarovski-Shop (9)** – wie zu erwarten mit der weltweit größten Auswahl an Swarovski-Produkten und einer eigenen VIP-Lounge für Mitglieder des Sammlerclubs SCS (Swarovski Crystal Society), dem weltweit immerhin mehr als 200 000 Personen angehören.

Vom Shop aus kommt man wieder zurück in den Garten und ins Café.

Innsbruck und Umgebung

Highlights!

Innsbruck: Die Landeshauptstadt lockt mit Top-Sehenswürdigkeiten, schicken Geschäften, außergewöhnlichen Restaurants und lebendigem Nachtleben. S. 164

Stift Stams: In der prächtigen Stiftskirche sind zahlreiche Tiroler Grafen beigesetzt. S. 192

Auf Entdeckungstour

Das Innsbruck der Habsburger: Über Jahrhunderte haben die Habsburger in Innsbruck ihre Spuren hinterlassen: das Goldene Dachl, die kaiserliche Hofburg und die Schwarzmanderkirche mit dem pompösen, aber leeren Grabmal Maximilians I. S. 168

Die Wunderkammern auf Schloss Ambras: Auch heute gibt es noch viel zu staunen in den Wunderkammern des Renaissanceschlosses. S. 178

Kultur & Sehenswertes

Museum Goldenes Dachl: Das Wahrzeichen Innsbrucks ließ Maximilian I. als Fürstenloge bauen. Heute ist in dem Gebäude ein historisches Museum untergebracht. S. 165

Zaha-Hadid-Architektur in Innsbruck: Die Stararchitektin bescherte der Stadt Innsbruck zwei aufregende Bauwerke: die Bergiselschanze und die Hungerburgbahn, eine Standseilbahn von Innsbruck zur Terrasse der Hungerburg. S. 173, 177

Aktiv unterwegs

Rollskiloipe in Seefeld: Rollski sind die Langlaufalternative im Sommer und in Seefeld in Tirol kann man sie ganz entspannt mal ausprobieren. S. 195, 197

Genießen & Atmosphäre

Markthalle: Ideal für einen Espresso oder ein Glas Wein zwischendurch inmitten des Innsbrucker Markttreibens. S. 183

Forellenhof Kirchbrücke: Fangfrische Forellen und Saiblinge aus dem Hausteich und als Nachtisch Moosbeernocken in Mieders. S. 186

Abends & Nachts

Erlkönig Bar: Schicke Raucherbar in Innsbruck mit preisgekrönter Inneneinrichtung und guten Drinks. S. 184

Treibhaus: Egal ob Konzert, Disco oder Theater, im Innsbrucker Kulturzentrum Treibhaus ist immer was los. Und ansonsten geht es einfach nur auf ein Bier ins Café oder den Raucherclub Fumoir. S. 184

Großstadtfeeling und Bergluft

Die Landeshauptstadt Innsbruck mit ihren gut 130 000 Einwohnern ist im Grunde die einzige richtige Stadt in Tirol. Mit zahlreichen Sehenswürdigkeiten, schicken und ungewöhnlichen Geschäften, unterschiedlichen Restaurants sowie einem lebendigen Nachtleben lockt sie auch im Sommer zahlreiche Touristen an. Da kann es, gerade vormittags, wenn die Busgruppen anreisen, schon mal ganz schön voll werden. Doch die Bergeinsamkeit ist nie weit, sei es direkt hinter der Stadt auf der Nordkette, im per Straßenbahn zu erreichenden Stubaital oder auf dem Seefelder Plateau. Gut 35 km von Innsbruck entfernt im Inntal befindet sich die Zisterzienser-Abtei Stift Stams, eines der sehenswertesten Klöster Tirols.

Innsbruck ! ▶ G/H 5/6

Besiedelt ist das Innsbrucker Becken schon seit der Jungsteinzeit; eine rö-

---

Infobox

Infos
www.insbruck.info: Website des Touristenverbands Innsbruck und seiner Feriendörfer.

Anfahrt und Weiterkommen
Innsbruck ist per Bahn, Inntalautobahn und Flughafen leicht zu erreichen; von hier fahren Busse und Regionalzüge in alle Orte der Umgebung.

Gästekarten
In Innsbruck und umgebenden Regionen ist die ›normale‹ Gästekarte praktisch funktionslos, dafür gibt es (zum Teil im Übernachtungspreis der Hotels enthaltene) Premium-Gästekarten mit vielen Inklusivleistungen. **Innsbruck Card:** www.innsbruck.info. Die Innsbruck Card gibt es für 24, 48 und 72 Std. (39 €, 48 €, 55 €, 6–15 Jahre 19,50/24/22,50 €). Sie berechtigt zum Eintritt in alle Museen der Stadt, Teilnahme an Führungen, zur Nutzung des öffentlichen Nahverkehrs in Innsbruck sowie des Hop-on-Hop-off-Touristenshuttles The Sightseer. **Stubai Card / Stubai Super Card:** www.stubai.at. Die Premium-Gästekarte **Stubai Super Card** ist bei vielen Partnerbetrieben im Zimmerpreis inbegriffen; wohnt man nicht in einem Partnerbetrieb, kann man die Stubai Card (gleiche Leistungen) kaufen. Sie ist an fünf von sieben aufeinanderfolgenden Tagen gültig (64 €, 6–14 Jahre 32 €). Die Karten enthalten die Eintritte für Sehenswürdigkeiten und erlauben die Benutzung von Seilbahnen, Frei- und Hallenbädern (Stubay 1 x pro Woche), Sommerrodelbahn (1 x pro Woche) und dem öffentlichen Nahverkehr. **Olympiaregion Seefeld Card (ORS Card):** www.seefeld.com. Die Olympiaregion Seefeld gewährt einige Ermäßigungen und die kostenlose Teilnahme am Sommerprogramm, man kann außerdem für 12 € das Regionsbusticket für unbegrenzte Freifahrten aufbuchen.

mische Siedlung gab es im Ortsteil Wilten, auf deren Überresten später ein Prämonstratenserstift gebaut wurde. 1133 gründeten die Markgrafen von Andechs einen Markt am linken Innufer (heute Ortsteil St. Nikolaus), und um 1150 wurde die erste Innbrücke gebaut, damit waren die Grundlagen für die Stadt gelegt. Denn nun entstand auf dem anderen, dem rechten Innufer ebenfalls ein Markt, Innsprucke, der bald auch das Stadtrecht erhielt.

Im 13. Jh. fiel Innsbruck an die Grafen von Tirol, im 14. Jh. mit dem übrigen Tirol an die Habsburger. Friedrich IV. machte Innsbruck zu seiner Residenzstadt und so begann die enge Verknüpfung Innsbrucks mit den Geschicken der Habsburger (s. Entdeckungstour S. 168). Seit die Tiroler Linie der Habsburger 1665 ausstarb, residierten keine Fürsten mehr in Innsbruck – Regierungssitz war nun Wien. Zum Ausgleich spendierte Kaiser Leopold I. der Stadt vier Jahre später eine Universität. Zur Hochzeit ihres Sohnes Leopold II. führte Maria Theresia 1765 noch einige Modernisierungsmaßnahmen durch, doch größere Bauprojekte waren in der nun eher unbedeutenden Stadt ansonsten selten. Deshalb blieb das spätgotische Stadtbild erhalten.

Mit der Verlegung der Landeshauptstadt von Meran nach Innsbruck 1849 und dem Bau der Eisenbahn ab 1858 wuchs die Bedeutung der Stadt wieder. Der Tourismus nahm schon vor den Weltkriegen rasant zu und nach dem Zweiten Weltkrieg konnte sich Innsbruck gleich zweimal als Austragungsort von Olympischen Winterspielen einen Namen machen, 1964 und 1976. Dazu kamen weitere internationale Sport-Großveranstaltungen wie die Paralympischen Winterspiele (1984, 1988), die Fußballeuropameisterschaft 2008 und die Winter-Jugendolympiade 2012. Die beschauliche Stadt verkraftet im Jahr etwa 9 Mio. (Tages-)Touristen. Zu Innsbruck gehören auch einige klassische Feriendörfer, denn durch die Lage zwischen hohen Bergen beginnt das sehr ländliche Umland nur wenige Kilometer von der Innenstadt entfernt.

Altstadt

Die meisten Sehenswürdigkeiten in der Altstadt stehen in Bezug zur langen Geschichte der Habsburger in der Stadt (s. Entdeckungstour S. 168).

Ottoburg **1** , Innbrücke **2**
s. Entdeckungstour S. 168

Museum Goldenes Dachl **3**
Herzog-Friedrich-Str. 15, Tel. 0512 53 60 14 41, www.innsbruck.gv.at/goldenesdachl, Mai–Sept. tgl. 10–17, Okt., Dez.–April Di–So 10–17 Uhr, 4,80 €, ermäßigt 2,40 €, bis 6 Jahre Eintritt frei; s. auch Entdeckungstour S. 168

Das Goldene Dachl als Wahrzeichen Innsbrucks ist eigentlich nur ein Teil der **Residenz Neuer Hof.** Herzog Friedrich IV. (mit der leeren Tasche) hatte dafür 1420 zwei Bürgerhäuser zusammengelegt, später wohnte auch sein Sohn Sigmund der Münzreiche dort. Erst Maximilian I. ließ das Haus kurz vor seiner Kaiserkrönung 1500 repräsentativ ausbauen und den Erker zum Stadtplatz als Fürstenloge mit damals über 3000 feuervergoldeten Kupferschindeln decken. Maximilian selbst wohnte aber, wenn er in Innsbruck war, nie hier, sondern in der Hofburg.

Von außen sind außer den heute nur noch 2657 **goldenen Schindeln** auch die schönen **Malereien** und **Reliefs** am Prunkerker zu ▷ S. 172

165

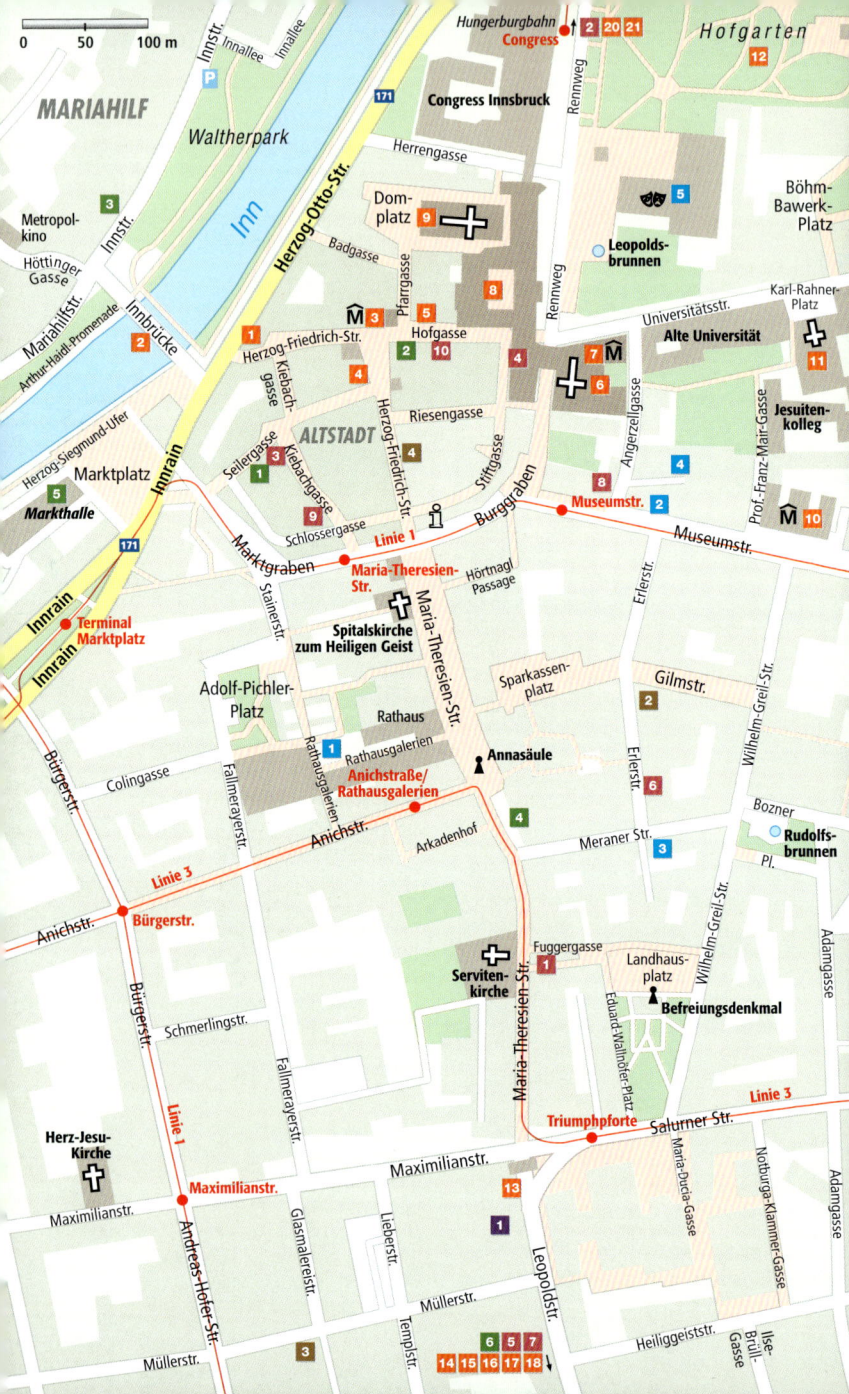

Innsbruck

Sehenswert

1. Ottoburg
2. Innbrücke
3. Museum Goldenes Dachl
4. Katzung-Haus
5. Deutschordenshaus
6. Hofkirche
7. Tiroler Volkskunstmuseum
8. Hofburg
9. Dom zu St. Jakob
10. Landesmuseum Ferdinandeum
11. Jesuitenkirche
12. Hofgarten
13. Triumphpforte
14. Bergiselschanze
15. Tirol Panorama, Kaiserjägermuseum
16. Andreas-Hofer-Denkmal
17. Stiftskirche des Prämonstratenser-Chorherrenstifts
18. Basilika Wilten
19. Schloss Ambras
20. Hungerburgbahn
21. Alpenzoo

Übernachten

1. Adlers
2. Hotel Central
3. Nala
4. Hotel Weißes Kreuz
5. Jugendherberge

Essen & Trinken

1. Chez Nico
2. Restaurant Seegrube
3. Weißes Rössl
4. Stiftskeller
5. Bierstindl
6. L'Osteria
7. Olive
8. Ludwig – Das Burger Restaurant
9. Café Munding
10. Strudel-Café Kröll

Einkaufen

1. Tiroler Edles
2. Acqua Alpes
3. Seifenfabrik Walde
4. Sportler Alpin
5. Markthalle
6. Wiltener Bauernmarkt

Aktiv

1. Die Börse

Abends & Nachts

1. 360° Café Weinbar Lounge
2. Tribaun
3. Erlkönig Bar
4. Treibhaus
5. Tiroler Landestheater

Auf Entdeckungstour:
Das Innsbruck der Habsburger

Über Jahrhunderte haben die Habsburger in Innsbruck ihre Spuren hinterlassen. So ließ Kaiser Maximilian I. anlässlich seiner Hochzeit mit der Italienerin Bianca Maria Sforza das Goldene Dachl errichten, heute glanzvolles Wahrzeichen der Stadt. Die kaiserliche Hofburg gilt als der bedeutendste Kulturbau, und in der Hofkirche, der Schwarzmanderkirche, ist das pompöse, aber leere Grabmal Maximilians I. zu bestaunen.

Cityplan: S. 167; Routenplan S. 170

Start: Touristeninformation, Burggraben 3, s. S. 184

Dauer : 3 Std.–1 Tag

Museum Goldenes Dachl 3 : Herzog-Friedrich-Str. 15, Mai–Sept. tgl. 10–17, Okt., Dez.–April Di–So 10–17 Uhr; s. S. 165.

Hofkirche 6 : Universitätsstr. 2, Mo–Sa 9–17, So 12.30–17 Uhr, 7 €, bis 19 Jahre Eintritt frei, Kombitickets s. S. 172.

Kaiserliche Hofburg 8 : Rennweg 1, www.hofburg-innsbruck.at, Tel. 0512 587 86-19, tgl. 9–17, letzter Einlass 16.30 Uhr, 9 €, bis 19 Jahre Eintritt frei.

Stiftskirche Wilten 17 : s. S. 177

Gleich neben der **Touristeninformation** führt die **Herzog-Friedrich-Straße** ins Herz der mittelalterlichen Stadt. Als die Habsburger 1363 die Herrschaft über die Stadt Innsbruck übernahmen, markierte der **Burggraben** die äußere Stadtbegrenzung, und an der Einmündung zur Herzog-Friedrich-Straße stand ein Stadttor.

Ein kleiner Schlenker nach links und dann nach rechts in die **Kiebachgasse,** vorbei an der im Volksmund **Vier-Viecher-Eck** genannten Kreuzung mit der Seilergasse. Der tierische Name bezieht sich auf die vier traditionsreichen umliegenden Wirtshäuser (Goldener Hirsch, Goldener Löwe, Weißes Rössl **3** [s. S. 182] und Roter Adler), die hier ausgeschildert sind. Die Kiebachgasse stößt schließlich auf die Herzog-Friedrich-Straße. Gleich gegenüber steht die **Ottoburg** **1** (Herzog-Friedrich-Str. 1, heute Restaurant). Sie ist der letzte Überrest einer alten Burganlage der Grafen von Andechs aus dem 12. Jh., die unter der Herrschaft der Habsburger schon verfallen war und deshalb eigentlich Ödburg hieß. Auf der rechten Seite sind von hier aus schon die auffälligen Dachschindeln des sogenannten Goldenen Dachls zu sehen. Schon der Weg zur Ottoburg macht das, im Vergleich zu heute, bescheidene Ausmaß der damaligen Stadt deutlich: Nach 300 m hat man schon ein Viertel der Altstadt abgelaufen!

Links dagegen, am westlichen Ende der Herzog-Friedrich-Straße, führt die **Innbrücke** **2** über den bei Innsbruck schon recht breiten Inn. Eine Vorgängerbrücke stand hier bereits im 12. Jh. Dem Inn verdankt die Stadt nicht nur ihren Namen, sondern im Grunde genommen sogar die Existenz, denn an der Brücke wurden hohe Zölle erhoben und der Handel

florierte in der daneben entstehenden Stadt.

Prunk am Bau – das Wirken der Habsburger

Die Habsburger herrschten zwar seit dem 14. Jh. unter Rudolf über Tirol, allerdings gab es in der größten Stadt zunächst keine richtige Residenz. Erst nach und nach kauften die Habsburger Fürsten einige Patrizierhäuser auf, die sie zusammenlegten. Repräsentativ wurde der Bau erst unter Maximilian I., der ab 1494 den Erker mit dem **Goldenen Dachl** **3** (Abb. S. 168; s. S. 165) anbauen ließ. Der Platz davor, dort wo die Herzog-Friedrich-Straße nach Süden abknickt, wurde zum **Hauptplatz** der Stadt. Dank strenger Denkmalschutzauflagen ist der heutige Blick auf das Ensemble vor dem Goldenen Dachl ähnlich dem, der sich Maximilian I. von seinem Balkon bot. Etliche der Häuser wurden im 15./16. Jh. von der lokalen Baumeisterfamilie Thüring errichtet. Mächtige Arkadengänge ziehen sich entlang der mittelalterlichen Häuser, in deren Erdgeschoss früher die Ställe und Werkstätten untergebracht waren. An Fassaden und Erkern sind teilweise gotische Reliefs zu sehen, etwa mit Szenen eines Ritterturniers am **Katzung-Haus** **4** (Herzog-Friedrich-Str. 16).

Geht man nun weiter geradeaus, passiert man in der Hofgasse das **Deutschordenshaus** **5** (Hofgasse 3), das von einem Nachfahren Maximilians finanziert wurde, von Erzherzog Leopold V. Dieser wurde 1598 als Teenager und ohne Priesterweihe zum Bischof von Passau ernannt; später klappte es dann doch mit der weltlichen Erbfolge und er wurde Landesfürst von Tirol. Das Deutschordenshaus diente als Herberge für die Mitglieder des Ende des 12. Jh. ge-

gründeten Deutschen Ordens und befindet sich bis heute in dessen Besitz.

Maximilians teures Grab – die Hofkirche 6

Hinter dem Deutschordenshaus führt ein kleiner Durchgang zur **Hofkirche** oder Schwarzmanderkirche, der Grabkirche Kaiser Maximilians I., die eigentlich noch mehr als das Goldene Dachl das Vermächtnis der Habsburger an Innsbruck ist.

Ein 500 Jahre altes Grab – das klingt nicht gerade spektakulär, doch die Inszenierung der Grablege für Maximilian I. ist wirklich alles andere als mittelalterlich: Sie ist selbst nach heutigen Maßstäben bombastisch.

Das Konzept für die Grabinstallation stammt von Maximilian selbst, aber tatsächlich gebaut wurde die Hofkirche erst unter seinem Enkel Ferdinand I. Hinter einem mit Marmor eingelegten **Renaissanceportal** erstreckt sich eine geräumige dreischiffige **Hallenkirche** (heute erfolgt der Zutritt von der Seite über das Volkskunstmuseum). Das **Hochgrab Maxi-**

milians dominiert den Innenraum, dabei war es im ursprünglichen Entwurf gar nicht vorgesehen. Obenauf kniet Maximilian selbst als Bronzefigur, umgeben von den personifizierten Tugenden Stärke, Gerechtigkeit, Mäßigung und Klugheit; Marmorreliefs an den Seiten zeigen wichtige Ereignisse aus seinem Leben, und selbst das geschmiedete und vergoldete Gitter ringsum rankt und blüht nur so, dass es eine Freude ist.

Namensgebend und eindrücklich-bedrohlich jedoch sind die **Schwarzen Manderl,** die überlebensgroßen Bronzefiguren, die ringsherum stehen. Auch sie gehen auf den Entwurf Maximilians zurück und einige von ihnen hat er sogar noch selbst bei den bedeutendsten Künstlern seiner Zeit in Auftrag gegeben. 40 Figuren waren geplant, bei seinem Tod waren elf bereits fertig, insgesamt wurden es dann 28. Die Figuren stellen (auch fiktive) Ahnen Maximilians und andere Größen der Geschichte dar, mit denen er sich auf eine Stufe stellen wollte. Bemerkenswert für die damalige Zeit ist, dass sich auch ein paar Habsburger-Frauen darunter befinden, nämlich Maximilians Großmutter **Zimburgis,** die aus Polen kam und mit ihrem spitzen Hut exotisch – fast ein wenig hexenhaft – wirkt, sowie seine erste Frau **Maria von Burgund** und die zweite Frau **Bianca Maria Sforza.** Während Maximilian mit seiner klugen ersten Frau gemeinsame Interessen verbanden, wie die Jagd und Festbälle, stand die Ehe mit Bianca Sforza unter keinem guten Stern: Die Braut musste drei Monate in Innsbruck auf Maximilians Rückkehr von einem Feldzug warten, und dann bemängelte er auch noch ihre intellektuellen Fähigkeiten. Maximilians Vorgänger als Graf von Tirol, **Sigmund der Münzreiche,** steht zwischen den Frauen, angeblich weil er solch ein Weiberheld war. Sigmund hatte tatsächlich zahlreiche uneheliche Kinder.

Sowohl künstlerisch als auch technologisch waren in der Zeit von Maximilians Herrschaft riesige Fortschritte gemacht worden. Was er sich für sein Grab wünschte, war nicht nur Cutting-Edge-Technologie, sondern auch bemerkenswert lebensecht und eindringlich. Künstlerisch am eindrucksvollsten sind die Figuren von **König Artus, Theoderich dem Großen** und Maximilians tatsächlichem Vorfahren **Albrecht IV. von Habsburg:** An ihren Entwürfen war **Albrecht Dürer** beteiligt, gegossen wurden sie in den Werkstätten von Nürnberg, die damals führend in der Bronzetechnologie waren.

Fast ironisch scheint dann, dass Maximilian sich nach all dem Planungsaufwand für sein Grab in Innsbruck dann doch testamentarisch für eine Grabstelle in Wiener Neustadt entschied und die pompöse Hofkirche nur ein Scheingrab ist.

Im linken Seitenschiff der Hofkirche aber ruht **Andreas Hofer** (s. S. 72). 1810 in Mantua gestorben und zunächst dort bestattet, wurde er 1923 in der Hofkirche beigesetzt. Seit 1934 erinnert hier ein Grabmal mit einer Statue Hofers an den Tiroler Freiheitskämpfer.

Spätere Habsburger zu Besuch in Innsbruck – die Hofburg 8

Gleich gegenüber in der Hofgasse befindet sich der Eingang zur **Hofburg.** Die erste größere Burg hier wurde zwar schon von Maximilians Vorgänger Sigmund dem Münzreichen, dem Frauenhelden, ab 1453 angelegt und von Maximilian ab 1495 ausgebaut, aber von den kleinteiligen gedrungenen Bauten des ausgehenden Mittel-

alters ist heute nichts mehr zu sehen. Die imposante **vierflügelige Anlage** stammt von den späteren Habsburgern, die nicht mehr in Innsbruck, sondern in Wien residierten: Insbesondere Maria Theresia ließ die Hofburg 1754–76 radikal nach dem Geschmack der damaligen Zeit zu einem Rokokoschloss umbauen und u. a. ein adeliges Damenstift angliedern. Der **Umbau** der Hofburg erfolgte zum Teil als Vorbereitung für die Hochzeit ihres Sohnes Erzherzog Leopold mit Maria Ludovica aus der spanischen Linie der Habsburger, die aus logistischen Gründen – Maria Ludovica reiste aus Spanien an – hier stattfinden sollte. Dafür sollte Innsbruck modernisiert werden, also ließ Maria Theresia auch gleich die Stadtmauern und -tore abreißen und neue Straßen anlegen.

Triumph und Tod
Durch die Stiftsgasse gelangt man von der Hofburg im Bogen zurück zum Burggraben und nach Süden in die Maria-Theresien-Straße, wo die Kaiserin eine **Triumphpforte** 13 bauen ließ. Neben Reliefs der erzherzoglichen Hochzeit sind dort aber auf der Nordseite auch Trauerszenen für Maria Theresias Gatten, Kaiser Franz I., abgebildet, der während der Hochzeitsfeierlichkeiten unerwartet und plötzlich einen Herzinfarkt erlitt und starb.

Kaiserliche Stippvisite
Wer möchte, kann noch weitergehen bis zum heutigen Stadtteil Wilten mit seiner beeindruckenden barocken **Stiftskirche** 17 (s. S. 177). Für die Einweihung 1665 war der Habsburger Kaiser Leopold I. noch einmal aus Wien in die alte Heimat der Dynastie gereist.

sehen. Maximilian ist auf den Reliefs auf der Brüstung des Balkons abgebildet: in der Mitte mit seiner ersten Frau Maria von Burgund (rechts) und der zweiten, Bianca Maria Sforza, die einen goldenen Apfel trägt – den Preis für den Sieger im akrobatischen Moriskentanz, der daneben abgebildet ist. Außerdem hat sich Maximilian als Fürst mit seinem Narren und dem Kanzler darstellen lassen.

Im architektonisch ebenfalls sehenswerten **Inneren des Neuen Hofes** ist eine umfangreiche **Ausstellung** über die Geschichte des Gebäudes und über Maximilian I. untergebracht, mit vielen Details etwa über Maximilians Leben und den Abenteuerroman »Theuerdank«, den er mit sich selbst als fiktivem Helden in Auftrag gab, die Entwicklung Innsbrucks zum Zentrum der Rüstungsschmiede und über den Orden vom Goldenen Vlies, der seit Maximilian I. von den Habsburgern verliehen wird.

Katzung-Haus **4**, Deutsch- ordenshaus **5**, Hofkirche **6**
s. Entdeckungstour S. 168

Kombitickets
Wer nicht nur die **Hofkirche** (7 €) oder nur **Tirol Panorama und Kaiserjägermuseum** (8 €) besuchen will, erwirbt ein **Kombiticket** (11 €). Dies umfasst den Eintritt für die genannten Sights sowie für das **Tiroler Volkskunstmuseum, das Ferdinandeum** und das **Museum im Zeughaus.** Bis 19 Jahre ist der Eintritt jeweils frei.
Das **Bergisel-Kombiticket** (14 €) beinhaltet Tirol Panorama und Kaiserjägermuseum sowie die Bergiselschanze. Bis 15 Jahre in Begleitung eines Erwachsenen ist auch hier der Eintritt frei.
Infos: www.tiroler-landesmuseen.at

Tiroler Volkskunstmuseum **7**
Universitätsstr. 2, Tel. 0512 59 48 95 10, www.tiroler-landesmuseen.at, tgl. 9–17 Uhr, Kombitickets s. unten links, Hofkirche s. Entdeckungstour S. 168
Die fantastische Sammlung des Volkskunstmuseums ermöglicht es Besuchern, hinter das Tirolklischee und auf die Ursprünge der Tiroler Bräuche zu blicken. Die Ausstellung führt durch verschiedene thematische Bereiche, wie **Brauchtum rund ums Jahr** oder **Trachten. Das** Highlight sind die **Tiroler Stuben** aus verschiedenen Landesteilen, die hier komplett wiederaufgebaut sind. Viele sind aus Zirbelholz mit kleinen Fenstern und niedrigen Decken, dazu Beschreibungen von Fremden, die sich im Winter oft über die Enge und den Gestank beklagten …

Die Ausstellungsstücke sind allerdings extrem knapp beschriftet, und das multimediale Infosystem mit Barcode-Scanner war bei der Recherche 2016 noch in der Erprobungsphase.

An das Volkskunstmuseum grenzt die Hofkirche an.

Hofburg **8**
s. Entdeckungstour S. 168

Dom zu St. Jakob **9**
Domplatz
Der Innsbrucker Dom im Norden der Altstadt wurde erst im frühen 18. Jh. hochbarock neu gebaut, nachdem die gotische Vorgängerkirche von einem Erdbeben stark beschädigt worden war. Durch die mächtige **Doppelturmfassade** gelangt man in einen weiten **Kirchensaal,** der von den prächtigen kleinteiligen Stuckaturen und **Deckenfresken** der bayerischen Gebrüder Asam dominiert wird. Weitere künstlerische Highlights sind das **Marienbild** von Lucas Cranach d. Ä. im Hochaltar und vorn links das bronzene **Grabmal für den Deutschordensmeister Maxi-**

360° Café Weinbar Lounge – im 7. Stock der Rathaus Galerie lässt sich tagsüber die Sonne genießen und abends ein Cocktail schlürfen

milian III.: Gedrehte Säulen, zwischen deren Blätterranken sich kleine Tiere verstecken, tragen den Baldachin.

Außerhalb des Altstadtkerns

Schon etwas außerhalb der Altstadt liegt das **Landesmuseum Ferdinandeum** 10 (Museumstr. 15, Tel. 0512 594 89, www.tiroler-landesmuseen.at, Di–So 9–17 Uhr, Kombitickets s. S. 172), das historische Funde und Kunst aus der Sammlung des Landes Tirol zeigt.

Dahinter liegt der Campus Universitätsstraße der Uni Innsbruck mit der Katholisch-theologischen Fakultät. Zu dieser gehört die wuchtige, weiß-marmorne **Jesuitenkirche** 11 (Karl-Rahner-Platz 2, Tel. 0512 534 60, www.jesuiten kirche-innsbruck.at), die zugleich Universitätskirche ist.

Das **Landestheater** 5 (Rennweg 2; s. S. 184) schräg gegenüber dem Kon-

gresszentrum grenzt bereits an den weitläufigen **Hofgarten** 12 an, der besonders im Sommer beliebt ist.

Triumphpforte 13
s. Entdeckungstour S. 168

Bergisel und Wilten

Bergiselschanze 14
Bergiselweg 3, Tel. 0512 58 92 59, www.bergisel.info, Juni–Okt. tgl. 9–18, Nov.–Mai Mi–Mo 10–17, Sa/So ab 9 Uhr, letzter Einlass 30 Min. vor Schließung, saisonale Schließzeiten s. Website (insbesondere Jan./Febr.), 9,50 €, 6–14 Jahre 4,50 €, s. auch Kombitickets S. 172; im Sommer auch Schauspringen
Die ursprünglich 1930 fertiggestellte Skischanze wurde 2001/02 von der Pritzker-Preisträgerin Zaha Hadid (s. S. 77) komplett neu gebaut. Mit dem futuristischen Turm und der

Lieblingsort

Bergiselschanze – da runter?
Von der 43 m hohen **Aussichtsplattform** der Bergiselschanze 14
hat man einen Blick über die steile Rampe auf die Stadt Innsbruck – wie die Springer vor dem Start. Direkt gegenüber ist übrigens der große Friedhof der Pfarrkirche von Wilten zu sehen – nichts für schwache Nerven (s. S. 173).

freischwebend wirkenden Schanze ist es architektonisch eine der gefeiertsten Sprungschanzen der Welt. Die Schanze ist eine internationale Wettbewerbsanlage und Bestandteil der Vierschanzentournee im Januar, sie ist aber mit Spezialmatten auch als Sommertrainingsanlage geeignet.

Besichtigt werden kann die **Schanze** einschließlich der **Zuschauertribüne** und **olympischen Feuerschalen.** Zum **Aussichtsturm** führen 455 Stufen hinauf (alternativ ein Schrägaufzug), und dann geht es per Aufzug zur **Aussichtsplattform** (s. Lieblingsort S. 174). In den Stockwerken darunter befinden sich Technik- und Personalräume sowie das empfehlenswerte Panoramarestaurant **Restaurant 1809** (gleiche Öffnungszeiten, Gerichte ca. 10–20 €). Für das Frühstücksbüfett am Wochenende sollte man reservieren. Die Bergiseltorte ahmt die Form der Sprungschanze nach, inklusive Skispringer, und ist üppig-nussig dazu angetan, dass Skispringer ihr Mindestgewicht erreichen …

Tirol Panorama und Kaiserjägermuseum 15

Bergisel 1–2, Tel. 0512 59 48 96 11, www.DasTirolPanorama.at, www.kaiserjaegermuseum.org, Mi–Mo 9–17, Juli/Aug. Do bis 19 Uhr, letzter Einlass 30 Min. vor Schließung, 8 €, bis 19 Jahre Eintritt frei, s. auch Kombitickets S. 172

Für das **Tirol Panorama** sollte man ein bisschen touristische Ausdauer (und Zeit) mitbringen, denn eigentlich handelt es sich um drei Museen, und jedes davon ist sehenswert.

Highlight des Museumskomplexes ist das historische **Panorama-Rundbild** aus dem Jahr 1896 von Michael Zeno Diemer, das die dritte Bergiselschlacht zeigt, die entscheidende Schlacht im Tiroler Freiheitskampf 1809. Im **Glaspavillon** im Erdgeschoss, neben dem

gut sortierten Museumsshop, werden die Vorgeschichte erläutert und die wichtigsten Protagonisten vorgestellt: Generäle und Befehlshaber, Hintermänner und ja, auch der namenlose Tiroler Bauer (Kurzversion: s. S. 72). Ein Stockwerk tiefer geht es dann zum eigentlichen **Riesenrundgemälde** mit mehr als 1000 m² bemalter Fläche. Solche ›3-D‹-Bilder waren im 19. Jh. eine populäre Form, historische Themen einem größeren Publikum anschaulich (und patriotisch!) zu vermitteln.

Durch einen unterirdischen Verbindungsgang und die **Ausstellung Schauplatz Tirol** geht es vom Neubau des Panoramas zum alten Kaiserjägermuseum. Der Schauplatz Tirol informiert in netten Häppchen über die Geschichte des Bundeslands Tirol: Denkmäler im Heldenzeitalter, die Tiroler Wanderhändler, Touristen als ›Salon-Tyroler‹, die ersten Bergbahnen etc.

Das **Kaiserjägermuseum** wurde schon 1845 gegründet und ist teilweise in der historischen Biedermeierform erhalten, mit vielen Gemälden und Memorabilia aus dem Regiment. Schon 1815, nur sechs Jahre nach den insgesamt vier Bergiselschlachten, wurde aus Veteranen der Schlacht das Tiroler Eliteregiment der Kaiserjäger gegründet. Die Kaiserjäger spielten noch im Ersten Weltkrieg eine bedeutende Rolle, danach wurde das Regiment aufgelöst. Auch die Geschichte der Abspaltung Südtirols wird in dem Museum weitschweifig erläutert.

Gegenüber dem Museum steht das beeindruckende **Andreas-Hofer-Denkmal** 16 (s. S. 72).

Der Stadtteil Wilten

Trotz der Sehenswürdigkeiten am Südrand Wiltens sind die **Gassen** dieses Stadtteils wenig berührt vom städtischen Trubel Innsbrucks, besonders am **Wiltener Platzl** 6 herrscht eine entspannte Atmosphäre mit eher alternativen Cafés und kleinen Restaurants.

Wilten ist der **älteste Teil Innsbrucks,** hier war die erste römische Siedlung, und 1138 wurde das hiesige Prämonstratenser-Chorherrstift gegründet. Allerdings stürzte die zugehörige **Stiftskirche** [17] (Klostergasse 7, Tel. 0512 58 30 48, www.stift-wilten. at, Stiftsmuseum mit Kirchenschatz nur mit Führung und nach Anmeldung, Tel. 0676 8730 81 01) 1644 ein und musste neu gebaut werden. Das übernahmen mehrere Generationen der Architektenfamilie Gumpp, in barockem Stil mit sehr aufwendigen plastischen Stuckaturen, Wand- und Deckenfresken in kräftigen warmen Farben.

Die im 18. Jh. daneben durch Franz de Paula Penz (s. S. 186) neu erbaute Pfarrkirche von Wilten, seit 1957 **Basilika Wilten** [18] (zwischen Haymongasse, Pastor- und Brenner Str., www. basilika-wilten.at) ist ungewöhnlich groß und war damals wohl gleichzeitig eine Wallfahrtskirche. Sie ist wegen der lebendigen Fresken mit Rokokostuckrahmung ebenfalls absolut sehenswert.

Weltweit bekannt sind die **Wiltener Sängerknaben** (www.saengerknaben. com), deren Geschichte bis ins 13. Jh. zurückreicht.

Schloss Ambras [19]

s. Entdeckungstour S. 178

Der Norden Innsbrucks – jenseits des Inn

Hungerburgbahn und Nordkette
Nordkettenbahnen: www.nordkette. com, Hungerburgbahn ab Congress Innsbruck Mo–Fr 7.15–19.15, Sa/So

8–19.15 Uhr, hin und zurück 8 €, 16–18 Jahre 6,40 €, 7–15 Jahre 4,80 €, inkl. Seegrubebahn und Hafelekarbahn hin und zurück 32/25,60/19,20 €
Die Kombination der Nordkettenbahnen aus Standseilbahn (Hungerburgbahn) und Seilbahnen (Seegrubebahn, Hafelekarbahn) führt von der Innsbrucker Altstadt direkt auf die Karwendel-Ausläufer im Norden der Stadt.

Die 2007 eröffnete **Hungerburgbahn** [20] – eine Vorläuferbahn gab es schon seit 1906 – ist zu einem neuen Wahrzeichen Innsbrucks geworden: Die Hightech-Architektur von Zaha Hadid fällt besonders an den Dächern der Stationen ins Auge, die mit geschwungenem, von innen leuchtendem Glas wie Gletscher wirken (s. auch S. 77).

Alpenzoo [21]
Weiherburggasse 37a, Tel. 0512 29 23 23, www.alpenzoo.at, alle 15 Min. Bus M ab Hbf über Markthalle oder mit der Hungerburgbahn, Parkplätze am Zoo sind knapp und liegen teils weit unterhalb), April–Okt. tgl. 9–18, Nov.–März bis 17 Uhr, 10 €, ermäßigt 8,50 €, 6–15 Jahre 5 €, 4–5 Jahre 2 €, Fernglasleihe 3 €, Kombiticket mit Parken im Zentrum, Hungerburgbahn 13/11/7/2 €
In diesem Themenzoo leben keine Exoten, sondern insgesamt etwa 2000 einheimische **Alpentiere,** darunter viele Fische, Vögel und Reptilien sowie 20 Säugetierarten. Neben Elchen oder Luchsen sind es z. B. Steinböcke, Gämsen und Murmeltiere, die man mit etwas Glück in den Bergen auch selbst einmal erspäht. Im **Schaubauernhof** sieht man alte Nutztierrassen wie Tiroler Grauvieh oder Schwarznasenschafe.

Der 1962 gegründete Alpenzoo ist nicht zuletzt bekannt für seine **Erhaltungs- und Auswilde-** ▷ S. 181

Auf Entdeckungstour:
Die Wunderkammern auf Schloss Ambras

Wenig außerhalb von Innsbruck steht das herrschaftliche Schloss Ambras, Residenz Erzherzog Ferdinands II. und seiner bürgerlichen Gemahlin Philippine Welser. Bekannt ist es vor allem durch seine einzigartigen Wunderkammern aus dem 16. Jh.: Worüber staunten die Leute damals? Doch auch abgesehen von den Wunderkammern ist ein Rundgang durch die Anlage wunderbar.

Cityplan: S. 167

Schloss Ambras 19 : Schlossstr. 20, Tel. 01 525 24 48 02, www.schlossam bras-innsbruck.at, Dez.–Sept. tgl. 10–17, letzter Einlass 16.30 Uhr; April–Okt. 10 €, Dez.–März 7 €, bis 18 Jahre Eintritt frei, Audioguide 3 € (zu zweit günstiger), Führungen (ca. 60 Min.) April–Okt. tgl. 11, 14.30, Dez.–März Sa/So 11 Uhr, 3 €.

Dauer: Besichtigung 2–3 Std.

Anfahrt: Schloss Ambras liegt gut 3 km südöstlich der Altstadt am Berghang. Der Touristenbus Sightseer fährt die Haltestelle stündlich an, der Postbus 4134 (nicht in der Innsbruck Card enthalten) etwa alle 30 Min.

Erstmals erwähnt wird die Burg im 11. Jh., aber erst mit der Übernahme durch die Habsburger 1363 wird sie zum repräsentativen Schloss. Im 16. Jh. lässt dann Ferdinand II. von Tirol das Schloss als Sommerresidenz für seine bürgerliche Gattin Philippine Welser noch weiter ausbauen und fügt Anbauten für seine diversen Privatsammlungen hinzu. Der folgende Rundgang führt durch die Rüst- und Wunderkammern des Erzherzogs und durch das Hochschloss selbst.

Eine Ehe unter Stand

Erzherzog Ferdinand II. übernahm als Sohn Kaiser Ferdinands I. 1564 die Herrschaft über das Land Tirol. Davor war Ferdinand II. kaiserlicher Statthalter in Prag gewesen und hatte begonnen, schöne und interessante Dinge zu sammeln. Außerdem war er seit Jahren mit Philippine Welser verheiratet, einer zwei Jahre älteren Patriziertochter aus Augsburg. Diese nicht standesgemäße Ehe hatte sein Vater erst nachträglich und nur unter der Bedingung genehmigt, dass Philippine nicht offiziell als Ehefrau auftritt und die gemeinsamen Kinder nicht erbberechtigt sind. Beim Umzug nach Innsbruck ließ Ferdinand deshalb Schloss Ambras zu einer prächtigen, aber eben inoffiziellen Residenz ausbauen und schenkte es seiner Frau als finanzielle Sicherheit. Gleichzeitig baute er unterhalb des eigentlichen Schlosses einen ganzen Gebäudekomplex an, um geeignete Räumlichkeiten für seine Kunst- und Wunderkammern zu schaffen und eine umfangreiche Bibliothek unterzubringen.

Mittelalterliche Heldenrüstungen

Der **Rundgang** beginnt in diesen unteren Magazinen, deren Ausstellung immer noch ähnlich konzipiert und präsentiert ist wie zu Erzherzog Ferdi-

nands Zeiten – für heutige Besucher interessant und ungewöhnlich, denn die meisten ähnlich alten Sammlungen (so viele gibt es davon ohnehin nicht) sind im Laufe der Zeit in modernere Museumskonzepte integriert worden.

Der erste Saal ist die sogenannte **Heldenrüstkammer** (1). Obwohl das Mittelalter vorbei war und gepanzerte Ritter im Kriegswesen keine große Rolle mehr spielten, wurden bei Hof noch aufwendige Ritterturniere ausgerichtet, bei denen man u. a. teure Prunkrüstungen zur Schau stellen konnte. Ferdinand sammelte systematisch Rüstungen bedeutender Herrscher und Krieger sowie handwerklich und künstlerisch besonders gelungene Exemplare. Auch die Knabenrüstungen seiner Söhne sind hier ausgestellt – damit stehen seine vom Hofprotokoll diskriminierten Kinder zumindest hier in einer Reihe mit den großen Habsburgerherrschern …

Zwei **weitere Rüstkammern** (2) zeigen noch mehr Turnier- und Hochzeitsharnische, aber auch die Veränderungen der Kriegsführung bis zum Dreißigjährigen Krieg. Damals wurden

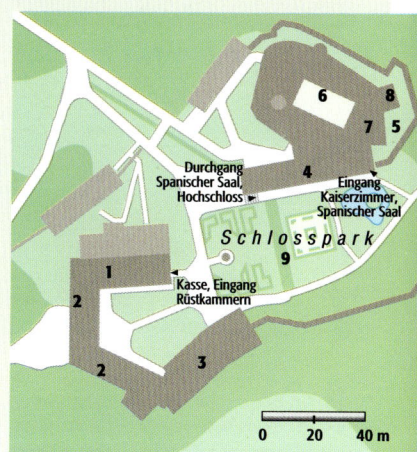

179

die Rüstkammern auch als Zeughaus für die Söldner genutzt, wo man die simplen Waffen der Bauern hoch an der Decke wie einen Blumenstrauß aus Hacken und Dreschflegeln als sogenannte Trophäenbündel dekorierte. In der ›Türkenkammer‹ lagerten nicht nur erbeutete Waffen und Objekte aus den Feldzügen gegen die Türken, sondern auch hölzerne Masken, mit denen sich die Teilnehmer am höfischen Ritterturnier als ›Türken‹ oder ›Mohren‹ verkleideten.

Wissensdurst der Neuzeit

Im Südflügel sind heute wie zu Ferdinands Zeit die **Kunst- und Wunderkammern (3)** untergebracht. Es ist die älteste derart erhaltene europäische Fürstensammlung (zu den bekanntesten gehört das Grüne Gewölbe in Dresden). Im Gegensatz zu den Rüstkammern mit ihrem etwas wehmütigen Blick zurück in die Ritterzeit zeigt sich hier der Wissensdurst der Neuzeit: Diese Sammlungen waren **enzyklopädische Universalsammlungen,** mit denen versucht wurde, die ganze Welt einzufangen, abzubilden und verständlich zu machen. Zwar wurde noch nicht zwischen naturwissenschaftlichem, kunsthandwerklichem und künstlerischem Interesse der Objekte unterschieden, aber Ferdinand sammelte dennoch durchaus systematisch. Er sortierte nach Materialien: von Gold-, Stein- und Holzobjekten bis zu Exotika wie Korallen. Letztere wurden wegen ihrer blutroten Farbe gern für religiöse Schnitzarbeiten benutzt, faszinierten aber auch die Forscher: Sind es nun Tiere oder Pflanzen? Inzwischen ist es geklärt, Korallen sind eindeutig als Tiere klassifiziert.

Aus den zahlreichen und einträglichen Tiroler Bergwerken stammten die **Handsteine,** im Grunde Mineralienproben, die von Goldschmieden künstlerisch eingefasst wurden. Neben diesen hochwertigen Objekten sind auch **Scherzartikel** von höfischen Trinkspielen sowie **Kunsthandwerk** aus der Türkei und Asien zu bestaunen.

Hochschloss und Garten

Der freistehende **Spanische Saal** (4; Abb. S. 178) direkt neben dem Schloss ist einer der bedeutendsten Saalbauten der Renaissance – mit ganzfigurigen Porträts der Tiroler Grafen, einer prächtigen Kassettendecke und opulent geschnitzten Türen. Heute finden hier Konzerte und Ausstellungen statt.

Über eine Hintertreppe gelangt man zum **Küchen- und Kräutergarten (5)** Philippines, aus dessen Heilkräutern sie selbst Arzneien mischte, nach einem Arzneibuch ihrer Mutter Anna Welser.

Das **Hochschloss (6)** umschließt einen schmalen **Innenhof** mit Fresken in Grisailletechnik, die in Grautönen den Eindruck von Reliefs erwecken und den Hof etwas größer erscheinen lassen sollen. Zu erhalten ist auch Philippines **Bad (7),** eine Gruppe von Räumen mit Schwitzbad hinterm Ofen, Umkleideraum mit thematischen Fresken und dem eigentlichen Baderaum mit einer in den Boden eingelassenen Wanne.

Nicht weit von den Baderäumen ist die **Nikolauskapelle (8;** mit einer kleinen Ausstellung des Kirchenschatzes) ins Schloss integriert. Ihre heutige Ausgestaltung stammt aus dem 19. Jh. In den übrigen Räumen sind eine Ausstellung zur Schlossgeschichte sowie eine Porträtgalerie von Habsburger Herrschern (nur April–Okt. zugänglich) untergebracht.

Der weitläufige **Schlosspark (9)** mit altem Baumbestand ist teils im historischen Zustand erhalten bzw. rekonstruiert worden, mit Wildgehegen, einer Bacchusgrotte, kleinen Schluchten und künstlichem Wasserfall.

rungsprogramme: So werden seit den 1980er-Jahren Bartgeier wieder erfolgreich in den Alpen ausgesetzt. Für den Waldrapp, einen zu den Ibissen gehörenden sehr auffälligen Vogel mit langem, gebogenem Schnabel, gibt es ebenfalls Auswilderungsprogramme – komplizierter, weil Waldrappe Zugvögel sind und ihre Route normalerweise von den Elternvögeln lernen würden. Heute fliegen Betreuer mit Leichtflugzeugen voraus.

Die **Wege im Alpenzoo** sind asphaltiert, aber streckenweise steil, gelegentlich auch mit Stufen. Gehzeit für die große Runde ca. 1,5–2 Std., Bistro in der Nähe des Ausgangs, Restaurant Weiherburg direkt außerhalb des Zoos.

Übernachten

Adleraussicht – **Adlers 1** : Brunecker Str. 1, Tel. 0512 56 31 00, www.deradler.com, DZ ab 135 €, Frühstück 20 €. Gleich beim Bahnhof liegt dieses zwölfstöckige Designhotel. Die Zimmer blicken über die Altstadt, das Spa liegt im 11., Restaurant und Bar befinden sich im 12. Stock.

Mit Kaffeehaus – **Hotel Central 2** : Gilmstr. 5, Tel. 0512 59 20, www.central.co.at, DZ/ÜF ab 130 €. Zwischen Hauptbahnhof und Altstadt gelegen, macht das solide Traditionshotel seinem Namen Ehre. Nicht sehr große, aber zeitlose und wohnliche Zimmer. Frühstück gibt es im zugehörigen einzigen ›Wiener‹ Kaffeehaus der Stadt.

Grün und stylish – **Nala 3** : Müllerstr. 15, Tel. 0512 595 38, www.nala-hotel.at, DZ ab 98 €, kleines Frühstück 5 €/Pers., Frühstücksbüfett 15 €, So 20 €/Pers. Das Nala hat etliche unterschiedliche Zimmer, alle stylish und gemütlich. Im Restaurant fast nur Regionales, u. a. selbstgemachte Frühstücksmarmeladen. Medien- und Lese-raum auch mit Spotify-Musikauswahl (per Kopfhörer).

Geschichtsträchtig – **Hotel Weißes Kreuz 4** : Herzog-Friedrich-Str. 31, Tel. 0512 59 47 90, www.weisseskreuz.at, DZ/ÜF ab 119 €, mit Gemeinschaftsbad ab 77 €. Die Zimmer in dem über 500 Jahre alten Gasthaus sind hell und zweckmäßig, das Frühstücksbüfett gibt es in der gemütlichen Tiroler Stube. Sogar Mozart hat hier 1769 übernachtet.

Backpacker – **Nepomuk's Bed & Breakfast 9** : Kiebachgasse 16, Tel. 0512 58 41 18, www.nepomuks.at, DZ/ÜF ab 58 €, Bett im Schlafsaal/ÜF ab 24 €. Nur zwei Doppelzimmer und einen Sechser-Schlafsaal gibt es in diesem kleinen Hostel in der Innenstadt. Gemeinschaftsbad und -küche, Frühstück gibt es im selben Gebäude im Café Munding (s. S. 183).

Retro – **Jugendherberge 5** : Reichenauer Str. 147 (ca. 10 Min. per Bus ab Zentrum), Tel. 0512 34 61 79, www.youth-hostel-innsbruck.at, Busse O, OA, Regionalbus 505, Nightliner N2, N3 bis Jugendherberge, Zweibettzimmer/ÜF 58 €, Schlafsaalbett/ÜF ab 22,50 € (2. Nacht ab 20 €). Etwas außerhalb und mit dem Charme eines alten Studentenwohnheims, aber sauber und funktionstüchtig. Mit die günstigste Übernachtungsoption, auch wenn das Preis-Leistungs-Verhältnis nicht besonders gut ist.

Essen & Trinken

Fleischlos französisch – **Chez Nico 1** : Landhauspassage, Maria-Theresien-Str. 49, Tel. 0650 451 06 24, www.chez-nico.at, Mo, Sa 18.30–22, Di–Fr 12–14, 18.30–22 Uhr. Winziges Gourmetlokal. Es gibt keine Karte, mittags werden zwei Gänge (14,50 €) serviert, abends sieben (60 €) – eher nebenbei ist alles vegetarisch. Reservieren!

Innsbruck und Umgebung

Mit Blick – **Restaurant Seegrube**  : Höhenstr. 145 (Station Seegrube der Nordkettenbahnen auf 1905 m), Tel. 0664 88 44 78 17, tgl. 8.30–17, Fr bis 23.30 Uhr. Tiroler Spezialitäten in gediegener Atmosphäre, nur freitags mit Abendkarte (Hauptgerichte ab 15 €). Im Erdgeschoss Selbstbedienungscafé.

Hausmannskost – **Weißes Rössl** : Kiebachgasse 8, Tel. 0512 583 05 70, www.roessl.at, Mo–Sa 9–15, 17–24, Küche 11.30–14.30, 18–22 Uhr, Hauptgerichte ca. 10–20 €. Traditionswirtshaus in einem über 400 Jahre alten Gasthof. Neben deftigen Tiroler Speisen bekannt für den Kaiserschmarren.

Labyrinth mit Atmosphäre – **Stiftskeller** : Stiftgasse 1, Tel. 0512 57 07 06, www.stiftskeller.eu, tgl. 10–24 Uhr, Hauptgerichte ca. 8–20 €. Deftige Tiroler Spezialitäten – von Wild bis Graukäse – und bayerisches Bier in den prächtig restaurierten Räumen des ehemaligen kaiserlichen Damenstifts.

Biergarten – **Bierstindl** : Klostergasse 6, Tel. 0512 58 00 00, www.bierstindl.eu, Mai–Sept., tgl., Okt.–April Mi–Mo 10–24, warme Küche 11.30–14, 18–21.45 Uhr, Hauptgerichte ca. 10–17 €. Deftige Tiroler Kost im grünen Biergarten gleich unterhalb der Bergisel-Schanze. Das Gasthaus (im Winter Di Ruhetag) fungiert gelegentlich auch als Veranstaltungsort.

Riesenpizza – **L'Osteria** : Erlerstr. 17, Tel. 0512 58 01 44 10, www.losteria.at, Mo–Sa 11–24, So 12–24 Uhr, Pizza und Pasta ab 8 €. Geschäftige Filiale der Pizzeriakette, mit offener Küche und kleinem Italienischkurs auf der Toilette. Die knusprigen dünnen Pizzen reichen locker für zwei und werden anstandslos (und oft) auf zwei Tellern serviert.

Süße Versuchungen gibt es in den Innsbrucker Cafés und Konditoreien zuhauf

Vegetarisch – **Olive** 7 : Leopoldstr. 36, Tel. 0512 35 90 75. Mo–Fr 11.30–14, 18–23, Sa 18–23 Uhr, Gerichte bis ca. 12 €. Kleines, gemütliches Restaurant in Wilten mit etwa zur Hälfte veganem Angebot (auch beim Dessert). Suppen, Salate und kleine Gerichte, vieles ist bio und regional.

Bratling im Brot – **Ludwig – Das Burger Restaurant** 8 : Museumstr. 3, Tel. 0512 31 92 22, www.ludwig-burger.at, Mo–Sa 9–22 Uhr, Burger 7–10 €. Beliebtes Edel-Burger-Lokal mit viel Bio und ein paar vegan-vegetarischen Optionen; dazu gibt's neben Craftbeer auch Wein.

Üppig – **Café Munding** 9 : Kiebachgasse 16, 0512 58 41 18, www.munding. at., tgl. 8–20 Uhr. Die traditionsreichste Konditorei der Stadt im repräsentativen Barockhaus der Architektenfamilie Gumpp und mit unveränderter Innenarchitektur aus den 1930er-Jahren. Tolle Pralinen und Torten. Spezialität ist die heiße Schokolade, für die heiße Milch mit einer Kugel hausgemachter Schokolade serviert wird.

Im Strudelsog – **Strudel-Café Kröll** 10 : Hofgasse 6, Tel. 0512 57 43 47, www. strudel-cafe.at, tgl. 6–21, Sommer bis 23 Uhr, Strudel ab 4 €. Kleines Café mit großer Auswahl süßer und herzhafter Strudel. Eher Schnellimbiss-Ambiente mit Pappteller und Plastikbesteck.

Einkaufen

Regionales – **Tiroler Edles** 1 : Seilergasse 13, Tel. 0512 58 23 93, www. tiroledles.at, Mo–Fr 10–18, Sa 10–15 Uhr. Feine Sachen nur aus der Region: Marmeladen, Seifen, Wildkräutertees, Filzprodukte. Den Schwerpunkt bilden die handgefertigten Schokoladen aus Landeck (s. S. 247).

Duft der Berge – **Acqua Alpes** 2 : Hofgasse 2, Tel. 0512 32 77 88, www. acquaalpes.com, tgl. 10–18 Uhr. Die Tiroler Parfümmanufaktur benennt

Unser Tipp

Einkaufen oder pausieren
Die **Markthalle** ist mit ihren Delikatessengeschäften und dem Bauernmarkt nicht nur fotogen und eine frische Einkaufsadresse, sondern auch eine wunderbar atmosphärische Pausenoption, für einen Wein oder Espresso zwischendurch.
Markthalle 5 : Herzog-Siegmund-Ufer 1–3, Tel. 0512 58 48 37-0 www.markt halle-innsbruck.at, Mo–Fr 7–18.30, Sa 7–13 Uhr, Gastronomie jeweils bis 22 Uhr.

ihre Düfte nach den Bergen der Umgebung – aber nur in Höhenmetern!

Sauber seit 1777 – **Seifenfabrik Walde** 3 : Innstr. 23, Tel. 0512 28 58 10, www.walde.at, Mo–Fr 9–12, 15–18, Sa 9–13 Uhr. Natürliche, handgeschöpfte und Bio-Seifen aus der ältesten Seifenfabrik Österreichs. U. a. gibt es hautfreundliche Salzseifen und Kosmetikprodukte, aber auch Schmierseifen und Seifenbruch. Die Flüssigseifen enthalten tierischen Talg.

Outdoor-Ausrüstung – **Sportler Alpin** 4 : Maria-Theresien-Str. 39, Tel. 0512 58 91 44, http://my.sportler.com, Mo–Fr 9–18.30, Sa 9–17 Uhr. Auf sechs Stockwerken alles für die Berge.

Einkaufen oder pausieren – **Markthalle** 5 : s. Unser Tipp s. o.

Regionale Lebensmittel – **Wiltener Bauernmarkt** 6 : Wiltener Platzl (s. S. 176), Sa 7.30–12 Uhr. Erzeuger aus der Region bieten hier ihre Produkte an.

Aktiv

Fahrradverleih – **Die Börse** 1 : Leopoldstr. 4, 0512 58 17 42, www.die

boerse.at, Mo–Fr 9–18.30, Sa/So 9–12, 13–17 Uhr. Fahrräder ab 6 €/Std., bei längerer Leihdauer deutlich günstiger; mit Innsbruck Card 3 Std. gratis.

Stadtführung – **Antonella Placheta:** Tel. 0664 454 29 29, antonella.placheta @aon.at. Ihre Spezialgebiete sind Hofburg und Habsburger. Die **Touristeninformation** bietet regelmäßig verschiedene Stadtführungen (10 €) an.

Stadtrundfahrt – **The Sightseer:** s. Verkehr

Abends & Nachts

Rundumblick – **360° Café Weinbar Lounge** `1`: Rathaus Galerien, Maria-Theresien-Str. 18, www.360-grad. at, Mo–Sa 10–1 Uhr. Panoramabar im 7. Stock mit leckeren Cocktails und einer gut sortierten Weinkarte, etwas teurer.

Vom Hahn – **Tribaun** `2`: Untergeschoss, Museumstr. 5, Tel. 0512 23 85 59 (ab 17 Uhr), www.tribaun.com, Mitte Mai–Mitte Okt. Mo–Do 18–1, Fr/ Sa 18–2, Mitte Okt.–Mitte Mai Mo–Do 17–2, Fr/Sa 17–4 Uhr. Entspannte Craftbeer-Kneipe im Stil eines englischen Pubs und Treffpunkt britischer Expats. Die 20 (!) Fassbiersorten wechseln regelmäßig (Infos auf der Homepage); die Bierberatung ist superkompetent.

Stylish – **Erlkönig Bar** `3`: Meranerstr. 6, Tel. 0512 20 90 46, www.erlkoenigbar.com. Di–Sa 16–24 Uhr. Schicke kleine Raucherbar mit preisgekrönter Inneneinrichtung und guten Drinks.

Kulturprogramm – **Treibhaus** `4`: Angerzellgasse 8, Tel. 0512 57 20 00, www.treibhaus.at, Mo–Fr 10–1, Sa/So 16–1 Uhr. Kulturzentrum mit Jazzclub, Disco, Café und Theater. Nichtraucherhaus, abgesehen von der Raucherbar Fumoir mit Zigaretten und Zigarren (auch einzeln), Whiskey, Rum und Espresso.

Schauspiel und mehr – **Tiroler Landestheater** `5`: Rennweg 2, Tel. 0512

520 74, www.landestheater.at. Mehrere Bühnen mit Schauspiel, Oper, Tanztheater und Musicals.

Infos & Termine

Infos

Touristeninformation: Burggraben 3, Tel. 0512 53 56-0, www.innsbruck. info, tgl. 9–18 Uhr. Filiale im Hauptbahnhof, tgl. 9–19 Uhr.

Gästekarte: Innsbruck Card, s. S. 164

Termine

Tanzsommer Innsbruck: Mitte Juni–Mitte Juli, www.tanzsommer.at

Innsbrucker Festwochen der Alten Musik: Mitte Juli–Ende Aug., www.alte musik.at. Renaissance-, Barock- und klassische Musik.

Festival der Träume: Aug., www.festi val-der-traeume.at. Kleinkunst- und Varietéfestival in Innsbruck.

Verkehr

Bus und Tram: Gute Bus- und Tramverbindungen in der Stadt; **Nightliner-Busse** bringen auch Nachtschwärmer zurück ins Hotel. Einzelfahrscheine gibt's beim Fahrer und am Fahrkartenautomaten an der Haltestelle (dort günstiger!). Der Hop-on-Hop-off-Touristenbus mit Audioguide-Stadtführung **The Sightseer** fährt alle 40 Min. und macht an der Bergiselschanze/Panorama eine längere Pause, 24-Std.-Ticket (einschl. Innsbruck ÖPNV) 14 €; in der Innsbruck Card enthalten. Der Sightseer fährt auch Schloss Ambras an.

Stubaital ▸ G 6–F 8

Fährt man von Innsbruck Richtung Brenner bzw. Italien, zweigt nach nur wenigen Kilometern, hinter der 820 m langen und 190 m hohen Europabrücke, das Stubaital ab. Trotz der Nähe zur Landeshauptstadt sind die Berge hier hochalpin und felsig. Am Ende des fast 30 km langen Tales ist schon vom Taleingang aus der Stubaier Gletscher zu sehen. Die Orte liegen alle im vorderen Drittel des Tales, wo der Talboden noch recht breit ist und die umgebenden Berge etwas weniger hoch. Von Innsbruck aus kommend sind das Mieders, Fulpmes, Telfes und Neustift. Mieders hat eine recht untouristische Alpendorf-Atmosphäre, liegt aber auch am weitesten von den hohen Bergen am Talschluss entfernt (dafür ist der öffentliche Bus noch leer!), Fulpmes und Telfes sind eher familienorientierte Sonnendörfer, während in Neustift eine ›ernsthaftere‹ Bergsteigerstimmung herrscht. Hinter Neustift beginnen bereits viele Wanderwege in die Welt der Stubaier Alpen. Gar nicht so selten sieht man hier Gämsen und Steinböcke. In den letzten Jahren hat sich das Stubaital auch als El Dorado für Gleitschirmflieger etabliert (s. S. 191). Das Gletscherskigebiet am Stubaier Gletscher ist bis Anfang Juni geöffnet.

Infos

Tourismusverband: www.stubai.at
Gästekarten: Stubai Card / Stubai Super Card, s. S. 164

Verkehr

Zu Fuß: Ins untere Stubaital kann man von Innsbruck aus sogar zu Fuß gehen, über die Sillschlucht und Stefansbrücke (leichte Tageswanderung). **Bahn:** Ab Innsbruck Hbf fährt halbstündlich die **Stubaitalbahn** (STB, www.ivb.at), eine Schmalspurbahn, über Telfes bis Fulpmes (einfache Fahrt 5,40 €, 15–19 Jahre 3,10 €, bis 14 Jahre 2,80 €, ca. 60 Min.). Sie wurde bereits 1904 gebaut und die Fahrt über die Telfer Wiesen mit schönen Panoramaausblicken

Das verlorene ›S‹ im Genitiv

Wie bei anderen rätoromanischen Ortsnamen verschwindet bei Mieders im Genitiv das ›S‹ am Ende des Ortsnamens (ebenso bei Telfes: Telfer Wiesen).

über die Berge und über Innsbruck ist in sich eine touristische Attraktion.
Bus: Bus 590 fährt halbstündlich ab Innsbruck Bozner Platz durch das ganze Tal (nicht durch Telfes) bis Neustift (einfache Fahrt 6,40/3,60/3,30 €, 50 Min.) oder – nur Mai–Sept. – Mutterbergalm (Gletscherbahn-Talstation, einfache Fahrt 9,30/5,20/4,70 €, 80 Min.).

Mieders ► G 6

Mieders ist ein Alpendorf mit mehreren Bauernhöfen am Eingang des Stubaitals. Einzige Attraktion in Mieders ist das 1928 gebaute **Freibad** mit Holzüberdachung. S'Miederer Badl ist inzwischen dezent restauriert und wird wieder als Schwimmbad (Schwimmbad Mieders, Wiesel 3, Tel. 05225 625 14, www.schwimmbad.mieders.net, bei warmem Wetter 10–19 Uhr, Tageskarte 4 €, 16–18 Jahre 3€, 6–15 Jahre 2 €) genutzt.

Von Mieders führt ein beschaulicher Fußpfad, der **Skulpturenweg**, über den Hügel Watschbühel in Richtung Forellenhof Kirchbrücke (mit Restaurant; s. S. 186) und Telfes.

Serlesbahn und Sommerrodelbahn

Waldrasterweg 1, Tel. 05225 627 76, Bergbahn und Sommerrodelbahn Anf. Juli–Anf. Sept. Mo–Fr 9–17, Sa/So 9–18, in der Nebensaison bei schönem Wetter tgl. 9–16.30 Uhr, Berg- und Talfahrt (Talfahrt Bergbahn

oder Rodelbahn) 14,30 €, 15–18 Jahre 10,70 €, 10–14 Jahre 6,50 €, 6–9 Jahre mit Rodelbahn 5,80 €, sonst frei
Südwestlich des Ortes führt die Serlesbahn bis auf das Koppeneck (1600 m) am Hang des Berges, den Goethe als »Hochaltar Tirols« bezeichnete: die 2717 m hohe Serles. Im Winter ein **Skigebiet**, ist hier im Sommer ein kleiner **Wasserspielpark** für Kinder und Startpunkt für etliche **Wander- und Mountainbikerouten.**

Hauptattraktion ist aber die Miederer **Sommerrodelbahn.** Achtung, der unaufgeregte Name täuscht – es ist eine der spektakulärsten und steilsten Sommerrodelbahnen Tirols! 600 Höhenmeter auf gut 2 km Strecke, das kann ganz schön rasant werden.

Übernachten, Essen

Spitze! – **Hotel Serles:** Dorfstr. 58, Tel. 05225 627 90, www.serles.at, DZ/Dreiviertelpension ca. 200 € (inkl. Stubai Super Card). Großer Gasthof im Chaletstil, sehr familiär, solider Wellnessbereich, Wanderstöcke und -rucksack liegen schon bereit, und Umweltschutz wird nicht an die große Glocke gehängt, sondern einfach gemacht – Abholung vom Bahnhof ist selbstverständlich. Platz für den Nachtisch lassen: Flambierte Süßspeisen sind die Spezialität.

Fangfrische Forellen – **Forellenhof Kirchbrücke:** Kirchbrücke 3, Tel. 05225 624 89, www.kirchbruecke.com, Mi–So 11–20 Uhr (eher ein Mittagslokal, abends lieber vorher anrufen), Fisch 10–20 €. Im Flusstal zwischen Mieders und Telfes gelegen, ist der Forellenhof Kirchbrücke weithin bekannt für seine Forellen und Saiblinge. Im Sommer gibt's zum Nachtisch Moosbeernocken (eine Art Blaubeerpfannkuchen). Der Preis für ganze Forellen oder Saiblinge wird nach Gewicht (dag = Dekagramm = 10 g) berechnet. Auch Zimmer.

Fulpmes und Telfes ▶ G 6

Mit über 4000 Einwohnern ist **Fulpmes** der größte Ort im Stubaital. Die Hanglage beschert Fulpmes viele Sonnenstunden und die mittelhohen Wanderberge gleich hinter dem Ort machen es zu einer beliebten Feriendestination für Familien. Unterhalb des Ortes liegt ein größeres Industrie- und Gewerbegebiet.

Direkt bei Fulpmes bietet das **Skigebiet Schlick 2000** (www.schlick2000. at) im Sommer leichte **Wanderungen,** eine **Aussichtsplattform** und einen kleinen **See.**

Die verwaltungstechnisch separate Gemeinde **Telfes** (ca. 1500 Einw.) grenzt unmittelbar an Fulpmes an. Historisch war Telfes der bedeutendere Ort, wovon heute noch die große **Pfarrkirche St. Pankratius** zeugt, ebenfalls von Franz de Paula Penz. Er selbst war hier seit 1753 Pfarrer.

Pfarrkirche St. Veit und Pfarrhaus
Bahnstraße, Fulpmes
Die **Pfarrkirche** im Ortszentrum wurde ab 1745 von Franz de Paula Penz gebaut, einem Priester und Architekten, der als Autodidakt etliche Kirchen im Stubaital und später auch die Wiltener Pfarrkirche in Innsbruck (s. S. 177) schuf. Seine Bauten, oft mit breiten einschiffigen Kirchenhallen und Flachkuppeln, prägten die Kirchenbaukunst des 18. Jh. in ganz Tirol. In Fulpmes sind vor allem die spannungsgeladenen Rokokofresken sehenswert.

Das **Pfarrhaus** (Widum) mit den schönen Fassadenfresken gleich gegenüber der Kirche ist ebenfalls von Penz.

Krippenmuseum
Bahnstr. 11, Fulpmes, Tel. 05225 629 08, www.krippenmuseum.at, Do–So 10–12, 14–18 Uhr, 4,80 €, 8–16 Jahre 2,40 €

In den Hanglagen helfen Trecker nicht weiter – Heuernte bei Neustift im Stubaital

Im Krippenmuseum ist neben zahlreichen handgeschnitzten Krippen u. a. eine begehbare Krippe anzusehen. Fast jede Familie in Fulpmes schnitzt ihre eigene Krippe und in der Pfarrkirche wird im Advent der ganze Hochaltar zu einer enormen Krippe umgebaut.

Schmiedemuseum

Fachschulstr. 1, Fulpmes, Tel. 05225 622 40, Juni–Sept. Mi 14–17 Uhr, im Rahmen der Dorfführung oder nach Absprache, 2 €

Etwas oberhalb des Ortskerns am Bach wurde etwa 600 Jahre lang per Wasserrad eine Schmiede betrieben. Seit Jahrhunderten gab es im Stubaital zahlreiche Werkzeugschmiede, die sich 1897 zu einer Genossenschaft zusammenschlossen, um ihre Vermarktung selbst zu übernehmen und die Profitmargen zu verbessern. Diese Genossenschaft gibt es als Firma Stubai heute noch und sie betreibt das kleine Museum. Zu erkennen ist das Schmiedemuseum gut an dem **Fresko**

eines Schmiedes von Herbert Danler, einem renommierten Künstler aus Fulpmes.

Die **Hammerschmiede** von 1836 ist schön restauriert, das unterschlächtige Wasserrad treibt auch die Schleifmaschine an. Daneben werden in einem Raum **Schmiedeprodukte** aus dem Stubaital gezeigt – von Sensen über Eispickel bis zum Hostien-Waffeleisen!

Greifvogelpark

Luimes Weg, Telfes, Tel. 0664 34 15 878, www.greifvogelpark-telfes.at, Mitte Mai–Mitte Okt. tgl. 11–17 Uhr, Flugvorführung tgl. 15 Uhr, 7 €, ab 6 Jahre 4 €

Neben dem Ort liegt der kleine Greifvogelpark. In ihm leben u. a. Adler, Milane, Falken und Eulen.

Freizeitpark StuBay

Telfer Landesstr. 111, Telfes, Tel. 05225 626 66, www.stubay.at, Badeparadies tgl. 10–21 Uhr, Sauna bis 22

Innsbruck und Umgebung

Uhr, ab 9,40 €, Air-Parc 25,60 €, 6–16 Jahre 19,20 € inkl. Einweisungskurs, beim ersten Besuch vorgeschrieben
Nicht nur an Schlechtwettertagen lohnt ein Besuch im Freizeitpark Stu-Bay. Hier befindet sich das größte Erlebnisbad im Stubaital (Außen- und Innenanlage), eine Sauna, Tennisplätze und ganz neu der Air-Parc mit mehreren riesigen Trampolins – auch für Erwachsene.

Übernachten, Essen

Günstig – **Pension Gletscherblick:** Waldrasterstr. 6, Fulpmes, Tel. 05225 624 10, www.pension-gletscherblick. com, DZ/ÜF ab 60 €. Familiäre Unterkunft mit relativ großen Zimmern, manche zur Straße. Gutes Frühstück mit selbstgebackenem Kuchen.

Im Garten – **Jenewein:** Herrengasse 17, Fulpmes, Tel. 05225 622 91, www. gasthofjenewein.at, tgl. Mo–Sa 17.30–20.30, So auch 11.30–13.30, 17.30–20.30 Uhr, Hauptgerichte 10–15 €. Deftige Tiroler Speisen vom Genusswirt, die sogar im Grünen neben dem Spielplatz serviert werden. Auch Zimmer (DZ/ÜF ab 80 €, DZ/HP ab 100 €).

Jausenstation – **Fleischhauerei Krösbacher:** Kirchstr. 5, Fulpmes, Tel. 05225 62225, www.metzgerei-kroesbacher. at, Mo–Fr 8–13, Sa 8–12 Uhr, Mittagstisch 6 €, mit Suppe oder Dessert 6,90 €. Beim Dorfmetzger in Fulpmes gibt es mittags immer ein günstiges deftiges Menü. Und wer es nicht zu den knappen Öffnungszeiten schafft, kann sich aus dem Automaten vor der Tür mit Schinkenspeck und Würsten, Bergkäse, Heumilch und fertigen Salaten versorgen.

Einkaufen

Eisenwaren – **Stubai:** Doktor-Kofler-Str. 1, Fulpmes, Tel. 05225 696 00, Mo–Fr 8–12, 14.30–18, Sa 8–12 Uhr. Direktverkauf der Stubaier Schmiedebetriebe, die als Genossenschaft unter der Marke Stubai auftreten.

Aktiv

Dorfführung – Mo 10 Uhr ab Tourismusbüro (inkl. Schmiedemuseum).
Hochseilgarten – **Adventure Park:** Gschnalsgasse 3, Fulpmes, Tel. 0664 864 49 44, www.outdoorprofi.at, Mitte Juni–Mitte Sept. tgl. 10–19 Uhr, Frühjahr/Herbst Mo–Fr erst ab 12 Uhr, Tagesticket 26 €, ab 8 Jahre nach Körpergröße 15–24 €, Familienkarte 75 €. Tirols größter Kletterwald mit 13 unterschiedlichen Kletterparcours, angeschlossen ist auch eine Bike Akademie mit Übungsparcours.

Infos

Tourismusbüro: Bahnstr. 17, Fulpmes, Tel. 0501 88 12 00, Mo–Fr 8–18, Sa 9–18, So 9–12 Uhr, im Frühling und Herbst mit Mittagspausen (12–14/ 15 Uhr).

Neustift im Stubaital
▶ G 7

Touristischer Hauptort im Stubaital ist Neustift, das hinterste der Dörfer, mit dem großen Skigebiet Elfer auf der Südseite. Zum Gemeindegebiet gehören etliche kleinere Dörfer und Ortsteile taleinwärts. Von Neustift aus ist der Stubaier Gletscher recht eindrucksvoll zu sehen. Im Dorfzentrum steht die relativ große **Pfarrkirche St. Georg.** Gleich davor befindet sich das architektonisch auffällige **Haus der Berge** (Dorf 5), das **Alpinzentrum,** in dem auch das Bergführerbüro mit Infomaterialien und Wanderführern untergebracht ist.

Kirche St. Georg und Franz-Senn-Grab

Im Dorf

Auch die **Kirche St. Georg** wurde von Franz de Paula Penz (s. S. 186) entworfen und glänzt mit üppiger Rokoko-Ausstattung. In den Fresken der Flachkuppeln sind die Dreifaltigkeit, das Pfingstwunder und das letzte Abendmahl zu sehen. In dieser Kirche wirkte 1881 bis 1884 der ›Gletscherpfarrer‹ Franz Senn (s. S. 51), der Gründer des Deutschen Alpenvereins. Sein **Grab** ist auf dem Friedhof in der ersten Reihe leicht zu finden, vor der Kirche erinnert eine Gedenkplakette an den Tourismuspionier.

Heimatmuseum Forsterhaus

Stubaitalstr. 650, Neustift-Kampl, ca. 3 km von Neustift, Bus 590 Neustift i.St. Kampl, Tel. 0664 513 56 89, Juni–Sept. Di–Fr 14–17 Uhr, 2,50 €

In dem alten Försterhaus sind viele originale Einrichtungsgegenstände und eine große Sammlung alter Haushalts- und Landwirtschaftsgeräte zu bewundern, von genagelten Schuhen und Skiern mit den ersten einfachen Bindungen bis zu Butterfässern und Geräten zur Flachsverarbeitung. Die Präsentation ist urig und authentisch, aber nicht unbedingt gut beschildert. Ein Besuch lebt von den Erläuterungen ehrenamtlicher Betreuer.

Stubaier Gletscher und Stubaier Berge

Hauptziel für Wanderer und Kletterer ist der hintere Teil des Stubaitals, das oberhalb von Neustift Unbergtal heißt. Der öffentliche Bus fährt bis zur Talstation Neustift i. St. Mutterbergalm, doch schon davor gibt es im enger werdenden Tal schöne Wanderoptionen, z. B. den WildeWasserWeg.

WildeWasserWeg

www.stubai.at/aktivitaeten/wandern/ wildewasserweg, Bus 590 (s. S. 185) bis Ranalt

Besonders beliebt ist die barrierefreie **erste Etappe** des WildeWasserWegs, der durch Klammen und an Wasserfällen vorbeiführt. Sie beginnt in der **WildeWasserArena** in Ranalt und endet am **Grawa-Wasserfall,** der neben der Straße ins Tal tost (3,5 km, ca. 1,5 Std., 120 Höhenmeter). Die **zweite und dritte Etappe** (zusammen ca. 7 km, über 1000 Höhenmeter) führen dann wesentlich steiler und anspruchsvoller bis zum Fuß des **Sulzenauferners** auf etwa 2500 m Höhe.

Eisgrat, Eisgrotte und Top of Tyrol

www.stubaier-gletscher.com/ aktivitaet, Bus 590 (s. S. 185) bis Neustift i. St. Mutterbergalm, dann Eisgratbahn, Eisgrotte: ca. 9–14.30, Mitte Dez.–Anf. Mai 11.30–15.30 Uhr, 5,50 €, 10–18 Jahre 3 €, Führungen, Infotafeln, Begleitheft

Ab Mutterbergalm fährt die Eisgratbahn über die Mittelstation Dresdner Hütte bis zum **Eisgrat** direkt am **Stubaier Gletscher.**

Gleich unterhalb der Bergstation Eisgrat führt ein Weg (200 m) zum Eingang der **Eisgrotte.** Dabei handelt es sich um mehrere in den Gletscher gefräste Gänge, die Besucher erkunden können. Ein 250 m langer Rundweg führt über Holzstege, das Eis ist zum Teil von hinten recht stimmungsvoll beleuchtet, dadurch sind schön die unterschiedlichen Gletscherschichten zu erkennen: undurchsichtiges Weiß vom gepressten Schnee des Winters, klares durchscheinendes Eis, wo die Gletscheroberfläche im Sommer immer wieder getaut und neu gefroren ist, dunkle Schichten, wenn es im Sommer wochenlang nicht schneit und Dreck und Geröll auf dem Schnee

Kondition braucht, wer den Klettersteig Fernau in Angriff nehmen möchte

liegen bleiben. Der Zugang ist auf 60 Personen beschränkt, wegen der Wärmeentwicklung im Gletscher, zum Teil befindet man sich 20 m unter der Gletscheroberfläche.

Vom Eisgrat führt im Sommer ein Fußweg bis zum **Schaufeljoch** (zwischen der Stubaier Wildspitze und der Schaufelspitze) mit der Aussichtsplattform **Top of Tyrol** auf 3210 m, dem Restaurant Jochdohle und einer Bergkapelle. Die Zeitschrift Geo hat die 2008 erbaute Aussichtsplattform zu einer der zehn schönsten weltweit gekürt – der Blick schweift über mehr als hundert 3000er.

Klettersteig Fernau

www.stubaier-gletscher.com/aktivi taet/klettern, Anfahrt s. S. 189
Von der Mittelstation Dresdner Hütte der Eisgratbahn führt mit sehr kurzem Zustieg der **Klettersteig Fernau** in zwei unterschiedlich schwierigen Varianten, einer davon E (sehr schwierig), auf den Gipfel des **Egesengrats**.

Für Geübte (mit Ausrüstung) ein etwa dreistündiger Rundweg ab Dresdner Hütte.

Übernachten, Essen

Sportlich – **Erika:** Elferweg 22, Neustift-Kampl, Tel. 05226 23 76, www.erika.at, DZ/Dreiviertelpension ca. 140 €, inkl. Stubai Super Card. Schön gelegenes modernes Hotel mit Pool und Wellness, Gratisverleih von Mountainbikes (mit Helm). Abholung vom Bahnhof oder Flughafen gegen Aufpreis.

Gutes Preis-Leistungs-Verhältnis – **Kratzerwirt:** Obergasse 15, Tel. 05226 31 52, www.kratzerwirt.at, DZ/ÜF ab 80 €, inkl. Stubai Super Card. Etwas oberhalb des Ortes gelegenes Aparthotel mit Wellnessbereich.

Urig – **Jagdhütte:** Stubaital Str. 82, Tel. 05226 26 68. www.jagdhuette.at. Große, mehr auf den Wintertourismus ausgelegte Gaststätte beim Musikpavillon, solide Tiroler Küche. Hauptgerichte 10–20 €.

Tiroler Gasthof – **Hoferwirt:** Dorf 12, Tel. 0226 22 01, www.hoferwirt.at. Gute Tiroler Küche mit großen Portionen, fast alles aus der Region. Hauptgerichte 10–15 €. Auch Zimmer.

Camping und Ferienwohnungen – **Camping Stubai:** Stubaital Str. 94, Tel. 04352 26 25 37, www.campingstubai. at, FeWo/2 Pers. ab 67 €. Naturbelassenes Areal, gute Sanitäranlagen, Sauna und Restaurant.

Einkaufen

Regional – **Bauernmarkt:** am Musikpavillon, Fr 14–16 Uhr. Kleine Auswahl an Ständen mit regionalen Spezialitäten, lecker sind die frischen Brote und der Käse.

Marschverpflegung – **Bäckerei Pardeller:** Dorf 38, Tel. 05226 302 44, Mo–So 6–18 Uhr. Guter Bäcker, gehört zu einer kleinen Südtiroler Kette. Für die leckeren Apfelbrötchen sollte man morgens da sein – die sind schnell ausverkauft.

Stoffe – **Weberei Stern:** Außerrain 114, Tel. 05226 22 74, www.tiroler-web kunst.at, Mo–Fr meist geöffnet, besser vorher anrufen. Familienbetrieb, der seit 1923 Stoffe und Teppiche aus Naturmaterialien herstellt.

Aktiv

Gleitschirmfliegen: u. a. **Alpen-Paragliding-Center Stubai** (Moos 18, Tel. 05226 33 44, www.apc-stubai.at, tgl. 9–12 Uhr und nach Absprache) und **Fly Stubai** (Parkplatz Elferlifte, Moos 12, Tel. 0664 444 26 94 www.fly-stubai.at, Tandemflüge ab 85 €).

Infos & Termine

Tourismusbüro: Stubaitalhaus, Dorf 3, Tel. 0501 88 11 00, Mo–Fr 8–18, Sa 9–18, So 9–12 Uhr, im Frühling und Herbst kürzer.

Bergführerbüro: im Alpinzentrum, Dorf 5, Tel. 05226 34 61, www.stubai-alpin.com. Mo 9–12, 16.30–19, Di–Sa 16.30–19 Uhr, So 18–19 Uhr Tourenbesprechung. Beliebte Hochtouren führen z. B. aufs 3505 m hohe Zuckerhütl (1 Tag, Gruppe max. 5 Pers. 110 €/ Pers., Einzeltour 330 €) oder an der italienischen Grenze entlang.

Volksmusikabend: In der Saison montags im Hoferwirt (s. links), nach Programm.

Genusswandern: Im Juli und August organisiert der Tourismusverband Genusswandernächte, Wanderungen bei Einbruch der Dunkelheit mit Spezialitätenverkostung. Es werden extra Wanderbusse eingesetzt.

Kaiserschmarrenfest: www.stubai.at/ kaiserschmarrenfest, Okt. Seit 2015 ist das Stubaital Guinness-Weltrekordhalter im Kaiserschmarrenbacken.

Stubai Cup: Anfang März. Paragliding-Wettbewerb, zu dem die Größen des Sports anreisen. Der Cup ist fast so alt wie das Paragliding selbst, erstmals fand er 1988 statt.

Stams ▶ E 6

Stams ist eine kleine Gemeinde im Inntal zwischen Innsbruck und Imst. Bekannt ist sie aus touristischer Sicht vor allem wegen der absolut sehenswerten **Stiftskirche** des Zisterzienserstifts. Die schon von Weitem auffälligen achteckigen Türme mit Zwiebelhauben gehören aber nicht zur Stiftskirche, sondern zum **Schulzentrum:** Dort sind neben dem renommierten Schigymnasium Stams noch das Gymnasium Meinhardinum und die Kirchliche Pädagogische Hochschule Edith Stein untergebracht.

Stift Stams !

Stiftshof 1, Tel. 0263 62 42, www. stiftstams.at. Besuch nur mit Führung, Anmeldung im Klosterladen, Juni– Sept. ständige Führungen Mo–Sa 9–11, 13–17 Uhr, So 13–7 Uhr, Okt.– Mai Do 16 Uhr oder auf Anfrage, 5,50 €, ermäßigt 3 €; Ikonenausstellung, Zeiten wie Führungen, 2 €

Das **Stift Stams** ist ein religiöses Zentrum mit weiter Ausstrahlung. Gegründet wurde es 1273 vom damaligen Landesfürsten Graf Meinhard II. von Görz-Tirol und seiner Wittelsbacher Gemahlin Elisabeth von Bayern. Diese war in erster Ehe mit dem Staufer Konrad IV. verheiratet. Dass ihr einziger Sohn aus dieser Ehe, Konradin, 1268 als letzter Stauferkönig in Neapel geköpft wurde, trug wohl zu der Entscheidung bei, eine bedeutende Kirche mit Kloster zu stiften. Die Wahl fiel auf Stams als Standort, weil es dort schon eine Reliquienwallfahrtsstätte gab. In der Kirche sollten die Tiroler Landesfürsten bestattet werden.

Im Rahmen der Führung wird vor allem die **Stiftskirche** besichtigt, die 1729–32 unter der Leitung des Innsbrucker Baumeisters Georg Anton Gumpp barockisiert wurde. Die Innenausstattung aus dem 18. Jh. ist komplett erhalten und vollständig restauriert. Hinter einer **Vorhalle,** die noch aus der romanischen Anlage der Kirche stammt, öffnen sich drei Rundbögen zum langen schmalen **Kirchenschiff** mit neun Fensterachsen. In dem hohen, hellen Saal fallen besonders die Deckenfresken auf, die der Augsburger Maler Johann Georg Wolcker geschaffen hat: Szenen aus dem Leben Mariens und des hl. Bernhard als größtem Ordensheiligen der Zisterzienser. Zur prächtigen (nicht mehr genutzten)

barocken **Kanzel** führt eine seitliche, als Beichtstuhl getarnte Tür.

Mitten in der Kirche unterhalb des Bodenniveaus liegt die in Anlehnung an den Petersdom gestaltete **Fürstengruft** vom Ende des 17. Jh. In ihr sind 38 Tiroler Fürsten und Grafen beerdigt, u. a. Meinhard II., sowie Anna von Braunschweig und Bianca Maria

Eine dunkle Balustrade umgibt die tiefer gelegene Fürstengruft im lichten Kirchenschiff

Sforza, die zweite Frau von Kaiser Maximilian I. Lebensgroße, mit Blattgold überzogene Figuren umstehen den abgesenkten Raum.

Eine künstlerische Meisterleistung ist der **Hochaltar** von 1609–13, der einen Lebensbaum darstellt und von Bartholomäus Steinle aus Weilheim geschnitzt wurde. Die **Wurzel Jesse** geht vom Baum der Erkenntnis sowie Adam und Eva aus, bezieht den Stammbaum Mariens mit ein und führt schließlich bis zu Johannes dem Täufer, Johannes dem Evangelisten sowie Petrus und Paulus. Dazu kommen noch diverse Heilige und Kirchenväter. Der Baum und die insgesamt 84 Figuren sind mit Blattgold zogen. Ursprünglich freistehend, wurde die Skulptur später mit einem Stuckhintergrund gestärkt.

In der seitlich angeschlossenen **Heilig-Blut-Kapelle** ist besonders das **Rosengitter** sehenswert, für das der Kunstschmied Bernhard Bachnetzer sechs Jahre gebraucht haben soll. Von den 80 Rosen gleicht keine der anderen!

Neben der Stiftskirche wird im Rahmen der Führung auch der **Fürstensaal** bzw. **Bernardi-Saal** des Klosters mit prächtigen Freskendarstellungen aus dem Leben des hl. Bernhard besichtigt.

Übernachten

Klausur nur für Männer – **Stift Stams:** s. S. 192. Nur männliche Besucher können nach vorheriger Terminabsprache im Kloster auch übernachten. Es gibt keine vorgegebene Aufenthaltsdauer, gedacht ist es aber eher als religiöse Klausur.

Einkaufen

Klosterladen: Juni–Sept. Mo–Sa 9–12, 13–17, So 13–17; Okt.–Mai Mo–Fr 9–12, 13–16 Uhr. Hier verkauft das Kloster Produkte aus eigener Herstellung – wie Marmeladen, Honig, Brände und Liköre –, aber auch Souvenirs, Devotionalien und Geschenkartikel.

Infos & Termine

Konzerte: www.stiftstams.at. Regelmäßige Orgel- und Barockkonzerte im Stift Stams.

Verkehr
Bahn: ab Innsbruck S1, S2 und REX (25–40 Min., 8,40 €, 6–14 Jahre 4,30 €). **Fahrrad:** Auf dem Inntalradweg von Innsbruck ca. 2 Std. (35 km).

Seefeld ▶ F 5

Die Kleinstadt **Seefeld,** auf einem fast 1200 m hoch gelegenen Plateau zwischen Karwendel und Wetterstein gelegen, ist als Wintersportort vor allem unter Langläufern bekannt. Mit Hunderten Kilometern Loipen gilt Seefeld als eines der größten Langlaufgebiete Mitteleuropas.

Schon in der spätrömischen Zeit verlief die Handelsstraße Via Raetia über das Seefelder Plateau und für das 12. Jh. sind Bauernsiedlungen belegt. Richtig bekannt wurde der Ort aber durch das sogenannte Hostienwunder in der **Kirche St. Oswald:** Der zufällig namensgleiche Ritter Oswald soll 1384 hochmütig eine große Priesterhostie verlangt haben – woraufhin er teilweise im Boden versank und auf der Hostie blutige Spuren erschienen. Der Ritter zeigte sich reumütig und die Kirche St. Oswald wurde schnell zum Wallfahrtszentrum. Diese wurde für die Pilger bald zu klein; bereits 1432 konnte eine größere Kirche eingeweiht werden, zu der Maximilian I. später auch ein Kloster stiftete. Eine Maut- und Zollstation an der zunehmend bedeutenderen Straße nach Innsbruck tat ein Übriges.

Nach dem Dreißigjährigen Krieg und vor allem mit den Napoleonischen Kriegen ging es Seefeld bis zum Aufkommen des Tourismus im späten 19. Jh. weniger gut. Dann kamen die ersten Sommerfrischler aus Bayern und bald auch die Skifahrer. Nicht zuletzt durch den erfolgreichen Seefelder Skifahrer Anton Seelos, einen Pionier des Skisports und Erfinder des Parallelschwungs, wurde Seefeld zu einem der bekanntesten Skiorte, in dem mehrfach Weltmeisterschaften und Einzeldisziplinen der Olympischen Spiele stattfanden. 2019 sollen die Nordischen Skiweltmeisterschaften in Seefeld ausgerichtet werden. Trotz seiner beschaulichen Größe mit 3300 Einwohnern ist Seefeld mit Fußgängerzone, Kurpark und Kasino einer der belebteren Sommerorte in Tirol.

Zur **Olympiaregion Seefeld** gehören neben Seefeld selbst auch die Ferienorte **Leutasch** und **Scharnitz** (näher bei Mittenwald) sowie **Mösern-Buchen** und **Reith** in Laufentfernung in Richtung Inntal.

Rundgang

Direkt in der **Fußgängerzone** im Ortskern steht die hochgotische Wallfahrtskirche **St. Oswald** (Klosterstraße, Ecke Maximilianweg) aus dem 15. Jh., mit sehenswerten figürlichen Schlusssteinen im Netzgewölbe. An der Nordwand sind auch einige historische Fresken freigelegt, der neogotische Hochaltar stammt aber aus dem 19. Jh. (mit teils spätgotischen Figuren). Die Klosterschenkung von Maximilian I. daneben ist heute ein luxuriöses Wellnesshotel (Hotel & Spa Klosterbräu, Klosterstr. 30, www.klosterbraeu.at).

Etwa 500 m westlich des Ortskerns steht auf einer Wiese das **Seekirchl** (Mösererstr./Pfarrhügel), ein barocker achteckiger Zentralbau. Neben dem Stuckdekor und den drei Altären ist vor allem die Raumwirkung mit der hohen Laterne über der Kuppel bemerkenswert. Der **namengebende See** wurde im 19. Jh. trockengelegt, und bei den Wintersportmeisterschaften dient das flache Gelände als **Start- und Zielzone**. Nahebei unterhalb der **Skischanze** befinden sich **Biathlon-Trainingsstände**, im Sommer ist dort auch die **Rollskiloipe**.

Unser Tipp

Themenwanderung Nordische Disziplinen/Biathlon

In der Sommersaison findet samstags um 10 Uhr eine Themenwanderung mit kurzweiliger Einführung in die Geschichte Seefelds als Austragungsort winterlicher Sportwettkämpfe statt. Zum Abschluss hat man die Gelegenheit, mal im Liegen mit einem Biathlon-Kleinkalibergewehr zu schießen (2 Std., umsonst mit Gästekarte).

500 m südlich des Ortes liegt der **Wildsee**, ein wunderbarer Freizeit- und Badesee. Von hier hat man einen guten Blick auf den Seefelder Haus- und Wanderberg, die per Bergbahn erschlossene **Seefelder Spitze** (2220 m), und die markante **Hohe Munde** (2662 m) gegenüber im Wetterstein-Gebirge. Im Süden schließt das Schutzgebiet **Reither Moor** an den Wildsee an. Das Latschenhochmoor entstand durch Verlandung von Teilen des Gewässers.

Leutascher Geisterklamm ▸ G 4

Mai–Okt., www.leutascher-geister klamm.at, Bus ab Seefeld 40 Min., 4,50 €, Wanderparkplatz 5 €, Rundweg Klammgeister (über die Panoramabrücke) 2,5 km, große Runde (über eine weniger hohe Brücke, dafür mehr Höhenunterschied) 4 km, für Kinder geeignet, nur wenige Stufen, frei zugänglich

Nördlich von Seefeld an der deutschen Grenze zu Mittenwald fließt die **Leutascher Ache** durch eine enge **Klamm,** die mit breiten, an den Klammwänden verankerten Metallgitterwegen sehr bequem zugänglich gemacht wurde; Höhenangst sollte man allerdings nicht haben, denn die Gitterroste geben nach unten den Blick auf die bis zu 75 m tiefe Schlucht frei. Wer lediglich die kleine Runde gehen möchte, überquert auf der **Panoramabrücke** hoch über dem Fluss die Klamm und gelangt so zu einem breiten Fahrweg und zurück zum Ausgangspunkt.

Der Legende nach lebten ganz weit hinten in der Klamm die Klammgeister und Kobolde – heute erzählen sie auf **Infotafeln** über die Klamm und laden zum Erfahren der Natur ein. Vor allem für Kinder ein Spaß.

Übernachten

Zum Entspannen – **Krumers Post Hotel & Spa:** Dorfplatz 25, Tel. 05212 22 01, www.krumers.com, ab 180 € inkl. Dreiviertelpension, abends Fünf-Gänge-Menü mit zusätzlichem Salatbüfett, auch vegetarisch. Großer Spabereich mit Lounge, Pool und Sauna (auch für Tagesgäste).

Heimelig – **Helga:** Haspingerstr. 156, Tel. 05212 23 26, www.hotel-helga.at, DZ/HP ab 130 €. Solide große Zimmer, feste Betten und sehr freundlicher Service. Gute und sehr reichhaltige Tiroler Küche, WLAN etwas schwierig. Mit Aufzug. Hier steigen viele internationale Gäste ab.

Günstig – **Batzenhäusl:** Klosterstr. 44, Tel. 05212 22 92, www.gasthof-seefeld.com, kleines DZ/ÜF ohne Balkon ab 66 €. Das Batzenhäusl verfügt über 29 recht unterschiedliche Zimmer (auch Einzelzimmer). Die Ausstattung ist einfach, die Betten bequem; für die Lage ein super Deal! Gutes Tiroler Restaurant.

Essen & Trinken

Wildgerichte – **Südtiroler Stuben:** Reitherspitzstr. 17, Tel. 05212 504 46, www.suedtirolerstube.com, Mo–Fr 10.30–14.30, 18–22, Sa/So, Fei 10.30–22 Uhr. Besonders im Herbst sehr gute Wildgerichte. Fleisch wie Spareribs und Steaks (14,90–29,50 €) kommt vom Lavasteingrill, wenig Vegetarisches. Regionale Speisen von Käsespätzle bis Zwiebelrosten (13,80–18,90 €). Schöner Wintergarten.

Spritzig-jung – **K. u. K.:** Bahnhofstr. 163, Tel. 0664 323 59 11, Mi–Mo 7.30–19 Uhr. K. u. K. steht hier für Kaiser und Küche: Café/Bar mit witzigen Frühstücksangeboten, Suppen, Snacks und Süßem. Auch wenn man draußen sitzt, unbedingt einen Blick nach innen ins Näherinnen-Zimmer werfen.

Einkaufen

Dienstagsmarkt: Dorfplatz, Sommer Di 10–16 Uhr. Regionale Produkte.

Heilige und Hirten – **Holzbildhauer Karl-Josef Röck:** Innsbruckerstr. 20, Tel. 0664 561 71 83. Di–Sa 9–18 Uhr. Krippenfiguren und religiöse Statuen fertig zu kaufen oder nach Wunsch geschnitzt.

Schmuck – **Gebrüder Armbruster:** Innsbrucker Str. 22, Tel. 0650 820 43 54, www.armbruster.at, Mo–Sa 10.30–13, 14.30–18, So 10.30–13 Uhr. Zwei Brüder, der eine Experte für Edelsteine, der andere Goldschmied, der die Ideen umsetzt. Ungewöhnliche Stücke, aber natürlich nicht ganz billig.

Delikatessen – **Plangger:** Klosterstr. 43, Tel. 05212 529 55, www.plangger.net, tgl. 10–20 Uhr. Delikatessengeschäft, das zur Planggerkette gehört: Marmeladen, Chutneys, Schokoladen und Brettljausen im Bistro. Auch öfters Prominenz.

Aktiv

Badesee – **Wildsee:** Zwei Strandbäder gibt es am Wildsee, das **Strandbad Strandperle** an der Innsbrucker Straße (www.strandperle.at, großer Parkplatz, beheiztes Becken, tgl. 10–22 Uhr, Nov. geschl., 5,50 €, 5–14 Jahre 3 €) und gegenüber das etwas ruhigere **Waldbad Sonja** (Strandcafé).

Fahrrad-, Rollski, Langlaufskiverleih – **Norz Bike and Nordic:** Klosterstr. 120, Tel. 05212 62 52, www.sport-norz.at. Mo–Fr 10–18, Sa 9–12 Uhr. Mountainbike 20 €/Tag, E-Mountainbike 35 €/Tag. Auch Langlaufausrüstung und Rollski (20 €/Tag inkl. Schuhen und Stöcken).

Golf – **Golfplatz GC Seefeld-Wildmoos:** www.seefeldgolf.tirol, Greenfee 79 € (mit Olympiaregion Seefeld Card, s. S. 164, günstiger). 18-Loch-Platz mit Blick auf Karwendel und Wetterstein.

Pferdekutschenfahrt – Durch den Ort und um den Wildsee, unterschiedliche Routen, ca. 45–90 Min., 40–80 €.

Rollski- und Skilanglaufkurse – **Cross Country Academy:** Klosterstr. 120, Tel. 05212 503 00, www.xc-academy.com. Rollski wird im Sommer nur als Privatunterricht in Kleinstgruppen angeboten, 60 €/1 Std., 115 €/2 Std., Skirollerverleih s. o.

SUP – **Stand-up-Paddling:** am Strandbad Strandperle, 5 €/30 Min., 8 €/1 Std.

Wandern – Das **Tourismusbüro** hält Infos zu Wandermöglichkeiten bereit.

Abends & Nachts

Casino Seefeld: Bahnhofstr. 124, Tel. 05212 234 01 12, www.casinos.at/de/seefeld, tgl. 14 (Automaten)/15–3 Uhr. Roulette, Blackjack, Poker und Automaten.

Platzhirsch: Dorfplatz 25, Tel. 05212 220 15 71. Das Café und Bistro gehört zu Krumers Post Hotel, schöne Terrasse in der Fußgängerzone, eher für den Sundowner geeignet.

Infos & Termine

Infos

Tourismusbüro: Klosterstr. 43, Tel. 050 88 00, www.seefeld.com/seefeld-in-tirol, Mo–Sa 8.30–18.30, So 10–12.30, 15–17 Uhr.

Gästekarte: Olympiaregion Seefeld Card, s. S. 164

Termine

Altes Handwerk Tirol: 2 Tage im Sept. Handwerker aus ganz Österreich geben sich ein Stelldichein – Geigenbauer, Nagelschmiede, Wagner und Federkielsticker.

Flowers & Ice: 2 Tage Mitte Aug. Großes Blumenfest mit allerhand Attraktionen über Blütenteppich, Sonnenblumenstraße und Duftstraße bis zur Blumenschirmbar. Abends gibt es eine Show mit Licht- und Soundeffekten.

Verkehr

An-/Abreise: Zug von Innsbruck nach Scharnitz über Seefeld, **Fernreisebusse** und **Flughafenshuttle** zum Flughafen München.

Innerorts: Der innerörtliche Shuttlebus ist mit der Olympiaregion Seefeld Card (s. S. 164) gratis.

Bergbahnen Rosshütte: Standseilbahn zur Rosshütte (1760 m; ca. Juni–Okt. 9–17, Ende Nov.–Anf. April 9–16.30 Uhr), von dort weiter zum Seefelder Joch (2064 m; ca. Juni–Okt. 9.15–16.45 Uhr) oder bis Härmelekopf (2045 m; ca. Juni–Okt. 9.15–16.45 Uhr). Die Bahnen fahren alle 15 Min., Berg- und Talfahrt (1 Gipfel) 24 €, nur bis Mittelstation Rosshütte 19 €, verschiedene Teilstrecken-Kombinationen für Wanderer.

Imst und Außerfern

Highlight!

Lechtal bei Weißenbach und Elmen: So naturbelassen findet man mitten in Europa kaum einen anderen Fluss – man kann ein Stück am Ufer entlanglaufen oder einfach am Ufer sitzend auf den Wildfluss schauen. S. 217

Auf Entdeckungstour

Wilder Fluss im sanften Tal – der Lech: Länger als jedes andere Gewässer der Nordalpen fließt er über 62 km von der Mündung bis Füssen ungehindert durch ein steiniges, unbegradigtes Flussbett. Vor Ort und in zwei Ausstellungen kommt man ihm näher. S. 214

Reutte · Stuibenfälle

Weißenbach

Zugspitze
2962 m

Lechtal bei Weißenbach und Elmen

· Elmen

Wilder Fluss im sanften Tal – der Lech

Rosengartenschlucht · Imst

Inn

Imster Schlucht

Kultur & Sehenswertes

Haus der Fasnacht: Nur alle vier Jahre findet das Imster Schemenlaufen statt. Dazwischen kann man in diesem wunderbaren Fasnachtsmuseum in Imst einen Eindruck von der alten Tradition bekommen. S. 202

Aktiv unterwegs

Rosengartenschlucht: Die kleine Wanderung führt bei Imst durch eine der naturbelassensten Schluchten Tirols – und der Eingang liegt gleich beim Stadtzentrum. S. 203

Rafting auf dem Inn (Imster Schlucht): Der Abschnitt zwischen Imst und Haiming ist eine der beliebtesten Raftingstrecken Europas. S. 206

Rundwanderung an den Stuibenfällen: Die Stuibenfälle bei Reutte sind duch die ORF-Sendung »9 Plätze 9 Schätze« österreichweit als einer der schönsten Plätze des Landes bekannt geworden. S. 213

Genießen & Atmosphäre

SunOrama: Gleich neben der Bergstation Alpjoch bei Imst erhebt sich die Aussichtsplattform. Hier kann man auf 2100 m auf ergonomischen Holzliegen wunderbar entspannen. S. 204

Café-Konditorei Regensburger: Dicke Eisbecher und üppiger Nusskuchen auf einer Terrasse über dem Fluss in Imst. S. 207

Tirol für Einsteiger – Gurgltal und Außerfern

Die Bezirkshauptstadt Imst am nördlichen Hang des Inntals und am Beginn des Gurgltals ist vielleicht kein klassisch-schöner Bergort, bietet aber auf den zweiten Blick erstaunlich viel Tirolerisches: felsige Berglandschaft direkt vor der Haustür, Klettern und Rafting und mit dem Schemenlaufen auch viel Brauchtum. Von Imst zweigt über das Gurgltal die B 179 zum Fernpass ab.

Das Gebiet dahinter – die Gegend um Ehrwald sowie Reutte und das Lechtal – gehört zwar zu Tirol, ist aber nicht nur geografisch, sondern auch historisch und kulturell in vielem Bayern näher. Mindestens seit 1296 wird es als Außerfern bezeichnet, damals hieß es *iudicium extra Verren,* also etwa ›die Gerichtsbarkeit hinter dem Fernpass‹. Speziell das Lechtal punktet mit Wellness, Genuss und viel Natur. Die Fahrt über die Berge, entweder über den Fernpass oder das kurvige Hahntennjoch (s. S. 210) lohnt sich durchaus.

Imst und Tarrenz

Imst ▶ D 6

Imst entspricht nicht direkt dem Tiroler Urlaubsklischee und ist auf Anhieb wenig gefällig, doch die eigentümliche Mischung aus Alt und Neu, hemdsärmeligem Alltag und grandioser Natur hat etwas.

Die Stadt liegt an einer strategisch günstigen Position zwischen den beiden relativ leicht zu querenden Alpenpässen Fernpass und Reschenpass, und so ist es nicht verwunderlich, dass erste Siedlungsspuren schon aus der Bronzezeit stammen. Die erste römische Straße über die Alpen, die Via Claudia Augusta, führte vom Süden über den Reschenpass und das Inntal und bog bei Imst ins Gurgltal und über den Fernpass ab in Richtung Germanien. 763 wurde ein Ort namens Imst erstmals erwähnt, Marktrecht erhielt er aber erst im 13. Jh.

Auch in der Umgebung von Imst wurden Metallerze abgebaut, so sind spätestens ab dem 15. Jh. Bleiminen belegt. Die Bergleute nahmen als Indikator für ausreichend Atemluft Kanarienvögel mit (fiel der Vogel um, musste der Bergmann schnell aus dem Schacht). Nach dem Niedergang der Bergwerke im 17. Jh. züchteten die Imster weiterhin Kanarienvögel, nun als Singvögel, und handelten damit in Süddeutschland. Vorbild für den Papageno in Mozarts »Zauberflöte« soll ein solcher Imster Vogelhändler gewesen sein. Spätestens ab dem 19. Jh. entwickelte sich Imst dann zu einem Zentrum der Textilindustrie. 1951 eröffnete Hermann Gmeiner in Imst das weltweit erste SOS-Kinderdorf.

Nur alle vier Jahre zu Fasnacht findet das Imster Schemenlaufen statt (s. Haus der Fasnacht, S. 202), seit 2010 immaterielles UNESCO-Welterbe.

Heute ist Imst Bezirkshauptstadt mit etwa 10 000 Einwohnern, Tendenz steigend, darunter viele Zugezogene. Zwischen den teils sehr authentischen alten Häusern stehen moderne Gebäude und 1960er-Jahre-Wohnblocks. Die eigentliche Stadt erstreckt sich über 50 Höhenmeter. Im Süden fließt der Inn, an dem auch die Autobahn und Gewerbegebiete liegen; im Norden führt das Gurgltal über den Fernpass in Richtung Deutschland. Direkt

Infobox

Infos
Keine übergreifende Website

Anfahrt und Weiterkommen
Aus Deutschland per Bahn: Von München mit der Regionalbahn über Garmisch-Partenkirchen bis Ehrwald und im Bogen weiter nach Reutte im Lechtal (2,5 Std.). Eine andere Bahnlinie führt von Kempten i. A. über Nesselwang nach Reutte. Auf beiden Strecken ist das Bayernticket gültig.
Aus Deutschland per Auto: Mit dem Auto erreicht man auf der A 7 über Ulm und Kempten den Füssen-Basistunnel und gelangt so nach Reutte.
Aus Deutschland per Bus: Fernbusse fahren z. B. von Frankfurt nach Lermoos bei Ehrwald.
Aus dem Inntal und dem Rest Tirols: Die Zufahrt ins Lechtal erfolgt per Auto oder Bus über den oft stark befahrenen Fernpass (s. S. 200) oder das kurvenreiche Hahntennjoch (s. S. 210). Der ÖBB-Bahnhof Imst-Pitztal liegt im Inntal, gut 4 km vom Ortszentrum Imst. Es verkehren Busse.

Gästekarten
Gästekarte der Ferienregion Imst: Kostenlos bei Übernachtungen, Gratisbenutzung der öffentlichen Busse in der Region (und nach Landeck sowie über das Hahntennjoch nach Elmen), geringe Ermäßigung bei Sehenswürdigkeiten.
Gletscherpark Card: www.gletscherpark.com, 3 in 4 Tagen 59 €, 7–15 Jahre 37 €, 5 in 7 Tagen 79/47 €, 10 in 12 Tagen 99/57 €. Mit der Gletscherpark Card kann man neben den Imster Bergbahnen auch die Bahnen im Pitztal und im Kaunertal benut-

zen, zudem ist der Eintritt zu vielen Sehenswürdigkeiten frei oder stark ermäßigt.
Gästekarte Tiroler Zugspitz Arena: Die Gästekarte gibt es ab einer Übernachtung in der Region. Gratisbenutzung der Busse sowie des Zuges Arena Express Bayern–Tirol nach Garmisch-Partenkirchen, geringe Ermäßigungen auf Bergbahnen und Attraktionen in der Zugspitzregion.
Activcard Z-Ticket (Tiroler Zugspitz Arena): www.zugspitzarena.com. Für 3–13 Tage erhältlich (58–120 €, 16–18 Jahre 46–98 €, 6–15 Jahre 29–51 €), enthält eine Berg- und Talfahrt mit der Zugspitzbahn und die meisten anderen Bahnen, Bäder, Schiffslinien und Busse der Region.
Reutte Aktiv Card: Kostenlos bei Übernachtung in der Naturparkregion Reutte. Die Karte ermöglicht freie Fahrt mit dem öffentlichen Nahverkehr, freien Eintritt in die meisten Schwimmbäder (auch 2 Std. in der Badewelt der Alpentherme) und Museen und berechtigt zur Teilnahme am Ferienprogramm des Tourismusverbands.
Gästekarte Lechtal: Bei einer Übernachtung im Lechtal erhalten Gäste automatisch die Lechtaler Gästekarte. Sie bietet Ermäßigungen für den Nahverkehr (Tagesticket im gesamten Lechtal 3 €), die Schwimmbäder und die Bergbahnen. Mehr Vergünstigungen bietet die **Lechtal Aktiv Card,** die viele Betriebe im Übernachtungspreis inkludiert haben. Mit Gästekarte kann man sie für 29 € für max. 7 Tage kaufen. Viele Attraktionen sind umsonst oder kosten symbolisch nur noch 1 € (z. B. Burgenwelt Ehrenberg).

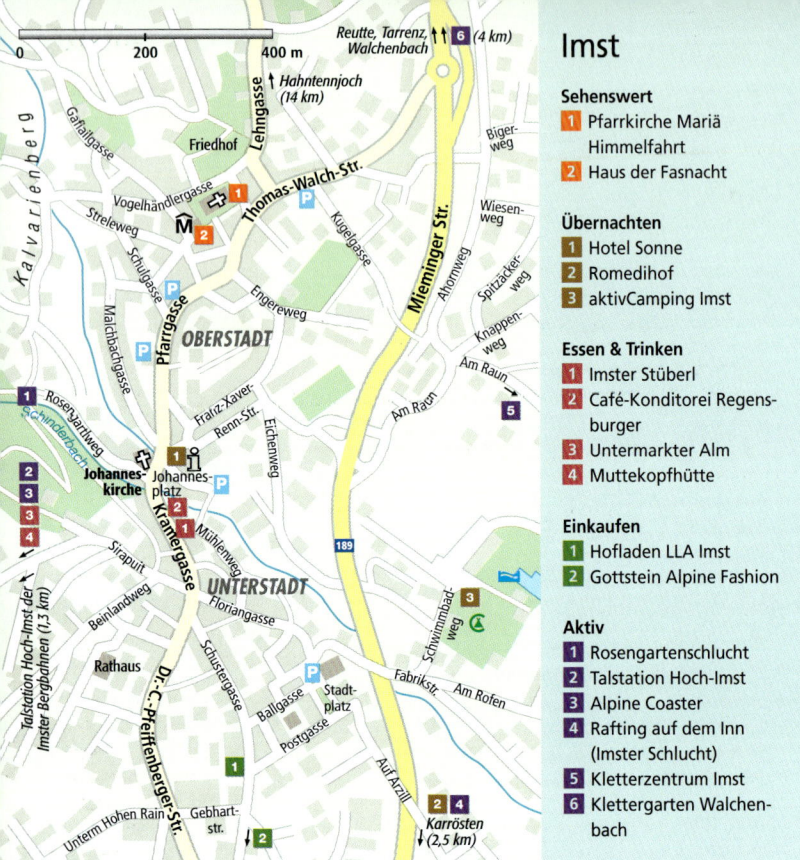

Sehenswert

1 Pfarrkirche Mariä
  Himmelfahrt
2 Haus der Fasnacht

Übernachten

1 Hotel Sonne
2 Romedihof
3 aktivCamping Imst

Essen & Trinken

1 Imster Stüberl
2 Café-Konditorei Regensburger
3 Untermarkter Alm
4 Muttekopfhütte

Einkaufen

1 Hofladen LLA Imst
2 Gottstein Alpine Fashion

Aktiv

1 Rosengartenschlucht
2 Talstation Hoch-Imst
3 Alpine Coaster
4 Rafting auf dem Inn
  (Imster Schlucht)
5 Kletterzentrum Imst
6 Klettergarten Walchenbach

hinter der Stadt ragen die imposanten felsigen Lechtaler Berge auf.

Imst besteht aus zwei Ortsteilen, der **Unterstadt** und der **Oberstadt**, die durch den Schinderbach getrennt sind. Das städtische **Zentrum** mit Geschäften, Banken, Restaurants und Kneipen konzentriert sich um die **Kramergasse** in der Unterstadt (am Wochenende Fußgängerzone). Bei der **Johanneskirche** beginnt die Oberstadt.

Pfarrkirche Mariä Himmelfahrt **1**
Pfarrgasse 35, Oberstadt
Die **Hauptkirche** in der Oberstadt ist Mariä Himmelfahrt. Einen Vorgänger-

bau gab es wohl schon um 1300, aber der heutige gotische Bau stammt von 1460–62. Das Innere der Kirche wurde barockisiert und im frühen 20. Jh. regotisiert. Bemerkenswert ist der Freskenschmuck auf der südlichen und westlichen Fassade, wohl fromme Stiftungen des 15. und 16. Jh.: darunter eine Darstellung des Erasmus, des Christophorus und Christi als Weltenrichter. Rings um die Kirche liegt ein imposanter ummauerter **Friedhof** mit Umgang.

Haus der Fasnacht **2**
Streleweg 6, Tel. 0650 646 01 00,
www.fasnacht.at, Fr 16–19 Uhr und

*n. V., 5 €, 6–14 Jahre 1 €, Schüler/
Studenten 2 €, Termine offener Führungen ggf. auf Homepage vermerkt
(lohnen sich auf jeden Fall)*
Das **Museum** in einem modern ausgebauten historischen Haus neben der
Oberkirche stellt die **Fasnachtsfiguren**
des berühmten **Imster Schemenlaufens**
vor. Großformatige Filmaufnahmen
des Schemenlaufens aus mehreren
Jahrzehnten vermitteln einen Eindruck
des Geschehens. Im Fasnachtsmuseum
befindet sich auch das Kostümmagazin
(für Besucher nicht zugänglich).

Das **Imster Schemenlaufen** ist ein
einzigartiger Fasnachtsbrauch, der wegen des großen Aufwands nur alle vier
Jahre stattfindet (s. S. 208). Etwa 1000
Männer sind dann zwei Tage lang in
Zirbenholzmasken (Larven) und aufwendigen Kostümen unterwegs. Der eigentliche **Umzug** beginnt am Sonntag
um 12 Uhr. Die **Figuren** sind historisch
und streng festgelegt, oft sind die Rol-
len innerhalb der Familie erblich. Die
Wichtigsten sind der Scheller (mit großen eckigen Schellen und der Maske
eines älteren Mannes – der Winter) und
der Roller (mit kleinen Glöckchen wie
am Pferdegeschirr und der Maske eines
jungen Mannes – der Frühling), beide
mit einem bunten Aufbau wie einer Art
Heiligenschein hinter dem Kopf. Trotz
der zum Teil 30 kg schweren Schellen
hüpfen und tanzen sie ununterbro-
chen, um den Winter durch die lauten
Glocken auszutreiben. Andere Figuren
sind die Bären und Bärentreiber, die
Hexengruppen sowie als Ordnungs-
kräfte die Spritzer und Sackner, die mit
Wassersprritzen oder prügelähnlichen
Säcken die Schaulustigen aus dem Weg
drängen, damit die Hauptfiguren tanzen können.

Obwohl die Fasnacht viel Organisation erfordert, wird der Brauch bis
heute fast ohne Institutionen von Ein-
zelgruppen und einem Komitee organisiert. Involviert ist fast die halbe
Stadt, wer nicht selbst mitläuft, hilft
bei den Kostümen, den Festwagen
oder der Verpflegung. Mitgehen können Männer (ab 16 Jahre), die in Imst
aufgewachsen sind.

Der folgende **Montag** ist dann
Fasnacht (1 Woche vor dem z. B. im
Rheinland üblichen Termin) – ohne
Larven (Masken) wird weiter gefeiert.

Wanderungen bei Imst

Rosengartenschlucht **1**

*Johanneskirche (Johannesplatz 4,
Unterstadt, Imst)–Hoch-Imst, Gehzeit
1 Std., Rückweg über den normalen
Wanderweg 20–30 Min. oder mit
Stadtbus 3 ab Seilbahnstation Hoch-
Imst retour nach Imst (stündlich,
Fahrzeit 5 Min.)*
Neben der **Johanneskirche** in der Unterstadt beginnt der Rosengartlweg
zur **Rosengartenschlucht**. Eine stabile
Hängebrücke führt über den Schinderbach, danach wird der Weg schmal
und manchmal auch felsig. Über hölzerne Stege, Brücken, Felsdurchbrüche
und manchmal auch einige Betonstu-
fen geht es gut 1,5 km durch die stets
feuchte, wilde Schlucht. Nach etwa
1,3 km und 200 Höhenmetern kreuzt
der Weg die **Fahrstraße** (hier die Möglichkeit, über den normalen Wanderweg zurück nach Imst zu gehen), weiter
geradeaus geht es noch einmal 500 m
und 70 Höhenmeter auf einem viel
sanfteren **Waldweg** oberhalb der hier
niedrigen Schlucht bis zur **Blauen Grot-
te,** einer kleinen Quelle in einem alten
Bergwerksstollen. Gleich dahinter ist
die Seilbahnstation Hoch-Imst mit Parkplatz und Bushaltestelle erreicht.

Oberhalb von Hoch-Imst
*www.imster-bergbahnen.at/de/som
mer/wandern/adlerhorst-sunorama*

Lieblingsort

SunOrama – entspannen mit Blick

Gleich neben der Bergstation Alpjoch (2100 m) der Imster Bergbahnen kann man auf der Panoramaterrasse SunOrama auf ergonomischen Holzliegen wunderbar entspannen. Der Blick schweift über die Bergkulisse, die Sonne kitzelt auf der Nase und der Alltag scheint ganz weit weg.

SunOrama: an der Bergstation Alpjoch, Imster Bergbahn ab Talstation Hoch-Imst **2** .

Von der **Talstation Hoch-Imst** 2 fährt die Imster Bergbahn zur Untermarkter Alm und weiter zur **Bergstation Alpjoch**. Neben der Bergstation liegt das **SunOrama** (s. Lieblingsort S. 204), nach rechts geht es zur **Aussichtsplattform Adlerhorst**.

Eine schöne leichtere Bergwanderung ist die **Drei-Hütten-Tour** (400 Höhenmeter bergab, ca. 2,5 Std.): Von der Bergstation bzw. dem Adlerhorst führt der etwas ausgesetzte, aber mit Seilen gesicherte **Drischlsteig** mit wunderbarem Blick fast eben bis zur **Muttekopfhütte** 4 (s. S. 208; knapp 1 Std.). Von dort folgt man dem Tal teils steil bergab bis zur **Latschenhütte** (www.latschen.at) und zur **Untermarkter Alm** 3 (s. S. 208) an der Mittelstation der Bergbahn.

Von der **Muttekopfhütte** führt ein **Wanderweg zum Hahntennjoch** (Bus 4266 ab Imst Hahntennjoch Passhöhe). Hinter der Hütte gibt es darüber hinaus viele Kletteroptionen.

Alpine Coaster 3

Hoch-Imst 19, Tel. 05412 663 22, www.imster-bergbahnen.at, Mai–Juni, Mitte Sept.–Okt. Do–So 10–17, Juli–ca. Mitte Sept. tgl. 10–17 Uhr, Winter s. Website, Fahrzeit 9 Min., 7,10 €, 3–15 Jahre 4,90 €
Von der Mittelstation Untermarkter Alm kann man auch mit dem Alpine Coaster, der gut 3,5 km langen **Sommerrodelbahn,** nach Hoch-Imst abfahren. Auf 450 Höhenmetern gibt es neben steilen Kurven auch häufiger sanftere Streckenabschnitte.

An schönen Sommertagen kann die Wartezeit am Alpine Coaster durchaus über 1 Std. betragen. Dann werden allerdings Nummern ausgegeben, sodass man sich die Zeit mit einem Spaziergang, auf dem Spielplatz oder im Restaurant vertreiben kann.

Rafting auf dem Inn (Imster Schlucht) 4

Rafting macht man normalerweise nicht allein, sondern als gebuchte Tour mit einem erfahrenen Guide. Die meisten Outdoor-Veranstalter im Tiroler Oberland bieten auch Rafting-Touren an, in Haiming sind mehrere Anbieter direkt am Ausstieg auf die Imster-Schlucht-Route spezialisiert. Wir sind mit **Fankhauser OutdoorSport** *(Magerbach 4, Haiming, Tel. 0650 625 91 13, www.fankysport. tirol) geraftet, wo verschiedene Touren im Angebot sind und auch individuelle Wünsche und Anforderungen berücksichtigt werden.* **Tourinfos:** *Einstieg nicht weit von einem Parkplatz nahe der Autobahnausfahrt Imst bei Brennbichl, Streckenlänge/Dauer: ca. 13 km / 1–1,5 Std., bei Fankhauser 45 €/Pers.; Badebekleidung muss selbst mitgebracht werden, Neoprenanzüge, Helme und Schwimmwesten werden gestellt. Sie sollten schwimmen können und keine Angst vor kaltem Wasser haben. Etwas Kraft und körperliche Fitness sind nützlich, aber nicht erforderlich. Kinder ab ca. 12 Jahren können mitfahren*

Die Imster Schlucht gilt als die beliebteste Rafting-Strecke Europas. Sie ist sowohl für Anfänger als auch für etwas Fortgeschrittenere geeignet, da man je nach Können (und Einsatz) der Teilnehmer Wellen und Schaukeln variieren kann. Die jeweilige Bootsbesatzung muss auf Anweisung des Steuermanns gemeinsam paddeln – zwischen den Stromschnellen hindurch oder eben auch mal mitten hinein.

Am breiten **Einstiegsplatz** werden die Kommandos geübt und dann geht's los. Bis zum **Zufluss des Pitzbachs** nach etwa 2 km fließt der Inn recht ruhig dahin, wer mag, kann hier von einem

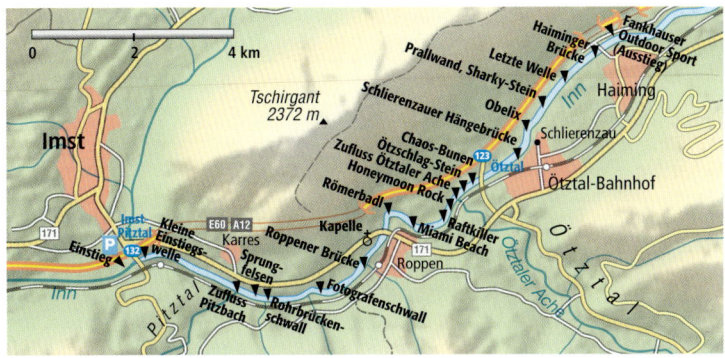

Rafting auf dem Inn in der Imster Schlucht

Fels ins Wasser springen, um festzustellen, wie kalt es ist (kalt!). Noch vor der hohen **Roppener Brücke** (Postkartenpanorama) kommen dann die ersten größeren Stromschnellen und Strudel – und es wird nass. An der folgenden Flussschleife passiert man am Ufer eine **Kapelle**, die Kneipp-Anlage **Römerbadl** und einen hübschen Badestrand, **Miami Beach**. Etwa ab dem **Zufluss der Ötztaler Ache** (ca. 8 km nach dem Einstieg) sind die Paddler dann richtig gefordert, Stromschnellen wechseln sich mit spitz aus dem Wasser ragenden Steinen ab, die Namen tragen wie **Raft Killer, Chaos-Bunen** und **Obelix**. Und hinter der **Letzten Welle** ist noch einmal auf 1 km Gelegenheit, im Fluss neben dem Raft zu treiben. Ganz Mutige springen nach dem Anlanden in **Haiming** auch noch von der **Haiminger Brücke** in den Fluss.

Übernachten

Zentral – **Hotel Sonne** **1**: Johannesplatz 4, Tel. 05412 672 92, www.sonne-imst.at, DZ/ÜF 90–94 €. Klassisches Tiroler Gasthaus direkt über dem Tourismusbüro im Zentrum, einfach, aber solide, explizit Biker- und Radler-freundlich.

Hostel – **Romedihof** **2**: Brennbichl 41, Karrösten, 0664 222 12 10, www.romedihof.at, 2-Bett-Zimmer 52 €, Schlafsaalbett ab 21 €, jeweils zzgl. Ortstaxe. Etwas abseits der Stadt zwischen Bahnhof und Autobahnauffahrt. Unterschiedlich große Zimmer ohne Bad, Gemeinschaftsräume und Küche, keine Handtücher, keine Mahlzeiten.

Auf der Wiese – **aktivCamping Imst** **3**: Schwimmbadweg 10, Tel. 05412 213 55, www.camping-imst.at. Stadtnaher, relativ kleiner Campingplatz mit einfachen Sanitäranlagen, dafür mehreren Aufenthaltsräumen, Slackline und Bar, gleich neben dem städtischen Freibad. Sehr hilfsbereiter Betreiber.

Essen & Trinken

Preiswert – **Imster Stüberl** **1**: Kramergasse 10, Tel. 0650 680 48 09, http://imsterstueberl.at, Mo–Sa 9–24, Küche 11.30–14, 18–21 Uhr. Uriges Lokal im Zentrum der Unterstadt, mit typischer Tiroler Kost vom Kaspressknödel bis zum Wildragout und Zwiebelrostbraten, viel für Kinder und Vegetarier. Hauptgerichte 6–15 €.

Überm Wildbach – **Café-Konditorei Regensburger** **2**: Kramergasse 20,

207

05412 638 03, www.regensburger.
cc, tgl. 9–20 Uhr. Tolle Torten und
Eisbecher auf einer schmalen Terrasse, die über einen kanalisierten Bach
gebaut ist, oder im Obergeschoss
mit Panoramafenstern. Riesig ist der
Kaiser-Franz-Josef-Eisbecher mit Erd-
beeren und karamellisierten Kürbis-
kernen, Hausspezialität der üppige
Imster Nusskuchen.

Jause mit Blick – **Untermarkter Alm 3 :**
Untermarkter Alm 103, Hoch-Imst, Mittelstation der Imster Bergbahnen, Tel.
0680 444 17 02, www.ualm.at, Sommer
tgl. 9–18, je nach Saison auch länger
(s. Website), Hauptgerichte ca. 7–13 €.
Moderne Berghütte mit großer Sonnenterrasse und guter Küche: deftige
Tiroler Jausen, fast alles regional und
bio, Brot aus dem eigenen Steinofen
und Burger von eigenen Almochsen.
An Wochenenden viel Betrieb. Zimmer,
ab 23 € im Mehrbettzimmer (Frühstück
11 €).

Für Bergfexe – **Muttekopfhütte 4 :**
Hoch-Imst, 1934 m, Tel. 0664 123 69
28, www.muttekopf.at, Hauptkarte
bis 17, kleine Karte, Bergsteigeres-
sen, Abendmenü 18–19 Uhr, warme
Hauptgerichte ca. 8–14 €. Klassische
Berghütte mit schönem getäfeltem
Gastraum und sehr gutem, deftigem
Essen (auch vegetarisch). Dank Lasten-
aufzug auch gute Weine. Hingehen
muss man aber zu Fuß.

Einkaufen

Direktvertrieb – **Hofladen LLA Imst 1 :**
Eduard-Wallnöfer-Platz 5, http://lla.
ihc.at, Mo–Fr 9–12 Uhr. Direktvertrieb
landwirtschaftlicher Produkte. Alles
regional.

Filz und mehr – **Gottstein Alpine Fashion 2 :** Bundesstr. 1–3 (Tiroler Str.),
Tel. 05412 66 25 10, www.gottstein.at,
Mo–Fr 9–18, Sa 9–17 Uhr. Etwas außerhalb liegt das große Modegeschäft,

das auf Trachten, Freizeitmode und
Filzpantoffeln spezialisiert ist.

Aktiv

Wanderungen bei Imst – **Rosengartenschlucht 1 , Oberhalb von Hoch-Imst/
Talstation Hoch-Imst 2 :** s. S. 203.

Sommerrodelbahn – **Alpine Coaster 3 :** s. S. 206.

Rafting – **Rafting auf dem Inn (Imster
Schlucht) 4 :** s. S. 206

Klettern indoor – **Kletterzentrum
Imst 5 :** Am Raun 25, Tel. 05412 62 65
22, www.kletterzentrum-imst.at, Mo,
Di, Do/Fr 14–22, Mi 10–22, Sa/So 1–18
Uhr, 9 €. Große moderne Wettkampf-
kletterhalle, Innen- und Außenanlage
und Café.

Klettern outdoor – **Klettergarten
Walchenbach 6 :** Der Klettergarten
nördlich von Tarrenz hat einen kurzen
Zustieg. Die Routen sind einfach, Routenbeschreibungen vor Ort vorhanden.

Infos & Termine

Infos
Tourismusbüro: Johannesplatz 4, 05412
691 00, www.imst.at, Mo–Fr 9–18, Sa
10–13 Uhr.
Gästekarten: Ferienregion Imst, Gletscherpark Card, s. S. 201

Termine
Imster Fasnacht: www.fasnacht.at. Alle
vier Jahre findet zumeist am Sonntag
vor Gründonnerstag das **Imster Schemenlaufen** (s. S. 203) statt, nächster
Termin: 9.2.2020. Zeitversetzt ebenfalls
alle vier Jahre findet am gleichen Tag
die **Buabefasnacht** (Bubenfastnacht)
für sechs- bis fünfzehnjährige Jungen
statt, nächster Termin 4.2.2018.

Verkehr
Touristenzug Bummelbär: Der pink-
gelbe Bummelzug fährt 2 x tgl. eine

gemütliche Runde durch das Gurgltal – von Imst über Tarrenz nach Nassereith und zurück, Tagesticket 5 €.

Imster Bergbahnen: www.imster-berg bahnen.at. Die Seilbahn fährt von der Talstation Hoch-Imst **3** über die Untermarkter Alm (Anf. Mai–Juni, Mitte Sept.–Okt. Do/So, Juli–Mitte Sept. tgl. 9–17 Uhr) zur Bergstation Alpjoch auf 2100 m Höhe (bis Alpjoch: ca. Juli–Anf. Sept. tgl., Rest Sept. Do–So 9.15–12, 13–16.45 Uhr), Berg- und Talfahrt Alpjoch 15,50 €, 18–21 Jahre 12,10 €, 8–17 Jahre 7,70 €, nur Talfahrt 7,50/6,50/4 €. **Bus:** Über das Hahntennjoch fährt tgl. 4 x ein Kleinbus ins Lechtal (Elmen), Fahrzeit ca. 1 Std., 5,40 €.

Tarrenz (Gurgltal) ▶ D 5/6

Biermythos Starkenberg

Griesegg 1, Tel. 05412 662 01, www. starkenberger.at, Mai–Okt. tgl. 10–17, Nov.–April Mo–Fr 10–12, 13–16 Uhr, 7 €, Führung nur nach Anmeldung (ab 30 €), bis 10 Jahre Eintritt frei, Bierschwimmbad: nur abends und nur mit Voranmeldung, max. 4 Pers./ Becken, 250 €/4 Pers.

Seit 1810 wird hier Bier gebraut. Bei einem Rundgang durch die alten **Brauerei**-Räumlichkeiten wie **Sudhaus** und **Maschinenraum** erfährt man allerhand Details zum Bier und Bierbrauen allgemein – besonders mythisch ist die Präsentation allerdings nicht … Die Kältemaschine musste, weil es noch keinen Stromanschluss gab, mit einem eigenen Kraftwerk betrieben werden. Die kleinen alten **Gärbecken** werden heute als ›Bierbad‹ vermietet: Dem Badewasser werden 2,5 % Heferückstände aus der Biergewinnung zugesetzt. Endpunkt der Route ist der als **Rittersaal** dekorierte Festsaal, wo Besucher mehrere Sorten des Starkenberger Biers verkosten können.

Im angeschlossenen **Laden** gibt es neben den prämierten Starkenberger Bieren auch die Produkte der Starkenberger Naturkosmetik mit Extrakten von Bierhefe, Hopfen und Malz und vieles mehr.

Knappenwelt Gurgltal

Tschirgant 1, Tel. 05412 630 23, www. knappenwelt.at, Mai–Okt. Di–So 10–17 Uhr, 7 €, 10–18 Jahre 3 €

Ein ungewöhnlicher Spielplatz, eine thematische Freilichtausstellung und die anschauliche Aufbereitung eines archäologischen Einzelfunds – die Knappenwelt besteht aus drei Teilen.

Im nachgebauten **Bergknappen-Lager** mit Wohnhütten, Erzstollen und verschiedenen Werkstätten für die Erzverarbeitung wird das Alltagsleben der Bergleute veranschaulicht. Während der frühen Neuzeit und bis zum Dreißigjährigen Krieg war der Bergbau in vielen Tiroler Tälern ein wichtiger Wirtschaftszweig (s. Entdeckungstour S. 142) – zum Teil herrschte Goldgräberstimmung, aber es war auch eine harte und gefährliche Arbeit. Kleinere Kinder werden vom **Spielplatz** mit Bergbauthema, Stollen und Loren begeistert sein.

In einem separaten Ausstellungsgebäude wird ein ungewöhnlicher Einzelgrabfund aus der Umgebung gezeigt: Die **Heilerin vom Gurgltal** beruht auf der Interpretation des Frauenskeletts mit Grabbeigaben aus dem 17. Jh. Die Präsentation wurde in Zusammenarbeit mit der Universität Innsbruck entwickelt und vereint Hintergrundinformationen, Multimedia-Stationen, einen Dokumentarfilm und schließlich den Fund selbst.

Zu gelegentlich stattfindenden **Einzelveranstaltungen,** etwa Handwerkerfesten oder Veranstaltungen, auf denen sich moderne Heilerinnen vorstellen, ist der Eintritt frei (Programm s. Website).

Hahntennjoch ▸ C/D 5

*Geöffnet ca. Juni–Sept., bei Schlecht-
wetter gesperrt: Meteorologische
Stationen geben ihre Messergebnisse
an die funkgesteuerten Ampeln
weiter – ist das Wetter zu schlecht,
schalten diese auf Rot*

Das **Hahntennjoch** ist mehr als nur
eine Alternativroute zum Fernpass
ins Lechtal – die kurvenreiche Straße
durch die Berge ist eine Sehenswürdigkeit in sich. 30 km und mit einer
maximalen Steigung von 18,9 %
schlängelt sie sich entlang schroffer
Felswände und Steilhänge. Einmal
über das Joch, gelangt man ins Bschla-
bertal und weiter ins Lechtal.

Ehrwald ▸ C 5

Von den Orten auf der österreichischen Seite des Zugspitzmassivs (Zugspitz Arena Tirol) ist Ehrwald der touristisch bedeutendste mit Skigebieten
im Winter und vielen Wandermöglichkeiten im Sommer. Der Tourismus
in Ehrwald nahm bereits Anfang des
20. Jh. Fahrt auf, nicht zuletzt durch
die 1926 eröffnete Zugspitzbahn. Auf
der Südseite von Ehrwald fährt die
Ehrwalder Almbahn auf 1500 m Höhe,
von dort hat man den Blick aufs Zug-
spitzmassiv und diverse Wander- und
Mountainbike-Optionen.

Zur Tiroler Zugspitz Arena gehören
neben Ehrwald die Orte Lermoos, Bi-
berwier, Bichlbach und Berwang.

Zugspitzbahn

*Obermoos 1, Tel. 05673 23 09, www.
zugspitze.at, tgl. 8.40–16.40 (letzte
Bergfahrt 16) Uhr, Berg- und Talfahrt
inkl. Erlebnismuseum und Schnee-
kristall 43,50 €, 16–18 Jahre 35 €,*

*6–15 Jahre 26 €, auch günstigere
Familienkarten, Achtung: Die Bahn ist
im Frühjahr und im Spätherbst meist
für mehrere Wochen für Revision/
Reparatur geschl., darüber hinaus
verkehrt sie Mai/Juni, Okt./Nov. nur
bei gutem Wetter*

Die alte Zugspitzbahn wurde 1991
komplett neu gebaut. Eine 100 Personen fassende Panoramakabine fährt in
10 Min. bis auf den Gipfel der Zugspitze (2962 m). Hier gibt es in den Bergstationen der Tiroler und der Bayerischen
Zugspitzbahn mehrere Ausstellungen:
das **Erlebnismuseum Faszination Zugspitze** und die **Schneekristall-Welt,**
außerdem das **Panorama-Gipfelres-
taurant** und die **Sonnenterrasse** der
DAV-Hütte Münchner Haus.

Eine **Alternative zur Talfahrt** mit
der Zugspitzbahn ist der Abstieg über
das Gatterl bis zur Ehrwalder Alm
(s. auch Gatterl-Tour S. 211). Diese
Tour lässt sich komplett zu Fuß (teils
etwas steilere, aber gesicherte Passagen) oder auch unter Benutzung der
Gletscherbahn (Zugspitze–Zugspitz-
platt) bewerkstelligen. Von der Alm
geht es mit der Ehrwalder Almbahn
(s. S. 211) dann hinab nach Ehrwald.

Übernachten, Essen

Alpenschick – **Ehrwalder Hof:** Alpenhof-
str. 4, Tel. 05673 23 64, www.ehrwalder
hof.at, DZ/HP ab ca. 140 €. Zwischen
Bahnhof und Ortskern, geräumige Zimmer mit viel Holz und Filz, Spa, Kinder-
und Radfahrer-Programme.

Zentral und günstig – **Gästehaus Wö-
berlerhof:** Martinsplatz 30, Tel. 05673
25 15, www.woeberlerhof.at, DZ/ÜF
Vor- und Nachsaison ab 66 €, Hauptsaison ab 78 €. Zimmer im Tiroler Stil,
mit Spielplatz und hauseigenen Fahrrädern. Auch Ferienwohnungen.

WLAN – **Café Leitner:** Kirchplatz 15,
Tel. 05673 22 10, tgl. 9–20 Uhr. Gro-

So hoch bin ich gewesen? – Abfahrt von der Bergstation der Zugspitzbahn

ßes Café im Ortszentrum, mit Gratis-WLAN für Gäste. Ungewöhnlich große Auswahl an süßen und herzhaften Pfannkuchen.

Einkaufen

Schnapsboutique – **Linzgieseder:** Reinhard Spielmannstr. 2, Tel.05673 22 44-0, www.linzgieseder.at, Mo–Fr 9–12, 14–18, Sa 9–12 Uhr. Große Auswahl an Spirituosen, eine Spezialität der Brennerei ist das blutrote angesetzte Zirbenblut und der Lechquellenschnaps mit Himbeere und Vogelbeere. Einstündige Kellerführung jeweils Mi 16 Uhr.

Aktiv

Fahrradverleih – **Intersport Leitner:** Kirchplatz 12, Tel. 05673 23 71, www.intersport-leitner.com, Mo–Fr 9–12, 14.30–18.30, Sa 8.30–12, 14.30–17 Uhr. Sport- und Outdoor-Fachgeschäft, Mountainbikes ab 8 € (halber Tag).

Wandern – **Gatterl-Tour:** Wer eine Wanderung von der Zugspitze via Gatterl zur Ehrwalder Alm oder umgekehrt machen möchte, kann sich das **Gatterl Ticket** (www.almbahn.at, 37 €, 16–18 Jahre 30 €, 6–15 Jahre 22 €) kaufen, ein Kombiticket für Zugspitzbahn, Bayerische Gletscherbahn und Ehrwalder Almbahn). Es ist für eine Tagestour einsetzbar, aber auch für eine mehrtägige Hüttentour gültig.

Infos

Tourismusbüro: Kirchplatz 1, Tel. 05673 200 00, www.zugspitzarena.com, Mo–Fr 9–17, Sa 9–13, 13.30–17 Uhr.
Gästekarte Tiroler Zugspitz Arena: s. S. 201
Z-Ticket: s. S. 201
Ehrwalder Almbahn: www.almbahn. at, Sommerbetrieb tgl. 8.30–16.45, Juli–Sept. bis 17.45 Uhr, Berg- und Talfahrt 16,50 €, 16–18 Jahre 13 €, 6–15 Jahre 10 €, einfache Fahrt 12/9,50/7 €, im Gatterl Ticket (s. o.) enthalten.

Lechtal

Das Lechtal ist das breite Flusstal zwischen den Lechtaler Alpen im Süden, die das Lech- vom Inntal trennen, und den Allgäuer Alpen im Norden. Mit vielen kleinen Siedlungen und sanften Wegen am Lechufer bietet es sich für leichtere Wanderungen im Tal an. Besonders beliebt und ganzjährig begehbar ist der **Lechweg** (Fernwanderweg, insgesamt 125 km). Von Reutte aus sind die größeren Siedlungen Stanzach, Elmen, Elbigenalp und Holzgau.

Reutte und Umgebung

▶ D 4

Reutte wirkt wegen seiner Nähe zu Deutschland und der verkehrstechnisch bedeutenden Lage an der B 179 zum Fernpass relativ belebt und vor allem befahren; tatsächlich hat die Marktgemeinde aber nur etwa 6000 Einwohner. Obwohl schon in der Römerzeit die Via Claudia Augusta hier vorbeiführte, wurde Reutte erst im 15. Jh. zur Marktgemeinde erhoben und ist heute Bezirkshauptort (aber keine Stadt).

Im Ortszentrum von Reutte

Der eigentliche Ortskern liegt um die Straße **Untermarkt** zwischen Bahnhof und Inn. Dort befinden sich auch das **Tourismusbüro** und das **Museum Grünes Haus** 1 (Untermarkt 25, Tel. 05672 723 04, www.museum-reutte. at, Di–Sa 13–17, 1. Do/Monat bis 19, dann 17.30 Uhr Führung, 3 €, bis 14 Jahre Eintritt frei), ein Heimatmuseum mit Ausstellungen zum Salzhandel und zum ehemaligen Franziskanerkloster. Daneben sind Werke von Anna Stainer-Knittel ausgestellt, die das Vorbild für die Geierwally

(s. S. 217) war. Im Süden schließt sich der **Obermarkt** an, mit mehr Geschäften und mehr Durchgangsverkehr.

Noch weiter im Süden gelangt man zur Alpentherme Ehrenberg und über die Fernpassstraße B 179 zur Burgenwelt Ehrenberg.

Burgenwelt Ehrenberg und Highline 179 ▶ D 4

Klause 1–2, Tel. 05672 620 07, www. ehrenberg.at, ab Reutte auf der Bundesstr. 179 bzw. Bus 4250 (10 Min., ca. 6 x tgl.) bis zu den Besucherparkplätzen bzw. zur Bushaltestelle im Tal (Klause), dann zu Fuß, Erlebnismuseum/Naturausstellung Mai–Nov. tgl. 10–18, Dez.–April 10–17 (letzter Einlass 17/16 Uhr), Erlebnismuseum 8 €, 5–15 Jahre 4,20 €, Naturausstellung 5,50/3 €, Kombiticket 10,80/5,80 €, Highline 179 (Hängebrücke) tgl. 8–22 Uhr, 8 €, 4–14 Jahre 5 € (Achtung: Ermäßigung nur beim Ticketkauf im Besucherzentrum, nicht beim Automaten an der Hängebrücke)

Die **Burgenwelt Ehrenberg** 2 besteht aus den **Burgen Ehrenberg, Schlosskopf** und **Fort Claudia** sowie der **Zollstation** (Klause) im Tal. **Ehrenberg,** die erste Burg, wurde um 1290 errichtet. Weil sie hoch über dem Tal lag und mit Katapulten nicht zu erreichen war, war nicht einmal ein Bergfried notwendig. 1546 wurde Ehrenberg dann doch eingenommen und die Tiroler eroberten sie durch Kanonenbeschuss vom nächsten Hügel aus zurück – die Kanonen hatten nämlich eine deutlich größere Reichweite als die bis dahin üblichen Katapulte. Und weil sich ähnliche Vorfälle die nächsten zwei Jahrhunderte wiederholten, wurden nacheinander die Festungen Fort Claudia und Schlosskopf gebaut. Bei der Klause an der Straße im Tal wurden im Schutz der Festungen die Zölle kassiert.

Reutte

Sehenswert
1 Grünes Haus
2 Burgenwelt Ehrenberg
3 Highline 179

Übernachten
1 Hotel zum Mohren
2 Naturhotel Lechlife

Essen & Trinken
1 El Toro Tapas Bar

Einkaufen
1 Holzmayrs Feinbäckerei
2 Wildberg Molkerei Reutte
3 Nags Weinshop

Aktiv
1 Rundwanderung Stuibenfälle
2 Alpentherme Ehrenberg

Abends & Nachts
1 Café Bar Steh

Gleich beim **Besucherzentrum** befinden sich die **Ausstellung »Der letzte Wilde«** über den Naturpark Lech (s. Entdeckungstour S. 214) und das **Erlebnismuseum »Dem Ritter auf der Spur«** – vor allem für Kinder superspaßig. Ritter Rüdiger mit der langen Nase führt per Audioguide durchs Gemäuer und erklärt nebenher vieles zur Geschichte der Ritter. Und man kann auch mal selbst eine Ritterrüstung anlegen – ganz schön schwer, so ein Ding.

Hinter der **Klause** (mehrere Restaurants) führt ein barrierefreier Weg zur **Burgruine Ehrenberg** hinauf (Abstecher zur Festung Schlosskopf möglich).

Kurz unterhalb der Ruine beginnt eine mautpflichtige, 406 m lange Fußgänger-Seilhängebrücke namens **Highline 179** **3** , die den Titel ›Längste Fußgängerhängebrücke der Welt im tibetischen Stil‹ trägt. Gut 114 m über dem Tal und der Bundesstraße B 179 führt sie hinüber zum **Fort Claudia**. Beide Seiten sind mit hohen Gittern gesichert, nach unten hat man durch ein Metallgitter den Blick auf die Straße.

Rundwanderung an den Stuibenfällen **1**
www.stuibenfaelle.at, **Start/Ziel:** *Parkplatz Metallwerk Plansee (2 km vom Zentrum Reutte bzw. Haltestelle Mühl Gh Weinbauer (Bus 3 ab Reutte, an Schultagen 3 x tgl.),* **Länge: 4,8 km und 180 Höhenmeter,** *teils breiter Wanderweg, teils sehr gut gesicherter, eher breiter Steig, auf dem Hinweg nur vereinzelte Stufen* ▷ S. 216

Auf Entdeckungstour:
Wilder Fluss im sanften Tal – der Lech

Der Lech gilt als der naturbelassenste Fluss Tirols – länger als jedes andere Gewässer der Nordalpen fließt er ungehindert durch ein steiniges, unbegradigtes Flussbett – bis Füssen. Diese Entdeckungstour führt zu drei Ausflugszielen im Lechtal, an denen Sie die Einzigartigkeit dieses Wildflusses in Tirol verstehen und erfahren können.

Reisekarte: ▶ D 4–C 5

»Der letzte Wilde«: Burgenwelt Ehrenberg, Reutte, s. S. 212

Naturparkhaus Klimmbrücke:
Klimm 2, Elmen, Tel. 0664 416 84 65, www.naturpark-tiroler-lech.at, Mai–Sept. tgl. 10–16 Uhr, Eintritt frei.

Anfahrt: Burgenwelt, s. S. 212; übrige Orte ab Reutte Bus 4268 ca. stdl.

»Der letze Wilde«

Charakteristisch für einen naturbelassenen Fluss wie den **Lech** sind die Kies- und Schotterbänke, das Geröll und die Sandrinnen im Flussbett, die sich je nach Wasserstand und Strömung verändern können. So fließt der Lech etwa im Frühjahr nach der Schneeschmelze oder nach heftigen Regengüssen schneller und schiebt Kies und Steine vor sich her. An einem Modell mit manipulierbarem Gefälle und unterschiedlichen Steinen können kleine und große Entdecker im Museum selbst ausprobieren, wie sich Stromschnellen und Strudel bilden bzw. verändern lassen.

Und auch die hellblaue Farbe hängt mit dem ungebändigten Flusslauf des Lech zusammen, denn die tosenden Zuflüsse aus den Bergen nehmen feines Gesteinsmehl auf, das von den Felsen im Flussbett abgerieben wird, und das eigentlich eher milchige Wasser reflektiert den Himmel dann so türkisfarben.

Das und noch viel mehr erfahren Interessierte in der **Naturausstellung »Der letzte Wilde«** in der Burgenwelt Ehrenberg. Ein besonderes Highlight sind die sprechenden Steine, die ihre Entstehungsgeschichte erzählen, wenn man sie berührt. Uralt sind die meisten, aber davon abgesehen tun sich beachtliche Unterschiede auf, auch charakterlich … Unbedingt reinhören!

Forchach

Der Lech und seine Auen sind mit 41,38 km² eines der größten zusammenhängenden, in einer Talsohle gelegenen Schutzgebiete Tirols, entsprechend ist es ohne beschwerliche Aufstiege zu erreichen. Neben dem eigentlichen Fluss – 62 Lechkilometer auf Tiroler Gebiet – gehören dazu auch die angrenzenden Überflutungszonen, die Auwälder, die wichtigsten Seitenzubringer sowie teilweise auch Bergmischwaldflächen.

Eine der schönsten und naturbelassensten Flussstrecken des Lech befindet sich zwischen den Orten **Weißenbach** und **Elmen**. Wo ein Fluss so breit dahinfließt, mit Platz für Überschwemmungen, muss man Brücken größer bauen, als es auf den ersten Blick nötig scheint: ein aufwendiges und teures Unterfangen. Kein Wunder also, dass es nur wenige Lechbrücken gibt. Doch beim Dorf Forchach führt eine besonders schöne historische **Hängebrücke** (Abb. S. 214) aus Holz auf die andere Flussseite. Gebaut wurde sie, weil das Boot, mit dem der Forchacher Förster zu den dortigen Wäldern übersetzen musste, häufiger mal von Wilderern leck geschlagen wurde …

Von der Forchacher Brücke führt ein schöner Wanderweg auf der beschaulichen nördlichen Uferseite nach **Stanzach,** wo wieder eine Brücke über den Fluss und zur Bushaltestelle führt (Gesamtstrecke ca. 5,5 km).

Naturparkhaus über dem Lech

Noch ein Stück weiter lechaufwärts hat das **Naturparkhaus Klimmbrücke** eine ideale Lage. Der Sitz der Parkverwaltung ist als Plus-Energie-Haus direkt auf einer Brücke über den Lech bei Elmen gebaut. Neben dem schönen Blick auf den naturbelassenen Fluss informiert eine kleine Ausstellung über besondere Pflanzen und Tiere im Naturpark Lech, wie Bileks Azurjungfer, eine der seltensten Libellen Europas, oder die hier vorkommenden Orchideen. Zudem ist das Naturparkhaus Ausgangspunkt für geführte Wanderungen oder Veranstaltungen laut Programm. Die geschulten Mitarbeiter beantworten gerne Fragen oder empfehlen Wanderungen.

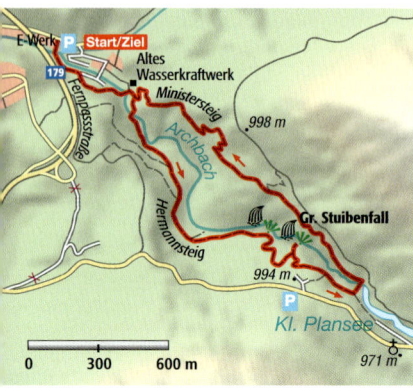

Rundwanderung an den Stuibenfällen

Die Stuibenfälle bei Reutte sind 2015 durch die ORF-Sendung »9 Plätze 9 Schätze« österreichweit als einer der schönsten Plätze des Landes bekannt geworden. Seitdem wurde der Wandersteig massiv ausgebaut und gesichert und ist nun ein relativ einfacher Rundweg mit tollen Ausblicken. Ideal, um z. B. bei einer Autoanreise nach Tirol gleich hinter der Grenze ein paar Stunden aus- und ins Alpenfeeling einzusteigen.

Vom **Parkplatz** führt der **Hermannsteig** am **Alten Wasserkraftwerk** vorbei und gleich hin und her über den **Archbach,** der mit kleinen Wasserfällen, den Stuibenfällen, über ausgewaschene Felsblöcke springt. Dann wird der Bach etwas ruhiger, bis der **Große Stuibenfall** erreicht ist. Vom Weg führt ein kurzer Abstecher zu einer **Aussichtsplattform** oberhalb des Wasserfalls. Von hier lassen sich oft Gruppen beim Canyoning beobachten. Noch ein Stück höher führt eine **Brücke** über den Abfluss des **Kleinen Plansees,** auf der anderen Seite des Archbachs geht es dann auf dem etwas schmaleren und steileren **Ministersteig** am Hang zurück.

Übernachten, Essen

Tiroler Küche – **Hotel zum Mohren** 1 : Untermarkt 26, Tel. 05672 623 45, www.hotel-mohren.at, DZ/ÜF ab 119 €, mit Balkon ab 139 €. Die Zimmer sind sauber und zweckmäßig, der Wellnessbereich wurde erst 2015 ausgebaut mit Saunen, Dampfbad und Pool. Ebenfalls zum Mohren gehört ein Restaurant (Mo–Sa ganztägig, Küche 11–14, 17.30–20.45 Uhr, Hauptgerichte ca. 12–25 €) mit guter Tiroler Küche.

Vegan – **Naturhotel Lechlife** 2 : Holz 1a, Wängle, Tel. 05672 642 34, www.lechlife.at, DZ/ÜF 120 €. Ursprünglich ein klassischer Gasthof etwas außerhalb von Reutte beim Hahnenkamm-Lift. Der Inhaber ist Veganer, und so werden explizit Vegetarier und Veganer (gut) bekocht: mehrgängiges Abendmenü. Auch am Frühstücksbüfett gibt es veganen Käse und Wurst. Guter Wellnessbereich, auch diverse Pakete etwa mit Lechwandern und Wellness. Das Restaurant bietet tgl. 12–21 Uhr warme Küche an, Hauptgerichte (auch nicht vegetarisch) 12–23 €.

Spanisch – **El Toro Tapas Bar** 1 : Obermarkt 31, Tel. 05672 210 90, www.el toro-tapasbar.com, Mo–Fr 16–24 Uhr. Recht kleines, daher oft volles spanisches Lokal. Tapas um 5 €, gemischte Platte 10 €/Pers., und natürlich spanische Weine.

Einkaufen

Würzige Schnitten – **Holzmayrs Feinbäckerei** 1 : Obermarkt 53, Tel. 05672 661 99, Mo–Fr 6–18.30, Sa 6–13 Uhr. Kleine Bäckerei mit guter Auswahl, Nuss- und Linzer Schnitten, deftiges Gewürzbrot und Lechzopf mit Olivenöl und Rosmarin.

Von der Kuh – **Wildberg Molkerei Reutte** 2 : Bahnhofstr. 26, Tel. 05672

62511, Mo–Fr 8.30–12.30, Sa 8.30–12 Uhr. Direktverkauf aus der Molkerei, Käse und Butter, vor allem aus eigener Produktion.

Rebensaft – **Nagys Weinshop** **3**: Obermarkt 22, Tel. 0664 130 12 63, www.nagyswineshop.at, Mo 10–17.30, Di–Fr 10–18, Sa 9–12 Uhr. Ausgesuchte österreichische Weine, vor allem aus Carnuntum und dem Burgenland.

Aktiv

Rundwanderung an den Stuibenfällen **1**: s. S. 213.

Alpentherme Ehrenberg **2**: Thermenstr. 10, Tel. 05672 722 22, www.al pentherme-ehrenberg.at, Badewelt tgl. 10–21, letzter Einlass 20, Saunaparadies tgl. 10–22, letzter Einlass 20.30 Uhr, nur Badewelt 10,50/2 Std.–Tageskarte 14,50 €, 4–15 Jahre 6/10€, mit Sauna (Zutritt ab 16 Jahre) 21 €/3 Std., Tageskarte 27 €. Großes Spaß- und Hallenbad mit Solebecken und Reifenrutsche, Saunabereich.

Tirollerin (E-Roller): Die Tirollerin ist ein elektrisch unterstützter Hybrid-Tretroller – d. h. man kann treten oder auch den Motor zuschalten, gewissermaßen eine Mischung zwischen Segway und Kickbike. Verleih nicht in Reutte selbst, sondern in Weißenbach im Gasthof Goldenes Lamm (Oberbach 14, Weißenbach, Tel. 05678 52 16, www.gol denes-lamm.at), 2 Std. 12 €, 4 Std. 14 €.

Canyoning: Touren zu den Stuibenfällen über www.alpin-sport.at, ab 69 €.

Abends & Nachts

Auch zum Sitzen – **Café Bar Steh** **1**: Untermarkt 33, Tel. 05672 711 33, www.steh.at, Mi/Do 7.15–24, Fr/Sa 7.15–24, So 14–22 Uhr. Tagsüber Café, abends Bar mit Livemusik, Disco mit DJ und Events.

Infos

Tourismusbüro: Untermarkt 34, Tel. 05672 62 33 60, www.reutte.com, Sommersaison Mo–Fr 9–18, Sa 9–12, 14–18, Rest des Jahres u. U. Mittagspause oder etwas kürzer.

Gästekarte: Reutte Aktiv Card, s. S. 201.

Busse: Regelmäßige Busse ins Lechtal und nach Füssen, Züge nach Garmisch und Kempten.

Lechtal bei Weißenbach und Elmen‼ ▶ C 4/5

Die schönste und natürlichste Flussstrecke verläuft zwischen Weißenbach bei Reutte und Elmen, wo sich das **Naturparkhaus** (Klimm 2, Elmen, Tel. 0664 416 84 65, www.na turpark-tiroler-lech.at; s. Entdeckungstour S. 214) direkt auf der **Klimmbrücke** befindet.

Elbigenalp ▶ B 5

Elbigenalp ist ein vom Ortsbild her wenig attraktives Straßendorf. Bekannt ist der Ort als Heimatort der ›Geierwally‹ Anna Stainer-Knittel. Die 1841 geborene, ungewöhnlich emanzipierte Lechtaler Malerin wurde zur Legende, weil sie als Jugendliche in einer leidlich dramatischen Kletteraktion einen Adlerhorst ausgenommen hatte. Nicht einmal die Männer des Ortes hatten sich das getraut, obwohl man den großen Raubvögeln nachsagte, sie würden Lämmer reißen, und sie deshalb gern ausgerottet hätte. Basierend auf dieser Geschichte schrieb die Deutsche Wilhelmine von Hillern 1873 den Roman »Geierwally«, der bis heute mehrfach verfilmt wurde.

In der Ortsmitte befindet sich das **Heimatmuseum** (www.wunderkam mer.tirol, Tel. 05634 200 24, Mi–Sa 10–12, 14–18 Uhr, an Spieltagen der Geierwally-Freilichtbühne bis 19 Uhr, letzter Einlass 30 Min. vor Schließung, 6,50 €, Kinder 3 €, Infozentrum in der Lobby tgl. 8–20 Uhr, Eintritt frei) mit Kuriositätensammlung nach dem Prinzip der Wunderkammern (s. auch Entdeckungstour S. 178).

Elbigenalp ist eine Hochburg der Lechtaler Schnitzkunst und es gibt mehrere **Schnitzschulen** im Ort, darunter die Fachschule für Kunsthandwerk und die **Schnitzschule Geisler-Moroder** (Dorf 63, Tel. 5634 62 15, www.schnitzschule.com). Letztere bietet u. a. Schnupper- und Einsteigerkurse unterschiedlicher Dauer an.

Holzgau ▶ B 6

Schon ziemlich am Ende des Tiroler Lechtals, wo die Berge näher ans Tal rücken, liegt das Haufendorf Holzgau. Bekannt ist es für die zahlreichen **Lüftlmalereien** an den Häusern, viele davon aus dem 19. Jh. Damals hatten die Holzgauer Kaufleute, die mit Garnen und Stoffen bis in die Niederlande Handel trieben, bescheidenen Wohlstand erreicht und ließen ihre Häuser mit gemalten Architekturelementen oder auch religiösen Figuren verschönern; viele neuere Bauten greifen den Brauch auf.

Auf dem Kirchhügel wartet ein eigentümliches Ensemble auf Besucher: die spätgotische **Sebastianskapelle** aus dem 15. Jh. und die neogotische, deutlich größere **Pfarrkirche Mariä Himmelfahrt**, die im 19. Jh. vielleicht aus Platzgründen verkehrt herum (mit dem Chor nach Westen) gebaut wurde.

Hinter der Kirche führt ein bequemer Weg über Gföll zur neuen Attraktion des Ortes, einer 200 m langen **Fußgängerhängebrücke,** die 110 m über dem Talgrund verläuft und nur ein bisschen schwankt.

Ebenfalls bei Holzgau liegt im vorderen Höhenbachtal der 30 m hohe **Simms-Wasserfall,** den Ende des 19. Jh. der Engländer Frederic Simms durch Sprengungen anlegte.

Übernachten

Wanderhotel – **Grüner Baum:** Am Dorfplatz 43, Bach, Tel. 05634 63 43, www.gruenerbaum.at. DZ/HP ab 100 €. Wanderpauschalen, Saunaanlage und Biergarten mit Lechtaler Hausmannskost. Neben Wanderern sind auch Motorradfahrer besonders willkommen.

Auch glutenfrei – **Holzgauer Hof:** Holzgau 66, Tel. 05633 52 50, www.holzgauerhof.at, DZ/ÜF ab 80 €. Einfache Pension am Ortsrand von Holzgau mit Restaurant. Vegetarische, vegane und glutenfreie Küche.

Essen & Trinken

Deftig – **Gasthof Geierwally:** Elbigenalp 40, Tel. 05634 64 05, www.zur-geier wally.at, Mo/Di, Do–Sa ab 17 Uhr. Hauptgerichte 10–17 €. Viele Tiroler und Außerferner Spezialitäten wie Lechtaler Krapfen oder Spätzlepfanne.

Unkonventionell – **Café Treibholz:** Elmen 133 , Tel. 0676 542 57 70, tgl. 10–18 Uhr. Gute Lage am Ortsausgang in Richtung Naturparkhaus, großer Parkplatz mit Holztischen an der Sonne, selbstgemachter Kuchen und ein eigenbrötlerischer Wirt. Bei Motorradfahrern beliebt.

Brauerei – **Dorf-Alm:** Holzgau 71, Tel. 05633 55 86, Mi–Mo ab 18 Uhr. Traditionelles Bierlokal mit selbstgebrautem Bier: naturtrübes Helles, dunkles Lager und naturtrübes Weißbier. Dazu gibt's Spareribs, Pizza und Brezn.

Üppige Lüftmalerei an einem Haus im Ortszentrum von Holzgau

Brauereibesichtigungen sind nach Anmeldung ebenfalls möglich.

Einkaufen

Bauernladen: Unterhöf 160, Häselgehr, Tel. 05634 20 03, Mi–Fr 8.30–12.30, Fr auch 13–18 Uhr. Bauernbrot, Käse, Eier, Almbutter, Honig, dazu Deko- und Geschenkartikel – alles regional.

Aktiv

Natürlich baden – **Badino Naturerlebnisbad Lechtal:** Vorderhornbach, Tel. 0699 17 10 21 17, www.gasthofhelena. at, Mitte Mai–Mitte Sept. 9–17.30, je nach Wetter auch länger, 5,20 €. Der Badeteich wird nur durch natürliche Filter und Pflanzen gereinigt, ganz ohne Chlorzusätze. In der gesamten Anlage wurden ausschließlich Naturbaustoffe verwendet, Sprungfelsen, Tarzanliane und Spielbach. Barrierefreier Zugang.
Paragliding – **Onair Paragliding Center Lechtal:** Bach 95, Tel. 05634 200 97, www.onair-paragliding.com, Kurse und Tandemflüge (Flug ab 129 €/15–20 Min.).
Rafting – **Fun Rafting:** Ebele 209, Häselgehr, Tel. 05634 63 04, www. fun-rafting.at. Rafting, Canyoning und Kanadiertouren.

Abends & Nachts

Geierwally-Freilichtbühne: Elbigenalp, Tel. 05634 53 15 12, www.geier wally.at, Juli/Aug. Fr/Sa, Tickets ab 25 €. Bereits seit 1990 finden auf der beeindruckenden Freilichtbühne, die direkt in die Elbigenalper Bernhardstalschlucht gebaut ist, Theateraufführungen statt (jeden Sommer ein anderes Stück: 2017 die »Schwabenkinder« (s. S. 64).

Infos

Gästekarte: Lechtal, s. S. 201
Busse: Regelmäßige Busverbindungen von Lech (in Vorarlberg) durch das gesamte Lechtal nach Reutte.

Region Oberland

Highlight!

Ötztal: Das Ötztal hat sich in den letzten Jahren als Hochburg für Erlebnissportarten etabliert. Die Berge sind aber auch einfach zum Wandern superb! S. 222

Auf Entdeckungstour

Der Alpenkönigin auf der Spur – im Obergurgler Zirbenwald: Der Obergurgler Zirbenwald ist ein geschlossener, ca. 20 ha großer Zirbenbestand mit zum Teil weit über 300 Jahre alten Bäumen. S. 232

Kultur & Sehenswertes

Schloss Landeck: Neben der Burganlage selbst ist die Ausstellung zum Leben der Tiroler absolut sehenswert. S. 240

Almmuseum Alpe Dias: In der Schausennerei des Almmuseums in Kappl ist man bei der Käseherstellung dabei und probieren kann man auch. S. 252

Zu Fuß & mit dem Rad

Ötzi-Fundstelle: Vom Ötztal aus ist der in Italien gelegene Fundort des Mannes aus dem Eis auf einer langen Wanderung zu erreichen. S. 230

Zammer Lochputz: Auf Steigen und Stegen geht es durch die geheimnisvolle Klamm, das Schaukraftwerk informiert über die Wasserkrafttechnik. S. 244

Plamort-Runde: Die Mountainbike-Tour ab Nauders führt vorbei an hochalpinen italienischen Verteidigungsanlagen aus dem Zweiten Weltkrieg und über den Reschensee zurück. S. 251

Genießen & Atmosphäre

Stanzer Zwetschke: Bei einer Schnapsverkostung in Stanz lernt man alles über Edelbrände aus Spänling und Zwetschge. S. 76, 245

Darmstädter Hütte bei St. Anton am Arlberg: Toller Blick und die besten Knödel. S. 258

Abends & Nachts

Sünderalm: Gutes Essen, schmalzige Volksmusik und das leckere Sünder-Bier gibt's in Längenfeld. S. 228

Sternegucken: Egal wo, am besten bei einer Übernachtung in der Berghütte – oft kann man sogar die Milchstraße sehen.

221

Raus in die Berge!

Das Tiroler Oberland mit seinen schneebedeckten Bergen, engen Tälern und felsigen Schluchten ist für viele Outdoor-Begeisterte der Inbegriff der Tiroler Alpen. Zwar in Luftlinie nicht weit voneinander entfernt, liegen hier Orte in separaten Talschlüssen und damit in unterschiedlichen Welten, sodass sich viele ihre Eigenheiten bewahrt haben. Daran hat auch die heutige Zeit mit gut ausgebauten Talstraßen und Bergwegen noch nichts geändert. Für Einheimische wie Besucher ist es dadurch wesentlich leichter geworden, von einem Tal ins andere zu gelangen und die Berge aus unterschiedlichen Blickwinkeln zu betrachten. Vor allem natürlich auch von oben! Die Region ist im Winter ein Skiparadies, im Sommer zieht sie vor allem Wanderer und Kletterer an. In den letzten Jahrzehnten sind neue Sportarten dazugekommen – Rafting, Canyoning, Paragliding und Downhill-Biken. Im Vergleich zum Rest Tirols herrscht hier mehr (Outdoor-)Action. Zum genussvollen Aufstocken der verbrannten Kalorien gibt es reichlich Gelegenheit; das Nachtleben ist im Sommer allerdings eher zahm – die meisten Gäste sind abends einfach zu müde.

Ötztal ❗ ▶ E 6–8

Das Bergbauerntal, an dessen hinterstem Ende der bronzezeitliche Bergsteiger Ötzi (s. S. 56) gefunden wurde und das viel mehr Schafe als Einwohner zählt, ist schon seit dem 19. Jh. touristisch erschlossen. Nach einer langen Dominanz des Wintersports (vor allem in Sölden) hat sich das Ötztal in den letzten Jahren als

Hochburg der Erlebnissportarten für ein vor allem jüngeres Publikum etabliert. Bekannt ist es insbesondere für seine familienfreundlichen Klettergärten mit gut abgesicherten Routen und leichten Zugängen. Topos (Routenbeschreibungen) sind in den Tourismusbüros erhältlich, zum Teil hängen sie auch an Tafeln vor Ort aus. Zu den einsteigerfreundlichsten Klettergärten gehören die in Ötz, Tumpen und Oberried bei Längenfeld. Die Ötztaler Ache gilt als eine der anspruchsvollsten Raftingstrecken in Tirol. Und direkt am Zusammenfluss von Ötztaler Ache und Inn liegt die Area 47, ein einzigartiger Outdoor-Vergnügungspark.

Infos

Gästekarten: s. S. 223
Bus: Vom ÖBB-Bahnhof Ötztal führt die Straße hinauf bis zum Hauptort Sölden (etwa 40 km) und weiter Richtung Obergurgl und Timmelsjoch. Die Strecke wird (nur annähernd nach Fahrplan) von mehreren Buslinien befahren, einige davon mit Fahrradanhänger.

Oetz ▶ E 6

Dank seiner Lage im vorderen, breiteren und klimatisch milderen Teil des Ötztals ist Oetz schon sehr lange besiedelt – die ersten Funde stammen aus der prähistorischen Hallstattzeit. Im alten Dorfkern sind noch mittelalterliche Reste zu sehen, etwa die ursprünglich spätgotische (barockisierte) **Pfarrkirche St. Georg und Nikolaus,** der ebenfalls spätgotische **Gasthof Stern** oder der **Wohnturm** mit dem Turmmuseum.

In der Umgebung von Oetz liegen der malerische **Piburger See** und der

Infobox

Infos

www.terraraetica.eu: Der Regionalverband Terra Raetica, dem neben weiten Teilen des Tiroler Oberlands auch das Engadin und der Vinschgau angehören, unterhält länderübergreifende Tourismusprojekte und gibt Broschüren mit Tourenvorschlägen heraus.

Anfahrt und Weiterkommen

Aus Deutschland per Bahn oder Auto: Per Zug oder über die Autobahn geht es nach Imst, Landeck und St. Anton. Nach Süden zum Alpenhauptkamm zweigen nacheinander das Ötztal, das Pitztal, das Kaunertal, das Oberinntal und das Paznauntal ab, alle mit mehr oder weniger guten Busverbindungen.

Gästekarten

TirolWest Card: Die TirolWest Card (www.tirolwest.at) gibt es zur Übernachtung im Raum **Landeck** dazu. Sie gewährt freie Fahrt in Bussen bis nach Nauders, Imst sowie ins Kaunertal und Paznauntal, freien Eintritt in viele Sehenswürdigkeiten, geführte Themenwanderungen und weitere Ermäßigungen etwa bei Bergbahnen. Ein großer Pluspunkt in der Region!
Gästekarten Ötztal: Die **normale Gästekarte** berechtigt zur Gratisbenutzung der öffentlichen Busse im Ötztal. Viele Hotels vergeben auch die **Ötztal Premium Card** (im Übernachtungspreis inbegriffen). Sie enthält alle Bergbahnen, den Eintritt zu den Badeseen und Museen, Minigolf etc. (jeweils tgl.) sowie 1 Tag kostenlose Fahrradausleihe (Standard-Mountainbike) bei einem der Partnerverleihbetriebe und je 1 x Eintritt zum Aqua Dome und der Area 47. Ebenfalls inbegriffen: die Teilnahme am Ferienprogramm (u. a. geführte Wanderungen). Wer nicht in einem Partnerbetrieb übernachtet, kann die **Ötztal Card** kaufen (3, 7, 10 Tage, 54 €, 76 €, 96,50 €, 7–10 Jahre 27 €, 37,50 €, 48 €), wie PremiumCard, aber ohne Ferienprogramm. Infos zu beiden Karten: www.premiumcard.oetztal.com.
Gästekarte Pitztal: Pitztal Freizeit Pass (5 €, bis 14 Jahre gratis). Gratis-Busbenutzung im gesamten Pitztal bis Imst, geführte Wanderungen und Radtouren, Kinderclub. Außerdem gilt die **Gletscherpark Card** (s. S. 201).
Gästekarte Oberinntal/Kaunertal: Summercard – Gratis-Busbenutzung bis Landeck, einige Eintritte zu Museen und Badeseen, einige geführte Touren, Ermäßigungen. Die **Summercard Gold** (4 Tage in 6 Tagen 42,50 €, 6 in 7 Tagen 51,50 €, bis 15 Jahre gratis) inkludiert mehr Eintritte und fast alle Bergbahnen der Region. Außerdem gilt die **Gletscherpark Card** (s. S. 201).
Gästekarten Paznauntal: Die **Standard-Gästekarten** der einzelnen Orte gewähren Ermäßigungen etwa fürs Schwimmbad und bei Sehenswürdigkeiten. Bei sehr vielen Unterkünften ist die **Silvretta All Inclusive Card** inbegriffen, mit vielen Inklusivleistungen: öffentliche Busse Landeck bis Silvretta-Stausee (mindestens stündlich), Bäder, alle Bergbahnen unbegrenzt.
Gästekarten St. Anton: St. Anton-Sommerkarte (www.sommerkarte.at), gratis bei Übernachtung. Unbeschränkte Nutzung aller Busse zwischen Landeck und St. Christoph, Inklusivleistungen wie Museum, Schwimmbad, Bergbahnen und Touren, je 1 x oder 1 Tag. Mit der **Premium-Karte** (3, 5, 7 Tage, 55–77 €) unbegrenzte Nutzung.

Kinder-Spielpark **Widiversum** (www. oetz.com/widiversum, im Bergbahnticket inkludiert) an der Bergstation der Acherkogelbahn (Juni–Anf.Okt. 9–16.30, letzte Bergfahrt 16 Uhr, Berg- und Talfahrt 16 €, 6–15 Jahre, Ausweis erforderlich, 8,50 €).

Turmmuseum
Schulweg 2, Tel. 05252 200 63, www. turmmuseum.at, Juni–Okt. Mi–So 14–18, Mitte Dez.–Ostern Do–So 14–18 Uhr

Das **Heimatmuseum** ist in einem mittelalterlichen Wohnturm untergebracht, der jahrhundertelang erweitert und umgebaut wurde und heute modern als Museum und Bibliothek ausgebaut ist.

Ein Teil der Ausstellung ist dem aus Oetz stammenden Künstler Matthias Bernhard Braun gewidmet, der um 1700 als Barockkünstler in Böhmen bekannt wurde und u. a. mehrere Statuen der Prager Karlsbrücke schuf. Außerdem sind zahlreiche Ölbilder der Ötztaler Alpen ausgestellt.

Area 47
Ötztaler Achstr. 1, Ötztal-Bahnhof, Tel. 05266 8 76 76, www.area47.at, Water Area ca. Mai–Aug. tgl. 10–19, Sept. 10–18 Uhr, Tagesticket 23–24 €, bis 16 Jahre 14–15 €, Zeiten/Preise für übrige Aktivitäten s. Website, der Zugang zum Gesamtgelände und zu den Restaurants ist frei

Der **Outdoor-Erlebnispark** ist weit über Tirol hinaus bekannt und viele reisen nur dafür an. Der Funpark auf dem 47. Breitengrad besteht aus mehreren Sportarealen und bietet außerdem geführte Touren an. Herz der Anlage ist die **Water Area,** eine Art Spaßbad im Freien mit allerdings nur einem sehr kleinen als Badesee abgetrennten Bereich. Der größte Teil der Wasserfläche ist für verschiedene Rutschen, Sprung- und Wasserspaß-Aktivitäten reserviert: u. a. eine 20 m hohe extrem steile **Hochgeschwindigkeitsrutsche** (bis 80 km/h), ein bis 27 m hoher **Sprungturm,** auf dem manchmal bekannte Cliffdiver trainieren, und der **Cannonball** (Wasserkatapult), auch als ›menschliche Kanone‹ bezeichnet, der Badende per Wasserdruck einige Meter über den See schießt. Vom **Blob,** einem Riesenluftkissen, wird man ins Wasser katapultiert. Außerdem gibt es mehrere **Seilparcours** wie einen Hochseilgarten (unter der Autobahnbrücke), eine **Riesenschaukel,** einen **Flying Fox** und eine künstliche **Kletterwand.**

Ganz neu ist die **Wake Area,** eine Wakeboard-Anlage. Ferner werden u. a. auf der Ötztaler Ache, die durch das Gelände fließt, Raftingtouren angeboten. Die große **Offroad-Halle** ist hauptsächlich für E-Motocross reserviert.

Auf dem Gelände gibt es **Übernachtungsmöglichkeiten** und **Restaurants.**

Übernachten, Essen

Urig – **Gasthof zum Stern:** Kirchweg 6, Tel. 05252 63 23, www.gasthof-zumstern.at, DZ/ÜF ab 96 € inkl. Ötztal Premium Card. Mittelalterliches Haus im

Mühsamer Weg für Schäfer und Schafe: alljährlich geht es vom Südtiroler Schnalstal – wo Ötzi lebte – über das Niederjoch nach Vent im Ötztal

alten Ortskern etwas abseits der Hauptstraße. Tolle Atmosphäre, deftige Bauernküche im Restaurant. Kein Internet.

Im Fun-Park – **Area 47:** s. S. 224, DZ/ÜF ab 94 €, Matratzenlager im Tipi 25 €/Pers. (ab 5 Pers.). Insgesamt über 400 Betten direkt auf dem Gelände: schlichte Doppelzimmer, kleine 4-bis-6-Personen-Hütten (Lodges) und ganz spartanische Holztipis für bis zu 7 Personen. Die Unterkünfte sind nur zum Übernachten gedacht (kein Fernseher) – Spaß gibt's draußen. Frühstück im Lakeside Restaurant.

Speisen im historischen Haus – **Restaurant-Café zum Kassl:** im Posthotel Kassl, Hauptstr. 70, Tel. 05252 63 03, www.posthotel-kassl.at, Restaurant tgl. 11.30–21.30 Uhr (Küche). Atmosphärisches Haus von 1605, große Terrasse und gutbürgerliche Stube. Hauptgerichte 11–25 €, abends auch mehrere Menüs ab ca. 20 €. Die Übernachtung im Posthotel kostet mit Frühstück ab 136 € (unrenoviert) bzw. ab 162 € (renoviert), mit Halbpension 13 €/Pers. mehr.

Eis – **Café Heiner:** Hauptstr. 58, Tel. 05252 63 09, www.heiner.at, tgl.

8.30–24 Uhr. Gutes selbst gemachtes Eis. Natürlich gibt es auch Kuchen und Torten.

Einkaufen

Zirbenholz – **Galerie Rieder:** Platzleweg 1, Tel. 0676 576 03 60, https://geschenke-rieder.shop.tirol, www.schnitzwerkstatt.at, Mo–Fr 10–12, 16–18, Sa 10–12 Uhr. Ungewöhnliche Objekte und Schmuckstücke aus Zirbenholz.

Tiroler Schmankerln – **Plangger Delikatessen:** Hauptstr. 41, Tel. 0676 628 79 89, www.plangger.net. Di–Sa 10–19, So 13–19 Uhr. Großer Laden der Franchise-Kette mit Produkten aus Tirol und Südtirol: Käse, Speck, Waldhonig, Schokolade, Schnaps … Im angeschlossenen Café gibt's Alpentapas (im Wesentlichen Käseplatten).

Aktiv

Baden und mehr – **Piburger See:** Juni–Sept., tgl. 9.30–18 Uhr, Tageskarte 5 €, Kurzbadezeit und Abendkarte 2,50 €.

_ungewöhnlich warme Gebirgssee ist beliebt zum Baden oder Paddeln.

Rafting – **Wasser.c.raft:** Ambach 29, Tel. 05252 67 21, www.rafting-oetztal. at. Einer von mehreren Anbietern von Rafting- und Canyoning-Touren in Ötz, auch relativ günstige Tourenpakete.

Abends & Nachts

Partylocation – **River Haus:** Area 47, s. S. 224, ca. Anf.–Ende Mai, Mitte–Ende Sept. Mi–Sa, Juni–Mitte Sept. Di–So, Di–Do 18–1, Fr/Sa 18–4, So (kein Barbetrieb) 18–22 Uhr. Restaurant (Argentinian BBQ) und Bar mit großem Eventbereich und Bühne, oft DJs und Livemusik, auch größere Konzerte und Veranstaltungen.

Infos

Tourismusbüro: Hauptstr. 66, Tel. 057 20 05 00, Mo–Sa 8–12, 14–18, So 9–12, im Hochsommer bis 15 Uhr.

Umhausen ► E 6

Im Vergleich zu den anderen Orten im Ötztal ist Umhausen eher weniger touristisch; es gibt keine großen Hotels, dafür viele Ferienwohnungen und Pensionen. In der Ortsmitte steht die spätgotische Kirche **St. Vitus** (Dorf 19) mit Fresken aus dem 14. Jh., die älteste Kirche im Ötztal. In Umhausen wurde traditionell Flachs angebaut. Einige der Top-Sehenswürdigkeiten des Ötztals befinden sich in der Nähe des Ortes.

Ötzi-Dorf

Am Tauferberg 8, Tel. 05255 500 22, www.oetzi-dorf.at, Mai–Sept. tgl. 9.30–17.30, Okt. 9.30–17 Uhr, 7,50 €, 6–15 Jahre 3,70 € (Kombikarte mit Greifvogelpark 13/7,20 €), inkl. *Audioguide oder einstündiger Führung (10, 12, 13, 16 Uhr)* Der **steinzeitliche Themenpark** besteht aus dem nachgebauten **Ötzi-Dorf** und einem **Ausstellungsbereich** im Eingangsgebäude, in dem wissenschaftlich betreute Sonderausstellungen zu sehen sind, oft im Zusammenhang mit der Gletschermumie Ötzi (s. S. 56). Im Freigelände illustrieren Themenhütten z. B. Jagd- oder Handwerkstechniken der Steinzeit. Ein kleines Getreidefeld stellt die ersten Nutzpflanzen vor, und in Gehegen leben ein paar alte und zum Teil rückgezüchtete Tierarten wie Auerochsen, Przewalski-Wildpferde (die es in Europa wahrscheinlich nie gab) oder Soayschafe, die nicht geschoren werden müssen, da sie ihre Wolle selbstständig abwerfen. Manchmal auch Handwerksvorführungen.

Greifvogelpark

Am Tauferberg 8, Tel. 05255 500 22 20, www.greifvogelpark.at, Ende April–Ende Okt., jeweils nur zu den Flugvorführungen und 30 Minuten vorher und nachher, Vorführungen (45 Min.) 11.30, 14.30, So auch 16 Uhr, 9,90, 6–15 Jahre 5,90 € (Kombikarte mit Ötzi-Dorf 13/7,20 €) Gleich neben dem Ötzi-Dorf befindet sich die erst seit 2015 aufgebaute Greifvogelstation mit etwa 15 verschiedenen Greifvogelarten. Die Falknerei, die Jagd mit abgerichteten Greifvögeln, gehört seit 2012 zum immateriellen Weltkulturerbe der UNESCO; in Europa ist sie seit dem Mittelalter bekannt. Man kann die prächtigen Vögel in ihren Volieren ansehen; Hauptattraktion ist die Flugshow, bei der sie direkt über den Köpfen der Zuschauer quer über die große Arena fliegen. Außer Falken werden u. a. Kolkraben und Schneeeulen oder Steinadler und sogar ein Weißkopfadler gezeigt (immer fotogen!).

Stuibenfall

Parkplatz Stuibenfall/Ötzi-Dorf (ausgeschildert), dann 1,4 km zum Fuß des Wasserfalls, Klettersteig: www. stuiben.klettersteig.org, Schwierigkeit C, Ausleihe von Klettersteigsets am Parkplatz

Der Stuibenfall ist mit 159 m Tirols höchster Wasserfall. Vor etwa 10 000 Jahren entstanden, stürzt er über zwei Steilstufen ins Tal – seinen Namen erhielt er wegen des ›stäubenden‹ Spritzwassers. Neben dem Wasserfall verläuft ein gut gesicherter **Weg** (für Kinder, aber nicht für Kinderwagen, geeignet) mit mehreren **Aussichtsplattformen**. Bis zur obersten Plattform sind es 700 Stufen.

Ein bisschen sportlicher ist der **Stuibenfall-Klettersteig** auf der anderen Seite des Wasserfalls (nur mit Klettersteigset begehbar).

Übernachten, Essen

Gut & günstig – **Alpenheim Schöpf:** Mühlweg 12, Tel. 05255 53 24, DZ/ÜF ab 52 €. Nur drei Zimmer hat diese zentral gelegene Pension (Wertung beim Verband der Privatvermieter: vier Edelweiß).

Alteingesessen – **Gasthof Krone:** Dorf 30, Tel. 0681 103 400 15, www.kroneumhausen.at, Mo, Mi–Sa 11–22, So 9.30–22, warme Küche 11.30–14, 17–21 Uhr. Schon 1906 warb der Gasthof Krone als Erster mit elektrischem Licht, aus dem eigenen Kraftwerk. Deftige Tiroler Küche mit so aufregenden Gerichten wie in Heu gekochter Spanferkelhaxe (18,50 €) und gebackenen Krapfen mit Zwetschgen-Mohn-Nuss-Füllung (6,90 €), Hauptgerichte 12–27,50 €. Auch Zimmer.

Konditorei – **Ötztalerei:** Roßlachgasse 4, Tel. 05255 53 17, www.oetztalerei. at, Do–Sa 14–22, So 9.30–22 Uhr. Direkt städtisch wirkendes Café im Ortsteil Sand, mit selbstgemachtem Eis, Kuchen und Burgern.

Einkaufen

Handweberei – **Cilli Doblander:** Mühlweg 50 Tel. 05255 52 13, www.handweberei-oetztal.at, keine festen Öffnungszeiten, einfach klingeln oder vorher anrufen. Die Webermeisterin Cilli Doblander webt seit Jahrzehnten von Hand, vor allem aus Leinen und Flachs, und zeigt gern die Werkstatt. Der Flachs stammt zum Teil noch aus eigenen Beständen, seit einigen Jahren ist der Flachsanbau als zu aufwendig eingestellt. Große Auswahl an Decken, Tüchern und Webteppichen.

Infos

Tourismusbüro: Dorf 24, Tel. 057 20 04 00, www.umhausen.com, Mo–Fr 8–12, 13–17 Uhr.

Längenfeld ▶ E 7

Längenfeld ist tatsächlich ein ziemlich lang gestreckter Ort mit mehreren separaten Ortsteilen. Hauptattraktion ist das Wellnessbad Aqua Dome. Im Ort selbst gibt es außerdem mehrere durchaus sehenswerte Kirchen, neben der barockisierten **Pfarrkirche St. Margareth** insbesondere die **Bichlkirche,** die im 17. Jh. noch im spätgotischen Stil eigens für den separat angelegten Pestfriedhof gebaut wurde.

Ötztaler Heimatmuseum

Lehn 24 (jenseits der Ötztaler Ache), Tel. 05253 55 40, www.oetztal-museum.at, Mai, Okt. Di, Do 10–12, 14–16, Juni–Sept. Mo–Fr 10–12, 14–17, So 14–16 Uhr, 5 €, 6–14 Jahre 1 €

Im Ortsteil Lehn liegt das spannende **Ötztaler Heimatmuseum:** In historischen Gebäuden werden die alten bäuerlichen Tätigkeiten erklärt, insbesondere Flachsanbau und -verarbeitung – bis ins 20. Jh. ein bedeutender Wirtschaftszweig im Ötztal.

Aqua Dome Therme Längenfeld

Oberlängenfeld 140, Tel. 05253 64 00, www.aqua-dome.at, Therme tgl. 9–23, Sauna tgl. 10–23, Fr beide bis 24 Uhr, Therme ab 20,50 €, 3–14 Jahre ab 10,50 € (Mo–Fr 3 Std.), Sauna (Mindestalter 15 Jahre) zusätzlich 15 €, Kombitagesticket ab 44 €

Die Längenfelder Therme ist auf 22 000 m² eine der größten Wellnessanlagen in Tirol, mit insgesamt zwölf Becken, sieben Saunen und mehreren Restaurants. Als Wellnessbad ist der Aqua Dome ein bisschen in die Jahre gekommen, aber die erhöhten runden Außenbecken-›Schalen‹ mit Bergpanorama sind ungewöhnlich und entspannend. Unser Tipp: Abends ist alles bunt beleuchtet und es ist weniger voll. Angeschlossen ist auch ein Hotel.

Übernachten, Essen

Biopension – **Veitenhof:** Niederthai 10, Tel. 05255 55 23, www.der-veitenhof.at, DZ/ÜF ab 66 €. Familie Leitner führt einen Biobauernhof und bietet Zimmer mit Blick auf die Berge, Gemeinschaftsräume und Selbstversorgerküche. Reiten auf hauseigenen Haflingern und geführte Kräuterwanderungen.

Deutsche Schlager – **Sünderalm:** Unterlängenfeld 12, Tel. 05253 201 70, www.sünderalm.at, tgl. 11–1 Uhr. Rustikales Wirtshaus mit großen Portionen und eigenem Sünderbier – sehr sattes Dunkel. Im Winter Après-Ski, im Sommer Biker-Treffpunkt. Hauptgerichte ca. 12–25 €.

Tiroler Schmankerl – **Alt Längenfeld:** Oberlängenfeld 113, Tel. 05253 50 03, tgl.12–22 Uhr. In der holzgetäfelten Stube gibt es deftige Tiroler Küche und Volksmusik, oft voll, Hauptgerichte 10–15 €.

Einkaufen

Bio – **Bauernladen:** Unterlängenfeld 88, Tel. 0664 411 26 04, Fr 9–12, 15–18 Uhr. Regionale Produkte wie Ziegenkäse, Gemüse, Schnäpse und Honig, auch frisches Gebäck und Kräutertees sind hier im Angebot.

Aktiv

Bergführer – **Alpin-Treff Längenfeld:** Unterlängenfeld 90, Tel. 069911 40 02 89. Berg- und Klettertouren in kleinen Gruppen, eigener Klettersteig mit Flying Fox, Verleih von Klettersteigsets (17 €).

Radeln und wandern – **E-Bike & Hike:** Diese Broschüre ist im Tourismusbüro erhältlich. Sie stellt ein- bis zweistündige E-Bike-Touren zu Hütten rund um Längenfeld und Umhausen vor und darüber hinaus von diesen Hütten aus mögliche ein- bis vierstündige Wanderungen.

Geocaching – Beim Tourismusbüro gibt es eine **Schatzkarte** für einen Geocaching-Parcours um Winkeln, Längenfeld für Kinder konzipiert.

Klettern – Um Längenfeld gibt es sieben **Klettergärten** mit Routen in allen Schwierigkeitsgraden, für Anfänger besonders geeignet mit leichtem Zustieg ist der **Klettergarten Oberried.**

Infos

Tourismusbüro: Unterlängenfeld 81, Tel. 057 20 03 00, www.laengenfeld.com, Mo–Fr 8–12, 13–17, Sa 9–12 Uhr.

Tagsüber wie spätabends bietet die Aqua Dome Therme Entspannung

Sölden ▸ E 8

Schon ziemlich im Talschluss liegt das lang gestreckte Straßendorf Sölden auf 1368 m, einer der bekanntesten Wintersportorte Tirols. Hier ist, wegen der hohen Bettennachfrage im Winter, fast jedes zweite Haus ein Hotel oder eine Pension: Der Ort hat etwa viermal so viele Touristenbetten wie Einwohner. Bei geringerer Auslastung im Sommer wirkt der Ort dadurch etwas zu groß und unbelebt. An der **Hauptstraße** reihen sich etliche Sportgeschäfte, Restaurants und Après-Ski-Bars (im Sommer geschlossen) aneinander. Eher talauswärts befindet sich die **Freizeit Arena Sölden** mit Tourismusbüro und Schwimmbad, am oberen Ortsrand die spektakuläre **Gaislachkogelbahn** (s. u.).

Zum oberhalb liegenden Ortsteil **Hochsölden** gelangt man mit der **Zahnradbahn Zentrum Shuttle** (tgl. 9–18 Uhr, kostenlos). Dort beginnt die mautpflichtige Ötztaler Gletscherstraße, die durch den **Rosi-Mittermai-**er-Tunnel, den höchstgelegenen Tunnel Europas, zu einem **Parkplatz** auf 2829 m führt – der höchste per Auto erreichbare Ort der Alpen.

Gaislachkogel

Gaislachkogelbahn: www.soelden. com/gaislachkoglbahn-neu, ca. Juni– Sept. tgl. 8.30–17 Uhr, Berg- und Talfahrt (beide Teilstrecken) 32 €, günstigere Talfahrt

Die **Gaislachkogelbahn** bringt Besucher in zwölf Minuten und zwei Etappen von Sölden auf den 3048 m hohen Gaislachkogel. Bei der Auffahrt beeindrucken schon die drei futuristischen **Seilbahnstationen,** die 2010 von dem Innsbrucker Architekturbüro Johann Obermoser entworfen wurden.

Wem das Setting am Gipfel vage bekannt vorkommt: Die Gaislachkogelbahn und das kubisch verglaste **Restaurant IceQ** (s. S. 79, 229) am Gipfel waren Drehorte im James-Bond-Film »Spectre«. Der Glaswürfel des IceQ sieht etwas anders aus als im Film, drinnen erstreckt sich über zwei Etagen ein

Unser Tipp

Strullern im Powder Q

Die Toilettenanlage (Powder Q) auf dem Gaislachkogel ist nicht groß, aber mit verspiegelten Fenstern in den WC-Kabinen ganz schön schick. Den tollsten Panoramablick hat man vom Pissoir – Neid!

exklusives Restaurant. Rund, nicht ganz billig und nur hier erhältlich ist der Hauswein Pino 3000, von drei Winzern aus drei Ländern.

Zum **Gipfel** des Gaislachkogel gelangt man über eine kurze Metalltreppe und eine Brücke.

Bike Republic

Infos zu den Strecken und Angeboten unter www.bikerepublic.soelden.com
Bei der Auf- und Abfahrt mit der Gaislachkogelbahn kann man waghalsige Mountainbiker beobachten, denn direkt unterhalb verlaufen einige Downhill-Strecken der Söldener **Bike Republic**. Unter diesem Label besteht ein Netz von Bikestrecken für alle Arten von Radfahrern von MTB-Tourenfahrern bis zu Enduro-Fahrern und Freeridern. Die Trails sind entsprechend der Schwierigkeit (wie Pisten) blau, rot oder schwarz markiert und haben alle Namen aus dem Ötztaler Dialekt. Bereits ein Klassiker ist die mittelschwere **Teäre Line**, *teäre* bedeutet so etwas wie launig oder lässig, die **Zaahe Line** ist ziemlich zäh, also schwierig. Der Ötztaler Dialekt ist übrigens 900 Jahre alt und wurde von der österreichischen UNESCO-Kommission als immaterielles nationales Kulturerbe klassifiziert.

Mit guter Ausrüstung, einer Einführung und ein paar Übungsrunden

auf dem **Bäckelar Pumptrack** beim Bäckelarwirt (Dorfstr. 125) mitten im Ort können sich auch Einsteiger auf die leichteren Flowtrails wagen.

Wanderungen von Vent ▶ E 9, E8

Bus 8400 ab Sölden, fast stdl.
Südlich von Sölden geht nach Westen das **Venter Tal** ab. Der Ort **Vent** ist Ausgangspunkt für viele Wanderungen.

Zur Ötzi-Fundstelle: Von besonderem historischem Interesse ist die Tour zur **Ötzi-Fundstelle** an der italienischen Grenze. Sie ist als anspruchsvolle, sehr lange Tagestour machbar, alternativ wird in einer der Hütten übernachtet. Von Vent führt die Route zunächst zur **Martin-Busch-Hütte** (2501 m, www.dav-berlin.de, ca. 15–18 €, Kinder- und Jugendermäßigungen) und von dort weiter Richtung Tiefenbachferner. Vor dem Gletscher zweigt ein Weg zum **Tisenjoch** und der **Ötzi-Fundstelle** auf ca. 3210 m ab. Zurück geht es in etwa entlang der österreichisch-italienischen Grenze steil hinab zur **Similaun-Hütte**, ca. 4 Std., Tel. 0720 92 04 39, www.similaunhuette.com, 23–27 €/Pers., Frühstück 12 €) und kurz über den Tiefenbachferner zurück nach Vent. Der Weg zwischen Vent und der Similaun-Hütte ist Teil des Europäischen Fernwanderwegs E5 und viel begangen.

Zur Wildspitze: Die Wildspitze, der höchste Berg Nordtirols (ca. 3768 m, unterschiedliche Angaben) kann von Vent aus in einer Zwei-Tages-Tour über die **Breslauer Hütte** begangen werden. Die hochalpine Tour erfordert neben Kondition auch eine Gletscherausrüstung, Steigeisen und Klettersteigset.

Ausflug nach Obergurgl ▶ E 9

Das Bergdorf **Obergurgl** (1907 m) liegt am Talschluss unterhalb des Rotmoosferners. Der relativ kleine Ort besitzt eine gute touristische Infrastruktur. Auffällig ist das **Auguste-Piccard-Denkmal** in der Ortsmitte: Der Schweizer Physiker war 1931 mit einem Heißluftballon von Augsburg aus gestartet, hatte eine sensationelle Höhe von 15 780 m erreicht und musste schließlich am Gurgler Ferner bei Obergurgl notlanden.

Unweit des Ortes liegt auch das Naturschutzgebiet **Obergurgler Zirbenwald** (s. Entdeckungstour S. 232). Die Berge bieten Wander- und Klettermöglichkeiten, neu und spektakulär mit Dreiseilbrücken hoch über dem Bach ist der **Zirbenwaldklettersteig** (B–C, eine C-Stelle, ca. 1,5–2 Std.).

Die **Hochgurglbahn** (Hohe Mut Bahn, www.obergurgl.com/sommer bahnen, untere Talstation an der Zufahrtsstraße nach Obergurgl, Ende Juni–Mitte Sept. tgl. 9–16 Uhr, 18 €, Kinder 10 €) bringt Wanderer über die Mittelstation Hochgurgl hinauf in die Bergwelt der **Ötztaler Alpen**. Weiter geht es mit dem **Wurmkogel-Sessellift** (www.obergurgl.com/sommerbah nen, Ende Juni–Anf./Mitte Sept. Di, Do/Fr 9–16 Uhr, Kombiticket mit Hochgurglbahn 22 €, Kinder 11 €) hinauf zur kleinen runden Panoramabar **Top Mountain Star** auf 3082 m – schick und nur 15 Min. unterhalb des Wurmkogel-Gipfels.

Weiter zum Timmelsjoch ▶ F 8

Pkw-Maut einfach 16 €, hin/zurück 21 €, Motorrad 14/19 €

Nicht zuletzt Cabrio- oder Motorradfahrer befahren von Obergurgl aus gern die **Timmelsjoch-Hochalpenstraße** (www.timmelsjoch.com) nach Südtirol. Die kurvenreiche Straße führt auf österreichischer Seite am Skiort **Hochgurgl** vorbei zum **Timmelsjoch**, dem höchsten Passübergang der Ostalpen. Bis nach **Meran** in Südtirol benötigt man ca. 1,5 Std.

Übernachten

Lässig – **Bergland:** Dorfstr. 114, Tel. 05254 224 00, www.bergland-soelden. at, DZ mit Dreiviertelpension ab 286 €, Ötztal Premium Card und eigene Veranstaltungen inbegriffen. Wellnesshotel in edler moderner Architektur, viel Granit und Zirbenholz. Im vierten Stock hat die James-Bond-Crew für »Spectre« gewohnt. Schaukelstuhl in jedem Zimmer, Gemeinschaftsbereiche mit Hängesesseln, Strandkörben, Heumatratzen.

Locker – **Die Berge:** Gemeindestr. 2, Tel. 05254 2062, www.dieberge.at. DZ/ÜF ab 98 €. Als Lifestyle-Hotel für Outdoor-Menschen konzipiert, mit viel Holz und Naturmaterialien, vielen Bio- und regionalen Lebensmitteln, semi-nachhaltig.

Über'n Bach – **Haus Karin und Landhaus Erich:** Windaustr. 7, Tel. 04352 54 52 23, www.karin-erich.com, DZ/ÜF im Haus Karin ab 80 €. Die beiden Häuser liegen nebeneinander. Im Haus Karin gibt es Einzel- und Doppelzimmer, im Landhaus Erich Apartments. Kleiner Wellnessbereich vorhanden.

Camping – **Camping Sölden:** Wohlfahrtstr. 22, Tel. 05254 2627, www. camping-soelden.com. Flache Parzellen (keine Zeltwiese) am oberen Ortsrand, großzügige moderne Sanitäranlagen, Fahrradabstellräume, Kletterwand und Spielecke.

Essen & Trinken

Pizza Pasta – **Nudeltopf:** Dorfstr. 107, Tel. 05254 20 10, http://nudeltopf.riml. com, Mi–Mo Küche 12–22, im Winter bis 23 Uhr. Beliebte Pizzeria in der Nähe der Gaislachkogelbahn, ordentliche Weinauswahl und gemäßigte Preise. Pizza/Pasta 8,50–12 €.

Regional – **Gasthof Grauer Bär:** Dorfstr. 172a, Tel. 05254 25 64, ▷ S. 235

Auf Entdeckungstour: Der Alpenkönigin auf der Spur – im Obergurgler Zirbenwald

Der Obergurgler Zirbenwald liegt auf 2000 m Höhe und ist ein geschlossener, ca. 20 ha großer Zirbenbestand mit zum Teil weit über 300 Jahre alten Zirben. Seit 1963 ist er wegen des hohen Alters der Bäume als Naturdenkmal ausgewiesen. Auf einem knapp zweistündigen Spaziergang erfährt man mehr über Zirben, Flechten, Moore und Tiere der Region.

Reisekarte: ▶ E 9

Infos: www.naturpark-oetztal.at

Start/Ziel: Obergurgl, Touristeninformation. Hier gibt es eine kleine Broschüre (3 €) zum Erlebnisweg.

Länge/Dauer: Rundweg mit Infotafeln 2,8 km, ab/bis Obergurgl 5,2 km (ca. 200 Höhenmeter), bequemer Waldweg (nicht für Rollstühle oder Kinderwagen geeignet), ca. 2 Std. je nach Aufenthalt an Infotafeln; Weg meist recht gut ausgeschildert. Für den Klettersteig (s. Abb.) dagegen ist die komplette Ausrüstung nötig.

Anfahrt: Bus 4194 oder 8352 von allen Orten im Ötztal bis Obergurgl, an Schultagen mindestens stdl., sonst seltener. Fahrtzeit ab Sölden 23 Min.

Essen & Trinken: keine Einkehroption

Die Zirbe oder auch Zirbelkiefer (*Pinus cembra*) ist ein immergrüner Nadelbaum, der auf einer Höhe von 1500 bis 2300 m wächst. In den Alpen und den Karpaten ist sie oft der letzte Baum unter der Baumgrenze und hält sogar Temperaturen bis zu –40 °C stand; sie kann weit über 1000 Jahre alt werden. Heute kommt die Zirbe vor allem in den westlichen Zentralalpen, in Tirol besonders im Ötz- und im Zillertal, vor.

Der Zirmgratschn

Von der **Touristeninformation** in Obergurgl läuft man zunächst über den **Ramolweg** und den **Gaisbergweg** in Richtung Schönwieshütte. Nach 1,2 km beginnt in der Nähe der **Davidshütte** (im Sommer geschlossen) der eigentliche Rundweg mit einer **Übersichtstafel** neben einem Wegekreuz.

Nach ca. 200 m, vorbei an der Abzweigung zum Zirbenwald-Klettersteig (Abb. S. 232), informiert **Tafel 1** über den **Tannenhäher**. Dass der Tannenhäher in Österreich auch Zirmgratschn heißt, sagt im Grunde schon alles: Der gesprenkelte Krähenvogel mit der markanten Stimme ist nämlich hauptsächlich für die Verbreitung der Zirbe auf diesen Höhen verantwortlich. Im Herbst sammelt er als Wintervorrat bis zu 100 000 Zirbennüsse. Bei dieser Menge vergisst er schon mal das eine oder andere Depot – und dort wachsen dann neue Bäume. Da er in der Regel mehrere Nüsse in unmittelbarer Nähe zueinander versteckt, wachsen die Zirben dann ziemlich dicht und sind damit auch gleich ein Lawinenschutz im Winter.

Nach weiteren 100 m ist eine bequeme **Holzliege** erreicht (auf dem Rückweg kommt man hier noch einmal vorbei!). Hier teilt sich der Weg:

Nach rechts geht es über den Fluss, geradeaus zur **Schönwieshütte.** Die Ausschilderung ist hier nicht besonders übersichtlich – Sie folgen einige Meter dem Weg zur Hütte und biegen an einem Baum mit zwei Vogel-Sitzstangen auf einen unscheinbaren Pfad nach oben in die **Zwergsträucher** ab, wo auch bald **Tafel 2** steht.

Das Hochmoor

Der Pfad führt nun relativ zügig auf den Hügel hinauf zu einem **Hochmoor (Tafel 5).** Als sich vor ca. 10 000 Jahren die Gletscher zurückzogen, blieben sumpfige Becken zurück, deren Feuchtigkeit nur aus Niederschlag und Schmelzwasser gespeist wird. In ihrem sauerstoffarmen Boden vertorfen Pflanzen, anstatt sich zu zersetzen. Die Torfschicht im Obergurgler Zirbenwald ist fast 4 m dick.

Gesundes Zirbenholz

Am Rand des Moores weist **Tafel 6** auf die Scheibe aus dem Stamm einer 300

233

Findet auch für die Herstellung von Schränken Verwendung – das Holz der Zirbe

Jahre alten **Zirbe** hin, deren Jahresringe Auskunft über die jeweiligen Umweltbedingungen geben. Zirben liefern das leichteste Nadelholz der Alpen, das wegen seiner lebhaften Maserung auch gern für die Täfelung von Stuben benutzt wird.

Das Holz enthält ätherische Öle, die über längere Zeit langsam ausströmen. Sie wirken beruhigend, einzelnen Studien zufolge sollen sie sogar den Herzschlag verlangsamen und so einen tiefen und gesunden Schlaf garantieren. Entsprechend beliebt sind Kissen mit Zirbenspänen oder auch Betten aus Zirbenholz. Die ätherischen Öle sollen außerdem die Schimmelbildung verhindern, deshalb waren z. B. früher

Brottöpfe häufig aus Zirbenholz. Der strenge Zirbenschnaps hingegen ist, obwohl er lebensverlängernd wirken soll, nicht jedermanns Sache – aber vielleicht die Zirbenschokolade? (Gibt's z. B. in Pichler's Schokoladenwelt in Sillian, s. S. 272).

Schöne Aussichten

Hinter dem Hochmoor geht es dann in einem Bogen wieder auf den **Hauptweg** zur Schönwieshütte hinab. Hier bietet sich ein wunderbarer Blick auf den Obergurgler Gletscher, den Fluss und die gegenüberliegende Talseite. Nach rechts erreicht man nach ca. 1 km die **Holzliege.** Von hier aus ist der Rückweg dann derselbe wie der Hinweg.

www.grauer-baer.com, tgl. 11.30–14, 17.30–21.30 Uhr. Für ein Hotelrestaurant relativ urig, Teilnehmer an der Genusswirt-Initiative mit regionalen und saisonalen Spezialitäten, vom Tiroler Gröstl bis zum Zwiebelrostbraten. Hauptgerichte 10–20 €.
Knödel – **Tiroler Stube:** Mittelstation der Gaislachkogelbahn, Tel. 0664 819 81 70, www.soelden.com/tirolerstube, tgl. 8.30–16.30, warme Küche 11–15.45 Uhr. Typische Tiroler Küche auf über 2000 m – jeden Tag gibt es eine andere Knödelvariante (als Tagesgericht um 14 €); und wer gar nicht genug davon kriegen kann, macht dienstags um 10.30 Uhr beim Knödelkurs mit. Dienstags wird von 8 bis 10 Uhr ein großes Frühstücksbüfett (18,50 €) angeboten. Hauptgerichte um 15 €.

Aktiv

Bergführer – **Alpine Bergsport- und Erlebnisschule Sölden:** Bergführerbüro beim Gemeindeamt, Gemeindestr. 1, Tel. 00664 847 81 55, www.bergfuehrer-soelden.com, in der Saison. Neben diversen Touren und Ausbildungskursen ist natürlich auch die Wildspitze im Programm.
Mountainbike – **Bikeschule Ötztal:** Dorfstr. 34, Tel. 05254 38 21, www.hikebike.at, Kurszeiten Mo–Sa 9–15 Uhr. Täglich geführte Mountainbiketouren, Downhill-Training und Familienprogramm.
Fahrradverleih – **Intersport Glanzer:** Dorfstr. 21, Tel. 05254 222 33 22, www.glanzer.at, Mo–Sa 8–12, 14.30–18 Uhr. Großes Sportgeschäft, auch Einführungskurse zum Downhill-Biken, Full Suspension Bike 65 €/Tag.
Hallenbad – **Freizeit Arena Sölden:** Gemeindestr. 4, Tel. 05254 25 14, www.freizeit-soelden.com, tgl. 11–21 (letzter Einlass 20) Uhr, Tageskarte 13 €, 6–15 Jahre 8 €, mit Saunabereich

23 €. Großes schönes Hallenbad Wellnessbereich.
Klettersteigsets in Obergurgl – **Scheiber Sport:** Ramolweg 5 (bei der Kirche), Tel. 05256 6209, www.scheiber sport.com. Großes Sportgeschäft, Verleih von Klettersteigsets (12 €).

Abends & Nachts

Cocktails – **Andy Paparazzi:** Dorfstr. 15, Tel. 05254 23 07, www.paparazzi-soelden.at, tgl. 9–2 Uhr. Im Sommer keine Paparazzi und VIPs, dafür gute Cocktails in entspannter Atmosphäre.
Irish Pub – **Chris & Co:** Dorfstr. 118, Tel. 05254 37 78, www.chrisuco.at, Sommer Mo–Fr ab 17, Sa ab 15, Winter Mo–Fr ab 16, Sa/So ab 15 Uhr. Guinness-Bier und Fußball-Liveübertragungen.

Infos & Termine

Tourismusbüro Sölden: Gemeindestr. 4, Tel. 057 20 02 00, www.oetztal.com, Mo–Sa 8–18, So 9–12, 15–18 Uhr.
Gästekarten Ötztal: s. S. 223
Eröffnungsrennen des Skiweltcups: Okt.

Pitztal ▸ D 6–E 8

Gegenüber von Imst zweigt vom Inntal nach Süden das fast 40 km lange Pitztal ab – wohl das untouristischste Tal Tirols und außerhalb von Österreich kaum bekannt. Am Eingang, noch fast im Inntal, liegt **Arzl**, einer der ältesten besiedelten Orte des Pitztals. Sehenswert ist die **Benni-Raich-Brücke,** eine 138 m lange Fußgängerhängebrücke über die Pitzeklamm. An der Abzweigung zur **Piller Höhe** (s. S. 246) und zum Kaunertal ist **Wenns** der letzte etwas größere Ort mit Tankstelle und Supermärkten.

Dahinter führt die Straße weiter durch das zuweilen extrem schmale Tal. Etwas oberhalb am Hang liegt der kleine Ort **Jerzens**, wo traditionell Zirbenschnaps hergestellt wird.

Wo das Tal dann etwas breiter wird, befindet sich der Hauptort St. **Leonhard**, eigentlich eine Ansammlung kleinerer Weiler, von denen der größte **Eggenstall** ist (Bäcker und Laden). Hinter dem **Weiler St. Leonhard** mit der spätbarocken Kirche St. Leonhard führt die Straße weiter ins Tal hinauf bis **Mittelberg** (1763 m).

Mittelbergferner und Hinterer Brunnenkogel

www.pitztaler-gletscher.at, Juli–Mitte Sept. fahren die Bergbahnen wie folgt: Gletscherexpress Sa–Do tgl. 8.30–16.20, Fr 7, 8.30–16.20, Wildspitzbahn tgl. 9–15.30 (letzte Bergfahrt), 15.45 (letzte Talfahrt), Tickets in Gletscherpark Card (s. S. 201) inkludiert, sonst: Gletscherexpress

Berg- und Talfahrt 20 €, 7–15 Jahre 12,50 €, Wildspitzbahn 22 €/13,50 €, Kombiticket beide Bahnen 38 €/23 €; Café 3.440 tgl. 9–15.30 Uhr

Vom Weiler Mittelberg fährt der **Pitztaler Gletscherexpress,** eine Standseilbahn, zum zweitgrößten Gletscher Tirols, dem **Mittelbergferner** (2840 m). Mit der **Wildspitzbahn** (Sessellift) geht es von dort weiter bis auf den **Hinteren Brunnenkogel** (3440 m), wo in der futuristischen Bergstation das **Café 3.440** durch die Panoramascheiben fantastische Blicke ermöglicht. Es ist das höchstgelegene Café Österreichs.

Übernachten, Essen

Ausspannen – **Bio-Hotel Stillebach:** Stillebach 83, Ortsteil von St. Leonhard, Tel. 05413 872 06, www.stillebach.at, DZ/Dreiviertelpension ab 144 €. Gasthof im Grünen mit riesiger Wiese, Kneippanlage, Kletterwand und Boulderhalle direkt am Haus, nur

Der Name ist Programm: Café 3.440, so hoch liegt es auf dem Hinteren Brunnenkogel

Naturmaterialien in den Zimmern. Hier wird überwiegend vegetarisch, immer aber mit Biozutaten gekocht, Fleisch stammt teils von eigenen Tieren oder aus dem Tal. Das Restaurant ist auch für Nicht-Hotelgäste geöffnet.

Backpacker – **Hostel Rutsche:** Unterdorf 1, Wenns, Tel. 0650 864 42 48, www.rutsche-hostel.at, DZ mit Gemeinschaftsbad ab 56 €, auch Dreierund Viererzimmer. Sauberes Hostel mit Gemeinschaftsküche. Die Rutsche Pub-Bar (Unterdorf 13) gleich nebenan ist eine der wenigen Abendadressen im Pitztal.

Pizza – **Pitzloch:** Jerzens 27, Tel. 0660 783 11 22, Mi–Mo 11–23 Uhr. Kleine, recht günstige Pizzeria, die auch bei Einheimischen beliebt ist. Pizza ab 7 €.

Aktiv

Jump – **Bungee Stüberl:** Pitzenebene, Tel. 0650 636 51 33, www.bungy-pitz tal.com, Stüberl Mo, Do 11–18, Mi, Fr–So 11–22 Uhr, Bungee-Jumping Mai–Okt. Sa/So ab 14 Uhr, auf Anfrage ab 2 Pers. auch Mo, Mi, Fr ab 16 Uhr, Jump 85 €, Tandem Jump 135 €. Gesprungen wird von der Benni-Raich-Brücke (s. S. 235).

Infos

Tourismusbüro Wenns: Unterdorf 18, Tel. 05414 869 99, www.pitztal.com, Mo–Fr 9–12, 14–17, Sa 9–12 Uhr.
Gletscherpark Card: s. S. 201

Kaunertal ▸ D 7–9

Parallel zum Pitztal, aber durch den massiven Kaunergrat getrennt, verläuft das **Kaunertal,** das bei **Prutz** vom Oberinntal abzweigt. Auch von **Wenns** im Pitztal führt eine kurven-

reiche Straße über die **Piller Höhe,** einen Sattel südlich des Venetmassivs bei Landeck, hinüber nach **Kauns** im Kaunertal. Beide Täler gehören zum Naturpark Kaunergrat (s. S. 246).

Zwischen **Prutz** und **Feichten** (1270 m) ist das Kaunertal besiedelt, hinter Feichten beginnt die **Kaunertaler Gletscherstraße** (s. u.), wo es fast keine dauerhafte Siedlung mehr gibt.

Wallfahrtskirche Kaltenbrunn ▸ D 7

Kaltenbrunn, www.kaltenbrunn.at
Bei **Nufels** zweigt eine Stichstraße nach Kaltenbrunn zur ältesten **Marienwallfahrtskirche** Tirols ab. Sie liegt auf etwa 1260 m und wurde im 13. Jh. als Sühnekirche von einem Adligen errichtet. Seitdem wurde sie fortwährend vergrößert und verändert, das Innere der Kirche ist heute weitgehend barock. Das Gnadenbild stammt aus dem 14. Jh. und die Kirche ist immer noch ein aktives Pilgerziel (obwohl kein Marienwunder belegt ist), so kann man Weihwasser abfüllen und es gibt Kniebankpolster aus heimischem Filz und Decken für kälteempfindliche Pilger.

Kaunertaler Gletscherstraße ▸ D 7–9

www.kaunertal.com, Tagesmautkarte 23 € je Pkw oder Kleinbus bis 5 Pers., jede weitere Person 6,50 €, Motorrad bis 2 Pers. 20 €, pro Person in Bus oder Taxi 6,50 € (in der Gletscherpark Card enthalten, s. S. 201), 14-Tage-Karte 30 €/20 €; an der Mautstation kann man per kostenfreiem WLAN die Infotainment-App Locandy (http://cms.locandy.com) herunterladen – ein Multimedia-Guide mit Hörspielen,

Bildern und Rätseln; entlang der Straße sind auch einige Geochaches (www.geocaching.com) versteckt Oberhalb von Feichten beginnt die 26 km lange, mautpflichtige Kaunertaler Gletscherstraße. 29 Infostationen informieren bis zum Gepatschferner über Geschichte und Natur des Tales.

Auf 1750 m Höhe liegt der **Gepatschspeicher**, dessen 153 m hoher Staudamm beim Bau 1964 zu den höchsten der Welt gehörte. Am Beginn des Stausees befindet sich im Gebäude des **Cafés Seepanorama** (Tel. 0650 840 24 69, Juni–Okt. tgl. 9–17 Uhr) eine kleine Ausstellung über Wasserkraft, Stauseen und Fischtreppen. Durch die Panoramascheiben des Cafés bietet sich ein schöner Blick auf den See.

Vorbei an der schon 1873 errichteten Alpenvereinshütte **Gepatschhaus** und dem kleinen **Weißsee** führen etliche Kehren hinauf zum **Parkplatz** und zu **Österreichs höchstgelegener Bushaltestelle.** Hier am Ende der Gletscherstraße (2750 m) befinden sich ein Selbstbedienungsrestaurant, eine Ausstellung zur Erschließung des Kaunertals als Skigebiet und einige Souvenirläden. Ein ausgewiesener **Weg** führt in gut 30 Minuten über den Gletscher zu einer **begehbaren Gletscherspalte.** Feste Schuhe und gegebenenfalls Stöcke sind für den Weg dorthin ratsam! Der beleuchtete niedrige Tunnel führt in einem Bogen durchs Eis, der Boden ist mit Holzplanken ausgelegt.

Auch im Sommer fährt ab Parkplatz die **Karlesjochbahn** (tgl. 10–16 Uhr, Berg- und Talfahrt 19 €, 6–15 Jahre 13 €) weiter auf 3108 m zum Hinteren Karlesspitz; von dort sind u. a. die

Tief ins Eis führt die Gletscherspalte am Ende der Kaunertaler Gletscherstraße

Weißseespitze, Weißkugel, der Ortler und die Bernina-Gruppe zu sehen.

Übernachten, Essen

Hotels, Pensionen und Ferienwohnungen finden sich überwiegend in Feichten und sind über die Website des Tourismusverbands Kaunertal (s. Infos) zu finden. Im Park selbst gibt es nur wenige Übernachtungsmöglichkeiten.
Alpenvereinshütte – **Gepatschhaus:** Feichten 147, Tel. 05475 229, www. gepatschhaus.at, DZ ohne Bad 60 €; Übernachtung für AV-Mitglieder ab 11 € (Lager). Komfortable Berghütte direkt hinter dem Stausee, mit Zwei- und Mehrbettzimmern sowie Matratzenlager. Gute Basis für Kletterer und Wanderer, gute Küche.
Kantine – **Gletscherrestaurant Weißsee:** Kaunertaler Gletscher, Tel. 05475 55 00, www.kaunertaler-gletscher. at, tgl. 8–6.30. Großes Selbstbedienungsrestaurant am Ende der Straße, die Preise scheinen sich eher an der Höhenlage zu orientieren … Hauptgerichte ab 16 €.
Lauschig – **Gasthof Kaltenbrunn:** im Widum (Pfarrhof) der Wallfahrtskirche Kaltenbrunn, Tel. 05475 433, www.kaltenbrunn.at, nur im Sommer Mi–Mo 11–19 Uhr. Berggasthof im Pfarrhaus, der kleine Garten mit Apfelbaum und Blick übers Tal ist unglaublich idyllisch. Hausgemachter Kuchen; kleine Gerichte bis 8 €.

Einkaufen

Marillenschnaps – **Maass:** Obergasse 10a, Prutz, Tel. 05472 22 81, www. maass-brand.at, Mo–Fr 10–18, Sa 10–15 Uhr, 1 Std. Mittagspause. Große Edelbrennerei an der Abzweigung zum Kaunertal, Spezialität ist der Bergmarillenbrand von eigenen Aprikosenbäumen.

Infos

Tourismusverband Kaunertal / Tourismusbüro Feichten: Feichten 134, Tel. 050 22 52 00, www.kaunertal.com, Mo–Fr 8–12, 13–18, Juli/Aug. auch Sa 13–18 Uhr.
Gästekarten Kaunertal: Summercard, Summercard Gold, s. S. 223; **Gletscherpark Card,** s. S. 201.
Bus: Bus 4232 3 x tgl. bis Weißseeferner, Dez.–April nur bis Ochsenalmlift (hinter Gepatschhaus).

Rund um Landeck

Landeck ▶ C 6

Landeck ist mit etwa 8000 Einwohnern Bezirkshauptstadt des Bezirks Landeck und geht fast unmerklich in die Nachbargemeinde Zams über.

Das Gebiet an der Innbiegung hat eine lange Siedlungsgeschichte: Schon aus der vorrömischen Fritzens-Sanzeno-Kultur gibt es Funde und in der Römerzeit verlief hier die erste Heer- und Handelsstraße über die Alpen, die Via Claudia. Die Befestigung Schloss Landeck wurde ab dem 13. Jh. gebaut, als das Gebiet zu Tirol kam. Obwohl damals andere Alpenübergänge wichtiger geworden waren, blieb der Übergang Reschenpass in Gebrauch. Durch Mautgebühren und Marktvorrechte gelangten manche Bürger zu einigem Wohlstand, was heute an den teils recht gut erhaltenen mittelalterlichen Häusern zu sehen ist.

Im 19. Jh. erfuhr Landeck durch den Bau der Arlbergstraße und später der Arlbergbahn einen wirtschaftlichen Aufschwung. Nicht nur die Touristenzahlen stiegen an, sondern mit der Gründung einer Karbidfabrik an der Bahnlinie wurden auch etliche Arbeitsplätze geschaffen. Trotz der

positiven Entwicklung wurde der Ort erst 1900 zur Gemeinde und 1923 zur Stadt erhoben – bis dahin hatte Landeck formell aus den separaten Dörfern Perfuchs und Angedair auf beiden Seiten des Inns bestanden. Das heutige Stadtzentrum entstand erst im 20. Jh. unmittelbar am Fluss.

Perfuchs

In Perfuchs auf der linken Innseite ist noch sehr schön der gewundene Verlauf der **mittelalterlichen Hauptstraße** **1** zu erkennen. Einige Häuser weisen noch gotische Türbögen und dicke Mauern auf – hier soll sich der Tiroler Herzog Friedrich IV. Anfang des 15. Jh., auf der Flucht vor den Appenzellern als Wandermusiker verkleidet, seinen Tiroler Untertanen zu erkennen gegeben haben.

Angedair

Gegenüber, im Ortsteil Angedair unterhalb des Schlosses, steht die gotische **Pfarrkirche Mariä Himmelfahrt** **2** (Schulhausplatz), die im 15. Jh. der damalige Gerichtsfürst (die Gerichtsbarkeit war an Adelige verpfändet) Oswald von Schrofenstein stiftete. Unter ihr wurden mehrere Vorgängerbauten gefunden. Sie ist eine der wenigen nicht barokisierten Kirchen in Tirol.

Schloss Landeck **3**

Schlossweg 2, Tel. 05442 632 02, www.schlosslandeck.at, Mitte/Ende April–Mitte/Ende Okt. tgl. 10–17 Uhr, 7,70 €, ermäßigt 4,20 €, bis 6 Jahre Eintritt frei
Das Landecker Schloss mit dem wuchtigen mittelalterlichen Turm wurde im 13. Jh. als Burg angelegt und ist heute ein **Museum**. Der **Eingangsbereich** mit der kleinen gotischen, freskengeschmückten **Kapelle** stammt jedoch aus der Zeit Kaiser Maximilians I. (um

Landeck und Zams

Sehenswert
1 Mittelalterliche Haupt-
straße in Perfuchs
2 Pfarrkirche Mariä
Himmelfahrt
3 Schloss Landeck
4 Zammer Lochputz
5 Burg Schrofenstein
(Ruine)
6 Kronburg/Wallfahrts-
kirche Mariahilf

Übernachten
1 Jägerhof
2 Pension Can
3 Camping Riffler

Essen & Trinken
1 Schrofenstein
2 Postgasthof Gemse

Einkaufen
1 Haag
2 OnSight
3 Landecker Frischemarkt

Aktiv
1 Galugg Klettersteig
2 Burschlwand
3 Klettergarten
Starkenbach
4 Sport Camp Tirol
5 Tramser Weiher

Lieblingsort

**Burg Schrofenstein –
stille Ruine mit Aussicht**
Von der **Burg Schrofenstein** 5
(heute Ruine) auf einem Felsvor-
sprung hoch oben am Berghang
haben die Schrofensteiner im
Mittelalter die Verkehrswege ins
Vinschgau, über den Arlberg und
den Fernpass bewacht. Heute ist
man dort oben meist allein und
kann den Blick über das Inntal
genießen. Ein Wanderweg führt
von Stanz aus in etwa einer halben
Stunde hinauf.

1500). In den oberen Stockwerken ist neben **Sonderausstellungen** die **Dauerausstellung »Bleiben oder Gehen«** untergebracht. Im »Bleiben«-Bereich wird das harte Leben in den Bergen vorgestellt, vom Brauchtum wie dem Scheibenschlagen oder Fasnachtsbräuchen über Religion und Gerichtsbarkeit bis zum Bergbau. »Gehen« war für viele angesichts der kargen Lebensumstände die Alternative, und der zweite Teil der Ausstellung widmet sich den Tiroler Auswanderern.

Zams ▶ C 6

Die eigenständige Gemeinde Zams mit der hoch über dem Ort thronenden **Kronburg** war lange Zeit ebenso bedeutend wie Landeck. Heute ist davon zwischen Neubausiedlungen ein kleiner **historischer Ortskern** mit Kirche und Bauernhöfen geblieben. Auf der Südseite des Ortes führt die **Venet-Bahn** bis auf etwa 2200 m in das Venetmassiv, ein beliebtes Wintersport- und Wandergebiet. Höchster Berg ist die 2512 m hohe Glanderspitze. In der Umgebung von Zams gibt es gute Klettermöglichkeiten (s. S. 247).

Zammer Lochputz 4
Römerweg 21, Tel. 0664 585 90 89, www.zammer-lochputz.at, Bus ab Landeck halbstündlich, Fahrzeit ca. 15 Min., Zeitbedarf ca. 1–1,5 Std., Mai–Sept. 9.30–17.30, Okt. Sa–Mo 10–17 Uhr, 4 €
Zammer Lochputz heißt die Klamm mit den ausgewaschenen Felsformationen gegenüber von Zams. Nicht nur die aufbereiteten Überreste eines der ersten Wasserkraftwerke der Region machen den Lochputz zu einer populären Sehenswürdigkeit, sondern auch die dramatische Legende um Schmied, Nymphe und Hirte, die

auf Schautafeln vor Ort ausführlich erzählt wird.

Von der **Kasse,** wo man auch die obligatorischen Helme bekommt, geht man am besten zuerst ins **Schaukraftwerk** mit den riesigen Turbinen, um sich die Kraft fallenden Wassers zu vergegenwärtigen. Gleich am Anfang der Schlucht, hinter den **Ruinen einer alten Schmiede,** demonstriert eine Fontäne diesen Wasserdruck recht anschaulich. Auf Metallgittern geht es dann entlang der steilen Schluchtwände in die Felsen hinauf (Notausstieg für nicht Schwindelfreie).

Von einem **Aussichtspunkt** kann man mit etwas Fantasie einen **Stierkopf** und eine **Nymphe** in der Schlucht erkennen (Infotafel). Die Legende von der Nymphe und dem Schmied wird im **Römerturm** am Ende des Rundgangs noch einmal als Film gezeigt. Ganz zuletzt sind **Reste der alten Wehranlagen** für das erste Kraftwerk von 1923 zu sehen.

Burg Schrofenstein 5
s. Lieblingsort S. 242

Fahrradtour zur Kronburg
14 km, 2,5 Std., Höhendifferenz ab Zams ca. 350 m
Von Landeck oder Zams führt eine konditionell etwas fordernde Fahrradtour zur **Kronburg** 6, die auf einem schmalen eiszeitlichen Hügel östlich von Zams steht. Die **Anfahrt von Zams** über Anreit und Rifenal ist ziemlich steil. Wer mag, kann die Tour auch am **Schloss Landeck** beginnen und am **Tramser Weiher** vorbeiradeln, diese Strecke ist zwar weiter, aber gemächlicher. Hinter Anreit ist der Wegverlauf dann identisch.

Ab Rifenal geht es über Waldwege und zwischen Kuhweiden zur barocken **Wallfahrtskirche Mariahilf,** die wegen ihrer alten Votivbilder und der realistischen Kreuzigungsdarstellung sehenswert ist. Bei der Kirche kann man im **Gasthof Kronburg** (s. S. 247) einkehren oder zu Fuß zur **Ruine** auf dem eigentlichen Burgfelsen der Kronburg steigen (noch 130 m höher).

Dahinter führt der Weg dann in langen Kurven bergab zum Inn und unterhalb des Felsens gemütlich auf dem **Innradweg** zurück. An einem kleinen Rastplatz gleich unterhalb der Burg sind im Felsen noch Stufen und Wagenspuren der alten Fernstraße, der **Via Claudia,** zu sehen.

Stanz ▶ C 6

Das Bauerndorf Stanz oberhalb von Landeck hat sich als Brennereidorf einen Namen gemacht. Seit der Römerzeit werden hier auf dem Sonnenplateau Zwetschgen angebaut und seit dem Mittelalter zu Schnaps gebrannt. Seit einigen Jahren bilden sich die Obstbauern zu Edelbrand-Connaisseuren weiter. Das Dorf lässt sich gut im Rahmen einer kleinen **Genusswanderung von Grins nach Stanz** besuchen (4 km, 70 Höhenmeter, etwa 1 Std., Infoblatt im Tourismusbüro und Ausschilderung am Weg).

Auch ein Abstecher zur malerischen **Burg Schrofenstein** (s. Lieblingsort S. 242) ist möglich (ca. 2 km pro Richtung).

Ausflug nach Fließ und zur Piller Höhe

Fließ ▶ C 7

Oberhalb der Nationalstraße Landeck–Nauders; Bus 4230, 8 x tgl. ab Landeck
Die Gemeinde Fließ (spricht sich: Fli-äß) liegt gut 8 km südöstlich von Landeck. Der Hauptverkehr Richtung Reschenpass fließt heute von der Autobahn

Unser Tipp

Schnapsverkostung in Stanz
Ein Besuch mit Verkostung in einer **Stanzer Brennerei** lässt sich nach vorheriger telefonischer Anmeldung auch individuell und kurzfristig organisieren. Spezialität ist der Edelbrand aus Spänling (einer Wildpflaumenart) oder Zwetschge.
Kontakt: Markus Auer, Tel. 0676 535 00 53, www.brennereidorf.at

A 12 aus durch den Landecker Tunnel unter dem Ort hindurch. Früher jedoch war das auf etwa 1050 m gelegene Fließ eine wichtige Station auf der seit den Römern als Via Claudia bekannten Handelsroute – und zwar schon lange vor den Römern, wie spektakuläre Funde in der Umgebung gezeigt haben.

Neben der barockisierten **Pfarrkirche Mariä Himmelfahrt** bildet das **Archäologische Museum mit dem Dokumentationszentrum Claudia Augusta** (Fließ 89, Tel. 05449 200 65, www.museum. fliess.at, Mai–Okt. Di–So 10–12, 15–17 Uhr, 6 €) die Hauptsehenswürdigkeit des Ortes. Es sind gleich drei sensationelle **Funde aus der Bronzezeit** ausgestellt, darunter der Schatzfund von Piller mit einem der ältesten jemals gefundenen Bronzehelme. Ein weiterer Schatzfund stammt von einem Brandopferplatz auf der Piller Höhe, etwa 500 m oberhalb von Fließ. Im modernen neuen Gebäude des Museums befindet sich eine Ausstellung zur Römerstraße Via Claudia Augusta.

Versteckt in einem Parkhaus unterhalb des Supermarkts M-Preis (Dorf 120) westlich des Museums ist eine neuere Ausgrabung für die Öffentlichkeit konserviert worden: ein **räti-**

Auf der Piller Höhe bei Fließ wurden gleich drei Hortfunde aus der Hallstadtzeit mit Votivfiguren, Gewandfibeln und rituell zerbrochenen Waffen gemacht

sches Haus aus dem 5. Jh. v. Chr. (Eintritt und Zugang frei).

Piller Höhe und Naturparkhaus Kaunergrat ▶ D 7

Naturparkhaus Kaunergrat, Gachenblick 100, Piller Höhe, Fließ, Tel. 05449 63 04, www.kaunergrat.at, in der Saison von Imst und Landeck aus mehrfach tgl. Busse, Juni–Sept. tgl. 10–18, Okt., Mitte Dez.–Mai tgl.10–17 Uhr, 4 €, Kinder 2 €

Der **Naturpark Kaunergrat** erstreckt sich über fast 600 km² vom Oberen Inntal bis zu den Ötztaler Alpen und umfasst u. a. das Pitztal, das Kaunertal und die Gemeinde Fließ.

Im **Naturparkhaus Kaunergrat** auf der Piller Höhe informiert eine multimediale Ausstellung über die Geografie, Flora und Fauna des Gebiets. Angeschlossen ist ein gutes Café.

Gleich neben dem Naturparkhaus sind die **Fundspalte des Bronzehelms** und der **Brandopferplatz** zu besichtigen. Die hier entdeckten Objekte sind im Archäologischen Museum von Fließ ausgestellt (s. S. 245).

Übernachten

Zweiradfreundlich – **Jägerhof** **1**: Hauptstr. 52, Zams, Tel. 05442 626 42, www.jaegerhof-zams.at, DZ/ÜF ab 112 €. Solides Chalet-Hotel direkt neben der Venet-Bahn, große komfortable Zimmer mit Balkon und gutes Frühstücksbüfett; Wellnessbereich. Fahrradverleih sowie besondere Angebote und Tourentipps für Radler und Motorradfahrer.

Im Dorf – **Pension Can** **2**: Herzog-Friedrich-Str. 32, Landeck, Tel. 05442 664 69, www.pension-can.com, DZ/ÜF ab 60 €. Familiäre Frühstückspension in einem traditionellen Haus mit nur sechs Zimmern im Ortsteil Perfuchs.

Camping – **Camping Riffler** **3**: Bruggfeldstr. 2, Landeck, Tel. 05442 648 98, www.camping-riffler.at. Sehr kleiner Platz mit einigen flachen Parzellen und

Zeltwiese, einfache Sanitäranlagen, dafür in Laufentfernung zum Zentrum.

Essen & Trinken

Gute Küche – **Schrofenstein 1** : Malserstr. 31, Landeck, Tel. 05442 623 95, www.schrofenstein.at, tgl. Frühstücksbüfett 7–10, warme Küche Hauptkarte 11.30–14.30, 17.30–22, Fr/Sa bis 22.30/23 Uhr, dazwischen kleinere Speisenauswahl. Innovative Interpretationen von Tiroler Spezialitäten im Restaurant eines der besten Hotels im Ort. Es gibt vegetarische und sogar vegane Gerichte; kleiner Gastgarten an der Straße. Hauptgerichte 14–ca. 30 €.

Urig – **Postgasthof Gemse 2** : Hauptplatz 1, Zams, Tel. 05442 624 78, www.postgasthof-gemse.at, Mo/Di, Fr/Sa Küche 11–13.45, 17–22.30 (Küche 17.30–21), So 10–22.30 (Küche 11.30–20) Uhr. Deftige Tiroler Speisen von Kaspressknödel bis Kalbskopf im alteingesessenen Gasthof gegenüber der Kirche. Hauptgerichte 12–20 €.

Bei den Barmherzigen Schwestern – **Gasthof Kronburg**: Kronburg **6** , Tel. 05442 634 78, www.kronburg-tirol.at, tgl. 9–20.30 (Nebensaison/Winter Di–Sa 10–20, So 9–18) Uhr. Gute Tiroler Küche und Kirchtagskrapfen zum Nachtisch. Hauptgerichte 15–20 €.

Einkaufen

Schokolegende – **Haag 1** : Maisengasse 19, Landeck, Tel. 05442 623 28, www.tiroleredle.at, Mo–Fr 8–12, 14–18, Sa 9–12 Uhr. Der Konditor Hansjörg Haag stellt Edelschokolade nur aus der Milch des Tiroler Grauviehs her, die Tiroler Edle: mit Cremefüllungen wie Zwetschgenbrand oder für Puristen die dunkle Schokolade ohne Zucker! Gegenüber können Sie sich im **Café Haag** (Mo–Fr 7.30–19, Sa 8–12.30 Uhr) stärken.

Outdoor – **OnSight 2** : Hauptstr. 106, Zams, Tel. 05442 634 50, www.onsight-shop.at, Mo–Fr 9–12, 14–18, Sa 9–12 Uhr. Vor allem fürs Klettern gut sortierter Bergsportladen bei der Kirche. Auch Verleih von Klettersteigsets.

Wochenmarkt – **Landecker Frischemarkt 3** : Malserstr., Landeck, www.landeckerfrischemarkt.com, Fr 10–17 Uhr. Große Auswahl an Ständen, u. a. gibt es auch frische Spezialitäten wie Krapfen.

Aktiv

Klettern – **Rund um Zams gibt es unterschiedliche Klettermöglichkeiten:** Ortsnah liegt der familienfreundliche **Galugg Klettersteig 1** (B/C) und zwischen Zams und Imst befinden sich auf der linken Innseite die **Burschlwand 2** (Mehrseillängenrouten und ein Einsteiger-Klettergarten) sowie der **Klettergarten Starkenbach 3** (Infos beim Tourismusbüro).

Touren – **Sport Camp Tirol 4** : Mühlkanal 1, Landeck, Tel. 05442 626 11, www.sportcamptirol.com. Rafting, Canyoning, Klettern etc., auch Verleih von Klettersteigsets.

Baden – **Tramser Weiher 5** : Im Naherholungsgebiet Trams auf einer Anhöhe zwischen Landeck und Zams gelegen, ist dies einer der schönsten Orte zum Baden im Sommer.

Radfahren – **Fahrradtour zur Kronburg**: s. S. 244

Infos & Termine

Tourismusbüro Landeck: Malserstr. 10, Tel. 05442 656 00, www.tirolwest.at, Mo–Fr 8.30–12, 14–18 Uhr.

Gästekarte: TirolWest Card, s. S. 223

Termine

Scheibenschlagen: am Wochenende

nach Aschermittwoch in vielen Gemeinden (Details hierzu im Musuem
Schloss Landeck, s. S. 240). Alemanni-
scher Brauch, bei dem glühende Holz-
scheiben weggeschleudert werden.
Genuss: Sommersaison, geführte Ausflüge ab Landeck. Unter diesem Mot-
to können Mo das traditionelle Brot
Tiroggl, Di die Tiroler Edle Schokolade, Mi Quellkeimlinge (Sprossen) und
Do Schnaps verkostet werden. Anmeldung bis zum Vortag 17 Uhr im Tourismusbüro Landeck, 5 €.
Stanz brennt: 1. Sept.-Wochenende.
Brennereifest in Stanz mit Streetfood
und Schnapsverkostung.

Verkehr

Landeck liegt an der **Inntalautobahn,**
hat einen **IC-Bahnhof** und zahlreiche
Busverbindungen in die Region.

Oberinntal ▸ C 6–8

Von **Landeck** führt die viel befahrene
Hauptstraße zum **Reschenpass** zunächst durch den 7 km langen **Landecker Tunnel** und dann schmal und
kurvig weiter nach **Prutz** (Abzweigung
ins Kaunertal, s. S. 237). Geradeaus
gelangt man ins **Oberinntal** und über
Tösens nach **Pfunds,** einem fotogenen
Dorf mit etlichen historischen Häusern
und mittelalterlich dicken Mauern.
Durch die Handelsstraße nach Italien,
die hier vorbeiführte, ist der Ort einst
zu einigem Reichtum gekommen.

Nach Nauders

Die B 180 führt nun über **Hochfinstermünz** und den **Finstermünzpass** weiter nach **Nauders** vor der italienischen
Grenze, dem Hauptort des Oberinn-
tals. Auf dem Weg liegen zwei sehenswerte Festungsanlagen.

Festung Altfinstermünz

*Unterhalb der Reschenpassstraße
(B 180) am Inn, www.altfinstermuenz.
com, Bushaltestelle und Parkplatz
Hochfinstermünz, von dort ca.
20 Min. und 140 Höhenmeter steil ins
Tal, mehrmals tgl. auch Shuttlebus
von Hochfinstermünz nach Altfinstermünz, Di–So 11–16.30, 6 € inkl.
Audioguide*
Die Festung Altfinstermünz liegt unterhalb der Reschenpassstraße am Inn
in der Nähe der Grenze zur Schweiz.
Bereits um etwa 1300 gab es hier nach-
weislich eine Brücke mit Mautstation,
der Übergang selbst war wahrscheinlich schon zur Römerzeit in Gebrauch.
Unter Herzog Sigmund wurde die Befestigung 1472 ausgebaut und 1502
entstand der große auffällige Klau-
senturm. Noch bis ins 18. Jh. wurden
an der Festung Altfinstermünz Zölle

Geflutet – der Kirchturm von Alt-Graun ragt aus dem Reschensee

erhoben, danach verkaufte der Staat die Gebäude an den letzten Zöllner. Erst 1999 begann man, die Festung für touristische Zwecke herzurichten, die Brücke wurde nach altem Vorbild neu gebaut und die Festung zur ›Erlebnisburg‹ restauriert.

Nach einem Kurzfilm kann man mit Audioguide die alten Gemäuer selbstständig erkunden. In den rekonstruierten ehemaligen Wirtschaftsgebäuden befindet sich ein einfaches Café.

Straßensperre Nauders
Tel. 05473 862 22, Mi, So 15–17 Uhr, 6 €
Direkt oberhalb der B 180 erhebt sich das auch **Festung Nauders** oder **Sperre Hochfinstermünz** genannte mächtige, fünfgeschossige Fort direkt unterhalb der markanten Selesköpfe. Erbaut im 19. Jh., diente es zur Verteidigung der Grenzstraße zum Reschenpass. Heute beherbergt die Festung ein **Militärmuseum,** u. a. mit einer Dauerausstellung **»Verkehr über den Reschenpass«.**

Nauders ► C 8

Nauders hat – bei 4000 Gästebetten – nur etwa 1500 Einwohner. Der atmosphärische Ort auf einem breiten Talabsatz ist aber um mehrere Kirchen und Brunnen herum historisch gewachsen. Nur 5 km weiter liegt der Reschenpass. Einer der niedrigsten und am leichtesten zu befahrenden Alpenpässe ist vor allem bei Radfahrern sehr beliebt.

Schloss Naudersberg
Alte Straße 1, Tel. 0664 321 70 32, www.schloss-nauders.at, Di, Do 13.30–16, Mi 13.30–17 Uhr, 6 €, Füh-

rung Di, Do 16.30, So 10.30 Uhr, 8 €, bis 10 Jahre Eintritt und Führung frei Schloss Naudersberg liegt am Ortsrand von Nauders. Die Festung wurde im 13. Jh. von einem Vinschgauer Ritter als Burg für den damals in Nauders ansässigen Gerichtssitz gebaut. Bis 1769 war es Hoch- und Blutgericht. Auf der Burg wurden Verbrecher verurteilt und inhaftiert oder auf den Wiesen südlich von Nauders hingerichtet. Nach der Teilung Tirols (1919) verlor Schloss Naudersberg den Gerichtssitz, im 20. Jh. war in der Burg zeitweise eine Jugendherberge untergebracht, seit 1980 ist sie in Privatbesitz. Oft führt die Schlossherrin Frau Köllemann persönlich die Besucher durch die teilweise restaurierten Räumlichkeiten. Zu sehen sind verschiedene **Ausstellungen** zur Geschichte und eine Art Heimatmuseum; in anderen Bereichen der Burg sind heute **Ferienwohnungen** untergebracht.

Übernachten, Essen

Grüner Luxus – **Naudererhof:** Dr.-Tschiggfrey-Str. (Karl Blaas Gasse) 160, Tel. 05473 877 04, www.naudererhof.at, DZ/Dreiviertelpension ab 200 € inkl. Obst, Säften und Tees im Spabereich. Der große Wellnessbereich erstreckt sich über zwei Ebenen. Bei der Zimmergestaltung wurde viel Wert auf Naturmaterialien gelegt. Allergikerbetten, Naturkosmetikprodukte.

Für Radler – **Pension Garni Alpenhof Nauders:** Nauders 229, Tel. 05473 872 63, www.alpenhof-nauders.at, DZ/ÜF ab 80 €. Familiäre Pension mit etwas altmodischen Zimmern, die aber okay sind. Radlerfreundlich mit Garage und Reinigungsplatz fürs Fahrrad, Biketrikot-Wäscheservice und Trockenraum.

Gemütlich – **Gasthof zum goldenen Löwen:** Dr.-Tschiggfrey-Str. (Postplatz) 36, Tel. 05473 872 08, www.loewen-nauders.com. Seit 1880 bestehendes Wirtshaus mit alter Tiroler Bauernstube: Tiroler Küche, gute Kuchen und einige Tische zum Draußensitzen. Hauptgerichte 10–20 €. Auch Zimmer mit viel Zirbenholz, DZ/ÜF ab 112 €.

Pizza – **Ibex:** Unterdorf 531, Tel. 0660 317 87 72, www.ibex-club.at, tgl. 11.30–5 Uhr. Pizzeria mit Nachtclub an der Hauptstraße, große Auswahl an Burgern und Pizzen (8–10 €), am Wochenende legen DJs auf. Auch Hostel, Bett/ÜF ab 24,50 €.

Aktiv

Fahrradverleih – **Biwak Nauders:** Dr.-Tschiggfrey-Str. 32, Tel. 05473 890 40, www.biwak-nauders.at, tgl. außer im Winter 8.30–11, 15–18 Uhr. Mountainbike 16 €/Tag, auch geführte Wander- und Mountainbike-Touren.

Abends & Nachts

Stehkneipe – **Yeti Bar:** Dr.-Tschiggfrey-Str. 28, Tel. 0676 415 23 51, tgl. ab 15 Uhr. Bar direkt im Dorfzentrum mit Cocktails, guter Bier- und passabler Weinauswahl. Im Sommer oft ein bisschen trist.

Infos

Tourismusbüro: Dr.-Tschiggfrey-Str. 66, Tel. 050 22 54 00, www.nauders.com, Mo–Sa 10–12, 15–18, So 9–11 Uhr.

Gästekarten: Summercard, Summercard Gold, s. S. 223; **Gletscherpark Card,** s. S. 201.

Busse: Ab Landeck B 180 (Reschenpassstraße), Bus 4218/4220 Landeck–Nauders fast stündlich (oft mit Radtransport).

Radtour: Plamort-Runde

Mountainbike-Halbtagestour ab Bergstation der Bergkastelseilbahn (1 km südlich von Nauders, Mitte Juni– Mitte Okt. tgl. 9–16 Uhr, Bergfahrt 11,50 €, 10–17 Jahre 7 €, Fahrrad 3 €, Talfahrt kostenlos: Radtour ca. 21 km, 1000 Höhenmeter bergab (200 Höhenmeter bergauf); natürlich auch ohne Seilbahn möglich, dann muss man die 1000 Höhenmeter hinaufradeln …

Radtour: Plamort-Runde

Von der **Bergstation** führt ein Schotterweg nach rechts und erreicht nach 1,5 km (ca. 100 m tiefer) den ausgeschilderten **Plamort-Mountainbike-Trail.** Bald führt der Weg als leichter Single Trail teils über Wurzeln und Steine über ein ebenes **Hochmoor** mit Heidesträuchern. Auf der **Plamort-Ebene** – der rätoromanische Name bedeutet Tote Erde – sind italienische **Verteidigungsanlagen** aus dem Zweiten Weltkrieg erhalten: Bunker und eine enorme, in der Berglandschaft völlig surreal wirkende Panzersperre. Dort passiert man die **österreichisch-italienische Grenze** und fährt dann auf einem **Schotterweg** steil bergab bis zum Ort **Reschen** am **Reschensee.** Nach links am Seeufer entlang führt ein Abstecher von 2,5 km Länge zum Wahrzeichen des Reschensees, dem aus dem Wasser ragenden **Kirchturm** des gefluteten Dorfes **Alt-Graun** (Abb. S. 249). Zurück nach Nauders führt der sanfte, hervorragend ausgebaute und asphaltierte Radweg der **Via Claudia.**

Zu Fuß auf dem Kaiserschützenweg

Ab Nauders 10,5 km, 650 Höhenmeter, etwa 4 Std.
Der Verbindungsweg von der Festung Nauders zu den Stellungen an den Selesköpfen wurde zu einem Wanderweg mit Infotafeln zu den Kaiserschützen ausgebaut. Die Kaiserschützen waren Elite-Gebirgstruppen, die hier im Ersten Weltkrieg die Grenze verteidigten.

Von **Nauders** geht man talabwärts entlang der als Wanderweg ausgeschilderten **Via Claudia,** zum Teil an ehemaligen **Röhrenbunkern** vorbei, in Richtung Festung Nauders. Direkt bei der **Festung Nauders** (s. S. 249) ist die Bundesstraße zu überqueren, rechts neben der Festung beginnt der eigentliche **Kaiserschützenweg.** Er führt zunächst 350 steile Höhenmeter auf die **Selesköpfe.** Den Abstecher von hier über die Nordkuppe der Selesköpfe kann man gut auslassen; der **Hauptweg** folgt der Klippe, unterhalb der Klippe verläuft die Grenze zur Schweiz. Schließlich gelangt man zu zwei teils mit Einrichtung rekonstruierten **Kavernen.** Hierbei handelt es sich um bunkerähnliche, künstlich angelegte Höhlen, in denen die Soldaten wohnten und Vorräte lagerten, im Winter manchmal wochenlang vom Nachschub abgeschlossen.

Der **Rückweg** führt nach Norden noch an weiteren Fundamenten und militärischen Stellungen vorbei, der sogenannten **Zettler Alm** aus dem Zweiten Weltkrieg. Auf einem sanfteren Waldweg kommt man über den **Gasthof Norbertshöhe** und den **Sportplatz** zurück nach Nauders.

Paznauntal ▶ A 8–B 7

Über die B 188 nach Südwesten gelangt man von Landeck ins Paznauntal. Das schmale Tal und insbesondere der Ort Ischgl sind als mondänes Wintersportgebiet mit exklusiven Après-Ski-Möglichkeiten bekannt. Im Sommer geht es beschaulicher zu: Der Fokus liegt auf Wandern und seit einigen Jahren auch auf Mountainbike-Sportarten. Motorradfahrer finden an der Silvretta-Hochalpenstraße (Anfang Juni–Ende Okt., Pkw 15 €, Motorrad 12 €) Vergnügen, die als Verlängerung der Paznauntalstraße das Paznauntal über die Bieler

Käseherstellung
Bei **Sennerei-Vorführungen im Almmuseum Alpe Dias** (s. rechts) hat man die seltene Gelegenheit, der traditionellen Käseherstellung zuzusehen. Erst seit 2005 sind viele der alten Techniken aus hygienischen Gründen nicht mehr erlaubt, und normalerweise dürfen Zuschauer auch nicht in den Raum, in dem Käse hergestellt wird.

Höhe mit dem Montafon in Vorarlberg verbindet. Die Wintersport-Hochburgen können im Sommer etwas verlassen und leblos wirken, dafür sind Schnäppchenangebote in guten Hotels möglich.

Kappl ▶ B 7

Der kleine, wenig mondäne Ort Kappl liegt etwas verstreut am Sonnenhang 70 m oberhalb der Talstraße. Im Ort lohnt die hübsche Rokokokirche **St. Antonius** einen kurzen Abstecher.

Von der **Talstation der Dias-Bahn** geht es per Gondelbahn-Sesselbahn-Kombination (Dias-Bahn, Alblittbahn; s. S. 253) auf 2300 m. Ein Stopp lohnt sich aber an der Mittelstation, wo sich im Winter ein kleines, anfängerfreundliches Skigebiet erstreckt.

Sunny Mountain Erlebnispark

Dias 285, Tel. 05445 62 51, www. kappl.com, Dias-Bahn Mittelstation (s. S. 253), großteils frei zugänglich, Eintritt frei
Am Silbersee, einem kühlen Bergsee, liegt dieser Erlebnispark mit großem **Kinderspielplatz,** einem **Niederseilgarten,** einem **Flying-Fox-System** (So 13–16 Uhr, 2 €) über den See sowie einem **Restaurant.** Interessant ist auch der Besuch des Almmuseums **Alpe Dias.**

Almmuseum Alpe Dias

Im Sunny Mountain Erlebnispark, Anfahrt s. dort, 100 m oberhalb der Dias-Bahn Mittelstation (s. S. 253), Juni–Sept. tgl. 9–17 Uhr, Eintritt frei, Do/Fr Einblick in die Käseproduktion, Anmeldung bis 17 Uhr am Vortag in den Tourismusbüros im Paznauntal, 7 €
Die **Alpe Dias** gibt es bereits seit dem 16. Jh., aber das steinerne Sennerhaus (Thaya) des Almmuseums stammt von 1912. Die heutige Sennerei mit den

Wirtschaftsgebäuden ist inzwischen auf einen höheren Almabsatz umgezogen, in den alten Gebäuden ein Almmuseum untergebracht. Zu sehen sind der **Senner-Raum** mit Kupferkessel für die Käseherstellung, Käseformen und Butterfässer, außerdem der **Käsekeller** mit Regalen, die **warme Stube** und ein paar **Schlafkammern**. Die kleinen **Hütten** sind ehemalige Ställe, jeder Bauer hatte seinen eigenen.

Übernachten, Essen

Designhotel – **Zhero:** Wiese 687, Tel. 05445 612 00, www.zherohotelischgl. com, DZ/ÜF ab ca. 250 €. Extravagante Architektur und innen ungenierter Luxus, manche Zimmer mit Kamin oder Jacuzzi. Unterhalb von Kappl, etwa 1,5 km von der Dias-Bergbahn direkt an der Talstraße gelegen.
Panoramablick – **Hotel Post:** Dorf 100, Tel. 05445 62 03, www.post-kappl.at, tgl. 8–22, warme Küche 11–21.30 Uhr. Solide Tiroler Küche (Hauptgerichte 10–25 €) mit großer Nachtischkarte. Auch Zimmer, DZ/ÜF ab 84 €.
Kostproben – **Bauernmarkt:** Dorfplatz, Fr 18 Uhr. Hier können Sie regionale Spezialitäten verkosten. Ab 20 Uhr findet dazu ein Platzkonzert statt.

Aktiv

Angeln – **Silbersee:** im Sunny Mountain Erlebnispark, Anfahrt s. dort, 20 € für vier Fische (zzgl. einmalig Tiroler Gastkartenbeitrag 25 €).

Infos

Tourismusbüro: Dorf 112, Tel. 050 99 03 00, www.kappl.com, Mo–Fr 8–12, 13–18, Sa 9–19, So 8–11, 16–18 Uhr.
Gästekarten Paznauntal: s. S. 223
Bergbahnen – **Dias-Bahn:** www.kappl. com, Ende Juni–Ende Sept. tgl. 8.30–

Unser Tipp

Paznauner Almkäse
Eine würzige Spezialität ist der Paznauner Almkäse, für den es eine geschützte Ursprungsbezeichnung nach EU-Recht gibt: Er muss auf einer bewirtschafteten Alm im Paznauntal hergestellt sein.

16.45, Bergfahrt 10,50 €, Kinder 7–16 Jahre 6 €, Talfahrt 6,50/3,50 €, Berg- und Talfahrt 13,50/8 €; Anschluss **Alblittbahn:** Ende Juni–Ende Sept. So 9–12 Uhr bei entsprechender Witterung, Berg- oder Berg- und Talfahrt 8/5 €; Kombiticket mit Dias-Bahn Bergfahrt 14,50/8,50€, Berg- und Talfahrt 17/10 €.

Ischgl ▶ B 7

Ischgl ist bekannt als der Wintersportort für die Reichen und Schönen, mit den besten Restaurants und reichlich Après-Ski-Optionen. Im Sommer sind viele Hotels geschlossen und die Restaurants und Bars halbleer. Im alten Ortskern steht die üppig geschmückte Rokokokirche **St. Nikolaus.** Gleich unter der Kirche verläuft der **Dorftunnel,** der zu zwei Skiliften führt. Das **neue Dorfzentrum** mit den Bars und Clubs liegt 250 m südwestlich bei der **Talstation der Silvrettabahn.**

Idalp und Idjoch

Silvrettabahn und Sessellift Mitte Juli–Mitte Sept. tgl. 8.30–17 (letzte Bergfahrt 16, letzte Talfahrt 17 Uhr); Silvrettabahn: Sektion I bis Mittelstation (1683 m) Berg- und Talfahrt 9,20 €, 7–16 Jahre 4,70 €, Sektion I und II bis zur Idalp (2320 m) 16,60 €/8,40 €, dann Idjoch- bzw.

Flimjochbahn zum Idjoch, Fahrradmit-nahme in allen Bergbahnen möglich

Das **Hauptwander- und Bikegebiet** (im Winter Skigebiet) bei Ischgl sind die südlichen Berge der **Samnaungruppe** an der Schweizer Grenze.

Bei der **Mittelstation der Silvretta-bahn** befindet sich der **Familien-Erleb-nispark Adventure Stage**, ein Wald- und Seeuferparcours zum Klettern und Balancieren. Auch die bis zu 80 km/h schnelle Seilrutsche **Skyfly** (tgl. 12–16 Uhr, 39 €, 7–16 Jahre 23 €) beginnt dort. Und hier verlaufen auch die meisten Trails der Ischgler **Silvretta Bike Arena**. Unter diesem Label werden unterschiedlichste Mountainbike-Trails zusammengefasst, von klassischen Strecken bis zur Downhill-Freeride-Strecke. Mit Guide dürfen Mountainbi-ker auch auf die Wanderwege.

Bei der **Idalp** (2320 m) laden der Wassererlebnisweg **Vider Truja** und der **Vidersee** zum Planschen ein.

Wer noch höher hinaus möchte, fährt bis zum **Idjoch** (ca. 2750 m) hoch und mit dem Mountainbike wieder ab oder wandert hinüber in die Schweiz.

Übernachten, Essen

Boutique – **Goldener Adler:** Kirchen-weg 19, Tel. 05444 52 17, www.gol dener-adler.at, DZ/HP ab 158 € inkl. Silvretta All Inclusive Card. Hinter der schönen historischen Fassade verbirgt sich modernes Interior Design mit ja-panisch inspirierten Schiebetüren, cle-verem Lichtmanagement, Naturstein sowie hier und da Antiquitäten. Gute Küche mit sorgfältiger Auszeichnung aller Inhaltsstoffe speziell für Allergi-ker und Veganer.

Schnörkellos – **Gletscherblick B & B:** Kir-chenweg 12, Tel. 0544452 52, www.glet scherblick-ischgl.at, DZ/ÜF 120 €. Mo-dernes Hotel im Zentrum, komforta-bel und nicht zu groß.

Gourmetküche – **Restaurant Stüva:** im Hotel Yscla, Dorfstr. 73, Tel. 05444 52 75, www.yscla.at/restaurant-ischgl, tgl.19–22 Uhr. Mit drei Gault-Millau-Hauben und vier Falstaff-Gabeln ist das Stüva eine der Top-Gourmetadressen in Öster-reich. Vier-Gänge-Menü 82 €, Degusta-tionsmenü 126 €, à la carte Vorspeisen/ Zwischengerichte um 25 €, Hauptge-richte 40 €. Unbedingt reservieren.

Zünftig – **Sunnalm:** im Hotel Son-ne, Dorfstr. 57, Tel. 04354 44 53 02, www.sonne-ischgl.at, tgl. 11–21 Uhr. Gemütliche Stube im Hotel Sonne, Hauptgerichte ab 15 €.

Einkaufen

Brot und süße Sünden – **Bäckerei-Kon-ditorei Kurz:** Dorfstr. 53, Tel. 05444 52 11, www.baeckerei-kurz.at, Mo–Sa 7–18, So 9–18 Uhr. Sehr leckere Apfel-taschen.

Aktiv

Mountainbiken – **Silvretta Bike Aca-demy:** Paznaunweg 15, Tel. 0650 202 41 17, tgl. 9–18 Uhr. Geführte Moun-tainbike-Touren, Fahrtraining und Tourentipps.

Fahrradverleih – **Intersport Bründl:** Dorfstr. 64, Tel. 05444 57 59, Mo–Sa 8.30–19, So 8.30–18 Uhr. Fahrräder vor dem Ausleihen auf jeden Fall Probe fahren!

Schwimmen – **Silvrettacenter:** Center-weg 1, Tel. 05444 60 69 50, tgl. 12–20 Uhr, bei Schlechtwetter ab 10 Uhr. Freizeitzentrum mit Schwimmbad, Sauna, Kegelbahn etc. 7,50 €, mit Sau-na 13 €.

Infos

Tourismusbüro Ischgl: Dorfstr. 43, Tel. 050 99 01 00, www.ischgl.com, Mo–Fr 8–18, Sa Sommerhauptsaison 8–12,

13–17, Winter 8–18.30, So 8–13/9–12, 16–18, Zwischensaison Mo–Fr 8–17 Uhr. **Gästekarten Paznauntal:** s. S. 223

Galtür ▸ A 8

Der kleine Bergort Galtür (1584 m) liegt am Ende des Paznauntals vor der Auffahrt zum 2030 m hoch gelegenen Silvretta-Stausee. Die Skigebiete bei Galtür mit der Ballunspitze und der Gorfenspitze sind fast ebenso bekannt wie die in Ischgl. Aber auch im Sommer ist das Gebiet eine Wanderdestination und besonders die Gegend um den Silvapark (Birkhahnbahn, Berg- und Talfahrt 11 €) ist ein Boulderparadies. Traurige Berühmtheit auch international erlangte Galtür durch die Lawinenkatastrophe von 1999 (s. Alpinarium).

Die im 18. Jh. auf romanischen Resten wiederaufgebaute **Pfarrkirche Mariä Geburt** ist relativ groß und innen mit ihrer üppigen Rokokodekoration sehenswert. Wirklich speziell ist die Kriegerkapelle auf der Westseite mit einem Arrangement aus bemalten Totenschädeln unter der Kreuzigungsgruppe. Auf dem **Friedhof** hat in dieser Region jedes Grab ein eigenes kunstvolles Weihwasserbecken mit Weihwasserwedel.

Alpinarium Galtür

Hauptstr. 29 c, Tel. 05443 200 00, www.alpinarium.at, Anf. Dez.–Mitte/ Ende April, Ende Mai–Mitte Okt. Di–So 10–18 (letzter Einlass 17.15) Uhr, 9 €, 6–18 Jahre 5 €
Hinter dem Namen Alpinarium verbirgt sich ein modernes **Heimatmuseum.** Ausführlich wird über die Lawine, die am 23. Februar 1999 über Galtür losbrach und fast den ganzen Ort verschüttete, berichtet: Wegen ungünstiger Wetterverhältnisse verzögerten sich auch die Rettungsmaßnahmen und es starben insgesamt 38 Menschen. Das Museumsgebäude selbst ist Teil der anschließend errichteten besonders starken **Lawinenschutzmauer.**

Integriert in die Lawinenschutzmauer – das Alpinarium Galtür

Angeschlossen sind ein kleines **Café** mit einer (kostenpflichtigen) **Boulderwand** und ein **Shop** mit lokalen Spezialitäten wie Bergkräuter-Heugelee und Paznauner Almkäse.

Übernachten, Essen

Historisch – **Alpenresort Fluchthorn:** Kirchenegg 42, Tel. 05443 82 02, www.huber-hotels.at, DZ/HP ab 180 €. Frisch renoviert, mit vielen Holzvertäfelungen und Kachelöfen. Die Zimmer im modernen Alpenschick.

Kinder willkommen – **Alpenresidenz Ballunspitze:** Silvretta Str. 20, Tel. 05443 82 14, www.ballunspitze.com, DZ/VP ab ca. 146 €. Familien- und Wellnesshotel etwas außerhalb des Ortskerns.

Zentral – **S'Linard:** Galtür 42b, Tel. 05443 82 67, Mi–Mo 11.30–21 Uhr. Beliebtes Terrassencafé mit Tiroler Spezialitäten und Eis. Ungewöhnlich ist der herzhafte Käse-Kaiserschmarren mit Paznauner Almkäse und Zwetschkenröster. Hauptgerichte um 10 €.

Einkaufen

Jause und Schnaps – **Herr Franz:** Dorfplatz 44b, Tel. 0699 15 03 02 51, Juni–Okt. tgl. 9–20 Uhr, sonst Mo 15–20, Di–So 10–20 Uhr. Im lokalen Delikatessengeschäft gibt es vieles auch gleich als Gedeck am Tischchen vor der Tür.

Aktiv

Bouldern – **Silvapark:** www.galtür.com, beste Zeit Ende Juni–Okt., Bouldergebühr 5 €/Tag, 45 €/Saison. Der Silvapark bietet 160 Boulderrouten aller Schwierigkeitsgrade, darunter eine der weltweit schwierigsten (Anam Cara, 8c). Der Einstieg zu den verschiedenen Bouldern erfolgt entweder an der Bergstation der Birkhahnbahn

oder am Parkplatz an der Ballunspitzbahn Talstation.

Klettern – Rund um Galtür (www.galtür.com) bieten sich Klettermöglichkeiten unterschiedlicher Schwierigkeitsgrade, auch **Klettersteige** von familiengeeignet/leicht bis mittel/schwer. Schwierigster Steig ist der Klettersteig Silvapark zur Ballunspitze (ab Bergstation Birkhahnbahn).

Abends & Nachts

Kneipe – **Tommy's Garage:** Galtür 48a, Tel. 0664 113 33 49, Mo–Sa ab 20.30 Uhr. Cocktails und Bier im Keller.

Infos & Termine

Tourismusbüro Galtür: Galtür 39, Tel. 050 99 02 00, www.galtuer.com, Mo–Sa 8–18, So 9–12, 16–18 Uhr.

Gästekarten Paznautal: s. S. 223

Almkäse Olympiade: Ende Sept. Prämierung des besten Rohmilchkäses einer bewirtschafteten Alm. Außerdem Kür des Kinderfavoriten »Dreikäsehoch«.

Silvretta-Ferwall-Marsch: Aug., www.ferwallmarsch.at. Bergmarathon, Halbmarathon und Wanderstrecken, Startgeld 19 €.

Bergbahn Birkhahnbahn: www.galtür.com, Juli–Ende Sept. tgl. 9–12, 13–17 Uhr, Bergfahrt 7,50 €, 8–18 Jahre 4,50 €, Talfahrt 5,50/4 €, Berg- und Talfahrt 11/6 €, kostenlos mit Silvretta Card all inclusive.

St. Anton am Arlberg ▶ A 6

St. Anton hatte wegen seiner Lage direkt am Arlbergpass schon immer strategische Bedeutung, doch der Name selbst ist relativ neu. Erst 1927 wurde

Sommerurlaub in St. Anton, da gehört mindestens eine Wanderung dazu

die Gemeinde nach dem am nächsten beim Bahnhof liegenden Ortsteil St. Anton benannt. Um 1880 strömten für den Bau der Arlbergbahn und ihres aufwendigen Tunnels etwa 2000 Gastarbeiter in das Dorf, das damals nur 800 Einwohner hatte. Danach begann auch der Fremdenverkehr, besonders der Skitourismus. Heute ist St. Anton international als exklusives Wintersportziel mit anspruchsvollen Pisten bekannt, aber die Lage in einem relativ breiten Tal und auf etwa 1300 m ist auch im Sommer günstig.

Gleich mehrere Bergbahnen (Galzig-, Valluga- und Kapallbahn) führen auf die umliegenden Berge mit entsprechenden Wandermöglichkeiten (s. S. 261).

Museum St. Anton
Rudi-Matt-Weg 10, St. Anton, Tel. 05446 24 75, www.museum-stanton. com, Juni–Sept. Di–So 12–18 Uhr, 4 € inkl. gutem Audioguide

Das **Heimatmuseum** ist in einer Villa, dem Trierer Haus, von 1912 untergebracht. Die Erschließung des Arlbergpasses und das Hospiz in St. Christoph (s. S. 260) gehören zu den Themen, die hier aufgegriffen werden. Zu sehen ist auch der Rest einer (später teils verbrannten) hölzernen Christophorus-Statue, deren Hände und Füße immer weiter verstümmelt wurden, um ein Stück als Glücksbringer mitzunehmen – auch von den Schwabenkindern (s. S. 64). Ein größerer Teil der Ausstellung widmet sich der Entwicklung des Skisports und Skitourismus – insbesondere durch den Arlberger Hannes Schneider, der die erste moderne Skischule gründete und Pauschalangebote aus Kurs und Übernachtung anbot.

Sennhütte und WunderWanderWeg
Dengert 503, Tel. 05446 20 48, www.sennsationell.at, über Fußweg

Lieblingsort

Darmstädter Hütte – bekannt für Knödel und … ▶ A 7

Die Darmstädter Hütte ist weithin für ihre Knödel bekannt (4 Sorten). Wer aber den Küchenchef zu einem Kaiserschmarren bewegen kann (nur wenn nicht viel los ist), rückt dem Himmel gleich noch ein Stück näher. Auf fast 2400 m Höhe und umringt von tollen Bergen ist man sowieso schon nah dran. Die Hütte ist die einzige Einkehrmöglichkeit z. B. auf dem Weg zur Kuchenspitze.

Darmstädter Hütte: am Ende des Moostals, www.darmstaedter huette.at, Aufstieg 3–5 Std., mit Bike oder E-Bike ab 2 Std., ca. Ende Juni–Sept. Knödel 6–12 €. Auch Übernachtungsmöglichkeit.

hinter dem Heimatmuseum, ca. 20 Min. Gehzeit, Hütte Mai/Juni, Nov. geschlossen, sonst tgl. 10–18 Uhr, Hauptgerichte 11–19 €
Das ortsnahe Ausflugslokal **Sennhütte** (deftige Tiroler Küche) lockt zusätzlich mit seinem rund um die Hütte angelegten **Alpenblumen-Kräuterweg**, großem **Naturspielplatz** etc. Attraktion ist das **Riesen-Edelweiß**, das aus 20 000 Einzelblüten besteht, die zu einem zwölfzackigen großen Edelweiß arrangiert sind. Auf der freien Fläche in der Mitte der ›Blüte‹ stehen hölzerne Liegen – Vorsicht, dort summt es und riecht streng nach Honig. Doch keine Sorge, die unzähligen Bienen, die hier für die Geräuschkulisse verantwortlich sind, sind anderweitig beschäftigt: mit den Blüten.

Ehemaliges Hospiz St. Christoph

Arlberg Hospiz Hotel, St. Christoph 1, Tel. 05446 26 11, www.arlberghospiz. at
Direkt am Arlbergpass auf 1800 m befindet sich der kleine Skiort **St. Christoph,** heute ein Ortsteil der Gemeinde St. Anton. Entstanden ist er aus dem **Hospiz,** das bereits 1386 Heinrich Findelkind gegründet hatte. Der war tatsächlich ein Waisenkind und hatte von seinem Schweinehirtenlohn und mit Hilfe von Spenden eine Unterkunft aufgebaut, in der bedürftige Durchreisende auf dem Pass rasten konnten – in vielen Fällen lebensrettend. Zur Finanzierung wurden professionelle Almosensammler eingesetzt und die Gönner mit Wappen in ein Honoratiorenbuch eingetragen. Im 16. Jh., als aus dem Hospiz eine Taverne geworden war, gründeten Bauern aus der Umgebung eine Bruderschaft. Erst in den 1960er-Jahren griff der Hotelier Adi Werner, der inzwischen das **Hotel** im früheren Hospiz übernommen hatte, die Idee von Hospiz und Bruderschaft wieder auf und gründete die **Bruderschaft St. Christoph** neu als karitative Organisation, die mit Spenden und Beiträgen der oft prominenten Gäste unbürokratisch hilft, vor allem notleidenden Familien.

Im Hotelkomplex befindet sich seit 2016 auch der **Kunst- & Konzertsaal arlberg1800** (arlberg1800 Contemporary Art & Concert Hall), ein teils unterirdischer moderner Architekturkomplex mit Wechselausstellungen von Gegenwartskunst. Dort kann man auch den Künstlern des Artist-in-Residence-Programms bei der Arbeit zusehen.

Außerdem verfügt das Hotel über Europas größten **Großflaschenkeller** – einen Weinkeller, in dem nur Flaschen mit einem Fassungsvermögen von 3–12 l lagern, überwiegend Spitzenweine aus der Bordeauxregion. Auch bereits verkaufte Flaschen (die teuerste kostete 80 000 €!) werden wegen des guten Raumklimas oft noch weiter in diesem Keller gelagert. Auf Anfrage ist der Keller zu besichtigen.

Übernachten, Essen

Zum Dableiben – **Der Waldhof:** Stadleweg 40, Tel. 05446 405 09, www.waldhof-stanton.com, DZ/ÜF ab 130 €, DZ/HP ab 180 €. Große helle Zimmer, moderne Einrichtung mit Zirbenholz und Filz, toller Blick vom Balkon und nette Gastgeber – einfach zum Wohlfühlen. Hervorragende regionale Slowfood-Küche!
Frisch – **M3:** Dorfstr. 56–58, Tel. 05446 29 68, www.m3hotel.at, DZ/ÜF ab 120 €. Großzügige Zimmer mit Details wie Kaffeemaschine und iPod-Dockingstation.
Bekannt für die Knödel – **Darmstädter Hütte:** s. Lieblingsort S. 258
Ausflugslokal – **Sennhütte:** s. S. 257
Wanderpause – **Putzenalpe:** nördlich von Gand / St. Jakob (7,5 km von St. Anton), auf 1740 m, tgl. 10–18 Uhr, je

nach Wetter auch länger. Speckknödel, frische Milch und guter Apfelstrudel.

Abends & Nachts

Nach dem Gipfel – **Galzig Bistrobar:** Kandaharweg 2, Tel. 05446 425 41, www.galzigbistrobar.at, tgl. 9–1 Uhr. Beliebte Bar direkt im Zentrum von St. Anton.

Club – **Murrmel:** Dorfstr. 64, Tel. 05446 22 02 19, www.murrmel.at, tgl. 15–24 Uhr. Im Erdgeschoss Café-Bar und Eis, im Keller auch im Sommer lange und laut.

Konzerte und Kabarett – **Kunst- & Konzertsaal arlberg1800:** St. Christoph 1, Tel. 04355 83 26 11, www.arlberg1800. at. Regelmäßig Veranstaltungen, Programm s. Website.

Volkstum – **Tiroler–Abend:** Arlbergsaal, Auweg, St. Anton, Mitte Juni–Mitte Sept. Di 21 Uhr, 17 € (1 Getränk inkl.). 2 Std. dauert das Programm der Volkstumsgruppe d'Arlberger mit Liedern, Tänzen, Schuhplatteln etc. Lohnt sich tatsächlich!

Aktiv

Fahrradverleih – **Sport Alber:** Dorfstr. 23, Tel. 05446 34 00, www.sport-alber. com. Unterschiedliche Räder, ab ca. 25 €/Tag.

Skischule – **Skischule Arlberg:** Tel. 05446 34 11, www.skischule-arlberg. com. Die älteste und bekannteste Skischule Tirols.

Klettern – **Arl.Rock Sport- und Kletterzentrum:** Bahnhofstr. 1, Tel. 05446 303 24, www.arlrock.at, tgl. 9–21, Dez.–April tgl. 13–22 Uhr. Tageskarte Klettern 9 €, 15–18 Jahre 6,50 €, 6–14 Jahre 5 €, Bouldern 6,50/5/5 €.

Schwimmbad – **Arlberg-Well:** Hannes-Schneider-Weg 11, Tel. 05446 40 01, www.arlberg-well.com, Juni–Sept. 9–21 Uhr, 7,50 €, Kinder 4 €, mit Sauna 15 €, im Winter abweichende Zeiten, teurer.

Wandern – Von der **Bergstation der Kapallbahn** (s. u.) führt ein schöner **Höhenweg** in einer Halbtagestour über die Leutkircher Hütte und die Putzenalpe (s. S. 222) zurück in den Ort. Gegenüber auf der anderen Talseite ist der **Rendl-Lift** eine Aufstiegshilfe zum **Alpenrosenweg**, einer Wanderung, die im Juni/Juli zur ›Almrausch‹-Blütezeit besonders schön ist.

Infos & Termine

Tourismusbüro St. Anton: Dorfstr. 8, 05446 226 90, www.stantonamarl berg.com, Mo–Fr 8–18, Sa 9–18, So 9–12, 14–17 Uhr.

Gästekarten: St. Anton-Sommerkarte (www.sommerkarte.at), kostenlos bei Übernachtung. Unbeschränkte Benutzung aller Busse zwischen Landeck und St. Christoph, viele Inklusivleistungen wie Museum, Schwimmbad, Bergbahnen und Touren, jeweils einmal oder einen Tag. Mit der **Premium-Karte** (3, 5 oder 7 Tage, 55–77 €) unbegrenzte Nutzung der Einrichtungen.

Termine

Kulinarik und Kunst: Aug./Sept., www.kulinarikkunst.org. Gourmetfest mit Sterneköchen und Konzerten.
Filmfest: Ende Aug., www.filmfeststanton.at. Bergfilme mit Stars der Outdoor-Szene.
Mountain Yoga Festival: Anf. Sept., www.mountainyogafestivalstanton. at. Yoga in grandioser Natur.

Verkehr

Bergbahnen: Tel. 05446 23 52, www. abbag.com, ca. Juli–Sept. 8.30–16 Uhr je nach Bahn, Berg- und Talfahrt St. Anton–Gampen 17 €, 7–18 Jahre 10 €, weiter bis Kapall 25/19 €, St. Anton–Vallugagipfel 28/14 €, St. Anton–Rendl Berg- und Talfahrt 17/8,50 €.

Osttirol

Highlights!

Lienz: Die Bezirkshauptstadt Osttirols ist kulturelles und wirtschaftliches Zentrum. Und mit den Lienzer Dolomiten und dem Nationalpark Hohe Tauern sind die Berge quasi vor der Haustür. S. 264

Ausflug ins Gschlösstal: Bei Innergschlöss bildet das Gschlösstal einen der schönsten Talschlüsse Tirols. S. 279

Auf Entdeckungstour

Aguntum – eine Römerstadt in Tirol: In der einzigen Römerstadt Tirols dauern die Ausgrabungen noch an. Viel Spannendes ist zu entdecken. S. 275

Wallfahrtskirche Maria Schnee: Die üppig mit bunten Fresken ausgeschmückte spätgotische Wallfahrtskirche im Virgental ist eine der schönsten Tirols. S. 286

Kultur & Sehenswertes

Museum Schloss Bruck: Schloss Bruck in Lienz birgt die weltweit größte Sammlung von Gemälden des österreichischen Malers Albin Egger-Lienz. S. 268

Zu Fuß & mit dem Rad

Drauradweg: Mit dem Fahrrad von Italien nach Österreich, immer bergab entlang der Drau. S. 272

Auf dem Gletscherschaupfad zur Gletscherzunge: Von der Almsiedlung Innergschlöss führt eine Rundtour direkt bis an die Gletscherzunge des Großvenedigers. S. 279

Genießen & Atmosphäre

Pichler's Schokoladenwelt: Egal um was es geht – die Antwort ist Schokolade, am besten handgeschöpft im Café von Pichler in Sillian. S. 272

Abends & Nachts

Krampusläufe: Anfang Dezember finden in Lienz und anderen Orten in Osttirol die schaurig-schönen Krampusläufe statt. S. 58, 271

Geheimtipp hinter den Bergen

Osttirol, durch die Abspaltung Südtirols nach dem Ersten Weltkrieg geografisch vom übrigen Bundesland Tirol getrennt, wird leicht vergessen – selbst von den anderen Tirolern oder auf der Wetterkarte! Die Gebirgstäler auf der Südseite der Alpen erreicht man über Südtirol oder Kärnten, oder von Kitzbühel aus durch den Felbertauerntunnel. Hinter dem Tunnel öffnet sich eine verwunschen wirkende Landschaft, in der die Häuser aus Holz sind und die Kühe Namen haben.

Ein großer Teil Osttirols gehört zum Nationalpark Hohe Tauern, dem größten Nationalpark Österreichs. Neben dem Großglockner, mit 3798 m der höchste Berg des Landes, finden sich hier weitere 265 Dreitausender. Die Wahrscheinlichkeit, Gämsen, Steinböcke und Adler zu sehen, ist relativ hoch und die Wandermöglichkeiten sind zahlreich. In Osttirol geht es gemütlicher zu, es gibt keine künstlichen Touristenattraktionen und nur wenig Angebote von Adrenalinsportarten – genau das Richtige für alle, die im Urlaub Entschleunigung suchen und denen die Berge eigentlich genug Action sind. Und mit Italien gleich in der Nachbarschaft ist nicht nur das Klima mediterraner, sondern auch die Küche eine wunderbare Mischung aus Österreichischem und Italienischem.

Lienz! ▶ Karte 2, P 9

Lienz, an der Mündung der Isel in die Drau, ist heute Bezirkshauptstadt und das wirtschaftliche, soziale und vor allem kulturelle Zentrum Osttirols. Touristisch durchaus erschlossen, bleibt es aber eine geruhsame Kleinstadt.

Infobox

Infos

Osttirol Information: Mühlgasse 11, Lienz, Tel. 050 21 22 12, www.osttirol. com. Viele Infos auf der Website.
Nationalpark Hohe Tauern: www.hohe tauern.com, Tel. 04875 511 20 (am besten informiert man sich vor Ort oder telefonisch).

Anreise und Weiterkommen

Über Kärnten oder von Südtirol aus per Bus oder Bahn oder von Kitzbühel aus durch den Felbertauerntunnel. Osttirol ist nicht besonders gut mit öffentlichen Verkehrsmitteln zu bereisen (teils sehr seltene oder ungünstige Verbindungen). Neben Postbussen gibt es Wanderbusse und Wandertaxis mit Festpreisen zu beliebten Startpunkten. Die Busse sind relativ teuer und die Gästekarte deckt nur wenige ab.

Gästekarten

Osttirol's Glockner-Dolomiten Card: Anf. Juni–Mitte/Ende Sept., Drei- (38 €, 6–14 Jahre 17,50 €) oder Sieben-Tage-Karte (49,50 €/25 €). Neun Bergbahnen, sechs Schwimmbäder und weitere Natur- & Kulturangebote sind inkludiert.
Gästekarte Hochpustertal: Kostenlos bei einer Übernachtung in der Ferienregion (Gratisbenutzung des öffentlichen Nahverkehrs, außer Bus 4420 und Bahn; geringe Eintrittsermäßigungen).

Geschichte

Erste Siedlungsspuren in der Umgebung von Lienz (i und e werden einzeln ausgesprochen, eher wie Ljänz) stammen aus der Bronzezeit, doch erst mit den Römern entstand eine richtige Stadt im Talboden: Aguntum (s. Entdeckungstour S. 275). Im Mittelalter wurde Lienz Sitz der Grafen von Lurngau, die erst im Stadtteil Patriasdorf siedelten und im 11. Jh. am heutigen Hauptplatz eine kleine Befestigung anlegten. Die Grafen stiegen zu regionalen Machthabern auf und waren etwa ab 1200 als Görzer Grafen durchaus einflussreich. 1242 wurde Lienz als Lüenz erstmals urkundlich erwähnt und die Grafen bauten mit Schloss Bruck eine Ritterburg über der Stadt. Der letzte Görzer Graf, Leonhard, starb 1500 ohne Erben und die zwischenzeitlich schon wieder geschrumpften Görzer Besitztümer fielen per Erbvertrag an den Habsburger Kaiser Maximilian I., der sie aber schon 1501 an die Freiherren von Wolkenstein-Rodenegg weiterverkaufte.

Lienz profitierte enorm vom Tiroler Bergbau. Christoph von Wolkenstein-Rodenegg gründete hier 1564 eine bedeutende Messinghütte. Im Jahr 1609 fiel die Stadt dann einschließlich der Liebburg, dem gerade erst gebauten repräsentativen Stadtschloss, einem Brand zum Opfer. Das Schloss wurde zwar wieder aufgebaut, aber weder Lienz noch die Wolkenstein-Rodeneggs erholten sich wirtschaftlich von den Schäden. Im 18. Jh. war Lienz nur mehr ein unbedeutendes Provinzstädtchen. Aufschwung brachte erst wieder der Bau der Südbahnstrecke von Wien nach Südtirol 1870.

Gegen Ende des Zweiten Weltkriegs wurde Lienz von amerikanischen Flugzeugen bombardiert. Das fatalste Kriegsereignis fand aber erst nach Kriegsende statt. Im Mai 1945 flüchteten sich etwa 25 000 russische Kosaken ins Drautal: Militäreinheiten mit ihren Familien und Hausstand. Die Kosaken hatten als erklärte Gegner der sowjetischen Regierung auf der Seite der deutschen Wehrmacht gekämpft und wollten deshalb nicht den vordringenden sowjetischen Truppen in die Hände fallen, sondern suchten im britisch besetzten Drautal Zuflucht. Die britischen Truppen lieferten sie jedoch an die Sowjetunion aus. Viele verängstigte Kosaken entzogen sich der Deportation durch Selbstmord bzw. Erschießen der eigenen Familie; nur wenige konnten fliehen.

Stadtrundgang

Hauptplatz

Die **Liebburg** **1**, der 1608 errichtete Sitz der Freiherren von Wolkenstein-Rodenegg, dominiert den Hauptplatz. Ihre repräsentativen seitlichen Türmchen wurden allerdings erst nach dem Brand von 1609 angebaut. Nach dem Untergang der Wolkenstein-Rodeneggs war die Burg zeitweilig Sitz der Tiroler Schützen und ist seit 1942 im Besitz der Stadtverwaltung, heute als **Rathaus** von Lienz.

Die Platzanlage stammt aus dem Mittelalter – die Burg des 11. Jh. stand in der Nordwestecke, wo mindestens seit 1609 ein Hotel ist – aktuell das **Altstadthotel Eck** **2** (Hauptplatz 20). Das prächtige Eckhaus am entgegengesetzten Ende des Platzes, in dem sich heute die **Post** **3** befindet, wurde 1908–10 als Luxushotel errichtet. Dort übernachtete bereits Thomas Edison, der Erfinder der Glühbirne. Sehenswert sind am Hauptplatz auch das moderne Gebäude der **Hypo Tirol Bank** **4** (Hauptplatz 4) des aus Lienz stammenden Architekten Raimund Abraham und die kleine

Antonius-Kirche 5. Sie wurde erst im 17. Jh. zur Kirche umgebaut – vorher war das Gebäude ein Fronkasten, in dem Eisenerz als Fron, also als Steuer, gesammelt wurde. Auffällig sind die drei Altäre, die alle aus der Zeit um 1700 stammen. Nach 1946 diente die Kirche auch als orthodoxe Kirche für die überlebenden und in Lienz verbliebenen Kosaken (s. S. 265).

Über die Isel

Von hier führt die Kärntner Straße vorbei an der barockisierten **Spitals-kirche** 6 aus dem 13. Jh. via **Spitalsbrücke** über die Isel. Jenseits der Isel lohnt ein Blick auf den ältesten **Bildstock Tirols**. Er steht im **Garten des ehemaligen Siechenhauses** 7 (Kärntner Str. 39) und ist durch einen kleinen Durchgang in der Hecke zugänglich. Ähnlich wie Wegekreuze wurden diese religiösen Denkmale als Votivgaben, Ermahnung zum Gebet am Wegesrand und manchmal auch

zur Erinnerung an einen Verstorbenen aufgestellt. In Tirol sind es oft Säulen, die nach oben quadratisch vorspringen, sodass auf jeder der vier Seiten eine fromme Malerei Platz hat.

Über die Beda-Weber-Gasse nach Westen erreicht man die kunstvoll restaurierte **Kirche St. Michael** 8. Wie die Spitalkirche entstand sie im 13. Jh. im romanischen Stil. Im 15./16. Jh. wurde sie gotisiert – aus dieser Zeit geblieben sind schöne Fresken und ein wunderbar ausgemaltes gotisches Kreuzrippengewölbe. Der Hochaltar und viele andere Skulpturen stammen hingegen aus der Barockzeit.

St. Andrä und das Bezirkskriegerdenkmal 9

Pfarrgasse/Patriasdorfer Str.

Noch etwas weiter westlich steht die Lienzer **Hauptpfarrkirche St. Andrä.** Ihre Ursprünge liegen wohl schon in frühchristlicher Zeit. 1204 wurde jedenfalls eine Kirche geweiht, von der noch zwei

Lienz

romanische **Löwen** als Säulenbasen im Eingangsbereich zu sehen sind – die neuen Architekturstile kamen hier in den Bergtälern etwas verspätet an.

Das gotische **Kirchenschiff** entstand erst ab 1430 und der Turm 1907. Ähnlich gleichberechtigt stehen auch Dekorelemente aus verschiedenen Jahrhunderten nebeneinander. Die schweren bronzenen **Eingangstüren** stammen von dem Osttiroler Künstler Jos Pirkner (geb. 1927). Im Kirchenschiff sind aus dem 15. Jh. schöne **Fresken** und bemalte **Schlusssteine** des Rippengewölbes erhalten. Ungewöhnlich ist der **Altar im rechten Seitenschiff** aus Stuckmarmor aus dem 18. Jh., auf dem Maria, Johannes und Maria Magdalena recht untypisch von Moses und Aaron (mit Räucherfass) flankiert werden. Dem Christus am Kreuz darüber fehlen die zwei Schwurfinger – sie sollen beim Meineid eines Angeklagten abgefallen sein, als das Kreuz noch in einer Richterstube hing.

Zwei **Hochgräber** in der Nähe des Eingangs links und rechts jeweils unterhalb der Treppe zur Empore zeugen von der politischen Bedeutung der Pfarrkirche: Auf der linken Seite befindet sich das Grab des letzten Görzer Grafen Leonhard, der 1500 kinderlos verstarb; sein Nachfolger Michael Freiherr von Wolkenstein-Rodenegg ruht mit seiner Frau Barbara von Thun auf der rechten Seite.

Nördlich der Kirche, an der Nordseite des alten Friedhofs, wurde 1924/25 das **Bezirkskriegerdenkmal** (Kriegergedächtniskapelle) zur Erinnerung an die Gefallenen des Ersten Weltkriegs errichtet, eine Zusammenarbeit des Architekten Clemens Holzmeister mit dem damals schon sehr bekannten Maler **Albin Egger-Lienz** (s. S. 268). Dessen vierteiliger Gemäldezyklus war nicht nur bei den Lienzern umstritten (weil der auferstehende Christus darauf nicht gerade glorreich aussah), sondern bescherte der Gedenkkapelle sogar die Verhängung eines Messeverbots durch den Vatikan, das erst 1983 unwirksam wurde. Egger-Lienz selbst ist auf eigenen Wunsch in der Kapelle beigesetzt.

Zurück ins Stadtzentrum

Die **Pfarrbrücke** führt wieder über den Fluss und zum Anfang der **Schweizergasse** mit der historischen **Rieplerschmiede** 10. In dieser Huf- und Nagelschmiede aus dem 16. Jh. finden

im Sommer wöchentlich Schmiedevor-
führungen statt, mit Erzählungen aus
vergangenen Zeiten (Infos im Tourismusbüro). In der Nähe steht ein **Denkmal für den Tiroler Freiheitskampf** 11.
Ein Abstecher von der Schweizergasse
Richtung Fluss führt zum (wiederer-
richteten) **Iselturm** 12. Hier verläuft
entlang des Rechten Iselwegs auch
ein Stück der nur in Teilen erhaltenen
Stadtmauer von Lienz.

Über den Egger-Lienz-Platz ist
es nicht mehr weit bis zu **Franzis-
kanerkirche** und **-kloster** 13, in der
Muchargasse. Die Anlage geht auf das
14./15. Jh. zurück und weist noch gotische Fresken und ein schönes Kreuz-
gewölbe auf, auch das sogenannte
Feldnerkreuz ist sehenswert.

Rund um den Johannesplatz

Nur die an ihrer Statt errichtete **Ma-
riensäule** 14 erinnert an die Johanneskirche, die 1798 einem Brand zum
Opfer fiel.

Vom Johannesplatz zweigt im Osten
die **Rosengasse** ab, die schon immer ein
Handelszentrum war und inzwischen
Fußgängerzone ist. Sie führt direkt in
die **Messinggasse,** wo Mitte des 16. Jh.
die Messinghütte gegründet wurde, die
allerdings keine 50 Jahre Bestand hatte.
Ab dem 18. Jh. war die Gasse ein lebhaf-
tes Handwerkerviertel und heute findet
hier freitags und samstags der **Stadtmarkt** 1 (s. S. 270) statt.

Museum Schloss Bruck 15

*Schlossberg 1, 04852 625 80 83, www.
museum-schlossbruck.at, Mitte Mai–
Juni Di–So 10–17, Juli/Aug. tgl. 10–18,
Sept./Okt. Di–So 10–16 Uhr, 8,50 €, bis
18 Jahre 2,50 €*
Die wuchtige Burg oberhalb der Stadt
wurde noch im Mittelalter von den
Grafen von Görz gebaut, die für ihre
nördlichen Gebiete einen solide be-
festigten Verwaltungssitz brauchten.

Mit der Herrschaft über die Stadt
wechselte auch die Burg ihren Besitzer – sie fiel kurzfristig an Kaiser Maximilian I., wurde an die Freiherren von
Wolkenstein-Rodenegg und später an
das Haller Damenstift (s. S. 149) verkauft. Ab dem 19. Jh. wurde sie privat
genutzt – u. a. als Brauerei, als Gast-
wirtschaft und Pensionsbetrieb. Erst
1942 kaufte die Stadt Lienz die Burg,
bereits explizit als Ausstellungsraum.

Seit den 1950er-Jahren sind im Museum Schloss Bruck die Bilder des aus
der Stadt stammenden Malers **Albin Egger-Lienz** zu sehen. Eine große Zahl seiner zum Teil sehr großformatigen Bilder
befand sich im Besitz des 1906 gegrün-
deten Museumsvereins und sollte endlich angemessen ausgestellt werden.
Egger-Lienz (1868–1926) war schon als
Kind durch seine zeichnerische Bega-
bung aufgefallen und gefördert worden, hatte in München studiert, war
zeitweise Mitglied der Wiener Seces-
sion, dann Professor in Weimar, wo er
dem Expressionismus nahestand. Als
der wohl bekannteste Osttiroler Künstler ist er zwar in Südtirol und mit italienischer Staatsangehörigkeit verstorben,
aber in seiner Heimatstadt Lienz begra-
ben. Die Sammlung im Schloss Bruck ist
die umfangreichste seiner Bilder.

Sehr sehenswert sind auch der **Rittersaal** mit Originalholzdecke und
die alte **Burgkapelle** mit Empore und
gotischen Fresken von Simon von Taisten, von dem auch die wunderbaren
Fresken in Maria Schnee im Defereggental stammen (s. Entdeckungstour
S. 286). Zu den 14 Nothelfern ließ
der Auftraggeber, Graf Leonhard von
Görz, seinen persönlichen Bedürfnis-
sen entsprechend noch ein paar zusätzliche Heilige gesellen – wie etwa
die hl. Ottilie gegen Augenleiden.

In weiteren Räumen sind **Sonderausstellungen** untergebracht, darunter
immer eine mit Bezug zur Lienzer Ge-

Nicht nur wenn Markttag ist, findet sich in der Messinggasse etwas fürs leibliche Wohl

genwartskunst. Für Kinder gibt es ein **Spielzimmer** und im **Saisonprogramm** zahlreiche Angebote wie Workshops oder Übernachtungen in der Burg.

Osttirodler **1**

Moosalm, Schlossberg, Start: Schlossbergbahn, Iseltalerstr. 27, Tel. 04852 621 14 11, www.lienzer-berg bahnen.at, Mai/Juni Do–So 10–17, Aug.–Mitte Sept. tgl. 9–17 (Osttirodler ab 10 Uhr), Mitte Sept.–Mitte Okt. Fr–So 10–17 Uhr, Wintersaison Weihnachten–ca. Mitte März; Einzelfahrt Bergbahn 9 €, Kombi Bergbahn/Osttirodler 11,50 €, Ermäßigung für Kinder
Die (auch im Winter geöffnete) Sommerrodelbahn Osttirodler beginnt an der Mittelstation der Schlossbergbahn (Moosalm) und gehört mit 2,7 km nicht nur zu den längsten Tirols, sondern ist auch eine der abwechslungsreichsten: Scharfe Kurven und Tem-

postrecken wechseln sich mit sanft geschwungenen Passagen durch den Wald ab und am Schluss fährt man ein paar Kreisel und Kehren.

Wer nicht nur schnell runterfahren will, findet an der **Moosalm** (Schlossberg 24, Tel. 04852 638 37, www.moos alm.info) auch ein **Restaurant** (geöffnet während der Liftzeiten), einen **Waldspielplatz** (gratis) und einen **Hochseilklettergarten** (www.kletter park-lienz.at, Mai–Sept. tgl. 10–17 Uhr, ab 16 Jahre 20 €, 6–15 Jahre 16 €, Kidspark 2–5 Jahre 10 €) mit zahlreichen Parcours-Optionen von leicht bis schwer.

Übernachten

Verwöhnt – **Hotel Traube 1** : Hauptplatz 14, Tel. 04852 644 44, www. hoteltraube.at, DZ/ÜF ab 146 € (Hochsaison ab 172 €). Das gemütliche Hotel im Zentrum ist seit 1860 in Familienbesitz: Große Zimmer, eher traditionelle Einrichtung, gutes gesundes

Frühstück mit üppiger Auswahl an Tiroler Süßspeisen und ein Panoramablick vom Schwimmbad im Wellnessbereich unter dem Dach.

Traditionsreich – **Goldener Fisch** `2` : Kärntner Str. 9, Tel. 04852 62 132, www.goldener-fisch.at, DZ/ÜF ab ca. 110 €. Den Fischwirt zwischen Bahnhof und Altstadt gibt es seit dem 15. Jh. Die 30 Zimmer sind hell und zweckmäßig, das angeschlossene Restaurant bietet Hausmannskost und Tiroler Klassiker. Insgesamt ein sehr gutes Preis-Leistungs-Verhältnis.

Grüner Innenhof – **Goldener Stern** `3` : Schweizergasse 40, Tel. 04852 62 192, www.goldener-stern-lienz.at, DZ/ÜF ab 84 €. Tiroler Traditionsgasthof mit nur fünf Zimmern, direkt an der Isel gelegen. Ein schöner begrünter Innenhof lädt zum Entspannen ein.

Camping – **Camping Falken** `4` : Falkenweg 7, Tel. 04852 640 22, www.camping-falken.com. Gerade noch in Laufentfernung zur Innenstadt, mit Aufenthaltsraum, Laden, Elektroautovermietung und schattiger Zeltwiese.

Essen & Trinken

Tirolerisch-italienisch – **La Taverna** `1` : Südtiroler Platz, Tel. 04852 644 44 77, Di–So 11–14, 18–23 Uhr. Deftige Tiroler, Südtiroler und italienische Küche von Pizza und Pasta über Spinatknödel bis hin zu leichten Salaten gibt es im Restaurant des Hotels Traube (nahe Hintereingang des Hotels). Oft voll, daher mit mehreren Personen besser reservieren. Hauptgerichte 10–15 €.

Prämierte Pizza – **Pizzeria da Leonardo** `2` : Tiroler Str. 30, Tel. 04852 699 44, www.daleonardo.at, tgl. 11–23 Uhr. Die beliebte Pizzeria von zwei italienischen Brüdern gewann schon Preise bei internationalen Wettbewerben – u. a. für eine Pizza mit echten Blüten, die es nur auf Vorbestellung

gibt. Als wir da waren, fanden wir unsere Pizzen allerdings mittelmäßig und zu käsig. Pizza ab 6,50 €.

Süße Sünden – **City Café Glanzl** `3` : Hauptplatz 13, Tel. 04852 620 73, www.konditorei-glanzl.at, tgl. 8–19 Uhr. Mehlspeisen, Kuchen, Torten, Pralinen und handgeschöpfte Schokoladen – im City Café schmeckt eigentlich alles richtig gut. Eine Eigenkreation ist die City-Torte: Nuss-Schoko-Sahne.

Zeitreise – **Milchtrinkstube Pichler** `4` : Messinggasse 9, Tel. 04852 623 65, Mo–Fr 6–13, 14–18.30, Sa 6–13 Uhr. Echter Tante-Emma-Laden mit Milch und Käse natürlich, Knödeln und Schlipfkrapfen. Ausschank in der Stube – neben Milch gibt's auch Wein und belegte Brötchen oder Kaffee und Kuchen.

Einkaufen

Lienz ist die Einkaufsstadt für die gesamte Region und entsprechend groß ist das Angebot. In der Altstadt vom Hauptplatz bis zur Messinggasse findet man neben den gängigen Ketten viele einheimische Einzelhandelsgeschäfte, von Trachtenkleidung bis Eisenwaren.

Wochenmarkt – **Stadtmarkt** `1` : Messinggasse, Fr 13–18.30, Sa 8.30–12.30 Uhr. Frische Produkte aus der Region.

Outdoor-Ausrüstung – **Gassler Bergsport** `2` : Kreuzgasse 6, Tel. 04852 620 50, www.gassler.at, Mo–Fr 9–12.30, 14–18, Sa 9–12.30 Uhr, Juli/Aug. durchgehend. Relativ kleiner Laden mit dennoch solider Auswahl an Bekleidung und Ausrüstung fürs Wandern, Klettern und Klettersteige, Wintersport und sogar ein bisschen Camping.

Keramik – **Donnerton Keramik** `3` : Schweizergasse 8, www.facebook.com/donnerton, Mo–Fr 9.30–12, 15–18, Sa 10–12 Uhr. In der Straße, in der Albin Egger-Lienz aufwuchs, findet man heute Kunst, Antiquitäten und eben dieses Keramikatelier von Johanna Wibmer.

Schnaps und Wein – **Schwarzer Edelbrände** 4 : Rosengasse 2, Tel. 04852 62 602, www.brennereischwarzer.com, geöffnet n. V. In dritter Generation wird hier gebrannt. Es gibt Edelbrände und Spirituosen aus eigener Herstellung sowie ausgesuchte österreichische Weine.

Aktiv

Ganzjahresrodelbahn – **Osttirodler** 1 : s. S. 269.

Fahrradverleih – **Papin** 2 : Bahnhofsgelände Lienz, 0720 44 55 66, www. papin.it, Sommer tgl. 8–18 Uhr. Großer italienischer Anbieter mit Verleihstationen an zahlreichen Bahnhöfen des Drauradwegs. Auch Rückgabe an einer anderen Station möglich (5 € Aufpreis). Citybike oder MTB/Tag je nach Saison 16–20 €.

Strandbad – **Tristacher See** 3 : knapp 5 km von Lienz, Anfahrt über Tristach (Parkplatz gebührenpflichtig) oder im Sommer mit dem kostenlosen Bäderbus ab Bahnhof Lienz. Der Naturbadesee lockt mit kristallklarem Wasser, Strandbad, Beachvolleyballplatz und Sommerwassertemperaturen von bis zu 24 °C.

Adrenalin – **Club Aktiv Osttirol** 4 : Ainet 143, 8 km nordwestl. von Lienz, Tel. 0676 556 60 19, www.osttirolrafting. at. Der Club Aktiv organisiert Rafting, Kajakfahren und Canyoning in Osttirol.

Abends & Nachts

Die größte Auswahl an Kneipen findet sich in der Altstadt in der Gegend um Ambacher Straße und Zwergergasse.

Brauerei – **Haidenhof Bräukeller** 1 : Wildauers Haidenhof, Grafendorfer Str. 12, Tel. 04852 624 40, www.wil dauers.tirol, tgl. 16–24 Uhr. Im Gewölbekeller aus dem 11. Jh. gibt es selbstgebrautes Bier und deftiges Tiroler Essen. Im Sommer auch im Biergarten mit Blick auf die Lienzer Dolomiten.

Infos & Termine

Infos

Tourismusbüro: Mühlgasse 11, 050 212 40 02, www.osttirol.com, Mo–Fr 8–18 (Juli/Aug. bis 19 Uhr), Sa 9–12, 16–18, Juni–Anf. Sept. auch So 9.30–12 Uhr.

Gästekarte: Osttirol's Glockner-Dolomiten Card, s. S. 264

Stadtführerin: Helga Musshauser, Tel. 0676 410 76 77, tourist-guide@gmx.at

Verkehr

S-Bahn: mindestens stdl. S-Bahn nach Kärnten und Südtirol

Bus: Busse in alle Täler Osttirols ab Bahnhof. Schnellbus durch den Felbertauerntunnel nach Kitzbühel etwa 6 x tgl., Fahrzeit 1 Std. 45 Min.

Termine

Krampuslauf: 5.–6. Dez. Das Krampustreiben (s. S. 58) beginnt um den 1. Dez., aber organisierte Umzüge finden am Nikolaustag und am Vorabend statt.

Weihnachtsmarkt: Im Advent. Der Lienzer Weihnachtsmarkt gehört zu den schönsten Tirols, klein, aber urig und mit gutem Traditionshandwerk und Krippenausstellung.

Hochpustertal und Lienzer Dolomiten

Anders als viele Täler trägt das Pustertal seinen Namen nicht nach dem Wasserlauf, der es durchfließt. Ob der Name aus dem Keltischen (vom Personennamen Busturus) oder dem Slawischen (*pust* = öde) stammt, darüber besteht Uneinigkeit. Das Südtiroler **Pustertal** (mit dem Fluss Rienz) geht über einen unauffälligen Sattel bei Toblach nach Osten ins Tal der Drau über und bildet die Ost-West-Verbindung zwischen Kärnten und Südtirol.

Der Teil des Tales, der in Osttirol liegt, wird als **Hochpustertal** bezeichnet. Auf der Südseite des Hochpustertals liegen die **Lienzer Dolomiten,** die nicht zu den eigentlichen Dolomiten gehören, aber, weil sie ähnlich schroff und malerisch aussehen, diese Bezeichnung tragen.

Die schönste Art, das Hochpustertal zu entdecken, ist wohl per Fahrrad auf dem Drauradweg (s. S. 272). Die wichtigsten Orte auf diesem Abschnitt der Drau sind neben Lienz selbst von dort nach Westen die kleineren Ortschaften Heinfels und Sillian sowie nach Osten Dölsach mit den Ausgrabungen der Römerstadt Aguntum (s. Entdeckungstour s. S. 275) und Nikolsdorf.

Auf dem Drauradweg von Toblach nach Lienz

www.drauradweg.com, Toblach (Südtirol, Italien)–Lienz (Osttirol, Österreich), ca. 55 km, halber bis ein Tag, es empfiehlt sich das Rad (weder E- noch Mountainbikes erforderlich) in Toblach zu leihen, gegen geringe Gebühr können Sie es in Lienz bis 18 Uhr zurückgeben (Fahrradmitnahme imZug nur begrenzt möglich), Fahrradverleih in Toblach und Lienz (s. S. 271) am Bahnhof, S-Bahn nach Toblach ca. stdl: www.oebb.at, Personalausweis/Reisepass nicht vergessen!

Die erste Etappe des Drauradwegs, der über 366 km vom süditalienischen Toblach bis nach Maribor in Slowenien führt, ist eine wunderbare leichte Tour und entsprechend beliebt, insbesondere bei italienischen Ausflüglern. Der Radweg führt fast durchgängig abseits von Autostraßen auf asphaltierten Wegen immer bergab durch schöne Landschaft entlang der Drau. Im Sommer sind sehr viele Radler unterwegs, u. U. kann es eine gute Idee sein, erst gegen Mittag loszufahren. Start der Radtour

ist in Südtirol am **Bahnhof von Toblach (Dobbiaco).**

Innichen (San Candido)

Nur 6 km sind es von dort bis **Innichen,** einem malerischen Ort am Rand der Dolomiten, dessen Gründung auf das 8. Jh. zurückgeht. Neben der romanischen **Stiftskirche** lohnt sich ein Abstecher in die **Fußgängerzone** für einen echt italienischen Espresso oder ein Eis, denn schon wenige Kilometer weiter ist die Grenze erreicht. Einkehrmöglichkeiten gibt es aber auch danach reichlich.

Sillian

Schon 4 km hinter der Grenze führt der Radweg durch **Sillian.** Zwar ist der Ort verkehrstechnisch recht bedeutend, da hier das Villgraten- und das Gailbachtal vom Hochpustertal abzweigen, im Vergleich zum Südtiroler Nachbarort Innichen hat Sillian jedoch Touristen nicht so viel zu bieten. Ein schöner Blick bietet sich von der am Hang gelegenen **Pfarrkirche Mariä Himmelfahrt.** Sie stammt aus dem Mittelalter, ist aber inzwischen überwiegend spätbarock ausgestaltet. Der Hauptgrund für einen Besuch in Sillian ist **Pichler's Schokoladenwelt** (Tel. 04842 62 55, www.pichler-sillian. at, tgl. 8–18 Uhr) am Hauptplatz. Die alteingesessene Bäckerei-Konditorei hat sich seit einigen Jahren mit handgeschöpften Schokoladen einen Namen gemacht. Wer hier im Café eine heiße Schokolade ordert, bekommt eine große Schokokugel zum Einrühren in die heiße Milch. Natürlich sind auch im zugehörigen Laden die guten Pichler-Schokoladen und Kuchen erhältlich.

Loacker Genusswelt in Heinfels

Panzendorf 196, Tel. 04842 606 00, www.loacker.com, tgl. 9–18, im Hoch-

Auf dem Drauradweg von Toblach nach Lienz

sommer bis 19.30 Uhr, Eintritt frei, Mitmach-Konditorei 7 €

3 km weiter ist **Heinfels** erreicht, wo mit der **Loacker Genusswelt** die nächste Versuchung lockt. Loacker produziert seit 1925 Waffeln mit Schokocreme und im Lauf der Zeit sind etliche weitere Varianten, etwa mit Vanille, Zitrone oder Kokos, hinzugekommen. In Heinfels befindet sich einer von drei Standorten der Firma (zwei weitere in Südtirol) und seit 2010 gibt es dort ein **Besucherzentrum** mit einer kleinen, aber recht informativen Ausstellung zur Firmengeschichte und zur Produktion. In der Mitmach-Konditorei kann man selbst gefüllte Waffeln herstellen. Angeschlossen sind ein großer Werksverkauf und ein Café.

Zum Aigner Badl in Abfaltersbach

Abfaltersbach 13, Tel. 0699 11 59 13 77, www.aigner-badl.at, Bad Ende Mai/Anf. Juni–Mitte/Ende Sept., 10–19 Uhr (Jausenstation im Sommer oft bis 21Uhr), Bad 17,50 €, Handtuch 1 €, Anmeldung und Terminabsprache bis zum Vortag möglich

Hinter Heinfels wird das Tal enger und steiler, es geht durch den Wald neben der inzwischen etwas kräftiger strömenden Drau. Nach gut der halben Strecke heißt es bei **Abfaltersbach** die Wegweiser beachten, denn die Abzweigung zum **Aigner Badl,** 23 km vor Lienz, ist schnell übersehen, das kleine hölzerne Bauernbad aber einen Besuch wert. Seit 1772 wird die Mineralheilquelle für Kurbäder genutzt. Damals wurde eigens ein ›Bauernbad‹ errichtet, ein traditionelles Holzhaus mit mehreren Baderäumen. In den authentisch erhaltenen Baderäumen stehen jeweils eine oder zwei Wannen aus Lärchenholz mit Deckel, außerdem bequeme hölzerne Liegen, auf denen man nach dem etwa 20-minütigen Bad ruhen soll, bis die Haut an der Luft getrocknet ist. Das auf 38 °C erwärmte Heilwasser enthält Calciumsulfat und soll gegen Hautkrankheiten, Rheuma, Ischias und Gelenkschmerzen helfen. Nach dem Bad sollte man keinen Sport mehr treiben (bzw. erst einmal ein wenig ausruhen). Angeschlossen ist eine **Jausenstation** (Jause um 5 €) mit schöner Terrasse.

Über die Galitzenklamm nach Lienz

Kurz vor Lienz passiert man noch den **Wassererlebnispark Galitzenklamm** (Tel. 0664 156 74 57, www.galitzen klamm.info, ca. Mitte Mai/Juni, Sept. 10–17, Juli–Aug. 9–18 Uhr, 5 €, 6–14 Jahre 4 €) mit Wasserschaupfad, Steinkugelmühle, mehreren Klettersteigen, Hochseilparcours und einem Wasserspielplatz.

Mit etwas Glück kann man danach Kajakfahrer beim **Kanuslalom** auf einer Übungsstrecke in der Drau beobachten. In **Lienz** angekommen, geht es – auf einem ausgewiesenen Radweg – zum Bahnhof.

Übernachten

Fahrradfreundlich – **Hotel Bergland:** Zentrum 93, Sillian, Tel. 04842 63 41, www.bergland.info, DZ/HP ab 130 €. Das Hotel Bergland ist Mitglied der Drauradwegwirte, die Zimmer sind hell, geräumig und allergikergeeignet.
Fernsehfrei – **Spiele- und Buchhotel Tschitscher:** Nikolsdorf 21, Tel. 04858 82 19, www.spielehotel.at, DZ/F ab 84 €. Das »Entschleunigungshotel« östlich von Lienz wirbt mit fernsehfreien Ferien in einer Art Nobel-Urlaubs-WG mit Service. Umfangreiche Bibliothek und große Auswahl an Spielen inklusive.

Unser Tipp

Die **Gin-Schokolade Roter Turm** aus der **Naturbrennerei Kuenz** (s. rechts) ist zwar nichts für Kinder, für Erwachsene aber ein echtes Schoko-Erlebnis. 53 % Kakaogehalt im Schokoladenanteil und satter Gingeschmack.

Einkaufen

Kalorien – gibt's in **Pichler's Schokoladenwelt** (s. S. 272, Sillian) und der Loacker Genusswelt (s. S. 272, Heinfels).
Prozente – **Naturbrennerei Kuenz:** Edelbrände und mehr in der (s. u.)
Regional – **Hochpustertaler Bauernladen:** Sillian 8, Tel. 0680 557 20 72, www. bauernladen.wordpress.com, Fr 14.30–18.30, Sa 9–12 Uhr. Frische Lebensmittel aus der Region (z. B. fertige Schlipfkrapfen) und Kunsthandwerk.

Infos

Tourismusbüro Sillian: Gemeindehaus 86, Tel. 050 212 300, hochpustertal@ osttirol.com, Mo–Fr 8.30–12, 14–18, Sa 8.30–12 Uhr.
Gästekarten: s. S. 264

Ausflug nach Aguntum und Dölsach ▶ 2, P 9

Gut verbinden lassen sich von Lienz aus ein Besuch der **Römerstadt Aguntum** (s. Entdeckungstour S. 275) und einer Brennerei in **Dölsach**.

Naturbrennerei Kuenz

Gödnach 2, Dölsach, Tel. 04852 64307, www.kuenz-schnaps.at, Hofladen Mo– Fr 9–18, Sa 9–13 Uhr (auch Stand auf dem Lienzer Stadtmarkt), Führung, Verkostung Mai–Okt. Do 16 Uhr, 7 € Die zwar kommerzielle, aber recht kleine Brennerei ist von eigenen Apfel-, Birnen- und Zwetschgenplantagen umgeben. Hausspezialität ist der **Pregler**, ein milder Edelbrand aus Äpfeln und Mostbirnen. Schön ist, dass man gute Chancen hat, beim Brennprozess zuzusehen. Die donnerstags angebotene Führung ist sehr informativ, der Laden bietet eine große Auswahl an Spirituosen, Marmeladen ▷ S. 278

Auf Entdeckungstour:
Aguntum – eine Römerstadt in Tirol

Aguntum erlebte Mitte des 1. Jh. unter Kaiser Claudius einen imposanten Aufschwung. Mit der Verleihung des Stadtrechts gingen damals der Bau einer Stadtmauer und unzähliger privater und öffentlicher Gebäude einher. Bei den jährlichen Ausgrabungen durch die Universität Innsbruck kommen immer wieder neue Gebäude, ja ganze Stadtteile ans Licht.

Reisekarte: ▶ Karte 2, P 9

Aguntum: Stribach 97, an der B 100, Dölsach, Tel. 04852 615 50, www. aguntum.info, Mai–Anf./Mitte Juni, Mitte Sept.–26. Okt. Mo–Sa 9.30–16, Anf./Mitte Juni–Mitte Sept. tgl. 9.30–16 Uhr, 7 €, Kinder ab 6 Jahre 4 €; Kombiticket Aguntum und Museum Schloss Bruck (s. S. 268) 11,50 €.

Essen & Trinken: Gegenüber dem Museum gibt es einen kleinen Imbiss, auf dem Freigelände mehrere Picknickplätze.

Anfahrt: Bus 5002 und 4404 ab Lienz Bahnhof bis Stribach-Aguntum, von dort ca. 10 Min. zu Fuß.

Hinweis: Fotografieren ist sowohl im Museum als auch im Freigelände überall ausdrücklich erlaubt!

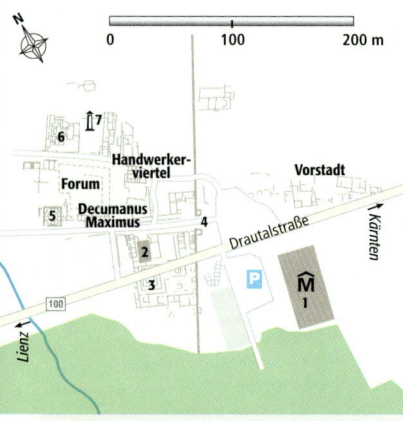

Export und Import in Noricum

Bei Aguntum verliefen wichtige Handelsstraßen und so war es nur logisch, dass die Stadt enorm vom Zugang zum römischen Handelsnetz profitierte. Aus der Provinz Noricum wurden – oft über Aguntum – vor allem **Metalle** wie Eisen und Kupfer exportiert, aber auch Silber und Gold. Von Nordafrika bis ins heutige England im gesamten Römischen Reich bekannt war das **Ferrum Noricum:** das harte Eisen aus dem heutigen Kärnten, aus dem die Waffen der römischen Legionen gefertigt wurden. Weitere Exportgüter waren **Bergkristalle,** mit denen sich reiche Patrizier in der Hitze des Sommers die Hände kühlten, **Holz, Vieh** und **Käse.** So finden sich im Museum auch ein Käsesieb und bronzene Viehglocken.

Importiert wurden u. a. **Wein, Olivenöl** und **Garum,** eine würzige Fischsauce, die in der römischen Küche allgegenwärtig war. Auch **Fisch** und frische **Austern** erreichten die Stadt, wie der Fund eines Austernlöffels beweist.

Die römische Siedlung Aguntum wurde erst im 1. Jh. unter Kaiser Claudius zu einem *municipium,* einer Stadt, erhoben. Es war auch dieser Herrscher, der die ganze keltische Region Noricum, die neben dem heutigen Tirol auch das Steiermark, Kärnten, Salzburg, Oberösterreich, Niederösterreich und einige Teile Bayerns umfasste, endgültig als Provinz in das Römische Reich eingliederte. Erste archäologische Grabungen fanden hier bereits ab 1912 durch die Universität Wien statt, seit 1991 durch die Universität Innsbruck.

Eintauchen in römische Zeiten

Der beste Startpunkt für einen Rundgang ist das **Museum (1)** – 1200 m² voller Exponate und Informationen. Gleich zu Beginn werden die Besucher mittels einer **filmischen Rekonstruktion** direkt hineinversetzt in das römische Aguntum. Im Zentrum des Ausstellungsbereichs steht ein großes **Marmorbecken,** das aus dem Atriumhaus hierher verbracht wurde. Um dieses Becken herum vermitteln unterschiedlichste Exponate einen Eindruck von Lebensweise und Kultur im alten Aguntum.

Hinein in die Römerstadt

Eine **Treppe** führt vom Parkplatz hinunter auf das 30 000 m² große **Freigelände.** Früher betrat man die Stadt über den Decumanus Maximus, die Ost-West-Achse römischer Städte.

Mediterraner Luxus in den Alpen

Das **Atriumhaus (2)** ist der größte bisher in Aguntum ausgegrabene Gebäudekomplex. Der vornehme Wohnsitz mit 6000 m² Grundfläche dürfte wegen seiner offenen, mediterranen Architektur für eine Alpenstadt eher ungewöhnlich gewesen sein. Sein Zentrum bildete ein **Atrium** (heute überdacht), das Repräsentationsräume sowie Wohn- und Schlafräume umgaben. Über zwei seitliche **Treppen** gelangte man in die symmetrische **Gartenanlage (3)** im Süden (heute unter der Bundesstraße). Kolonnadengänge begrenzten die Gartenanlage auf allen vier Seiten; das **marmorverkleidete Wasserbecken** aus der Mitte des Gartens ist heute im Museum ausgestellt. Ebenfalls gut zu erkennen sind im Südosten die Reste einer eigenen **Badeanlage.**

Das prächtige Anwesen hatte jedoch nicht lange Bestand und wurde geraume Zeit vor der Zerstörung der Stadt aufgegeben, wohl weil seine Architektur für die kühlen klimatischen Bedingungen nicht geeignet war.

Die Stadtmauer

Auch wenn Aguntum kein Militärstützpunkt, sondern eine Handelsstadt war, wurde es durch eine massive **Stadtmauer** geschützt: eine 7 m hohe zweischalige Konstruktion aus Backsteinen und Mörtel, deren Zwischenraum mit Erde und Steinen aufgefüllt war. Der Zugang zum inneren Stadtbereich erfolgte von Osten her auf dem **Decumanus Maximus** durch eine große **Toranlage (4)**: Eine Rekonstruktion aus Metallstangen deutet deren einstige Höhe an.

Die Markthalle

Folgt man der Hauptachse nun nach Westen, gelangt man zum aktuellen Grabungsgelände. Besonders interessant ist hier die erst vor einigen Jahren an der Südwestecke des **Forums** ausgegrabene Markthalle, das **Macellum (5)**. Seine runde Form war z. B. in Nordafrika durchaus üblich, im Alpenraum jedoch höchst ungewöhnlich.

Mehr als nur ein Bad

Im Nordwesten schließt sich ans Forum das auffälligste Gebäude an, die **Therme (6;** Abb. S. 275). Am besten lässt sie sich vom **Aussichtsturm (7)** überbli-

cken. Thermen dienten den Römern nicht nur zur Reinigung, sondern waren auch Mittelpunkt des sozialen Lebens: Wohl so manch wichtiger politischer Entscheidung gingen lebhafte Diskussionen in der entspannten Atmosphäre des Bades voraus.

Die erste Therme Aguntums (1. Jh.) wurde mit dem steigenden Wohlstand der Stadt bis ins 3. Jh. mehrmals umgebaut und erweitert. Die Badbesucher gelangten vom **Eingang** im Westen zunächst in die **Umkleideräume;** dann folgten **Frigidarium** (Kaltwasserraum), **Tepidarium** (ein lauwarmer Raum zur Entspannung, ohne Becken) und das **Caldarium** (Heißwasserraum). Wie im Atriumhaus fallen die wuchtigen Türschwellen aus Marmor auf. Sogar die Wände waren teils mit Marmor verkleidet, teils mit Wandmalereien verziert. Gut zu erkennen ist der **Heizraum** im Osten, von dem aus die **Fußbodenheizung** befeuert wurde. In Aguntum hatten übrigens wegen der Kälte auch viele Privathäuser eine solche Heizung.

Bei den Grabungen wurden im Bereich der Therme besonders viele **Alltagsgegenstände** gefunden – neben Waschschüsseln etwa Hautschaber, sogenannte Strigiles, und kleine Ohrlöffel, die zur Reinigung benutzt wurden, sowie Haarnadeln, Pinzetten und Spiegelfragmente. Vor allem Kleinteile verschwanden wohl auch damals schon gerne in den Abflussrohren.

Das Ende einer Stadt

Bereits ab Ende des 3. Jh. kam es immer wieder zu Germaneneinfällen, bei denen Teile der Stadt zerstört wurden. Den endgültigen Niedergang brachte eine Schlacht im Jahr 610. Damals gehörte Aguntum zum Reich der Bajuwaren, deren Heer die Slawen schlugen. Die Stadt wurde geplündert, zerstört und schließlich aufgegeben.

und einigen anderen regionalen Spezialitäten; s. auch Unser Tipp S. 274.

Matrei und Umgebung

Matrei in Osttirol

▶ Karte 2, O 7

Die 5000-Einwohner-Gemeinde Matrei am Fuß der Venedigergruppe liegt im Iseltal. Siedlungsspuren gibt es schon seit der Bronzezeit, ab dem Mittelalter ist ein Markt belegt. Bis ins 19. Jh. war die Landwirtschaft dominant, erst danach setzte verstärkt der Bergtourismus ein: Waren es anfangs Bergsteiger und Sommerfrischler, kamen schließlich auch die Skifahrer. Mit dem Bau des Felbertauerntunnels 1967 wurde Matrei an das Salzachtal und damit an den Rest Österreichs besser angebunden, sodass die Touristenzahlen weiter stiegen. Heute ist das Skigebiet Großglockner-Matrei das größte in Osttirol.

Doch auch Volkskundler wurden auf die Region und ihre ungewöhnlich unverfälscht tradierten Bräuche aufmerksam. Letztere hatten sich in diesem recht abgeschiedenen Winkel des Landes gehalten, zu ihnen zählt insbesondere die Tradition des **Klaubaufgehens** (s. auch Krampusläufe S. 58). Die hölzernen Larven, wie die Krampusmasken heißen, sobald sie benutzt worden sind, kann man rund ums Jahr im Klaubauf-Museum ansehen.

Klaubauf-Museum im Bäckenstodl

Ausstellungsraum im Laden Tiroler Schnitzereien, Hintermarkt 13, Mo–Fr 9–12, 15–18, Sa 9–12 Uhr, Eintritt frei, Spenden erbeten

Seit Sommer 2016 gibt es in Matrei das Klaubauf-Museum, in Privatinitiative von der Familie Oberschneider errichtet. Über 100 Larven beeindrucken im Ausstellungsraum ihres Geschäfts und vermitteln so das ganze Jahr über einen Eindruck von den hölzernen Masken (Larven), die beim Klaubaufgehen Verwendung finden.

Im Ortszentrum

Im Zentrum des Ortes steht die imposante **Pfarrkirche St. Alban** (Kirchplatz 1), von der nur der 68 m hohe Turm gotisch erhalten ist, der Innenraum ist spätbarock und klassizistisch mit lebhaften Deckenfresken ausgestaltet.

Gleich nebenan bietet das **Nationalparkhaus** (Kirchplatz 2, Tel. 04875 51 61 10, Juli–Sept. Mo–Sa 10–18 Uhr, Juni, Okt. kürzer, Eintritt frei) in der Ausstellung »Tauernwelten« Informationen zur Flora und Fauna, zur Geologie und zum Angebot des Nationalparks Hohe Tauern. Angeschlossen ist ein kleiner Shop, u. a. mit gutem Kartenmaterial.

St. Nikolauskirche

Weiler Ganz, Matrei

Die kulturhistorisch bedeutendste Sehenswürdigkeit von Matrei steht im Weiler Ganz auf der anderen Seite der Isel, etwas erhöht zwischen Wiesen und ein paar Bauernhöfen. Die **Nikolauskirche** wurde um 1200 an der Stelle eines älteren Kirchenbaus errichtet.

Österreichweit einzigartig ist der **Chor** mit gut erhaltenen romanischen Fresken – die frühesten stammen aus dem 13. Jh. Auffällig ist die Zweiteilung des Chores in ein unteres Stockwerk mit einem Altar für den Kirchenpatron St. Nikolaus und ein oberes Stockwerk, das über eine doppelte Freitreppe erreicht wird, mit einer Madonna. Die Fresken im unteren Geschoss sind etwas weniger gut erhalten, schön zu erkennen ist aber eine Darstellung des Sündenfalls in einem Deckenzwickel. Im Bogen zum oberen Stockwerk ist eine Engelsleiter zu sehen, oben in der Kuppel das himmlische Jerusalem, in dem Christus als Weltenrichter die Heiligen und Propheten segnet, die innerhalb der Stadtmauer stehen. Die athletisch wirkenden Männerfiguren in den Gewölbezwickeln stellen die vier Elemente Feuer, Wasser, Erde und Luft dar.

Langhaus und **Westfassade** der Nikolauskirche wurden später nochmals umgebaut. Im Langhaus ist vor allem das spätgotische Netzgewölbe sehenswert.

Ausflug ins Gschlösstal! ▶ Karte 2, N 6

Pkw oder Wanderbus (Bstieler Busreisen, Rauterplatz 1, Tel. 04875 65 01, www.bstieler.at, ab Matrei Mo–Sa 8.05, 9.43, 16.33, retour 8.30, 10.10, 17 Uhr, Fahrzeit 20 Min.), ab Matrei bis Matreier Tauernhaus (ca. 16 km) am Eingang des Tales (dort ab 2017 auch Schausennerei); die gesamte Runde bis zur Gletscherzunge und zurück lässt sich mit dem Wanderbus ab Matrei gut in einem Tag schaffen

Das Gschlösstal, das im hintersten Winkel Osttirols vor den Gletscher des Großvenedigers reicht, gilt als schönster Talschluss Österreichs. 2015 wurde es bei der ORF-Sendung »9 Schätze, 9 Plätze« zum schönsten Platz Tirols gewählt.

Vom Tauern- zum Venedigerhaus

Je Strecke 4,5 km, 200 Höhenmeter, zu Fuß ca. 1,5 Std., an schönen Wochenenden 9–16.30 Uhr auch per Pferdekutsche (bedarfsabhängig, Preis je nach Personenzahl) oder Wandertaxi (alle 30 Min., 5 €, Kinder 3 €/Strecke inkl. Gepäck), Einkehrmöglichkeiten: Tauern- und Venedigerhaus (s. S. 282)

Vom **Matreier Tauernhaus** geht es in sanfter Steigung weiter bis zum **Venedigerhaus** in Innergschlöss. 2 km dahinter endet das Tal recht abrupt und steile Hänge führen zum **Gletscher des Großvenedigers** hinauf, der bereits vom Tal aus zu sehen ist.

Auf dem Gletscherschaupfad zur Gletscherzunge

Venedigerhaus–Gletscherzunge–Venedigerhaus ca. 10 km, 650 Höhenmeter, Gehzeit 4–5 Std.; die Wanderung ist als Gletscherschaupfad ausgeschildert, sowohl im Nationalparkhaus (s. S. 278) als auch im Venedigerhaus ist eine Broschüre zu 28 Infopunkten erhältlich, Einkehrmöglichkeit nur im Venedigerhaus (s. S. 281)

Eine ungewöhnlich schöne, aber durchaus **anspruchsvolle Wanderung** führt links vom Gletscherbach steil hinauf, über Hochmoore und Wiesen bis zur **Gletscherzunge**. Das letzte Stück geht über farbig gemaserte Felsen, die vom Gletscher blank geschliffen wurden. Zunächst läuft man ein Stück in **Richtung Neue Prager Hütte** und dann geht es in einem Bogen wieder zurück ins Tal.

Übernachten

Stylish – **Outside:** Virgener Str. 3, Tel. 04875 52 00, www.hotel-outside.com, DZ ab 174 € mit Dreiviertelpension. Designerhotel, viel Zirben- und Lärchenholz, Lehmwände und Naturstein aus regionalen Steinbrüchen. Alles nachhaltig mit ökologischem Anspruch. Sehr gute vegetarische und vegane Küche.

Familienfreundlich – **AlpenParks Hotel Matrei:** Gereitstr. 2, Tel. 04875 510 20, www.alpenparks.at, DZ 60 €, DZ/ÜF 70 €. 400 m vom Ortszentrum entfernt, unterschiedliche Zimmerkategorien vom modern eingerichteten Einzel- oder Doppelzimmer bis zum Familienstudio.

Lieblingsort

Innergschlöss – abgeschieden am Venedigergletscher

▶ Karte 2, N 6

Weit hinten im Tal in einer der abgelegensten Gegenden der Alpen liegt die Almsiedlung Innergschlöss. Wandernd hat man schon eine Bergstufe bis zum Hochtal hinter sich gebracht, das sich hier weitet und hinter Weideflächen und Blumen den Blick auf den Gletscher freigibt. Dazu gibt es leckere Kuchen im Gasthof Venedigerhaus (s. S. 281) – perfekt.

Camping – **Edengarten:** Edenweg 15a, Tel. 04875 51 11, www.campingeden garten.at. Flacher Platz am Ortsrand in Laufentfernung zu einigen Supermärkten. Abends lange sonnig; dem Campingplatz angeschlossen ist ein kleines Restaurant mit Bar.

… im Gschlösstal
s. Essen & Trinken

Essen & Trinken

Vom eigenen Hof – **Gasthof Hinteregger:** Hintermarkt 4, Tel. 04875 65 87, www.hotelhinteregger.at, tgl. 11.30–14, 17.30–21 Uhr. Die Sanierung des Traditionsgasthofs mit vorgesetzter Glasfront entzückt Architekten, die Küche auch uns. Das Brot ist selbstgebacken, das Fleisch aus eigener Haltung und den Gemüsegarten kann man ein paar Straßen weiter inspizieren. Hauptgerichte 10–20 €.

Haubenitaliener – **Saluti:** Griesstr. 10, Tel. 04875 67 26, www.saluti-matrei. com, Mo–Sa 16–24, So ab 10 (Küche jeweils 17.30–22.30) Uhr. Die Pizzeria am Tennisplatz ist ein gut getarntes Feinschmeckerlokal, das neben feinen Menüs auch Pasta mit modernem Twist serviert. Auch vegetarisch. Pizza/Pasta 7–13 €, Hauptgerichte ca. 12–28 €, Menü ab 39 €.

Urig – **Alte Mühle:** Gereitstr. 4, Tel. 04875 510 20 10, www.altemühle.at, Di–So 10–23 Uhr. Traditionelles Tiroler Wirtshaus mit viel Holz und großer Terrasse. Von Pizza über Tiroler Küche bis zu Steaks, große Auswahl an Fassbier und offenen Weinen. Pizza 8,50–12,50 €, Hauptgerichte ca. 10–30 €.

Frisch vom Metzger – **Mühlstätter Imbiss:** Rauterplatz 7, Mo–Fr 7.30–18.30, Sa 7.30–16, Imbiss ab 11 Uhr. Seit über 115 Jahren produziert die Fleischhauerei Mühlstätter Wurst und Fleisch. Nicht nur zum Mitnehmen, sondern auch für den Mittagsimbiss. Hauptgerichte 7–9 €.

… im Gschlösstal
Stärkung vor oder nach der Tour – **Matreier Tauernhaus:** Tauer 22, Tel. 04875 88 11, www.matreier-tauernhaus.com, ganzjährig 11–22 Uhr, manchmal Mitte April–Mitte Mai, Mitte Okt.–Skisaison geschlossen. Osttiroler Küche mit Südtiroler Einschlag, Hauptgerichte 7–15 €. Übernachtung DZ/ÜF ab 60 €, Halbpension ab 90 €.

Stärkung mittendrin – **Venedigerhaus:** Hinterburg 27, Tel. 04875 88 20, 04875 67 71, www.venedigerhaus-in nergschloess.at, Mai–Okt. tagsüber bis in den Abend. Tiroler Alpenküche, Hauptgerichte 7–15 €. Auch Übernachtung möglich (DZ/ÜF 56 €, Lagerplatz/ÜF 22 €).

Einkaufen

Geschnitzt – **Tiroler Schnitzereien im Bäckenstodl:** s. Klaubauf-Museum S. 278. Krippenfiguren, Engel, Schüsseln und andere schöne Dinge aus Holz.

Holz modern – **Tischlerei Wolsegger:** Marstallweg 6, Tel. 0650 661 10 75, flexible Öffnungszeiten, vorher anrufen! Daniel Wolsegger schafft künstlerische Unikate aus Hölzern wie Zirbe, Esche oder Schwarznuss: Vasen, Schüsseln oder Stühle.

Dorfladen 2.0 – **Talmarkt:** Rauterplatz 4, Tel. 04875 420 14, www.talmarkt. at, Mo–Fr 9–12, 14.30–18, Sa 9–12 Uhr, Café außerdem Mo–Do bis 20, Fr/Sa bis 22 Uhr, So 14.30–20 Uhr. Der Matreier Bauernmarkt im Ortszentrum ist ein moderner heller Laden mit großer Auswahl an regionalen Produkten – im angeschlossenen Café zu kosten: Glocknerkugeln aus Ziegenkäse, Senf aus dem Defereggental (sehr lecker!) und in Schweineschmalz ausgebackene würzige Matreier Krapfen.

Aktiv

Rafting – **Adrenalin Outdoor Sport:**
Neumarktstr. 14 und 11 km südlich
in Unterpeischlach 16 bei Huben, Tel.
0650 370 76 02, www.adrenalin-out
door.at. Outdoor-Anbieter mit diversen Paketen für Rafting, Canyoning
und Klettern.

Infos

Tourismusbüro: Rauterplatz 1, Tel. 050
21 25 00, Mo–Fr 8-12, 14–18 Uhr, in der
Hochsaison auch einige Stunden am
Wochenende. Broschüren und marginale Auskünfte.
Gästekarten: s. S. 264
Bus: Die **Haupt-Bushaltestelle** ist am
Korberplatz beim Hotel Hohe Tauern.
Etwa stdl. nach Lienz und ins Virgental, ca. 6 x tgl. nach Kitzbühel. **Wanderbus ins Gschlösstal:** s. S. 279.

Virgental ▶ Karte 2, N 7

Von Matrei weiter flussaufwärts
gelangt man in das wesentlich engere, traditionsverbundene Virgental (sprich: Firgental), neben dem
Defereggental (s. S. 289) eine der
ländlichsten Gegenden im ohnehin
ländlichen Osttirol. Viele Häuser sind
aus Holz oder Natursteinen, die Berge
erheben sich schroff hinter den grünen Almwiesen, mittags schließen die
wenigen Geschäfte für eine Mittagspause und irgendwie wirkt alles recht
gemächlich. Am Talschluss, hinter dem
Ort **Ströden,** befinden sich die tosenden Umbalfälle, denn hier heißt die
Isel noch Umbalbach und kommt aus
dem Umbalgletscher.

In der Nähe, in **Hinterbichl,** beginnen auch die **Wanderwege zum
Großvenediger,** mit 3666 m einer der
höchsten Wanderberge der Alpen.

Neben **Prägraten** (gegen Talende)
ist der andere etwas größere Ort **Virgen.** Dort findet sich im **Tourismusbüro**
(s. S. 285) eine kleine **Ausstellung** zu
historischen Funden, Bräuchen und
Traditionen (Film zur Widderprozession; s. Entdeckungstour S. 286), aber
auch zu Energiesparmaßnahmen im
Tal. Oberhalb des Dorfes liegt malerisch die **Burgruine Rabenstein,** ein
tolles Fotomotiv, allerdings nicht zugänglich.

Für Kulturinteressierte ist die **Wallfahrtskirche Maria Schnee** (s. Entdeckungstour S. 286) mit ihren gotischen Fresken ein Must-See.

Wanderung zur Islitzer Alm und weiter zu den Umbalfällen

*Pkw oder mehrmals tgl. Bus 4412 (z. B.
ab Lienz oder Matrei) bis Wanderparkplatz Ströden am Ende des Virgentals*
Vom Parkplatz führt ein bequemer
breiter Wanderweg, meist ausgeschildert (Islitzer Alm) weiter ins Tal,
bis man nach ca. 30 Min. die **Pebellalm** (geschlossen) und den **Almgasthof Islitzer Alm** (Tel. 0664 975 97 90,
www.islitzeralm.at, je nach Witterung
Mai–Okt. Hauptgerichte ab 8 €) mit
deftigen Tiroler Spezialitäten erreicht.
Im Sommer kann die Strecke bis zur
Islitzer Alm auch per Pferdekutsche
zurückgelegt werden.

Hinter der Islitzer Alm beginnt der
Wasserschaupfad zu den als Naturdenkmal geschützten **Umbalfällen,**
ein steilerer, aber immer noch gut
ausgebauter Wanderweg mit **Infotafeln** zum Wasser, zur Geologie, Flora
und Fauna, angereichert mit philosophischen Sprüchen zum Wasser. Immer wieder bieten **Aussichtsplattformen** beeindruckende Blicke über den
hier schon ziemlich tosenden Fluss.
Weiter oben stürzt der Fluss in hohen felsigen Kaskaden herunter. Am
meisten Wasser führt der Umbalbach

bzw. die Isel während der Schnee-schmelze im Frühling und Sommer. Im Tagesverlauf dann eher ab dem Spätnachmittag, wenn die Sonne ihr Werk getan und das Schmelzwasser den Weg zu den Fällen und weiter ins Tal zurückgelegt hat.

Nach etwa 1 km und 100 Höhen-metern wird der Weg ab einem gro-ßen Felsen im Bach wieder etwas ebener, hier kann man umkehren oder noch etwa 4 km (500 Höhenme-ter) weitergehen zur **Clarahütte** auf 2038 m.

Übernachten, Essen

… in Prägraten

Urig – **Gästehaus Post:** St. Andrä 4, Tel. 04877 63 36, www.gaestehaus-post.at, DZ/ÜF ab 64 €. Natursteinhaus im Zentrum mit sehr gutem, üppigem Frühstücksbüfett. Für Wanderer ist besonders gesorgt mit geführten Wanderungen, Kartenmaterial und auf Wunsch einem Frühaufsteher-Frühstück.

Unser Tipp

… für Busnutzer: Statt von den Umbalfällen zur Clarahütte oder direkt über die Islitzer Alm zurück zum Wanderparkplatz zu gehen, lohnt sich folgende Alternative: Vor dem Parkplatz können Sie aufs rechte Iselufer wechseln und dort bis Hinterbichl (ca. 4 m) oder noch weitere 3 km bis Maria Schnee (s. Entdeckungstour s. S. 286) gehen. Dieser Weg führt noch an weiteren schönen Wasserfällen vorbei. Von Hinterbichl oder Maria Schnee fährt die Buslinie 4412 zurück Richtung Matrei bzw. Lienz.

Frisch gepflückt – **Gasthaus Großvenediger:** St. Andrä 3, Tel. 04877 52 05, www.gasthaus-grossvenediger.at, tgl. 11.30–21 Uhr. Familie Steiner hat einen eigenen Kräutergarten, geheime Schwammerlplätze in den Bergen und die richtigen Weinlieferanten. Aufgetischt werden vor allem Osttiroler Spezialitäten mit heimischen Zutaten, wie Schlipfkrapfen, Gamsgulasch oder Mohnblatteln – auch gute vegane Auswahl. Hauptgerichte 15–20 €.

… in Virgen

Solarstrom – **Bronte House:** Bachweg 4, Virgen, Tel. 04874 200 53, www.brontehouse.at, DZ/ÜF ab 80 €. Das Bronte House verfügt über Einzel-, Doppel- und Familienzimmer. Ein Teil der Energieversorgung erfolgt über die 200 m^2 Solarfläche auf dem Dach. Das kleine Hallenbad hat eine Gegenstromanlage.

Mit Türmchen – **Neuwirt:** Virgental Str. 75, Tel. 04874 52 17, www.virgen-neuwirt.at, DZ/ÜF Nebensaison 52 €, Hauptsaison 70 €. Alteingesessenes Hotel in einem historischen Gebäude mit Ecktürmchen. Die meisten Zimmer verfügen über einen Balkon. Gäste können im hauseigenen Fischteich die Forelle fürs Abendessen angeln.

Holzhäuschen – **Ferienwohnungen Klaunzer:** Obermauern 56, Virgener Ortsteil Obermauern, direkt unterhalb Maria Schnee, Tel. 0650 229 50 54, www.klaunzer.com. Die beiden schnuckeligen Häuschen (55 m^2, max. 5 Pers., 115 m^2, max. 6 Pers.) kosten bei Zweierbelegung 89 € bzw.129 € pro Nacht, zzgl. Strompauschale (20 €/Woche). Pro weitere Person zahlt man 10 €/Nacht. Bettwäsche, Hand- und Geschirrtücher können für 25 € pro Person und Aufenthalt gemietet werden.

Tradition – **Gasthof Panzl-Bräu:** Virgental Str. 85, Tel. 04874 52 40, www.panzl-braeu.at, tgl. 7–24 Uhr, Nebensaison nur Di–So. Seit einigen Jah-

Geschütztes Naturdenkmal – die Umbalfälle

ren lässt Panzl-Bräu wieder nach eigenem Rezept Bier brauen, dazu gibt es deftige traditionelle Tiroler Küche, aber auch einige leichtere Fischgerichte stehen auf der Karte. Hauptgerichte 10–20 €. Auch Vermietung von Zimmern und Ferienwohnungen, DZ/ÜF ab 80 €.

Einkaufen

Vom Hof – **Bauernladen Virgen:** Virgental Str. 61, Virgen, Tel. 0664 304 11 77, https://bauernladen-virgen.at, Fr 15–18, Sa 9–12 Uhr, Juli–Sept. auch Mi/Do 15–18 Uhr.

Aktiv

Laufen – **Jogging-** und **Nordic-Walking-Routen** sind im ganzen Tal gut ausgeschildert, Infotafeln informieren über die Routen und ihre Schwierigkeitsgrade. Informationen auch unter www.virgental.at/sommer/nordic-walking.html.

Infos

Tourismusbüro Prägraten: St. Andrä 35a, Tel. 050 21 25 30, Mo–Fr 8–12, 15–18 Uhr.
Tourismusbüro Virgen: Virgental Str. 77, Tel. 050 21 25 20, Mo–Fr 8–12, 14–18 Uhr.
Gästekarten: s. S. 264.
Venediger Bergführer Hochtirol: St. Andrä 35a, Prägraten, Tel. 0699 10 69 65 44, www.bergfuehrer.hinterbichl.at. Besteigung des Großvenedigers in Kleingruppen: Dauer 2 Tage, Kosten bei 6 Personen 90 €/Pers. zzgl. Hüttenübernachtung. Außerdem weitere Touren und Kurse.
Bus: Bus 4412 Lienz–Matrei–Prägraten fährt max. 10 x tgl., 4 x bis Ströden.
Hüttentaxi: Venediger Taxi, Bichl 8, Hinterbichl, Prägraten, ▷ S. 289

Auf Entdeckungstour:
Wallfahrtskirche Maria Schnee

Wer hätte das gedacht: Im Virgental, einem der entlegensten Alpentäler, das sonst eher mit wunderbaren Wandermöglichkeiten in Verbindung gebracht wird, steht eine üppig mit bunten spätgotischen Fresken geschmückte Wallfahrtskirche! Obendrein findet hier am Weißen Samstag eine historisch begründete, recht eigentümliche Widderprozession statt.

Reisekarte: ▶ Karte 2, N 7

Maria Schnee: Obermauern, Virgen, tagsüber frei zugänglich, kostenlose Führung Anf. Juli–Anf. Sept. Fr 17 Uhr.

Anfahrt: Bus 4412 ab Lienz via Matrei bis Virgen Abzweig Obermauern, Mo–Fr 10 x, Sa 5 x tgl., in den Schulferien seltener, dann ca. 350 m zu Fuß; alternativ ab Virgen Ort über den ca. 1,5 km langen Kreuzweg.

Eine schöne Annäherung an die Kirche bildet ein Spaziergang auf dem 1,5 km langen Kreuzweg über Wiesen zur Wallfahrtskirche. Die Kreuzwegstationen wurden 2007/08 von einheimischen Künstlern völlig neu gestaltet.

Alte christliche Tradition
Im Virgental existierte vermutlich bereits in spätrömischer Zeit eine kleine christliche Gemeinde, nachgewiesen sind Christen hier etwa ab dem Jahr

800. Historiker vermuten, dass der Vorgängerbau der heutigen Kirche auf einer schon bestehenden Kult- und Begräbnisstätte errichtet wurde. Einige Zeugnisse aus romanischer und frühgotischer Zeit sind an den Außenwänden noch zu sehen: **kleine Reliefs** von St. Petrus mit dem Schlüssel, der hl. Familie und der Anbetung der Weisen aus dem Morgenland.

Im 15. Jh. stifteten drei wohlhabende Bergwerksbesitzer aus Kals Geld für den Umbau und die Neugestaltung der Kirche. Das große **Christophorus-Fresko** über der **südlichen Eingangstür (1)** stammt von 1468 und soll die Vorbeigehenden vor »unvorbereitetem Tod« schützen, aber auch Hagel und andere Wetterschäden abhalten. Der **Haupteingang (2)** an der Westseite ist mit einem relativ großen Vordach versehen – ein Zeichen dafür, dass Maria Schnee ein Pilgerziel war; bei den Pilgermessen war der Andrang oft so groß, dass der Platz im Inneren nicht ausreichte. So groß ist das Kirchlein nämlich nicht: Ein Dutzend Sitzreihen links und rechts, eine kleine Orgelempore und der Chor.

Beim Betreten der Kirche überwältigt die unerwartet bunte und prächtige Ausstattung die Besucher – riesige **Heiligenstatuen** gleich im Eingangsbereich, ein zweistöckiger **Hochaltar** mit viel Gold, hochstrebende **Kreuzrippengewölbe** – und Wände, die vollkommen mit **Fresken** bedeckt sind, wie ein spätgotischer Bibel-Comic. Gemalt wurden die Fresken um 1500 von Simon von Taisten, einem damals gefragten Maler, der auch für das Lienzer Schloss Bruck (s. S. 268) engagiert wurde.

Spätmittelalterliche Fresken – Bibel der Armen

Im **Hauptschiff** zieht sich über zwei hohe Spitzbogenfelder der Nordwand eine **Darstellung der Passions-geschichte (3).** Sie beginnt oben in den Zwickeln mit der Erweckung des Lazarus und dem Einzug in Jerusalem am Palmsonntag, dann geht es in der nächsten Zeile links weiter mit dem letzten Abendmahl, wo Judas, der Verräter, für aufmerksame Kirchenbesucher ganz leicht an seinem offenbar vor Bosheit schwarz gewordenen Heiligenschein zu erkennen ist. Hätten das mal die anderen Jünger auch bemerkt!

Es folgen biblische Szenen vom Ölberg, die Vernehmungen vor Kaiphas, Herodes und Pilatus, die Geißelung Jesu und der Weg zur Kreuzigungsstätte. In der vorletzten Reihe ganz rechts steigt Christus aus dem Grab und erscheint Maria Magdalena. Einige Szenen der untersten Reihe gingen bei Renovierungsarbeiten im späten 19. Jh. verloren, ganz rechts unten thront dann Christus als Weltenrichter am Jüngsten Tag. Gläubige in der ersten Kirchenbank, die während der Messe etwa unaufmerksam die Fresken betrachtet haben sollten, wurden so ziemlich drastisch an die möglichen Folgen mangelnder Frömmigkeit erinnert.

Die zwei schmaleren Wandflächen an der Chornordwand zeigen die **Weihnachtsgeschichte (4)**, diesmal in zwei Spalten von oben nach unten: Die Geschichte beginnt bei den Großeltern Joachim und Anna und zeigt darun-

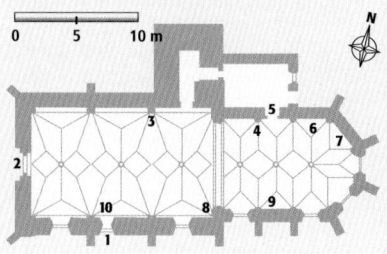

ter die ›hl. Sippe‹ mit der gesamten apokryphen Verwandtschaft: Marias Mutter Anna soll der Legende nach nämlich dreimal verheiratet gewesen sein, entsprechend viele Ex-Ehemänner, Halbgeschwister und Verwandte sind dargestellt. Erst kurz nach der Fertigstellung des Bildes wurde auf dem Konzil von Trient (1546–63) entschieden, dass es diese früheren Familien offiziell nicht gegeben hat …

Die Bildergeschichte kommt nun zur Verkündigung durch den Erzengel Gabriel; in der nächsten Spalte folgen die Krippenszene, die Anbetung der Könige und die Darbringung Jesu im Tempel zur Beschneidung. Das Bild unten links – der Kindermord zu Bethlehem – hätte chronologisch zwar offensichtlich nicht vor die eigentliche Geburt gehört, aber auch der mittelalterliche Maler hatte schon Sinn für Inszenierungen: Die grausige Szene macht auf Augenhöhe viel mehr Eindruck und so platzierte er stattdessen die weihnachtliche Geburtsszene nach oben in den Spitzbogen, auch das viel passender.

Gleich daneben ist der schöne gotische Türbogen der **Sakristeitür (5)** zu bewundern, und nicht weit rechts davon, über dem kleinen **Wandfach (6)**, das im Mittelalter als Tabernakel diente, kunstvolle gotische Spitztürmchen, nur gemalt allerdings. In der **Nordecke des Chores (7)** ist Jesus als Schmerzensmann abgebildet, und gleich daneben schießt Gottvater zornig mit Pfeil und Bogen auf die sündige Welt, während unter ihm Jesus, Maria und zwei Propheten versuchen, ihn zu besänftigen.

Überall Marien

Die **Südwand** der Kirche ist weniger geschmückt, hier ist neben einer **Darstellung des hl. Sebastian (8)** nur der **Tod Mariens (9)** abgebildet. Maria findet sich dafür gleich noch zweimal

auf dem Altar, denn der ursprünglich gotische **Marienaltar** wurde im 17. Jh. barock erweitert und bekam einen Aufsatz mit einer zweiten Madonnenstatue, die der Madonna aus dem Innsbrucker Dom von Lucas Cranach d. Ä. (s. S. 172) nachempfunden ist. Die alten Stockkerzen im Altarraum mit den heute teils nicht mehr gebräuchlichen Ortsnamen sind Votivgaben und zeigen, wie weit die Pilger früher zu Fuß nach Maria Schnee gegangen sind: Von Obertilliach bei Lienz etwa war es eine zweitägige Reise.

Von der kleinen **Empore über dem Haupteingang (2)** bietet sich ein guter Blick auf den Kirchenraum. Von hier ist auch die **Kreuzigungsgruppe (10;** Ende 15. Jh.) an der Südwand gut zu sehen, mit dreisprachiger Inschrift über dem Kreuz und echtem Totenschädel.

Der Widder

Das **Bild mit einem Widder** (nahe dem hl. Sebastian, **8)** bezieht sich auf eine Legende aus der Zeit der Pest. 1635, heißt es, habe ein Widder auf der Wiese mit dem Sensenmann gekämpft und danach sei die Pest nicht wieder ins Tal gekommen. Weil die Einwohner zudem eine Wallfahrt gelobt hatten, wenn sie von der Pest verschont würden, wird seitdem jedes Jahr am Samstag nach Ostern (Weißer Samstag) eine Prozession mit einem schön geschmückten Opferwidder durchgeführt. Ursprünglich ging die Wallfahrt ins ca. 50 km entfernte Lavant, seit 1920 führt man den Widder einfach von Virgen oder Prägraten aus durchs Tal nach Maria Schnee. Der Widder wird heute natürlich nicht geopfert, sondern, nachdem er dreimal um den Altar geführt worden ist, für einen guten Zweck versteigert. In der kleinen **Ausstellung des Tourismusbüros in Virgen** (s. S. 285) wird ein Kurzfilm über die Widderprozession gezeigt.

Tel. 04877 53 69, www.huettentaxi.
at. Das Hüttentaxi, ein Ruftaxi, fährt
bis zur Johannishütte, von wo aus der
Aufstieg zum Großvenediger an einem Tag möglich ist.

Defereggental

▶ Karte 2, M/N 8

Das Defereggental zweigt bei Huben
nach Westen ab – wie das Virgental ist
es recht schmal, abgelegen und tradi-
tionsverbunden. Ideal, wenn man mal
richtig aus allem raus will – ohne eigenen Transport kann es jedoch wirklich
einsam sein.

Auf einem Hügel im Gemeindegebiet von St. Jakob wurden die ältesten
steinzeitlichen Funde Osttirols gemacht; einige davon sind in St. Jakob
im Museum ausgestellt. Prägend für
die Region waren die Bergknappen,
denn etwa ab dem 17. Jh. wurde nach
Kupfer und Blei, aber auch Gold und
Silber geschürft; 1617 wurde in St.
Jakob eine Schmelzhütte gegründet.
Vielleicht waren es die Bergknappen,
die den Protestantismus im Defereggental verbreiteten, oder aber die
Deferegger Händler, die mit Birnen-
mehl, Tongeschirr und Wetzsteinen,
später Teppichen und Decken und ab
dem 19. Jh. mit Strohhüten und Uhren
durch die Welt zogen. Jedenfalls waren um 1650 die meisten Bergknappen und Händler Lutheraner: 1685
ordnete der katholische Bischof em-
pört eine Massenausweisung an.

Im 19. Jh. wurde im Tal eine Heil-
quelle entdeckt, die erste Touristen
anzog, und mit der Gründung des
Nationalparks Hohe Tauern Anfang
des 20. Jh. wurden es noch mehr.
Trotzdem ist das Tal bis heute keine
Touristenhochburg, sondern eher ein
Bergrefugium für Eingeweihte.

Die Orte **Hopfgarten, St. Veit** und
St. Leonhard liegen im engen Teil des
Tales am Hang, der Hauptort **St. Jakob**
befindet sich in Richtung Talschluss,
wo der Talboden etwas weiter ist.

St. Jakob in Defereggen

Für Tagestouristen ist **St. Jakob** der
interessanteste Ort im Tal. Gleich neben der Bushaltestelle am Hauptplatz
präsentiert der **Nationalpark Hohe
Tauern** in einem alten Bergknappen-
haus die **Ausstellung »Erlebnis Zirbe«**
(Handelshaus, Unterrotte 44, nur im
Sommer tgl. 8–18 Uhr, Eintritt frei).
In einem mit viel Zirbenholz verkleideten Raum kann man Zirbenzapfen
und -blüten ansehen, testen, ob der
Zirbenduft tatsächlich, wie allenthalben versichert wird, die Herzfrequenz
verringert (nun ja), Filme über die Zirbe ansehen und noch mehr über die
Geschichte des Defereggentals lernen.

Die **Pfarrkirche St. Jakobus** (Unterrotte 8) ist für den Ort etwas überdimensioniert, aber mit ihrer klassizis-
tischen Ausstattung einen Blick wert.
Aus Kostengründen wurden beim Bau
im 19. Jh. die geplanten Türme nicht
errichtet – stattdessen gibt es einen
großen, turmähnlichen Dachreiter.
Aus selbigen Gründen erfolgte die
Ausmalung der Apsis erst 1934/35.

Hinter der Kirche ist im **Archäologischen Talschaftsmuseum** (Untergeschoss des Musikpavillons, Unterrotte 3, tgl. 9–20 Uhr, Eintritt frei)
die kleine Ausstellung »Zeitreise Defereggental« untergebracht. Funde
von der Steinzeit bis in die jüngere
Vergangenheit sind sehr schön präsentiert und werden auf Knopfdruck
von einer Erzählerstimme vorgestellt.
Bei den archäologischen Funden aus
der Steinzeit ist z. B. eine hölzerne
Sichel mit Klingen aus Feuerstein rekonstruiert, außerdem gibt es eine
ungewöhnliche Pfeilspitze aus Berg-

kristall, der hier offenbar häufiger vorkam als Feuerstein. Prunkstück der Ausstellung ist ein Einbaum, der um 800–1100 n. Chr. gefertigt und in 8 m Tiefe in einem See am Staller Sattel gefunden wurde, am Ende des Tales und dem Übergang nach Südtirol. Es ist der einzige bekannte Einbaum aus Zirbenholz.

Wassererlebnisweg

Von St. Jakob führt ein **Wassererlebnisweg** ab der Abfüllanlage des Defereggger Heilwassers (Unterrotte 75, Tel. 0676 841 56 04 06, Führungen Mo–Fr 10, 11, 14, 15 Uhr, 10 €, Gehzeit gut 2 Std.) am Fluss entlang. Das jodhaltige und leicht salzige Quellwasser ist als Heilwasser klassifiziert und verspricht Linderung bei Hautkrankheiten, klinische Tests stehen noch aus. Vor allem mit Kindern ist der Wassererlebnisweg zu empfehlen. Er unterhält nicht nur mit **Schautafeln** (von denen einige auch etwas mit Wasser zu tun haben), sondern führt insbesondere an einem richtig guten **Spielplatz** vorbei, mit einem ganz seichten Flussseitenarm zum Dämme- und Schleusenbauen, und **Picknickplätzen.** Von hier verläuft der Weg weiter zum 2,5 km westlich von St. Jakob gelegenen **Wallfahrtskirchlein Maria Hilf,** an dessen tieferem Bodenniveau gut abzulesen ist, dass seit dem Bau im 17. Jh. etliche Muren über das Tal hereingebrochen sind und den Talboden erhöht haben. Zurück geht es auf demselben Weg.

Übernachten, Essen

… in Hopfgarten

Wellness – **Zedernklang:** Dorf 64, Hopfgarten, Tel. 04872 52 205, www.zedern-klang.com, DZ (Dreiviertelpension) ab 200 €. Luxuriöses Spa-Hotel mit zwei Gault-Millau-Hauben für die Küche und üppigem Wellnessbereich.

… in St. Jakob

Große Zimmerauswahl – **Hafele Resorts:** Unterrotte 108, Tel. 04873 634 40, www.urlaubsresort-hafele.com, DZ/ÜF ab 80 €. In mehreren Häusern, einem Gutshof und einer Alm vermietet Familie Hafele Zimmer und Ferienwohnungen.

Weinbar – **Vaco Vinum:** Unterrotte 60, Tel. 0664 213 15 70, www.vaco-vinum.at. Saisonal variable Öffnungszeiten, in der Sommersaison tgl. ca. 9.30–11, 14.30–20 Uhr, manchmal länger; manchmal spontane Ruhetage. Schicke Nichtraucherbar mit guten österreichischen Weinen und Snacks dazu. Keine Abstriche beim Espresso.

Aktiv

Fahrradverleih – **Sport Passler:** Unterrotte 47, St. Jakob, Tel. 04873 52 03, www.sport-passler.at, Sommer tgl. (wenn Bergbahnen geöffnet), Wintersaison tgl. 9–18, sonst Mo–Fr 9–12, 14–17, Sa 9–12 Uhr, MTB ab 20 €/Tag.

Infos & Termine

Tourismusbüro St. Jakob: Unterrotte 44, Tel. 050 21 26 00, www.defereggental.com, Hauptsaison Mo–Fr 8–12, 14–18, Sa 10–12, 16–18 Uhr.
Krampusläufe: finden im Defereggental um den Nikolaustag (6.12.) statt. Touristen sollten beachten, dass es hier auch wild zugehen kann.

Kals und Großglockner ▶ Karte 2, O 7

Der beschauliche Urlaubsort Kals (1325 m) liegt am Fuß des Großglockners und ist Ausgangspunkt für **Wanderungen im Nationalpark Hohe Tauern** und für die **Besteigung des**

Großglockners. Im Kalser Tal gibt es außerdem einige restaurierte und funktionstüchtige **Stockmühlen**, in denen manchmal noch Mehl gemahlen wird. Im **Glocknerhaus Kals** (Ködnitz 7, Tel. 050212 540, www.kals.at) informiert eine multimediale Ausstellung über die Geschichte des Ortes und den Nationalpark Hohe Tauern.

Im Nationalpark Hohe Tauern

Das Gemeindegebiet Kals ist ungewöhnlich groß, besteht aber überwiegend aus den hohen Bergen des Nationalparks, der gleich hinter dem Ort beginnt. Dort lassen sich (vor allem im Herbst und frühen Winter) besonders gut **Wildtiere** wie Gämsen, Steinböcke, Murmeltiere und Steinadler beobachten. Glück braucht man, um einen der seltenen Lämmergeier zu sichten, die seit 1986 im Nationalpark Hohe Tauern ausgewildert werden.

Auf dem Weg zur **Lucknerhütte** ist der **Lehrpfad »Glocknerspur-Berge-Denken«** ausgeschildert, ein recht kurzweiliger Weg mit Schautafeln über die Geschichte des Alpinismus in der Region, Gesteine, Pflanzen und Wildtiere.

Von der **Bergstation Blauspitz** (2305 m; Bergbahnen Kals bzw. Goldried, www.gg-resort.at, Ende Juni–Ende Sept., Berg-/Talfahrt ab Kals oder Goldried 23,50/17 €, Kinder 11/9 €) gelangt man in 2,5 Std. über den **Europa Panoramaweg** mit wunderbarem Großglocknerblick zur **Bergstation Goldried** (2190 m, Abfahrt nach Matrei).

Übernachten, Essen

Moderne Tradition – **Gradonna Mountain Resort:** Burg 24, Tel. 04876 82 000, www.gradonna.at, DZ/HP Nebensaison 218 €, Hauptsaison ab 278 €. Das Designerhotel passt sich perfekt in die Landschaft ein. Großer Wellnessbereich, Boulderraum und Kletterwand sowie tgl. Gymnastik- und Sportprogramm.

Gemütlich – **Gamsalm:** Großdorf 85, Tel. 04876 221 15, www.gamsalm.at, kleines Apartment je nach Saison ab 66 €, oft ausgebucht. Auch wer nicht hier wohnt, kann auf der schönen Sonnenterrasse Pizzen, Salate und hausgemachte Mehlspeisen genießen.

Design am Berg – **Stüdlhütte:** Tel. 04876 82 09, www.davplus.de/stuedl huette, Anf. März–Mitte Mai, Mitte Juni–Anf./Mitte Okt., Lagerbett 22 €, mit DAV-Ausweis 12 €, Frühstück 10 €. Auf 2802 m liegt der 1996 fertiggestellte ambitionierte Neubau der Stüdlhütte (s. S. 79) der DAV-Sektion München Oberland. Der Vorgängerbau wurde 1868 als erste Hütte des DAV eröffnet und ist nach dem Prager Kaufmann Johann Stüdl benannt, der u. a. den Kalser Bergführerverein gegründet hat.

Aktiv

Bergtouren – **Kalser Bergführerbüro:** Ködnitz 18, Tel. 0664 416 12 89, www.bergfuehrer-kals.at, Sommer tgl. 15–19 Uhr, Winter nur Infotelefon. Die Besteigung des Großglockners erfordert Kondition, dauert zwei Tage und kostet bei einer Gruppe von drei Personen 195 €/Pers. zzgl. Hüttenübernachtung. Außer dem Großglockner sind eine Vielzahl weiterer Touren und Kurse bei den Bergführern im Angebot. Im Winter Skitouren, Eiskletterkurse etc.

Wildtierführungen – Auf leichten Wanderungen mit Rangern des Nationalparks entdeckt man viel mehr als allein. Infos im Nationalparkhaus Matrei (s. S. 278).

Register

Register

Autorinnen/Impressum

Die Autorinnen: Natascha Thoma und Isa Ducke, beide Japanologinnen, frönen ihrer Reiseleidenschaft schon seit Jahrzehnten: zunächst neben der wissenschaftlichen Arbeit und seit 2008 hauptberuflich als freie Journalistinnen. Die Zeit für längere Reisen nutzen sie gern für ausgiebige Wander- und Klettertouren – mit Vorliebe in den europäischen Alpen, dem ›Original‹. Nach Abstechern in die Japanischen Alpen, die Kasachische Schweiz oder die Berge Südamerikas zieht es sie immer wieder in die Berge Tirols.

Umschlagfotos
Titelbild: Kaum denkbar – ein Sommerurlaub in Tirol ohne zu wandern
Umschlagklappe: Den prachtvollen Blick auf die Ötztaler Alpen vom Restaurant IceQ auf dem Gaislachkogel genoss schon Daniel Craig alias James Bond

Hinweis: Autorinnen und Verlag haben alle Informationen mit größtmöglicher Sorgfalt geprüft. Gleichwohl erfolgen alle Angaben ohne Gewähr. Bitte schreiben Sie uns! Über Ihre Rückmeldung und Ihre Verbesserungsvorschläge freuen wir uns: **DuMont Reiseverlag,** Postfach 3151, 73751 Ostfildern, info@dumontreise.de, www.dumontreise.de

1. Auflage 2017
© DuMont Reiseverlag, Ostfildern
Alle Rechte vorbehalten
Redaktion/Lektorat: Britta Rath
Bildredaktion: Sylvia Pollex
Grafisches Konzept: Groschwitz/Blachnierek, Hamburg
Printed in China

MIX
Papier aus verantwortungsvollen Quellen
FSC
www.fsc.org
FSC® C124385